メディア心理生理学

R・F・ポター & P・D・ボウルズ 著
入戸野 宏 監訳

北大路書房

PSYCHOPHYSIOLOGICAL MEASUREMENT AND MEANING
Cognitive and Emotional Processing of Media
by Robert F. Potter and Paul D. Bolls
Copyright © 2012 by Routledge, Taylor and Francis

All Rights Reserved. Authorized translation from English language edition published by Routledge,
part of Taylor & Francis Group LLC.

Japanese translation published by arrangement with Taylor & Francis Group LLC through The
English Agency (Japan) Ltd.

本書について

　本書『メディア心理生理学(*Psychophysiological Measurement and Meaning : Cognitive and Emotional Processing of Media*)』は，メディアに対する反応を心理生理学によって研究するための本です。この新しいパラダイムはメディア研究の世界で普及しつつあります。本書は，その理論的背景や方法論，最新の研究について述べたものです。類書にない点として，心理生理学の研究手法をコミュニケーション過程とその効果の研究における１つの分野として位置づけたこと，生理反応をリアルタイムで測定することがメディアの心理的影響を調べる従来の測度をどのように増強し補完するかについて実証していることがあげられます。

　本書では，心理生理学における理論的仮定とともに，心理生理データを測定する手続きの詳細も紹介します。具体的な測度について論じることに加え，脳におけるメディア処理について心理生理測度を使って調べた最近の実験についても，簡単にまとめています。本書は，心理生理学の方法論を利用するメディア研究者，この分野における理論・歴史・方法を知ろうとする他の研究者にとって役立つ参考書になるでしょう。

　ロバート F. ポター（インディアナ大学博士）は，インディアナ大学ブルーミントン校の准教授（テレコミュニケーション）。認知科学プログラムの教員で，コミュニケーション研究所の所長でもある。研究テーマは，聴覚要素がメディアの情報処理に与える影響，メディアに対する認知・情動反応の指標としての心理生理測度，頻繁に広告が入ることが情報処理に与える影響など。詳しくは，www.theaudioprof.com を参照。

　ポール D. ボウルズ（インディアナ大学博士）は，ミズーリ大学ジャーナリズム学科の准教授（戦略的コミュニケーション）で，PRIME ラボの共同室長。公衆衛生メッセージの心的処理に焦点を当てたメディア心理生理学の研究を行っている。過去15年にわたり，インディアナ大学，ミズーリ大学，ワシントン州立大学で，メディア心理生理学の実験室を立ち上げ運営してきた。

献辞

　この本を書くことは長い知的冒険だった。その間，二人のすばらしい女性（妻であるパム・ポターとヴァル・ボウルズ）から励ましを受けることができた。二人はこの課題を成し遂げるのに必要な愛情と支援を与えてくれた。そのおかげで，私たちは学者としても人間としても成長できた。たくさんの感謝と愛情をもって，本書を妻にささげる。

RFP & PDB

出版によせて

　この本を読むと，自分が年をとったと実感します。

　1994年に初版が上梓されたときのことを，昨日や先週や，去年のことよりもはっきりと覚えているからです。それが2,3年以上前のことに思えないのだから，年をとったに違いありません。記憶があまりに鮮明なので，あの本がどういうわけで絶版になり情報が古くなったのかさえ記憶にないほどです。

　年をとったはずです。自分が修士論文を書いている時代は，カードに穴をあけて読み取る方式でした（1983年）。こんなこともありました。ウィスコンシンの雪の中を苦労してコンピューターセンターに行き，コマンドをキーボードで打ち込んで，画面に出る応答を確かめ，出力ウィンドウのところに並んでいたのですが，受け取ったのは「エラー」という大きな文字（1985年）。

　年をとったはずです。心理生理学の最初の研究でデータ収集に使ったのは，一体型ペン書き紙送り式ポリグラフだったのですから（1987年）。うーん，それなら，今がおそらくこの本を改訂する時期なのでしょう。

　それにしても，ポール D. ボウルズとロバート F. ポターがこの本を書いたなんて信じられません。ポール・ボウルズが生まれて初めて実験を行ったときのことを覚えています。実験の準備ができていないのに参加者を集めてしまい，お約束の結果となりました（1993年）。ロブ・ポターが文化研究で身を立てようと考えていたときのことも覚えています（1995年）。それに，インディアナ州ブルーミントン市にある今にも壊れそうな家の台所で，ポールとロブと一緒に，実験参加者と装置を仕切る壁を作ったことも（1996年）。二人がいろいろと学んできたのを思い出します。実験室を立ち上げ，生理データを記録・分析し，研究をし，学位論文を書き，職を得て，テニュアを得て……。そう，彼らがこのような本を書けるようになったのもうなずけます。

　そう考えると私はますます年をとった気分になります。

　と言いながらも，この分野の将来を誇りに感じ，期待し，胸を躍らせています。マスコミュニケーション分野で誰ひとり心理生理学の研究をしていなかった昔のことを思い出します。そのうちに何人かが研究を始めたのですが，その人たち全員をよく知っていました。今では，マスコミュニケーション分野の心理生理学研究者で私が知らな

い人も大勢いますが，同僚や弟子，孫弟子まで含めて知っている人もたくさんいます。

　なるほど，年をとったはずです。そして，私の学問上の子どもたちも今では年をとり，権威ある専門家としてこの本を執筆しました。本書から何が得られるかって？　たくさんあります。ボウルズ先生とポター先生が提供するのは，測度についての概論だけでなく，理論と方法論が統合された1つのパラダイムです。コミュニケーションを「身体化されたダイナミックで複雑な活動」として研究するためのパラダイムなのです。

　本書の冒頭では，まずメディア研究者が過去に生理測度をどのように用いてきたかを注意深く検討し（1章），次に心理生理学という分野の基礎を包括的に詳しく説明します（2章）。とりわけ，生理反応を測定することと，心理生理学の研究を行うことの違いについて論じます。心理生理学を行うというのは，心理過程について推測するために，ある種の刺激にタイムロックした生理システムの変化をリアルタイムで測定することです。ですから，ある生理システムや生理状態の活性化が上がったり下がったりするのを見つけようとしているのではありません。探しているのは，特定の生理測度における特異的な変化（たいてい短時間でわずかに起こる変化で，特定の状況において特定の心理事象や心理過程の指標になることが示されてきた変化）です。

　たとえば，20～30年におよぶ心理生理学者の入念な研究によって，3種類の注意反応（定位反応，驚愕反応，防御反応）は，ごく短時間の心拍数変化を測定することで識別できることが分かりました（Graham, 1979）。具体的には，定位反応を惹起する刺激の後には心拍がおよそ6拍の間減速し，驚愕反応や防御反応を惹起する刺激の後には6拍の間加速したのです。この違いは，単純な状況においては，純音やホワイトノイズ，フラッシュ光を惹起刺激としたときにも認められ，妥当であることが示されました。そこで，この知見をメディア実験室に取り入れるために，メディアのある特定の構造的特徴にタイムロックして心拍数を測定し，定位反応を惹起すると考えられるその特徴に対して6～7拍間の減速が生じるかを調べる実験を行いました。この方法を使って，テレビの場面変化，ラジオから流れる声の変化，ウェブサイトに掲載されたアニメーションなどが実際に定位反応を惹起することが判明したのです(Lang, 1990; Lang, Borse, Wise, & David, 2002; Potter, 2000)。

　お分かりのように，生理反応を心理過程の指標とする手法を心理生理学の実験室から持ち出してメディア研究者の武器とするためには，それぞれの測度が複雑なメディアメッセージの文脈において，知りたい心理過程の指標となるかどうかを慎重に検証しなければなりません。本書には多くの長所がありますが，その1つは，こういった情報をすべて集めて整理し，心理生理学になじみのない読者でも，理論に基づいた複

雑な測度を正しく使えるように書いてあることです。

　他の長所として，生理測度はどんなものでも複数の心理過程の指標になり，何の指標になるかは測度の記録・分析法によって決まるという事実を単刀直入に述べている点があります。単一の測度が1つのメッセージのなかで起こる複数の心理過程の指標になります。身体化された脳は，メディアメッセージに対する複数の情動的・認知的過程に継時的に関わっているからです。この情動・認知反応は，思考と感情を支える生理システムに（わずかですが）反映されます。したがって，ある測度を時点Aにおいて秒単位で分析すると注意に関連したことが分かり，同じ測度を時点Bで平均値としてみると動機づけの活性化や情動反応に関連したことが分かるかもしれません。どの測度をどのように分析すれば，どの心理過程の指標となるかを理解するには複雑な知識が必要ですが，本書ではそれを読者にありのままに説明しています（4，5章）。

　さらに本書では，心理生理学のあらゆる測度を取り上げて考察します。心拍数や皮膚コンダクタンスのように簡単で一般的な測度から，驚愕反応や後耳介筋反応のようなプローブ測度，脳波（electroencephalogram: EEG）や機能的磁気共鳴画像法（functional magnetic resonance imaging: fMRI）といった脳中心の複雑な測度まで含みます。メディアメッセージがブラックボックス（動機づけられた処理システム）を通過するのを追いかける測度はたくさんありますが，本書はそのすべてを扱う最新の参考書となるでしょう。

　最後になりますが，本書が心理生理学を扱った類書と違うのは，心理生理測度を，それ以外のメディアメッセージ処理の測度と結びつけている点です（7章）。本書では，心理生理測度を使うことがマスコミュニケーションの主要な理論や測度と統合されています。また，従来の測度に基づく理解が心理生理学によってどのように深められるかについて実例をあげて説明しています。このような測度をうまく使えるようになるためのいくつかの方法も示しています（9章）。おしまいに，それぞれの測度のエキスパートが，新世代のメディア心理生理学者が今後取り組んでいくとよい分野について提言しています。

Enjoy the journey!

アニー・ラング
2011年　インディアナ州ブルーミントンにて

まえがき

This is your brain on media! これはよく知られた麻薬反対メッセージをまねたものですが，単なる言葉遊びではありません（訳注：1987年に『麻薬のないアメリカをめざす会』が行った公共広告をさす。フライパンの上で卵が焼かれるシーンと This is your brain on drugs. というフレーズが有名）。この言葉からこの本を書き始めることは，メディア研究という分野がわくわくするようなパラダイムシフトのただなかにあることを示しています。このパラダイムシフトが進んだのは，さまざまな心理生理測度の入ったツールボックスを使っている研究者の努力によるものです。このツールボックスによって，メディアを使っているときの心的過程が，脳という形を通じて観察できるようになりました。心理生理測度から得られたデータによって，メディアの影響を受けた脳について1つの見方ができるようになりました。脳がメディアを処理する方法についての研究が進んだので，この本でメディア心理学研究とよぶメディア研究の特別な分野が新しく生まれたのです。メディア心理学研究者は，これまでのメディア効果についての学者が提案する伝統的な見方を超えて，人がメディアに接しメディアから影響をうけるという時間的に展開するダイナミックな心理過程について詳しく説明できるようになりました。心理生理学は，メディア心理学研究において核となる方法論です。本書は，脳がどのようにメディアコンテンツを処理するかについて心理生理測度を使って研究することに焦点を当てた最初の本です。

本書を執筆した主な目的は，心理生理学ではなくメディア関連の分野で教育を受けた読者に，なじみやすく興味を持ってもらえるように心理生理測度を紹介することでした。そのため，あらかじめ言っておかなければならないことがあります。正確には，本書はメディア心理生理学（メディア研究に心理生理測度を応用する分野）についての本です。『心理生理学ハンドブック（*Handbook of Psychophysiology*）』のような心理生理学の優れた技術書に匹敵する本ではありません。そういった大著は心理生理学に特化しており，本書で扱うよりも広範囲の測度について，その概念や測定法を深く論じています。メディア心理生理学の研究をしようとする読者は，本書がそういった心理生理学の専門書の代わりになるとは考えないでください。メディア心理学の研究分野についていえば，本書はアニー・ラング（Annie Lang）が編集した『メディアに対する心理学的反応を測る（*Measuring psychological responses to media*）』（Lang, 1994b）

を補完することを意図しています。これはメディア心理学において最初に書かれた方法論についての本です。心理生理測度についても何章か含まれています。本書は，アニー・ラングの本を土台にして，メディア心理生理学だけを1冊まるごと扱っています。メディア心理学全般に関心をもつ人たちに，メディア心理生理学を科学として普及させたいと願っています。

いろいろな分野の研究者がこの本に関心を持ってくれたらいいと思います。たとえば，脳とメディアとのダイナミックな相互作用に興味がある人，メディア心理生理学の実験室で仕事をする人，興味のある学生，教員，メディア企業研究者といった人たちです。メディアコンテンツが個人に与える効果は，このメディアと脳の相互作用から生まれます。ですから，メディアと脳についての話題は，「メディアの効果」について少しでも関心を持つすべての人に関係します。しかし，本書が主なターゲットとしているのは，心理生理測度を使うことによって何が期待でき，何に気をつけなければならないかをもっと知りたいと思っている研究者です。発展しつつあるメディア心理生理学の研究者グループに仲間入りしたいと思う人もいれば，単に心理生理データを含む文献を批判的に読んでみたいという人もいるでしょう。どちらのタイプの読者も念頭に置いて，本書を執筆しました。そのために，心理生理測度を実験室に取り入れようとする研究者にとって実際に役立つ技術について述べるだけではなく，理論的枠組みについても広く論じることで，心理生理測度がメディア心理学の一時的な流行で終わらないようにしました。

本書の各章は，まず理論的・概念的背景を述べたあと，具体的な測度についてメディア心理生理学の研究を行うときの詳細を述べるというように展開します。最初の3章では，メディア心理学の研究において心理生理測度が現在どのように利用されているかを理解するための基礎知識を伝えます。1章では，メディア効果についての研究史を概観します。特に，ある種のメディアコンテンツに接することと人の生理的反応との関係を明らかにしようとした初期の努力に焦点を当てます。メディア研究の歴史を振り返ってみると，メディア効果を理解するのに科学的アプローチが重要であると認識し，そういった研究をしようとした先人の努力に気づきます。1章では，その歴史を概観するとともに，メディア研究がどのような経緯で，メディアに接することで生じる行動の変化に注目するのではなく，情報処理パラダイムを取り入れるようになったかを紹介します。情報処理パラダイムでは，メディアが個人に及ぼす効果の背後にある心的過程を研究するために，心のブラックボックスを開けることに目を向けています。2章では，心理生理学を理論的枠組みとして導入します。この枠組みに基づいて，心理生理測度はメディア研究におけるツールとして今後も使われるでしょう。

また，心理生理学における理論的仮定について概説します。これらの仮定は，脳におけるメディア処理の研究において心理生理測度を正しく利用するための基盤となります。3章では，心理生理測度の技術的な側面について論じます。生理信号を記録するときの基礎知識について述べ，心理生理データに含まれる変化パターンを理解するのに必要なキーワードや概念を紹介します。

　重要な背景情報についての議論を終え，4～6章では具体的な心理生理測度を紹介します。この本で紹介する理論的アプローチは，人間の認知と情動を明確に区別していません。それでも，心理生理測度は，注意と記憶の操作に主に関連する心的過程の指標となる測度と，情動にかかわる心的過程の指標となる測度とに大別できます。4章と5章の構成はこの区別を表わしています。4章では，認知過程の心理生理測度について論じます。5章では情動過程の心理生理測度について扱います。それぞれの章では，メディア心理生理学の実験室で定番となっている2つの心理生理測度を紹介します。4章では，心臓活動と脳波を取り上げ，5章では皮膚コンダクタンスと表情筋筋電図（訳注：facial electromyogram；顔面筋電図ともいうが，本書では表情筋筋電図に統一した）を紹介します。各章の前半では，心理生理測度を使ってメディアコンテンツの認知・情動処理を研究する理論的背景について述べます。後半では，それぞれの測度のデータを記録・分析するのに必要な技術的知識に焦点を当てます。6章では，新しく登場してきた心理生理測度について述べます。メディア心理生理学の研究において潜在的価値がありますが，まだ一般に使われておらず，発表された研究も少ない測度です。この章で論じるのは，驚愕性瞬目反応とfMRIです。驚愕性瞬目反応はメディアコンテンツの情動価の指標として特に期待されています。fMRIは，ヒトの脳の局所的活動を直接記録できる非常に面白い心理生理測度です。これらの新しい測度の潜在的価値について考察し，一般的な使い方について述べます。

　最後の3章で，いくつかの重要な話題を取り上げます。7章では，心理生理測度だけでなく自己報告や行動測度を組み合わせて，メディア心理学の研究を行うことが大切であると述べます。章の冒頭では，脳におけるメディア処理についての知識を深める上で心理生理測度が果たす特別な役割について論じます。そして，それぞれの測度が捉えているのは，メディアコンテンツを消費しメディアコンテンツに影響される包括的な心的体験のごく一部であることを見ていきます。最後に，メディア心理生理学の研究において心理生理測度と組み合わせると有益な測度をいくつか具体的に紹介します。8章は，メディア心理生理学の実験室を立ち上げ，運営するためのハウツーガイドです。この章は，私たちが15年にわたり，実験室の立ち上げやメディア心理生理学の研究において経験した失敗と成功に基づいています。実験室のスペースを見つけ

ること，装置を注文すること，スタッフをトレーニングすること，実験を行うことについて述べます。メディア心理生理学の実験室を立ちあげようとしていたり，現在運営していたりする読者にとっては，最初に読みたい章かもしれません。9章では，本書の締めくくりとして，心理生理測度を用いた実験がこれまでメディア心理学の研究に与えてきた知的貢献について考えます。また，メディア心理生理学の研究がこれからどう発展していくかについての私たちの考えを述べます。

　本書の特徴の1つは，いくつかの章において，心理生理測度を用いた脳におけるメディア処理の研究を簡単にレビューしたことです。その測度をより深く理解できるようになるだけでなく，みなさん自身の研究やメディア心理学研究の一般的理解を推進する方法を思いつくきっかけになれば幸甚です。メディア心理生理学の研究者として活動していること，この本が現在や将来の仲間にとって役に立つツールになるかもしれないことをうれしく思います。

ロバート F. ポター
ポール D. ボウルズ

ロバート F. ポターの謝辞

　この本の制作には長い時間がかかりました。振り返ってみると，自分で書こうという気持ちになる前から，執筆の準備をさせてくれた人たちがいました。アニー・ラングが序文で述べていますが，彼女に出会ったのは私が大学院生のときでした。そのときの私は，受講していた文化研究の授業をたいして面白いと思わず，どうしてよいか分からずにいました。思うに，彼女こそ，私がこの本を書くように背中を押してくれた最初の人です。たしか二度目に会ったときだと思いますが，さっそく頼まれました。「新しい実験装置の荷ほどきを手伝ってみない？　今日届いたんだけど」。アニー，ありがとう。あなたのおかげで心理生理学の魅力にとりつかれ，知りたい気持ちは日増しに大きくなっています。

　執筆の準備をさせてくれた人はもう一人います。私がアラバマ大学電気通信・映像学部に着任したときの学部長ロイ・シングルトン（Loy Singleton）です。ロイは確固たる信念を持っていました。若い教員には研究の弾みをつける時間を確保してやるべきだ。研究の弾みというのは学生から教員になることでいとも簡単に失われてしまうのだからという信念です。彼と，もう一人のおかげで，最初の心理生理学ラボを立ちあげることができました。もう一人というのは，アラバマ大学バーミンガム校心理学部のエド・クック（Ed Cook）です。本書の 8 章で，メディア心理生理学を始めたばかりの初心者は，その分野で研究を続けている人たちに連絡して教えを乞うようにと勧めました。私がそれを勧めるのは，ひとえにエドが暖かく受け入れてくれたからです。「これがうまく動かないので助けてくれませんか」と電話したら，彼はタスカルーサまで来て，実験室の最後の仕上げにつきあってくれました。地元のメキシコ料理店ペピートで，昼食にブリトーをごちそうしたくらいしか，お礼は受け取りませんでした。ありがとう，エド。

　ウォルター・グランツ（Walter Gantz）もこの計画のスタートを助けてくれました。インディアナ大学の学部長であるウォルトは，私をコミュニケーション研究所（Institute for Communication Research: ICR）の所長に任命し，同僚とともに，理想的な協同的社会科学研究所を計画することを許してくれました。そういった機会を与えてくれたこと，執筆の最後の段階で励ましてくれたことに感謝します。

　初稿のほとんどは，オーストラリア・パースのインタラクティブテレビジョン研究

所で過ごしたサバティカル中に書きました。自宅から離れて執筆に没頭する素晴らしい機会を与えてくれた研究所の仲間，デュアン・ヴァラン（Duan Varan），スティーブ・ベルマン（Steve Bellman），ジェニー・ロビンソン（Jenny Robinson），シーリー・トリレブン＝ハサード（Shiree Treleaven-Hassard）に感謝します。

　最初に書いた原稿は推敲しなければなりませんでした。貴重なコメントと洞察をくれた 2010 年秋学期の T602 講義の受講生に感謝します。シャロン・メイエル（Sharon Mayell）はコミュニケーション研究所のラボ管理者で，リード・ネルソン（Reed Nelson）は学部の会計担当者です。二人がすばらしい仕事をして施設を順調に運営してくれるおかげで，私はラボをいじりまわしたり，新しいアイデアを考えたり，この本に書いたことを学んだりする時間ができました。

　最後になりますが，リンダ・バスゲイト（Linda Bathgate）に厚く感謝します。類いまれな編集者で，私とボウリングを一緒にする仲間でもあります。この本があるのは，あなたの励ましと忍耐，そしてユーモアのおかげです。

ポール D. ボウルズの謝辞

　このような本を書くと，謙虚な気持ちになります。メディア研究において心理生理測度がもっと使われるようになり，私がとても興味を持っている「メディアと心の相互作用」というテーマの研究が進むような本を書きたいと思い立ちました。ところが，書いていくうちに，すばらしい科学者であり，メンターであり，友人であり，「学問上の母さん」であるアニー・ラングから，いかに多くを与えられたかに気づきました。アニーは，ワシントン州立大学の「守衛室」ラボで目を丸くしている私を指導教員として見守り，他の2つの大学の2つのラボにおいて，この分野で仕事ができる研究者になるまで育ててくれました。私を鼓舞し，励まし，この本の完成のためにさまざまな援助をしてくれたたくさんの研究者がいます。特に，私のPRIMEラボの共同運営者であるグレン・レシュナー（Glenn Leshner）とケヴィン・ワイズ（Kevin Wise）に感謝します。友人であり，この本を書いている間にラボを運営しつづけてくれました。また，エスター・ソーソン（Esther Thorson）とマーガレット・デュフィ（Margaret Duffy）にも感謝します。励ましのある知的な作業環境を作ってくれたので，この執筆を終えることができました。大事なことですが，PRIMEラボでの研究に刺激を与えてくれた学生たちにも感謝します。君たちの知的好奇心のおかげで，この研究分野に対する私の情熱は続いています。特に，写真のモデルになってくれたPRIMEラボの学生ペチャ・エクラー（Petya Eckler），ジェシカ・フリーマン（Jessica Freeman），ハナ・ハイニー（Jana Hainey），アナスタシア・コノノヴァ（Anastasia Kononova），ジェイミー・ウィリアムス（Jaime Williams），ネイサン・ウィンタース（Nathan Winters）に感謝します。エリーサ・デイ（Elisa Day）は掲載した写真の一部を撮影し，サレーム・アルハバシュ（Saleem Alhabash）は図を作るのを手伝ってくれました。本書の執筆中，ときには私以上に本の完成を楽しみにしているように見える学生たちから支援を受けることができました。君たちのことは，学生というだけでなく，友人だと思っています。最後になりますが，ルートレッジ出版社のリンダ・バスゲイト（Linda Bathgate）には大変お世話になりました。あなたの助けなしにこの本が完成できたとは，とても考えられません。いつ「応援」し，いつ「コーチ」したらいいかをよく分かっていたおかげで，この本はついに完成しました。

目　次

本書について　i
献辞　ii
出版によせて　iii
まえがき　vi
ロバート F. ポターの謝辞　x
ポール D. ボウルズの謝辞　xii

1章　メディア研究における心理生理学　1

◆ メディア効果についての研究小史　2
 (1) 初期の研究――映像コンテンツの影響力　2
 (2) 行動主義の強力な影響　4
 (3) 行動主義者による初期のコミュニケーション研究　6
 (4) ブラックボックスを開ける――情報処理アプローチ　11
 (5) メディア研究における生理学の再登場　16
 (6) 三度目の正直――メディアへの心理生理学的アプローチ　19

2章　心理生理学：理論的仮定と歴史　25

◆ 心理生理学の基本仮定　25
 (1) 脳は身体化されている　25
 (2) 脳と身体は継時的に働く　26
 (3) 引算法を使って生理システムを分析する　26
 (4) 身体の本来の仕事は生き続けることである　28
 (5) 認知過程は身体反応から推測できる　33
 (6) 心理生理測度は化け物である　35
◆ 心理生理学：長い伝統のある分野　37
◆ 心理生理学の利点と欠点　43

3章　心理生理学におけるキーワードと概念　47

◆ 身体からコンピュータへ：シグナルチェーンをたどる　47
 (1) 電極とリード線　48
 (2) 光電脈波計　53
 (3) 電極ケーブルと生体アンプ　54
 (4) フィルタリング　54
 (5) AD/DA 変換ボード　56
◆ 心理生理信号の用語　58
 (1) 持続性反応と一過性反応　58

(2) 変化得点　60
　　(3) 馴化と鋭敏化　60
◆まとめ　62

4章　メディアの認知処理に関する心理生理測度　63

◆メディアコンテンツの認知処理について考える　67
　　(1) 動機づけられたメディアメッセージ処理の限界容量モデル　70
◆心臓活動：認知処理の生理測度　73
　　(1) 心拍数の心理学的意味　74
　　(2) 心臓系の解剖学と生理学の基礎　76
　　(3) メディア実験室で心電図を記録する　81
　　(4) 心電図を記録する装置と手続き　81
　　(5) 心拍データの分析　86
　　(6) 心拍数を利用したメディア認知処理の研究例　90
◆脳波：メディア認知処理の基礎となる皮質活動の測度　91
　　(1) 脳波の心理学的意味　93
　　(2) 脳波信号を記録する　96
　　(3) 脳波を利用したメディア認知処理の研究例　97
◆まとめ　99

5章　メディアの情動処理に関する心理生理測度　101

◆情動の性質　103
　　(1) 情動における心身相関　106
　　(2) 情動価と覚醒——情動における上位次元　108
◆皮膚コンダクタンス：覚醒の皮膚電気測度　110
　　(1) 皮膚コンダクタンスの心理学的意味　111
　　(2) メディア実験室で皮膚コンダクタンスを測定する　113
　　(3) 皮膚コンダクタンスの記録装置と消耗品　114
　　(4) 皮膚コンダクタンス電極の装着　117
　　(5) 皮膚コンダクタンスデータの分析　118
　　(6) 皮膚コンダクタンスを利用したメディア研究の例　121
◆表情筋筋電図：情動価の測度　122
　　(1) 表情筋筋電図の心理学的意味　123
　　(2) 情動価の指標となる表情筋活動　125
　　(3) 表情筋筋電図を記録する　126
　　(4) 表情筋筋電図を記録するための電極配置　127
　　(5) 表情筋筋電図データの分析　130
　　(6) 表情筋筋電図を用いたメディア情動処理の研究例　131
◆まとめ　133

6章　メディア研究における新しい心理生理測度　135

- ◆ 驚愕性瞬目反応　135
  - （1）驚愕反応について理解する　136
  - （2）驚愕性瞬目反応を測定する　139
  - （3）メディア心理学における最近の研究　143
- ◆ 驚愕性後耳介筋反応　145
- ◆ 新しい表情筋筋電図測度：上唇挙筋　146
- ◆ 心拍変動　147
- ◆ 機能的磁気共鳴画像法（fMRI）　150
- ◆ まとめ　153

7章　心理生理測度を他の測度と結びつける　155

- ◆ 多様な測定データから正しい全体像を得る　156
- ◆ 心理生理測度とその他の測度との関係を理解する　162
- ◆ 自己報告測度と心理生理測度を結びつける　165
  - （1）身体化された心的過程の指標としての自己報告測度　166
  - （2）心的過程を調整する要因，心的過程から生じる要因の自己報告測度　170
  - （3）心的過程に影響する個人差の自己報告測度　171
- ◆ 連続反応測定：心理状態を動的に測定する方法　174
- ◆ 思考列挙：メディアメッセージ処理の質的経験をとらえる　178
- ◆ 副次課題反応時間：認知資源の行動測度　181
- ◆ 記憶測度：メディアメッセージ処理のパフォーマンス指標　184
- ◆ まとめ　186

8章　自分でやってみよう：実験室の立ち上げ　187

- ◆ スペースを探す　188
- ◆ 家具を据えつける　192
- ◆ 実験装置を購入して理解する　193
- ◆ 知識を伝える：実験室トレーニング　200
- ◆ 実験を計画する　203
- ◆ 実験を実施する　205
- ◆ まとめ　208
- 付録：実験室マニュアルの目次（見本）　209

9章 心理生理測度とその意味：研究の現状と将来の展望　213
- ◆ 暴力的なメディアは心を暴力的にするのか？　215
- ◆ ニュースと好奇心　219
- ◆ 説得とメディアメッセージ処理　223
- ◆ メディアメッセージ処理研究における心理生理学の未来　227
- ◆ 結び　229

　用語集　231
　引用文献　242
　人名索引　260
　事項索引　262
　監訳者解説　265

1章
メディア研究における心理生理学

　社会科学者の仕事は，複雑な世界の中で人間がどのように行動するのかを問うことである。読者の関心は，人間がメディアからのメッセージ，つまりテレビやコンピュータ，携帯通信機器，ラジオ，ゲーム機といったものから発信される情報とどのように相互作用するのかということにあるだろう。社会科学者はこのような相互作用をさまざまな方法で探求している。内容分析と呼ばれる方法を用いてメディアメッセージの中身に何が含まれているかを体系的に詳しく調べることもあれば，さまざまな方法（電話によるインタビュー，電子メール，インターネット）によってメディアに関連する事柄についての人々の態度を調査することもある。しかし，本書の大半では，社会科学者がよく使う第3の方法である実験室実験に焦点を当てる。高校で初歩的な科学の授業を受けたことさえあれば，実験研究の手順について少しは知っているだろう。統制された環境において，少数の変数を単独で取り出し，それらを正確に変化させて，その操作が従属変数に与える効果を測定するのである。実験計画法について全般的に知るには，よい本が出版されている（Babbie, 2010; Kirk, 1995）。本書の包括的な目標は，**心理生理測度**（psychophysiological measures，心理状態の変化を反映する身体反応の指標）を，脳がメディアメッセージを処理する過程を解明するための実験でどのように使用できるかを紹介することである。本書を読み終えるころには，心理生理学の指標によって何が有効に測れるかを実用レベルで理解でき，この分野で出版される研究論文が読めるようになるだろう。そういった研究の一部は本書でも紹介していく。

　現在のメディア心理学実験室で使われている心理生理学の研究法を理解するには，まずメディアメッセージの処理過程と影響に関する社会科学の研究史を概観することが役立つ。これから述べるように，メディアメッセージに対して身体反応を測定する研究は黎明期に2回登場したが，いずれもすぐに衰退してしまった。最初の登場は，**ペイン財団研究**（Payne Fund Studies）というメディア影響研究の原点とも言われる研究の一部であり，それが唯一の研究であった。その後，生理測度はほぼ30年間にわたりメディア研究から姿を消した。心理学の分野がほぼ完全に行動主義的アプローチ

へと急転したためである。メディアに対する生理反応を観察した研究が2度目に登場したのは，行動主義の時代の後半であった。しかし，ほんの一握りの論文が出版されただけで，また断念されてしまった。今になって考えれば，研究が衰退した主な原因は，覚醒を高める状況に対して生理システムがどのように反応するかについて，当時流布していた考え方が間違っていたからだと思われる。覚醒を高める状況ではどんな生理反応も増大すると信じられていたので，得られた結果は（少なくとも当時は）説明できない予想外のものであった。再び数十年間にわたり，生理測度はメディア心理学者のツールボックスから事実上消えることになる。

生理反応を単にメディアがもたらす測定可能な影響の1つとしてみるのではなく，心理生理学の理論的基盤をしっかり取り入れるようになって初めて，メディア研究者は，心拍数や皮膚コンダクタンス，脳波パターンといったものを，メディアメッセージを処理するときに意味のある変化を示す心理状態の指標としてうまく利用できるようになったのである。

◆ メディア効果についての研究小史

(1) 初期研究——映画コンテンツの影響力

どんなメディアも発展・普及していくと，そのコンテンツがもたらす効果に社会が関心を示すようになる。特に関心がもたれているのが，わいせつな刺激が子どもに与える影響力である。電子メディアについてこの反応が最初に見られたのは，1920年代初頭，市街地において映画館の数が全国的に急増したときである。この新しい現象の影響力に興味をもった社会学や心理学の研究者は，主に映画館が特定の自治体に及ぼす効果に注目して，個別に詳細な研究を行った。たとえば，フェラン（J. J. Phelan）師は『オハイオ州トレド市における商業的娯楽としての映画（*Motion pictures as a phase of commercial amusement in Toledo Ohio*）』を1919年に出版し，映画が社会に与える影響力について「入手可能なデータを残らず集め，読者が自ら解釈できる」ようにしたと主張した（p. 11）。しかし，このような文献から導き出される結論は，実験や慎重な観察に基づくものではなかった。むしろ，人間の認知に関する当時の共通理解から生まれた結論のように思える。それは，思考・知識・態度形成・行動の心理学的メカニズムは万人共通であるという理解である（Sparks, 2002）。その結果，政府による映画産業の検閲を求めるべく奔走したフェランやその他の人々は，映像コンテンツ

には極めて大きな効果があると信じた。この強力効果理論（powerful-effects view）によると，フェラン自身のイメージ的な表現を使えば，映画に描かれる態度・知識・信念は一人ひとりの観客の精神に直接作用する。まるで，杓子を使って脳の中に注ぎ込まれるように。

強力効果理論に基づき，フェランは，映画館によく通う子どもたちがさらされる「特定の危険」リストを作成した。映画を見すぎる子どもには，学校の教材に集中して取り組めない，病的な好奇心を抱くようになる，異常な空想をするようになる，あるいは「真のアメリカ精神を間違って表現するようになる」（p. 112）といったことが起こるとした。

この時期に実施された研究は，大まかにいえば，メディア効果に関する**皮下注射理論**（hypodermic needle theory）と結びつけられることが多い。しかし，個別に吟味してみると，当時の研究者はもっと慎重で控えめであったことが分かる（Wartella & Reeves, 1985）。たとえば，少年非行の分野で著名な研究者であるウィリアム・ヒーリー（William Healy）は，映画（もっといえば，映画館の暗さ）が若者の性行為の増大につながると警告したが，そのような効果を受けやすいかどうかには大きな個人差があるとも考えていた（Jowett, Jarvie, & Fuller, 1996）。

1930年代初頭には，『映画と若者（*Motion pictures and youth*）』という全8巻におよぶ研究書が出版された。今日メディア史を学ぶ人には前述の「ペイン財団研究」といった方が分かりやすい。民間慈善団体であるペイン財団の関係者が最後には財団の名前を出版物に使わないようにしようとしたことを考えると，今もこの名前で呼ばれているのは興味深い（Jowett et al., 1996）。財団が乗り気でなかったのは，このプロジェクトの先導者であったウィリアム・ハリソン・ショート（William Harrison Short）師が強烈な政治性を持っていたからである。彼の意図は，一連の社会科学研究を利用して，映画が若者に与える影響についてのゆるぎない証拠を集め，政府による検閲を要請する声を広めることであった。そのための最善の方法は，分野をまたがる優れた研究者たちに協力をあおぎ，厳密な科学的基準を満たした実験を実施することであると考えた。一方，当の研究者たちは個人的には映画コンテンツを軽蔑していたかもしれないが，それを抑えて客観的で緻密な科学研究を優先した。その結果，映画を見るという行為そのものが，強力で一様な影響を与えるとはいえないという結論が得られた（Jowett et al., 1996）。

本書の内容に関連して興味深いのは，全部で11件のペイン財団研究のうちの1つが，映画コンテンツに対する生理反応の測定に大きく依存していたことである。アイオワ州立大学の大学院生であった**ウェンデル S. ダイシンガー**（Wendell S. Dysinger）

とその指導教授クリスチャン A. ラックミック(Christian A. Ruckmick)はペイン財団研究チームの一員であり,「映画の中のさまざまな出来事が子どもや大人に与える情動的影響を明らかにする」ことを目標にしていた (Dysinger & Ruckmick, 1933, p. 3)。彼らは実験室実験とフィールド実験を計画し, 6 歳から 50 歳までの実験参加者に人気映画を見せた。その間, 参加者は小さなパン 1 斤ほどの大きさの箱に 2 本の指を浸していた。箱には, 指の皮膚抵抗値を読み取るための液体電極が入っていた。さらに, 革製の腕帯を用いて脈拍データも記録した。その研究で集めたデータは, 今日の水準からしても素晴らしい規模であった。実験室の統制された環境において生理データを 6 つに区分した年齢層の 89 人から記録しただけでなく, 地元の映画館と交渉して後 3 列に装置を持ち込み, より自然な設定で 61 人の実験参加者から追加データを収集した。

　フェランに代表される人々の主張とは対照的に, ダイシンガーとラックミックの結果では, 映画に対する情動反応は一様でなかった。その代わり, 年齢層による興味深い相違が認められた。たとえば,「性的」な映画である『イシュタルの祭り(*The Feast of Ishtar*)』のシーンに対する皮膚抵抗反応は, 16 歳の参加者において他の年齢層よりも覚醒を示した。思い出してほしいが, これは 1930 年代のことであり, 性的シーンといってもキスや愛撫などで, 現代の基準では穏やかなものと考えられる。それでも年配の参加者は 16 歳の参加者に比べて性的シーンに対する反応が少なかった。また, 同じ 16 歳の参加者でも大きな個人差があることもわかった。皮膚抵抗が非常に高かった者もいれば, ほとんど抵抗がなかった (大きな覚醒反応を表わしている) 者もいた。この結果から, 以下の結論が導かれた。映画がどのような影響を及ぼすかは「個人の精神生活の問題であり, その個人特有の精神的・身体的性質をもった……心理生理的有機体によって制御されているか, 少なくともそれによって判断されて決まるはずである」(Dysinger & Ruckmick, 1933, p. 115)。

(2) 行動主義の強力な影響

　本章で後ほど述べるように, ダイシンガーとラックミックは, 現代の心理生理学の理論的教訓とある程度一致する形で, 実験結果を解釈した。あるメディアメッセージに対する個人の反応を予測するには, 外的な文脈 (コンテクスト) と内的な文脈の両方が重要だと気づいていたのである。しかし, この文脈という考え方は, 1930 年代に科学の主要パラダイムである**行動主義**(behaviorism) および**古典的条件づけ**(classical conditioning) の勢いが強まったことで影が薄れてしまった。1920 年代初頭, ロシアの科学者**イワン・パブロフ**(Ivan Pavlov)は, 信号に対して特定の結果を予期するように生体を条件づけるにはどうしたらよいかを実証した (Samoilov, 2007)。パブロフ

は，イヌに食餌を与える前に標準信号（メトロノームや電気ブザーの音など）を出すという手続きを繰り返し，その後食餌の提示に対する唾液腺の活動を測定した（Pavlov, 1927）。この条件づけを数回行うと，イヌはその信号と食餌の登場とを結びつけるようになり，最後には食餌の有無に関係なく信号のみに反応して唾液を出すようになった。この刺激（ブザー）と特定可能な反応（イヌの唾液の増量）との組み合わせが，次の数十年にわたって行われた多くの心理学研究（一般に行動主義として知られるアプローチ）を方向づける象徴となった。

行動主義に関連して最も有名で影響力のあった科学者**スキナー**（B. F. Skinner）は，ヒトを含めた有機体の行動を説明するには，外部環境の重要な要素を記述し，その要素と行動とがどのように機能の上で結びついているかを理解するだけでよいと信じていた（Smith, 1996）。スキナーやその他の厳格な行動主義者にとって，動物の頭の中で起こっていることについての理論を発展させるのは，必要がないだけでなく，いささか馬鹿げたことでもあった。直接観察できないものは精度にかかわらず測定できないからである（Smith, 1996）。そういうわけで，1930年代から1950年代にかけて行われたほとんどの実験心理学における課題は，パブロフ流の研究枠組みに戻り，外部刺激を観察可能な反応と関連づけようとするものであった。

この時代のコミュニケーション研究者や理論家は，行動主義アプローチを自らの研究に反映させている。この分野に参入した学者の多くは，行動主義パラダイムに没頭した心理学者に師事し，多大な影響を受けているからである（Paisley, 1984）。たとえば，**刺激－反応モデル**（stimulus-response［S-R］model）のパターンは，ラスウェル（Lasswell, 1927/1971）によるコミュニケーションの古典的定義「誰が誰に何を言ってどんな効果があるか」（"Who says What to Whom and with What Effects"）にはっ

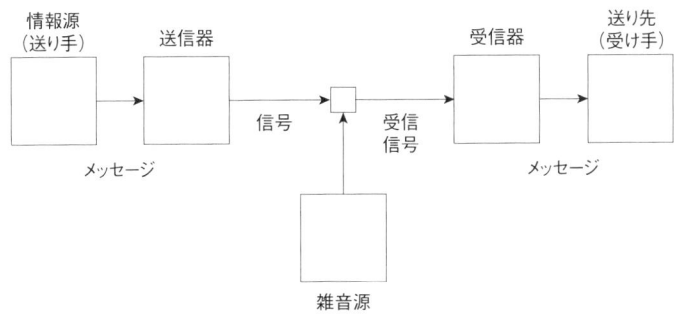

図1.1　シャノンとウィーバーによるコミュニケーションのモデル（1949年頃）

きりと現れている。のちにシャノンとウィーバー（Shannon & Weaver, 1949）が『コミュニケーションの数学的理論（*Mathematical theory of communication*）』において提唱した**モデル**（model, 図1.1参照）も、信号に反応してよだれを流すイヌについての20年前のパブロフの説明をほんの少し精緻にしただけの方法で、コミュニケーション行動という概念を説明している。

(3) 行動主義者による初期のコミュニケーション研究

　もちろん、コミュニケーション研究の黎明期には、行動主義モデルを使って、原因となる刺激を見つけ、それに対する反応を予測することは重要な課題であった。初期には注目に値する関係性がたくさん見つかった。たとえば、ラジオドラマが引き起こした大パニックを調査したハドリー・キャントリル（Hadley Cantril）の研究を考えてみよう。CBCラジオの「マーキュリー劇場」で放送されたH. G. ウェルズの『宇宙戦争（*War of the Worlds*）』についての研究である。この番組は1939年10月30日に放送されたが、これは単なるドラマであるという警告を何度も流したにもかかわらず、北米中の人々は、火星人が地球を破壊するために惑星侵略にやってきたニュースを生中継で聞いていると信じてしまった。パニックの規模がかなり大きかったので、プリンストン大学ラジオ研究局のキャントリルらは、この機会を利用して、メディアによって引き起こされた大規模な大衆行動に関する調査を初めて実施した（Lowery & DeFleur, 1995）。キャントリルの狙いは、行動反応（女子学生クラブのメンバーがラジオのまわりに集まり泣いて別れを惜しんだことから、人々が半狂乱で警察に電話をかけたこと、自殺未遂まで）を取り上げ、これらの行動の刺激となった環境条件について時間をさかのぼって明らかにすることだった。そこで、個人インタビュー、アンケート調査、この放送とそれに対する人々の反応について記述した12,000を超える印刷物の内容分析を用いて、幅広い研究を行った。

　ローリーとデフルー（Lowery & DeFleur, 1995）によると、ラジオ研究局の研究者は、このラジオドラマに対する反応を調べ、以下の4カテゴリーに分けた。

1. 『宇宙戦争』を聴いていたが、話があまりにもSF小説じみているとして慌てなかった人々。
2. 放送で聴いている内容を外部情報（ラジオ番組表など）で確認して、話は架空のものだと判断して慌てなかった人々。
3. 外部情報を得たものの、放送が正しいと信じてやはりパニック状態になってしまった人々。

4. 放送の始めからパニック状態になっており、聴いたことを確認するための内部・外部情報を集めようとしなかった人々。

キャントリル（Cantril, 1940）は、研究結果には反復による条件づけの要素が欠けているので、厳格な行動主義者は納得しないだろうと考えてはいた（そもそも異星人による惑星侵略が何回も繰り返されることがあるのか）。しかし、このようなカテゴリー分類に行動主義アプローチが影響しているのは明白である。研究者たちは、その10月の晩の外的条件や環境条件を記述し、それらがどのように影響して4通りの行動のうち1つをとることになったのかを説明した。挙げられた条件とは、そのメディアメッセージの鍵となる要素（例：卓越したドラマチックな演技や、音楽番組を中断して侵略に関する「ニュース」速報を出したことなど）か、一般的な社会情勢（例：放送日がハロウィーン間近であったこと、ヒトラーのファシスト政権がドイツの主導権を握ったので聴取者は戦争を強く意識していたことなど）であった。しかし、キャントリルは、個人がそれぞれの結論に達し、その結果ある行動をとるときに認知システムの内部で起こる過程については説明しようとしなかった。

一方、別の行動主義者カール・ホブランド（Carl Hovland）は、外的なメッセージ属性と受け手の意見変容との関係性を確立するためにたくさんの研究を行い、この分野を発展させた（Hovland, 1957; Hovland, Janis, & Kelly, 1953）。ホブランドが関心を持っていた研究テーマは、第2次世界大戦中の米陸軍における任務（映画を使って観衆の意見を変えることができるかという実験）の影響を受けている（Lowery & DeFleur, 1995）。しかし、戦争が終わって20年間、彼は映画の研究を離れ、個人間の議論を録音した音声データの研究に移った。エール大学の研究プログラム「コミュニケーションと態度変容」のまとめ役として、全部で50以上の研究を実施した。たとえば、著書『説得とコミュニケーション（*Persuasion and communication*）』（Hovland et al., 1953）のある章では、メッセージの論旨構成とその構造を変えることが意見変容に及ぼす影響について調べた実験を詳述している。研究課題には次のようなものがあった。

・説得メッセージには明解な結論を示したらいいのか、それとも暗示だけにとどめて、聞き手自身が結論に達することができるようにするのがいいのか？
・メッセージを最大限に説得力のあるものにするには、ある議論について賛成と反対の両面を示すのがいいのか、賛成の立場だけから述べるのがいいのか？
・1つの議論に複数の論点がある場合、最も強力な論点にそってメッセージを伝えるべきか、それともそれを最後の切り札にとっておくのがいいのか？

これらの問いを検証するために，ホブランドは，国際政治の話題や高等教育の利点といった幅広い事柄についてのさまざまな議論を記録した。もっと平凡な話題，趣味としての木工細工の有用性といったものさえ含めた。厳密にコントロールされた実験条件において，音声テープを大学生に聴かせ，その話題についての意見や態度を述べるように求めた。ホブランドらは，人が意見を変えるときには次の3つのことが起きると考えた。

1. ある意見（刺激）が推奨されて提示される。
2. メッセージを注意して聞いて理解した上で，実験参加者はメッセージに応答または反応する。つまり，推奨された意見と自分の当初の意見について考える。
3. 新しい反応をすることの誘因（報酬）が元の反応をすることよりも大きければ，実験参加者は態度を変える（Lowery & DeFleur, 1995, pp. 169-170）。

またもや，2番目の条件（注意や理解といった認知過程に関わる条件）について詳しく調べようとする研究はほとんど行われなかった（Cohen, 1957 参照）。実際，「注意」や「思考」は自然に生まれるという前提があった。そのような内的状態に関わるメカニズムや過程について，1950年代の行動主義の研究者は探究してこなかったのだ。

アルバート・バンデューラ（Albert Bandura）も，行動主義と深いかかわりのあるコミュニケーション研究者である。バンデューラは，人が観察によって学習する方法についてのモデルを発展させた。当初，それは**社会的学習理論**（social learning theory）と呼ばれた（Sparks, 2002）。社会的学習理論では，もし人が，身体的または社会的に魅力のあるモデルの行動を観察し，さらにそのモデルの行動に報酬が与えられるならば，観察者自身も（身体的に可能であり，それを実行するよう動機づけられていれば）将来似たような方法で行動するようになると主張する。

バンデューラの主な関心は，人々がどのように攻撃行動を学習するかにあった。初期の実験では，学齢期の子どもに，攻撃的に振るまう大人を映像にしたメディアメッセージをモデル刺激として見せることが多かった。たとえば，ある研究では，攻撃行動を映画のなかで見た後と，コミックや実物で見た後では，攻撃行動の程度が違うかどうかを検証した（Bandura, Ross, & Ross, 1963）。実験手続きはバンデューラが行った他の多くの実験と似ている。まず，児童に1人ずつ実験室に来てもらい，1つの群に無作為に割り当てた。攻撃行動を実際に見るか，映画を見るか，コミックを見るか，または統制群として攻撃行動をまったく見ないかである。実験が始まると，実験者はその児童と別の大人を試験室に連れていった。この大人は実は実験者の一人であり，モ

デル役をする**サクラ**（confederate）であった。児童とモデル役は同じテーブルに座った。テーブルの上には図画工作の材料が置かれていた。実験者は2人に材料をどのように使って工作をするかを見せた。そのあと，実験者はサクラを部屋の反対側にあるテーブルに連れて行った。そのテーブルの上には，たくさんの小さなおもちゃと小さな木槌が1つ，そして膨らませたプラスチック製のボボドール（訳注：空気で膨らませ，叩いても起き上がる風船人形）が1体載っていた。実験者は，児童に聞こえるような大きな声で，これからは部屋のこちら側でしか遊んではいけないとサクラに言ったあと，離れた別々のテーブルに座る2人を残して部屋を出た。

　実際の攻撃行動を見せる実験群では，サクラはおもちゃで遊び始めるが，しばらくすると，ボボドールを怒鳴りつけ，攻撃的に振るまった。人形の上に座ったり，鼻を何度もなぐったり，木槌で頭を叩いたり，放り投げたり，人形を蹴りながら部屋中をまわったりということを約10分間続けた。映画を見る実験群では，サクラが同じ部屋にいなかった。その代わり，同じ攻撃的に振る舞う大人を撮った映画を，図画工作のテーブルのそばに置いてあるカラーテレビで見た。コミックを見る実験群は，同じカラーテレビで『猫のハーマン（*Herman the Cat*）』という映画を見た。このコミック映画は，実験のために特別に制作された役者が演じる劇である。「他のコミックに出てくる猫と同じような，黒猫の衣装をまとった女性モデル」が登場して「人工芝に覆われた床」を歩き，「背景の壁には明るい色の木々や小鳥，蝶などが描かれ，空想の世界を作り上げていた」（Bandura et al., 1963, p. 5）。しかし，ご想像のように，猫のハーマンも最後にはボボドールを叩きのめすのである。

　モデルを見た後，児童は別の小部屋に連れて行かれた。そこは魅力的なおもちゃがたくさんあり，それで遊んでよいと言われた。しかし，おもちゃで遊び始めるとまもなく実験者が戻ってきて，「ここにあるおもちゃは君が遊ぶにはもったいないから，別の部屋に行ってそこにあるおもちゃで遊ばないといけない」と伝えた。この手順の狙いはもちろん，児童の欲求不満をかりたてることであった。次の部屋には，クレヨンや紙，車，トラック，人形，プラスチック製の牛や馬といった非攻撃的なおもちゃがあった。それに加えて，攻撃的なおもちゃも一式そろっていた。特に重要なのが，先ほどとまったく同じボボドール，木槌と留め釘と板のセット，ダーツを撃つ銃が2丁，顔を描いて天井からぶら下げたボールである。児童はこの部屋で20分間過ごし，その間実験者はマジックミラーから児童の行動を観察して記録した。

　バンデューラが見いだしたのは，おそらくウィリアム・ハリソン・ショートがペイン財団研究で示したかったことと，まさに同じ類のものだった。

実際のところ，得られたデータは，3条件の中で映画に描かれた攻撃を見ることが攻撃行動を引き起こすのに最も影響したことを示している。この実験群の参加者は，統制群に比べて，攻撃の総数や模倣攻撃，部分的な模倣攻撃（ボボドールの上に座ったり木槌で叩いたりする）が多かった。また，銃の遊び方が統計的に有意に攻撃的であった。さらに，実物の攻撃的モデルを見た実験群よりも，銃を使った遊び方が有意に攻撃的であった。(Bandura et al., 1963, p. 7)

　説得についてのホブランドの理論と同じように，バンデューラの社会的学習理論では，ある個人がモデルの行動を後で模倣するようになるためには4つの条件（注意・保持・再生・動機づけ）が必要であると提案している。すなわち，モデル行動への学習が起こるためには，その個人の環境にある無数の情報の中からそのモデル行動の細部がまず選択され，認知システムに記号として符号化されなければならない。もしボボドール実験に参加した子どもが，モデルを見るかわりに図画工作に夢中になっていたなら，攻撃行動の学習は起こらない。そもそも最初から攻撃行動に注意が向けられていなかったからである。しかし，行動に注意を向けるだけでは十分ではない。バンデューラによれば，モデル行動の細部が長期記憶に保持され，それが適切な状況で利用されなければならない。さらに，その個人がモデリングの影響を身体的に再現でき，そうするための強い誘因がなければならない。

　バンデューラの研究が主に取り組んだのは，さまざまな変数がこれら4つの社会的学習の必要条件に与える影響を調べることであった。「個人の主体性（personal agency）」という概念（Bandura, 2006）を導入したことによって，社会的学習理論は**社会的認知理論（social cognitive theory）**へと変容した（Bandura, 2009）。しかし，1950年代後期から1960年代初期にかけてのバンデューラは，それ以前のホブランドやキャントリルの研究と同様，明らかに行動主義的な方法によって，ほぼ完全に外的環境だけに注目していた。事実，内的な認知過程を詳しく研究しようとしない姿勢は1970年代に入っても続いた。著名なコミュニケーション学者ウィルバー・シュラム（Wilbur Schramm）は，編者となった『マスコミュニケーションの過程と効果（*The process and effects of mass communication*）』の中で，コミュニケーションの大部分は頭の中で起こっているが，研究者はそこには立ち入ることができないと考えざるをえなかったと述べている。

> コミュニケーション過程のほとんどが中枢神経系の「ブラックボックス」の中にある。その内容は，ほんのおぼろげにしか理解できない。コミュニケーションについて述べるとき，私たちは類似によって説明するか，大ざっぱな機能について論じることしかできない。そして，[コミュニケーションの] モデルが正しいかを検証するのは，そのモデルによってうまく予測できるかであり，ブラックボックスの中で実際に起こっていることを正しく表わしているかどうかではない。ブラックボックスの中で起こることは自信をもって語れるようなことではないのだ。

(Schramm, 1971, pp. 24-25)

(4) ブラックボックスを開ける──情報処理アプローチ

　社会科学における探究の3大目標が予測・説明・理解であることは一般的に認められている（Babbie, 2010; Sparks, 2002）。科学者は，さまざまな変数を一緒にすると何が起こるのかを予測する（「仮説を立てる」とも言う）。その極端な例を行動主義者の刺激-反応モデルにみることができる。しかし，それにとどまらず，ほとんどの科学者が望んでいるのは，物事がなぜそのように起こるかを知り，ある効果が生じるために起こる一連の出来事を理解することである（Sparks, 2002）。行動主義は科学の営みにおけるこの2側面を満たせなかったために，1960年代になるとそのパラダイムの輝きが失われてきた。多くの心理学者が，言語学者ノーム・チョムスキー（Noam Chomsky）と同じように考えるようになった。「心理学を行動の科学と定義することは，物理学をメーターを読み取る科学と定義するようなものである」（チョムスキーの言葉。Miller, 2003による）。

　心理学をもっとよく理解するためには，心の「ブラックボックス」をこじ開けようとする意欲が必要だった。人間の行動を予測して十分に説明するためには，予測可能な効果を引き起こす環境刺激を特定するだけでなく，新しい方法を作り出し，刺激-反応の結びつきの背後にある心理過程やメカニズムについての仮説を検証しなければならない。研究者たちはそのように感じていたのである。さまざまな専門分野（心理学だけでなく，哲学，言語学，コンピュータ科学，コミュニケーション科学，人類学）における社会科学者のなかに，後に「情報処理アプローチ」として知られる方向に研究を進めた人々が登場した。ロイ・ラックマン（Roy Lachman），ジャネット・ラックマン（Janet Lachman），アール・バターフィールド（Earl Butterfield）は，著書『認知心理学と人間の情報処理（*Cognitive psychology and information processing: An introduction*）』の中で，情報処理という独立した1つの専門分野が発展していく過程で，個々の専門分野がどのように寄与したかを詳しく解説している（Lachman et al., 1979）。さらに，ブラックボックスをのぞきはじめた研究者が考えていた原則についても考察している。その多くは，心理生理学の手法を使うメディア心理学者にとっての原則でもあるので，ここでまとめておこう。

1. 人間には生得的な能力がある

　行動主義者は，人間のあらゆる知識と行動は条件づけ学習によるものと考えていた。一方，情報処理アプローチをとる研究者は，人間には自然淘汰の遺伝メカニズムによって世代を通して受け継がれた傾向もあると考える。外見や美しさに関係する遺伝（身

長，髪の毛や瞳の色，皮膚の色など）や，生まれつき特定の疾患に罹患しやすいという遺伝もある。しかし，情報処理の立場をとる研究者は，そういった個人差よりも，生得的な認知能力（程度の差はあるが全人類において進化してきた能力）の影響に関心をもっている。その能力が淘汰されずに残ってきた数千年の間，人間が遭遇してきたのは，ほとんどすべてが現実のものであり，その時その場に存在するものであった。後に述べるように，この事実が，今日私たちがテレビやコンピュータスクリーンを通じて接するもの，つまり，現実ではなく実在しないものとの相互作用に影響を与えているのは確かである（Reeves & Nass, 1996）。その話をするのはまだ早いが，さしあたり，情報処理アプローチを用いる研究者は「人間の認知を説明するという仕事には，生得的な能力と経験の結果がどのように組み合わされてパフォーマンスにつながるかについて明らかにすることが含まれている」（Lachman et al., 1979, p. 118）と考えていることは覚えておいてほしい。

2. 人間は積極的な情報探索者である

行動主義アプローチでは，人間は環境からの働きかけを受動的に待っているとみなす。それとは対照的に，情報処理アプローチでは，「人間は情報に餓えており，自分に関連した新しいことが起こっていないか常に環境を探索している存在とみなす」（Lachman et al., 1979, p. 118）。人間の行動が予測不可能なのは，観察可能な外的条件だけでなく，外から見えず気づかれることもない内的要因によっても動機づけられるからである。

3. 知識は脳に貯蔵されている

人間（や他の生物）は感覚器官を通して環境と相互作用する。本を読むときは，光がページで反射して読者の眼に入ってくる。MP3プレーヤーにつないだヘッドホンから音楽を聴いているときには，耳がさまざまな周波数の空気振動を受け取る。ところで，そういった光や音のエネルギーは，人体に入った後にどうなるのだろうか？　どのようにして認知システムに運ばれるのだろうか？　ページで反射されたさまざまな光と影のパターンは，何らかの方法で文字や単語，意味をもつ文章として認識されるようになる。さまざまな振動は，お気に入りの曲だと認識されて鑑賞される。しかし，読書中や音楽鑑賞中に脳を切り開いても，光や音の波があふれてくるわけではもちろんない。情報処理アプローチをとる研究者は，人間の脳が最初にするのは，このような各種エネルギーを，現実を表わすある種の表象に変換することだと考えている。この表象がどんな形式であるかについては議論が分かれている。一部の研究者（1970年代後半のラックマンらも含まれる）は，知識は一連の形式的な命題として表現され，脳がそれを操作すると考えている（Newell, 1990）。別の研究者は，認知を厳格な記号

操作と見なすのはあまりに限定的であり，知識はある時点で活性化する神経細胞の分散ネットワークとして表現されると考えている（Churchland & Sejnowski, 1992）。いずれにしても，認知システムには何らかの表象が必要であるというのは，議論の余地がない仮定である。

4. 脳は知識操作器である

ラックマンらは，知識は記号として脳に貯蔵されると考えていた。そのため，この仮定を「脳は記号操作器である」と表現し，ほんの「少数のどちらかといえば基本的な計算操作（たとえば符号化，比較，位置決め，貯蔵といったもの）によって，人間の知能を説明したり，知識や新しいもの，将来の予測などを作り上げる能力を説明できるだろう」と述べた（Lachman et al., 1979, pp. 114-115）。計算操作の種類は少ないかもしれないが，進化によって人間の認知システムはきわめて迅速で効率的かつ緻密に計算操作を行えるようにチューニングされている。もちろん分散ネットワークアプローチをとるなら，脳は，散在する一連の神経細胞を迅速に連合させるように進化してきたといえる（Clark, 1997; Thelen, 1995）。知識が脳でどのように表象されているかにかかわらず，進化によって脳は知識を超高速で処理する装置としてチューニングされているという仮定は，情報処理と心理生理学の考え方の中心になっている。

5. 人間はシステムである

情報処理アプローチをとる社会科学者は，人体を**ダイナミックシステム**であると見なす。ダイナミックシステムの概念については，心理生理学的アプローチの具体的な仮定について論じるときにもう一度詳しく扱おう。ここでは，ミラー（Miller, 1973）による次の定義で十分だろう。「システムとは，互いに関係があり，相互作用を行う一組のユニットである」（p. 68）。情報処理の考え方では，ある1つの行動（考え，感情，記憶）を，個人の内外にあるさまざまなシステムの構成要素が膨大な相互作用を行った結果であるとみなす。このページにある単語を読むという課題をもう一度考えてほしい。今度はもっと具体的に，1つの単語を読んで理解するときに何が起こっているのかを考えてみよう。たとえば，

　　　　　BALL

眼は，複雑な視覚システムへの入口であり，そこで光エネルギーが生体電気エネルギーに細胞レベルで変換される（Kandel, Schwarz, & Jessel, 2000）。生体電気エネルギーは視神経から一連のニューロン（神経システム）を通って，視覚皮質としてよばれる特定の脳部位へと送られる。曲がりくねった線を「BALL」という単語だと（たとえばGXPZではなく，他の曲がりくねった‖―◇■のような線でもないと）判読するには，別のシステムにおける（今度は視覚皮質の細胞間における）さらなる相互作

用が必要である。興味深いことに，認知神経科学者がこのシステムを研究したところ (James, James, Jobard, Wong, & Gauthier, 2005)，どちらの作業にも視覚が関与しているが，単独の文字（「B」）と単語ユニット（「BALL」）を処理するときでは視覚皮質の異なる部分が活性化した。なぜか？ 課題が異なると，別のユニット間の相互作用，別のシステムの関与が必要になるからである。「BALL」という単語をページから読みとることについてさらに詳しく考えてみると，この単純な課題にはもっと多くのシステムが関与していることが分かる。「BALL」を1つの単語ユニットとして認識したあと，たとえば，ボールのイメージが心に浮かぶかもしれない。この過程ではどのユニットが相互作用しているのか？ 野球ボールを想像する人も，サッカーボールやラグビーボールを想像する人もいるのはなぜか？ 去年の夏，海辺で友人たちとビーチバレーをしたことを思い出すときに働くのはどのシステムか？ その楽しかった日のことを思い出しながら，その友人たちと長い間会っていないことに気づいて，複雑な感情を抱くときに働くのは？

意味づけや例示，個人的記憶，感情……。情報処理アプローチをとる研究者は，そういったものすべてをシステムが互いに作用し合った結果として見なす。行動は刺激と反応という2つの結節点の結びつきで起こるという1950年代の伝統的な行動主義者の世界観に比べて，この考え方がずっと複雑であることに気づいてほしい。情報処理の立場から世界を見るなら，このような複雑性の増大はもっともである。科学は単一の現象に対して最も単純な説明を与えること（**節約性として知られる概念**）を目指すが，解きほぐせるかぎりの完全で徹底した説明も求めているからである。知ることのできない「ブラックボックス」として脳を考えるのは不十分である！ 情報処理心理学者の課題には，モデルを作って，あるシステムがどのようにふるまい他のシステムとどのように相互作用するかについての検証可能な仮説が導き出せるようにすることが含まれる。科学的な意味でのモデルとは，大きな経験を構成要素に分解する試みである (Schoemaker, Tankard, & Lasorsa, 2004)。この考え方から，情報処理アプローチを用いる研究者の根底にある6番目の原則が導き出される。

6. システムは分解可能であり，実行には時間がかかる

単語の「BALL」を使った例で示したように，情報処理の研究者は，ある認知現象を理解するときに，最終状態を実現するために必要ないくつかの段階（下位過程）に分解してから始めることが多い。そうすれば，その下位過程は個別に検討することができ，1つのシステムとしてどのように相互作用するかも検討できる。しかし，情報処理パラダイムでもっと重要なのは，下位過程のそれぞれに時間がかかるという考え方である (Posner, 1978)。情報処理の考え方を行動主義と比べてみると，行動主義者

は時間経過の重要性をまったく認識していなかった。「行動主義者は内的事象に無関心であったので,頭の中で事象が生起する指標としてスピードを考えようとしなかったのはもっともである」（Lachman et al., 1979, p. 119）。しかし,7章でみるように,**副次課題反応時間**（Secondary Task Reaction Time: STRT）の測度が,メディア情報の符号化にかかわるいろいろな下位過程を理解するための方法として使われている。心理生理学における記録も,時間の概念に大きく依存している。実際,STRT測度と同じように,心理生理学者は時間そのものを記録することもある。たとえば,心臓活動を定量化する方法として,心臓から発生する電気信号が作りだす波形のピーク間をミリ秒（1000分の1秒）単位で測ることがある。4章で学ぶように,この波形を「心電図（electrocardiogram）」と呼び,ピーク間の時間を「心拍間隔（inter-beat interval）」と呼ぶ。他の例として,有意味な心理生理反応を特定するために時間を利用することもできる。たとえば,刑事ドラマでピストルを発砲する警察官の画像と発砲音に対して視聴者の覚醒（arousal）が高まるかを知りたいとする。この問いに対して,刑事ドラマを見ている人の手から皮膚コンダクタンスを測定し,ピストルの発砲に対して増大するかを調べることができる。しかし,皮膚コンダクタンスの増大が,他の何かではなく,ピストルに対して反応したものかどうかを判断するのにどのくらいの時間幅を使ったらいいか？　誘発された皮膚コンダクタンス反応が生じるのにどのくらい時間がかかるのか？　時間をどう設定するかで結論も変わってくるだろう。これらの問いへの答えは5章で検討するが,認知過程には時間がかかるということは覚えておいてほしい。どのくらい時間がかかるかは,メディア心理学の理論を発展させるときに重要な検討事項の1つである。

7. 科学は日常生活に適用できる問題に取り組むべきである

　この原則をメディア心理学者のための本であえて述べる必要はないかもしれない。結局のところ,世界中の人々が何らかのメディアコミュニケーションに定期的にかかわっている。しかし,ラックマンらの著書（Lachman et al., 1979）から30年過ぎてもなお,この基準は述べておく価値がある。この分野の新米研究者にとってもそうであるし,私たちのようなこの分野で長年研究をしている者にとっての備忘録としてでもある。情報処理に基づく研究の歴史のなかで最初期からあった指針の1つは,脳が日常の出来事を処理するときにどのように働いているかを理解したいという願望であった。この指針を今日の研究に適用するときに覚えておいてほしいのは,「自然であること（naturalness）は多作であること（fruitfulness）よりも大事である」ということである。学問の世界において「多作である」という言葉は,ある研究分野が将来の研究や論文をたくさん生みだすことを意味する。しかし,独立変数を少しだけ変化させ

ただけの研究や論文を量産することがメディア心理学研究者の存在理由であってはならない。その独立変数の変化が日常生活において出会う，意味のあるものでなければならない。だが，この基準は簡単に忘れられやすい。なぜなら，コンピュータ技術はさらに強力になり，メディア刺激を簡単にほんのわずかだけ変えて実験できるようになったからである。その上，この本で述べるように，心理生理データの収集・分析はだんだんと容易になってきている。単にできるからという理由で次々に実験したい誘惑にかられることもあるが，忘れないでほしい。目標は，メディア処理という日常現象に関連する認知と情動を理解し説明することである。次々に実験を終わらせて，統計的有意差を得ることではない。

コンピュータのハードウェアとソフトウェアが急速に発展したので，この原則に従うことは，ある意味で難しくなっている。しかし，見方を変えれば容易にもなっている。心理生理測度を用いたメディア研究の初期には，装置は巨大でかさばり，実験手続きは侵襲的で不自然なものであった。この7番目の原則には，できれば実験室の外に出て日常生活のなかでメディアがどのように処理されているのかを探究したいという願いが含まれている。新しい携帯型心理生理データ測定装置によって，その実現可能性は高まってきた。そのような装置は，実験参加者にとって邪魔にならないばかりか，研究者にとっても廉価になっている。

(5) メディア研究における生理学の再登場

1960年代初頭までに，心理学は劇的に方向転換し，行動主義の教義を捨てて，情報処理の原則を支持することが明らかとなった (Miller, 2003)。しかし，コミュニケーション学はすぐに後を追わなかった。実際，心理学者が情報システムアプローチを取り入れてから20年後に，**スティーブン・チャーフィー** (Steven Chaffee, 1980) は，コミュニケーション学の分野を批判し，彼が「二変数モデル」と呼ぶものの中で，あまりにも長く立ち往生していると述べた。彼は，『コミュニケーション研究―半世紀の評価 (*Communication research—a half-century appraisal*)』として出版された本に元々掲載された小論を再掲し，二変数モデルについて，明らかに行動主義者の言葉を使って説明している。

> 二変数モデルは，メディア内容への接触の程度差を測定したり操作したりすること（独立変数）と，ある側面における思考や行動の変化を観察したもの（従属変数）から成り立っている。従属変数は，実証データによって整然と統計的に独立変数と結びつけられている。(pp. 88-89)

興味深いことに，この「二変数モデル」を採用した1970年代の研究が，コミュニケーション研究者が生理指標を使った2度目となった (Donnerstein & Barrett, 1978;

Donnerstein & Hallam, 1978; Zillmann, 1971)。しかし，生理測度を使ったとはいえ，メディア変数と生理的変化との刺激－反応関係を調べる以外のことはしなかった。たとえば，ドルフ・ジルマン（Dolf Zillmann）は，**興奮転移理論**（excitation-transfer theory）の実験に使う映画刺激を決める予備調査において，心理生理測度を用いた。予備調査では，男性12人に6本の映画クリップを見せて，皮膚温・心拍数・血圧を測定した。6本の映画クリップは，ニュートラル・攻撃的・性的という3条件の例として「直観に基づいて選んだ」（Zillmann, 1971, p. 423）。しかし，それぞれの映画について生理データを分析・解釈し，興奮転移の実験で使用する3本を選定しようという目で見ると

> 実験に用いる映画として最適な3本は，得られた結果からはっきりと決めることができた……［選ばれた攻撃的な映画］の方が［選ばれた性的な映画］よりも皮膚温の低下がわずかに大きかったことを除けば，興奮の生理指標はいずれも適正な方向にあった。平均血圧および交感神経活性という重要な指標の差は顕著に有意であった。除外した3本の映画には大きな欠陥があったか，実験に適していなかった。(Zillman, 1971, pp. 426-427, 傍点を追加した)

　この予備調査の主目的は，生理的覚醒を高める映画クリップ（場面）を決めることだった。その映画クリップを使って，興奮が持続して別の課題に転移することの効果（興奮転移理論の根幹）を検証した。確かにその意味では，ジルマンの解釈は目的に適っている。しかし，上記の引用には行動主義の影響が容易に認められる。直観に基づいて選んだ映画は，特定の生理反応を伝統的な刺激－反応という形で生じさせると考えられていた。覚醒を高めると考えられた映画は，そうでない映画よりも，すべての測度を増大させるはずである。その期待したパターンに合わなかった映画は「適していない」として除外されるか，注意書きをつけられた。性的映画は攻撃的映画よりも皮膚温以外のすべての測度で大きな覚醒効果があったという注意書きである（皮膚温は交感神経系が活性化しているときに下がる）。

　ジルマンと教え子たちは，生理測度を同じように使って，特定の実験条件が覚醒を引き起こすことを予備調査で確認したり（Zillmann & Bryant, 1974; Zillmann, Mody, & Cantor, 1974），本実験における従属変数として使ったりした（Cantor, Zillmann, & Einsiedel, 1978; Zillmann, Hoyt, & Day, 1974）。このような研究では，1971年の研究と同じく，ある刺激（さまざまな種類のメディア刺激やサクラによる挑発など）が生理システム（主に覚醒システム）に及ぼす「効果」を発見することに主眼が置かれた（Lang, Potter, & Ball, 2009）。そして，そういった覚醒上昇がその後の行動（たとえば，挑発したサクラに電気ショックを与えようとする）に影響することを示そうとした。

ここで述べたメディア研究における生理測度の「第2の波」では，生理的な従属変数が予想した変化を示さず，その後の行動がきれいに対応しないことがたびたび起こった。たとえば，**エドワード・ドナースタイン**（Edward Donnerstein）は，男性参加者に怒りを喚起させた後，性的な映画を見せて，それが男性または女性のサクラに対する攻撃反応にどのような影響を与えるかを調べた（Donnerstein & Barrett, 1978）。この研究では，実験手続きのいくつかの時点で，覚醒水準の指標として生理変数を用いた。参加者はまず実験室に入り，もう1人の参加者を装ったサクラに会った。そして，この研究はストレスが学習と生理反応に及ぼす効果を明らかにするためのものだと聞かされた。真の参加者は，最初の認知課題を行うように「無作為に」選ばれ，それに先だって血圧を記録した。その認知課題とは，最近起こった特定の出来事について5分間で文章を書くことであった。あとで別の参加者（サクラ）がその文章の出来を判定し，最大10回までの短い（0.5秒）電気ショックと批評コメントによって評価を伝えると聞かされた。フィードバックは，厳しい（電気ショック9回）か弱い（電気ショック1回）のどちらかと最初から決まっており，参加者の怒りのレベルを操作した。電気ショックを与え，批評コメントを読ませた後に，参加者の血圧を再度測定した。

次は，サクラが課題をする番であった。真の参加者には，無意味単語対のリストを学習することが課題であると伝えた。サクラが「学習」している間，時間をつぶすために映画を見るように言われ，自然風景の映画または性的なモノクロ映画のどちらかを見るように無作為に割り当てられた。映画を見た後，参加者の血圧を再度測定した。

最後に，参加者は無意味語対のリストを渡された。サクラに問題を出して，正しい単語の組合せを答えさせた。参加者は，相手が正解すれば，実験後に換金可能なポイントを何点でも与えることができた。もし間違えたら，適当だと思う強度と長さの電気ショックを相手に与えるように教示された。不正解の回数は，当然のごとく最初から決まっており，サクラの答えが正しいか間違っているかは実験者が知らせた。

結果は予想以上に複雑だった。平均血圧と収縮期血圧が生理的覚醒の指標として使われた。どちらの測度も，怒った参加者が性的映画を見た後に増大した。ドナースタインが仮定したとおりである。しかし意外なことに，この生理反応が起こったのは，女性のサクラとペアになった被験者に限られていた。男性のサクラと組んだ参加者では，性的映画を見た直後に平均血圧と収縮期血圧の低下が認められた。さらに不可解なことに，生理的覚醒を示しながら怒っていた被験者は，生理的覚醒が少なかった参加者よりも攻撃行動が少なかった（より短く強度の低い電気ショックを与えた）。これは，興奮転移理論の予測とは完全に矛盾する結果である（Donnerstein & Barrett, 1978）。

そういうわけで，1970年代には，生理測度を研究手法として取り入れようとしたコミュニケーション研究者はややこしい問題に直面していた。まず，この専門分野でよく用いられる紙筆式の自己報告測度と比べて，生理測度は高価であり手ごわいものと思われていた（Gale & Smith, 1980）。また，血圧は当時のコミュニケーション研究者が用いていた主要な測度であったのだが（Cantor, Zillmann, & Einsiedel, 1978; Donnerstein & Barrett, 1978; Donnerstin & Hallam, 1978; Zillmann & Bryant, 1974; Zillmann, Hoyt, & Day, 1974; Zillmann, Mody, & Cantor, 1974），方法論や実験計画上の問題が数多く見つかっていた。費用がかかる上に問題も多いことに加えて，さらに厄介だったのは，得られた結果が刺激 – 反応という行動主義の予測と一致しなかったことである。覚醒を引き起こすメディア変数を刺激とし，記録した生理活動を反応としたときの予測とも，生理的覚醒を刺激とし，それに続く行動を（興奮転移理論から予測されるように）反応としたときの予測とも一致しなった。そのため，40年前と同じく，生理測度はメディア心理学者によって棚に戻され，しばらくの間取り出されることはなかったのである。

(6) 三度目の正直——メディアへの心理生理学的アプローチ

メディア実験室で生理測度が再び使われるようになるのに，前ほどの時間はかからなかった。とはいえ，チャーフィー（Chaffee, 1980）が，メディア研究は二変数研究を越えて「メディア接触とその効果の間にある心理的な過程」（p. 89，傍点を追加した）の探求を始めるときだと主張してから，生理測度が広く注目されるまでに10年以上が経っていた。それは，コミュニケーション学を改めて概観するという形であらわれた。コミュニケーション学会誌（*Journal of Communication*）の2号にわたる特集であり，「コミュニケーション学とその将来についての調査資料集」として企画されたものだった（Levy & Gurevitch, 1993, p. 4）。掲載された論文のなかで，セス・ガイガー（Seth Geiger）とジョン・ニューヘイゲン（John Newhagen）は，情報処理的な考え方が依然としてこの分野では無視されていると主張した。

> 個人レベルで生じるマスメディア効果を十分に探究できないのは，人間という情報処理装置を，入り込めない「ブラックボックス」と見なし，メッセージの受信から学習・態度・行動といった結果に至るまでに不可知の過程があると考えているからである。そうではなく，我々は構成している過程そのものが重要な結果であり，予測因子でもあると見ている。要するに，マスメディア効果について長年ブラックボックスとされてきたものを明らかにするには，その中で生じる情報処理のブラックボックスを研究すればよいのである。（Geiger & Newhagen, 1993, p. 42）

さらに二人は新しい文献のレビューを行った。メディア学者は，行動主義が下火に

なってからの30年間に発展した心理学のツールを使って，認知システムがどのようにメディア処理を行っているかを説明するモデルを作りはじめていた。たとえば，いくつかの論文では，情報処理の主要な原則の1つである「認知過程には時間がかかる」(Posner, 1978) ことに注目し，副次課題反応時間（secondary task reaction time: STRT, Geiger & Reeves, 1993; Reeves, Newhagen, Maibach, Basil, & Kurz, 1991) や反応潜時（Newhagen & Reeves, 1992）を測定した。反応潜時とは，前に見たメディアメッセージについての質問に答えるまでの時間である(Cameron & Frieske, 1994)。上記の多くの研究にかかわった**バイロン・リーブス**（Byron Reeves）も，メディア心理学に生理測度を再導入する鍵となった人物である。あとで見るように，脳波を用いた彼の研究が，心理生理学の視点をメディア心理学に本当の意味でもたらした最初の研究であった。

　心理生理学の鍵となる概念として，**定位反応**（orienting response: OR）がある。これは周囲で起きていることに対して注意が一時的に増大することである。定位反応については4章で詳しく扱う。さしあたり，定位反応が生じたかどうかは，脳の電気信号を見れば生理学的に同定できると言っておこう。頭皮に電極をあて，信号を約2万倍に増幅すれば，コンピュータ画面上で脳から発生する微小な電気信号を観察できる。実際には，とても複雑な波形であり，ごちゃごちゃした曲線である。この波形は，さまざまな周波数で振動する多くの波形が重畳したものである。2つの異なる周波数帯域で振動する波形（特に意味はなく**アルファ波**（alpha waves）と**ベータ波**（beta waves）とよばれる）が注意と関連している。定位反応が起こり，周りにあるものに一時的に注意を向けると，ベータ帯域で振動する波の振幅が増大し，アルファ帯域で振動する波の振幅が減少する。リーブスら（Reeves, Thorson, Rothschild, McDonald, Hirsch, & Goldstein, 1985）は，この知見に基づいて，メディアのどの側面が視聴者に定位反応を生じさせるかを脳波測度によって明らかにしようとした。右手利きの女性26人に，コマーシャルを含んだ30分のホームコメディ（sitcom）を2本見せながら，脳波を記録した。別グループの女性57人にも，同じ2本のホームコメディを見せたが，生理データは記録せず，番組終了後に記憶テストのみを実施した。最初のホームコメディは，脳波記録の参加者が，頭部に装着した4つの脳波電極と耳たぶに装着した2つの基準電極に慣れるための手続きとして加えられた（4章参照）。

　リーブスら（Reeves et al., 1985）は，コメディ番組にコマーシャル休憩を3回入れ，そこに9本の広告を出した。脳波を1秒間に128回測定し，複雑な波形からアルファ波帯域（8〜13 Hz）を抽出した。手始めに，それぞれのコマーシャルについて，0.5秒ごとのアルファ波の強度を，26人の参加者を平均してグラフ化した。次に，広告そ

のものについて 0.5 秒ごとに慎重に調べた。その 0.5 秒間に，登場人物や物体が画面上で動いたか，映像のカット（場面転換）があったかを記録していった。このようにメディア刺激と生理反応の両方を詳細に調べる方法は，同じように広告処理中の脳波を測定しても，ずっと長い区間における生理測度の平均値を求めた当時の他の研究とは異なっていた（Appel, Weinstein, & Weinstein, 1979; Weinstein, Appel, & Weinstein, 1980; Weinstein, Drozdenko, & Weinstein, 1984）。ごく短い時間窓を使って調べることで，リーブスらはこう結論できた。「注意は刺激に反応する。アルファの急速な減少と馴化は，視覚刺激に対する不随意的反応だと考えられる。しかし，減少の大きさと回復にかかる時間は，コンテンツに対する興味に関連して変化するかもしれない」（Reeves et al., 1985, p. 252, 傍点は原文による）。

アニー・ラング（Annie Lang）は，ウィスコンシン大学にいたリーブスの教え子である。リーブスらがアルファ抑制（alpha blocking）を引き起こすことを示した視覚的構造特徴によって，定位反応と結びついた心拍の減速パターンも惹起されることを示した（Lang, 1990）。メディア処理に対する認知資源の配分と相関する生理指標として心拍数が使えることを実証した彼女の影響力は強調しすぎることはない。心拍数の測定が比較的容易であり，参加者の被侵襲感も少ないとあって，テレビのメッセージの諸側面を変えて，認知への影響を心拍数を測定することで調べた研究が数多く行われた。初期の研究（Lang, Geiger, Strickwerda, & Sumner, 1993）では，心拍減速を使って，画面上の映像変化（当時は「カット」と呼んだ）に続く数秒間に，テレビのメッセージに注意が向くようになるかを調べている。学生 58 人にテレビ番組から抜粋された映像を 12 本見せた。一部の参加者からは，映像提示に同期させて心拍数も記録した。生理データを分析したところ，カット後には平均して心拍が減速することがわかった。さらに，関連する 2 画像の間のカット（つまり，同じ場面で 1 つのカメラ画像から別の画像に切り替わるカット）であっても，関連しない 2 画像の間のカット（つまり，コマーシャルの車の画像から，デスクに座っているニュースキャスターの画像に切り替わるカット）であっても，減速の程度は変わらないことが示された。しかし，興味深いことに，他の情報処理に関係する従属変数には差が認められた。たとえば，参加者は，関連したカットの後に提示された副次課題反応時間の刺激音に対して，関連しないカットの後よりも早く反応できたし，画像の内容もよく覚えていた。

これまでのメディア研究者と生理指標をめぐる関係がここで再び繰り返されたなら，この一握りの研究を最後に，次の研究が行われるまでさらに 10 年ほど待つことになっただろう。しかし，三度目の正直が起こった！ しばらくして，ラングは『メディアに対する心理反応の測定（*Measuring psychological responses to media*）』

(Lang, 1994b) と題する編書を出版した。その中の2つの章が，メディアメッセージに対する身体反応の正しい測定と解釈について正面から取り上げている（Hopkins & Fletcher, 1994; Lang, 1994c）。また，実験計画法（Reeves & Geiger, 1994），データ分析（Watt, 1994），実験室の設置（Lang, 1994a）の3章では，一例として生理測度についても論じている。「特定の心理測度をどのように使えばメディアメッセージの心的処理を評価できるのかを説明する」（Lang, Bradley, Chung, & Lee, 2003, p. 651）という同書の理念は，この分野で生理測度がその後も利用されるために重要であった。方法論に関するこの本が広く読まれ，その理論的なスタンスが普及したことにより，メディア心理学の分野は行動主義の伝統から完全に離脱する方向に動き始めた。これは，同書が出版されてからの10年間で，情報処理アプローチを用いたこの分野の論文数が著しく増えたことに表われている（Lang et al., 2003）。レインとハリントン（Lane & Harrington, 2009）は，心理生理測度を用いた研究の数は情報処理アプローチを用いた研究数の5％に満たないことに落胆している。彼らのいいたいことは分かる。これからのメディア研究は心理生理学から得られる洞察についてもっと考えるべきだ（要は，それが本書を書こうと思った理由でもある）。その一方で，1993年以降のこの分野をもっと楽観的に見ることもできよう。生理測度を用いた研究の数をコミュニケーション研究の全体から見てみると，かなり心強い状況であることが分かる。本章で述べてきたように，生理測定を行った研究は1910年から1990年にかけてはごくわずかである。しかし，図1.2が示すように，1995年から2009年までにコミュニケーション研究の主要学術誌に発表された心理生理測度を利用した論文の数は，明らかに増加し

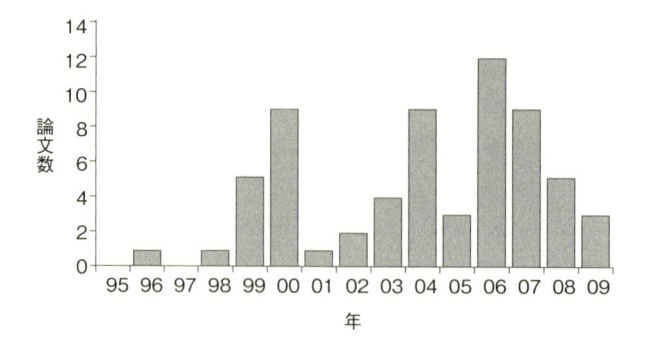

図 1.2 心理生理測度について詳しく言及したり実際に測定している査読付論文の数
『コミュニケーション研究（*Communication Research*）』，『人間コミュニケーション研究（*Human Communication Research*）』，『広告学会誌（*Journal of Advertising*）』，『放送・電子メディア雑誌（*Journal of Broadcasting & Electronic Media*）』，『コミュニケーション学会誌（*Journal of Communication*）』，『メディア心理学（*Media Psychology*）』に掲載されたもの。

ている。ますます多くの研究者が，生理測定ができるメディア実験室を世界中で立ちあげているからである。なぜ変わったのだろうか？ 生理測度は有益であると認められるまでに何が起こったのだろうか？

　主な違いは，身体測度を従来の行動主義的な意味での反応と考えるのをやめたことである。その代わりに，メディア研究者はますますS-I-Rと呼ばれるパラダイムの下で研究するようになった。真ん中の文字「I」は，刺激の外的世界と観察できる反応の間に介在する (Intervene) 心理過程の重要性を表わしている (Donchin, 1979; Donchin & Israel, 1980; Porges, Ackles, & Truax, 1983)。言いかえれば，今日のメディア実験室においてさまざまな身体システムから生体電気信号を測定して得られるデータは，心理生理学の基本仮定によって解釈されている。これらの仮定について2章の冒頭で述べよう。

2章
心理生理学：理論的仮定と歴史

1章では，身体反応の測度をメディア刺激に対する従属変数として使った60年間にわたる研究をみてきた。生理指標は歴史上のほとんどの期間で評価されてこなかった。主な理由は，心理学の理論的アプローチとして行動主義の強い影響があったからである。1990年代初頭になると，メディア心理学者が，視聴者とメディアの相互作用を，行動主義ではなく情報処理の立場から捉えるようになった。そうしてようやくメッセージ処理中の生理測度が有意義な方法で解釈されるようになったのである。心理生理測度は廃れずに，メディア心理学の理論を発展させるために使われるようになった。

今では，生理測度は反応変数としてではなく，メディア視聴者の心理現象（状態や特性）の対応物として見なされている。メディア心理学実験室で生理変数を利用することに最も成功したのは，心理生理学の基本仮定を忠実に守っていた人々だといえる。

◆ 心理生理学の基本仮定

ほとんどの心理生理学者は情報処理の理論的基礎があるので，前述のラックマンら（Lachman, Lachman, & Butterfield, 1979）の原理リストに賛成する。しかし，心理生理学者が抱く仮定は他にもいくつかある。具体的には，脳（情報処理の中枢）がなぜどのようにして身体の末梢部位と相互作用し，情報を受けとり，情報を伝え，機能を果たし，生存しているかということに関連した仮定である。そうした仮定を簡単にここで紹介するが，より詳しく知りたい人には，ジョン・カシオッポ（John Cacioppo），ルイス・タシナリー（Louis Tassinary），ゲイリー・バーントソン（Gary Berntson）による『心理生理学ハンドブック（*Handbook of psychophysiology*）』の序章を読むことを勧める（Cacioppo, Tassinary, & Berntson, 2007a）。

（1）脳は身体化されている

すでに強調してきたように，心理生理学的アプローチは脳を本質的に理解不能な

「ブラックボックス」とは考えていない。しかし，「脳は身体化されている」という仮定には，脳に対する理解を深める努力をしようという以上の意味がある。この仮定は，脳に対する見方を変える。神経や化学物質，筋によって他のすべての身体器官と求心的・遠心的に結びついた器官として，脳を捉えるのである。身体化された認知の立場では，**ルネ・デカルト**（Rene Descartes）によって提示されたような心身問題を認めない。デカルトは，ただ1つ確かなことは心の存在であり，身体やその他の物理的なものはただの幻想だと主張した。その代わりに，心理生理学者は「認知は種々の経験に依存している。そのような経験は，特定の知的能力・運動能力（両者は分かち難く結びついている）を持った身体から得られるものであり，推論・記憶・情動・言語・その他すべての人生の側面を編み込んだ母体を一緒になって形成している」（Thelen, Schöner, Scheier, & Smith, 2001, p. 21）と考えている。

(2) 脳と身体は継時的に働く

身体的・認知的な過程はダイナミックなものであり，継時的に行われる。時間という概念の大切さを認識することは，心理生理学者にとって重要である。時間的側面を考えると，実験計画や刺激の作成・選定，データ収集，分析方法も変わってくるし，最後の解釈やデータの提示方法も変わってくる。他の本で述べたように，ダイナミックな「システムはデジタル的にではなくアナログ的に増減する。だから，考えることで数ミリ秒または数秒間の変化が生まれ，その思考内容が変わると，生物的・生理的システムに大きな影響を与えたり与えなかったりするのだ」（Lang, Potter, & Bolls, 2009, p. 186）。

(3) 引算法を使って生理システムを分析する

時間は心理生理学研究に影響する重要な概念なので，1つの哲学的で操作的なアプローチである引算法を紹介しておこう。**引算法**（subtractive/subtraction method）は，オランダの眼科医であった**フランシスカス・ドンダース**（Franciscus Donders, 1868/1969）が発明した。彼はヘルマン・フォン・ヘルムホルツ（Hermann von Helmholtz）が行った実験に魅了されていた。ヘルムホルツは，電気刺激を動物や人間の運動神経に与え，刺激から筋肉収縮が生じるまでの時間を測った。ドンダースは，実験を計画するときにヘルムホルツの実験を土台とした。身体のさまざまな部位に与えた弱い電気刺激に対して人間が反応する時間を比較したのである。だから，たとえば，弱いショックを頭の皮膚や，耳や目のすぐ下の皮膚に与え，その刺激に気づいて刺激を手で払いのけるまでの時間を測ったりしたのだろう。その結果，脳から離れた部

位を刺激したときほど反応には時間がかかることが分かった。言いかえれば，耳や目の皮膚が刺激される方が，頭のてっぺんを刺激されるよりも，払いのけるのに時間がかかったということだ。ドンダースは，測定した時間には，筋肉が刺激を受けて反応するのにかかる時間だけでなく，その刺激が手を払いのけたいような刺激だと評価する認知過程にかかる時間も含まれていると主張した。でも，どうすれば認知過程に関連した時間を取りだせるだろうか？　引算法こそが，その解決策であった。ドンダースは次のように考えた。もし，認知事象を含む課題と含まない課題にかかる時間を比較したら，その差分は認知にかかる時間だろうと。

　そのため，ドンダースの初期の実験では，参加者は2条件のどちらかに割り当てられた。どちらの条件でも，参加者は両足に電極をつけられ，どちらかに刺激を受けた。参加者の課題は，刺激された足と同じ側の手を上げることだった。しかし，実験操作として，一方の条件ではどちらの足が刺激されるかを知らされ，他の条件では知らされずに自分で考えなければならなかった。自分で考えるという認知課題をしなければならなかった参加者は，刺激を待って反応するだけの（どちらに刺激がくるかを知っていた）参加者よりも，手を上げるまでに長い時間がかかった。2つの反応時間を引算することで，ドンダースは心的過程の持続時間を計算した。これが引算法の本質である。

　それが心理生理学とどう関連するだろうか？　引算法アプローチは時間測定以外にも拡張できる。カシオッポら（Cacioppo, Tassinary, & Berntson, 2007b）が説明したように，心理生理測度は引算法の実験パラダイムで使うときわめて強力になる。生理反応の差分は構成概念の違いを確認するのに使えるだけでなく，適切な測度を選べば，その測度の心理学的意義についての知識から，それぞれの条件で使われる認知過程の種類を知ることもできる。たとえば，暴力犯罪の被害者が映った映像を含むニュースは，そういった映像を含まないニュースとは心理学的に違うものだと主張したいとする。生理実験を計画すれば，その主張の検証に役立つだろう。参加者に暴力犯罪に焦点を当てたいくつかのニュースを見せる。半数のニュースには犯罪の結果についての映像シーンを含めるが，残りの半数には含めない。これは本質的にドンダースのアプローチに基づく実験だと分かるはずだ。2種類のニュースを見ているときの生理変数を測定して「引算」すれば，人間がネガティブ映像を処理するときの反応が分かる。もし実際に参加者の反応に差があったら，引算法の論理に基づいて，2種類のニュースは概念的に異なるという主張の裏づけが得られる。

　しかし，心理生理学的アプローチの利点は，これよりずっと大きい。「生物学的測度を使う場合，ある生理的差分の心理的意味は，実験条件間の理論的な違いと，その生理的差分の心理的意味についての先行文献の両方からもたらされる」（Cacioppo et al., 2007b, pp. 7-8)。では，先ほどの例に戻り，測定した生理測度が皮膚コンダクタンスと皺眉筋活動だったとしよう。もしそのような測度が暴力的内容を含むニュースを見ているときに含まないニュースを見ているときよりも大きく変化すれば，2種類のニュースは概念的に異なるといえる。しかし，メディア心理学や基本的な生理学研究における先行研究から，これら2つの指標は，人間の脳の回避（「闘争か逃走か」）システムの活性化の指標であることが分かっている。だから，これらの生理測度に引算法を適用することで，2種類のニュースが概念的に異なることを示しただけでなく，視聴者が2種類のニュースに関連づけている意味についての洞察を得ることもできるのである。引算法のおかげで，ブラックボックスの暗闇をほんのすこしだけ照らせるようになったのだ。

(4) 身体の本来の仕事は生き続けることである

　本書で紹介している測度のほとんどは，本質的に，神経の電気活動を測るために皮膚表面につけた電極を使って得られるものである（Stern, Ray, & Quigley, 2001）。メディア現象を研究する心理生理学者になるなら，次のように考えたくなる。心臓の神経が発火するのは，その電気活動がコンピュータゲームに向けられた認知的注意の量の指標となるためであり，テレビ番組を見ているときに出る手のひらの汗の量は，ゴールデンタイムに放映される犯罪ドラマを見て感じる興奮だけに関連している。生理指標がそういった関係性を推測する手段になるように苦労して実験を計画しているが，身体の主な仕事はいつでも生命を維持することに関連しているのを覚えておくのは大切である。食物は消化しなければならない。呼吸はしなければならない。血液は循環しなければならないし，ホルモンは分泌して吸収しなければならないのである。ベルナール（Bernard, 1878/1974）が言ったように，「すべての生命メカニズムは，どんなに多様であっても，1つの目的しか持たない。体内環境を維持するという目的である」(p. 121)。言うのは簡単で，解明するのは難しいのだが，本当に興味があるのは，メディアメッセージの処理，生命維持活動の中に埋め込まれている情報に関連したデータである。

　こうした内的身体活動に対する心理生理学者の考え方は，この150年間で変わった。ベルナール（Claude Bernard）は，生体が持っている「内部環境（milieu intérieur）」がいかに複雑かを最初に述べた人である。ウォルター・ブラッドフォード・キャノン（Walter Bradford Cannon）はさらに進んで，それは内部と外部の条件に反応するために生体によって作られ制御される液体基質であると解釈した。そうした反応は，当初，生体を安定した状態に保ち，破壊・分解・分離されないように守る平衡状態とし

て記述された。キャノン（Cannon, 1929）は，この平衡状態をホメオスタシスと呼び，次のように定義した。

> 高度に発達した生物は開放系であり，それを取り巻く環境とさまざまな関係を持っている。呼吸器や消化管の中で関係し，表皮のレセプタ，神経筋組織，骨格を通じて関係している。環境の変化はこのシステムの反応を興奮させ，直接影響を与える。そうするとシステムの内部で乱れが生じる。さまざまな器官（脳，神経，心臓，肺，腎臓，脾臓など）が一体となって，身体の状態が変化しそうになったときには即座に活動するのである。身体の安定状態のほとんどを維持しているこの協調的な生理反応はきわめて複雑で生体に特異的なので，このような状態を指す特別な言葉，ホメオスタシスを使うことが提案されてきた（Cannon, 1929, p.400, 傍点は原文による）。

キャノンは，ホメオスタシスは交感神経系と副交感神経系が相互に活性化することで保たれていると確信していた（Berntson & Cacioppo, 2007）。このことを理解するために，ここで人間の神経系の解剖学をごく短く紹介しよう。心配しなくてもいい。とりあえずはゆっくり簡単にする。しょせん2章の冒頭にすぎない。

ニューロン（neuron, 神経細胞）は生体電気信号を身体中でやりとりしている（図2.1参照）。おそらくあまりにたくさんのニューロン（1,000億以上）があるので，心理生理学者や解剖学者はいくつかの系にまとめて考えるのが便利だと感じている。先に述べたが，系というのは私たちが探求しようとする大きな部分である。第1のまとめ方は本当に便宜的なもので，機能というより体内での位置に基づいている。**中枢神経系**（central nervous system: CNS）という言葉は，脳と脊柱にあるニューロンを指す。一方，**末梢神経系**（peripheral nervous system: PNS）は，お分かりのように，脊髄から出て身体の末梢まで通っているニューロンからなる。

ニューロンは，機能に基づいて，**感覚系**（sensory system）に貢献するものと**運動系**（motor system）に貢献するものに分けることもできる。先ほど言ったことを思い出してほしい。目や耳はどうやってエネルギーを生体電気信号に変えて脳に伝えているのか？　その経路は最初に，特定の刺激，光や音などにチューニングされたニューロンを通る。全体として，これらの特殊化したニューロンが感覚系を作っている（Kalat, 2007）。運動ニューロンは，反対に，脊髄から出て外側に，骨格筋や器官，腺に向けて伸びている。骨格筋を制御している運動ニューロンを体性神経という（Stern et al., 2001）。器官や腺を制御しているのが**自律神経系**（autonomic nervous system: ANS）と呼ばれるものである。

自律神経系は，さらに2つに分けられる。**交感神経系**（sympathetic nervous system: SNS）と**副交感神経系**（parasympathetic nervous system: PNS）と呼ばれている。それぞれが活動電位を器官や腺に送り，ある様式で働くように促している。このような

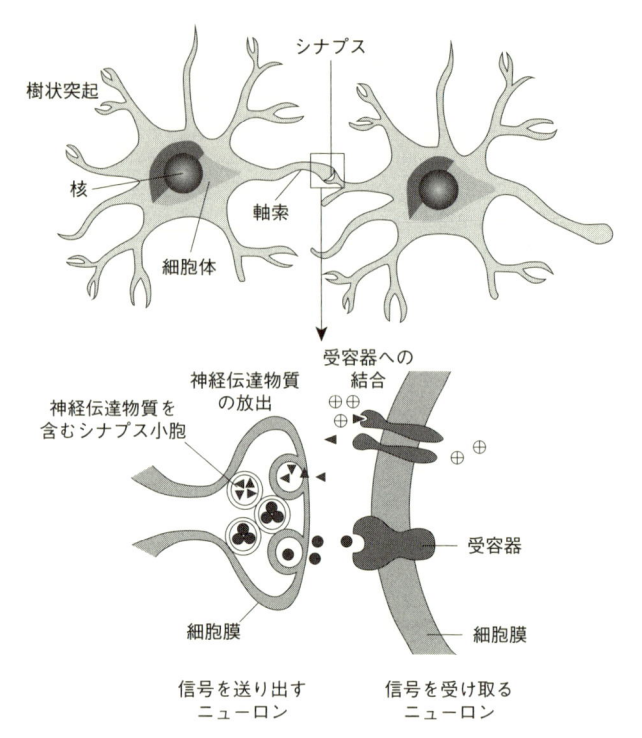

図2.1 基本的なニューロン（神経細胞）と神経伝達物質の説明
（パブリックドメイン画像；Goodlett & Horn, 2001）

事態を，腺や器官が交感神経系・副交感神経系によって神経支配（innervated）されているという。ところが，図2.2を見ると分かるように，身体にあるほとんどの器官や腺は二重に神経支配されている。すなわち，交感神経系と副交感神経系の両方がつながっていて，常にある程度の信号を送り続けている。どちらの神経系も「オフ」になることはないと考えられている。交感神経系は，脊髄（大まかには肩のすぐ下から尾骶骨のすぐ上までの部分）の両側にあるニューロンの塊から出ている。この塊（**神経節**（ganglion）と呼ばれる）が活動すると，この「胸腰部」を通って互いに活動電位を送りあう。

交感神経系によって神経支配されると，「4つのF：攻撃（fight），回避（flight），恐怖（flight），セックス（fuck）」（Bear, Conners, & Paradiso, 2007, p. 494）が準備される。これは，交感神経系が生存と繁殖に不可欠な活動のために生体に何を準備させるかを覚えるために，粗野だが効果的な方法だ。だから，何か怖いと感じることを予

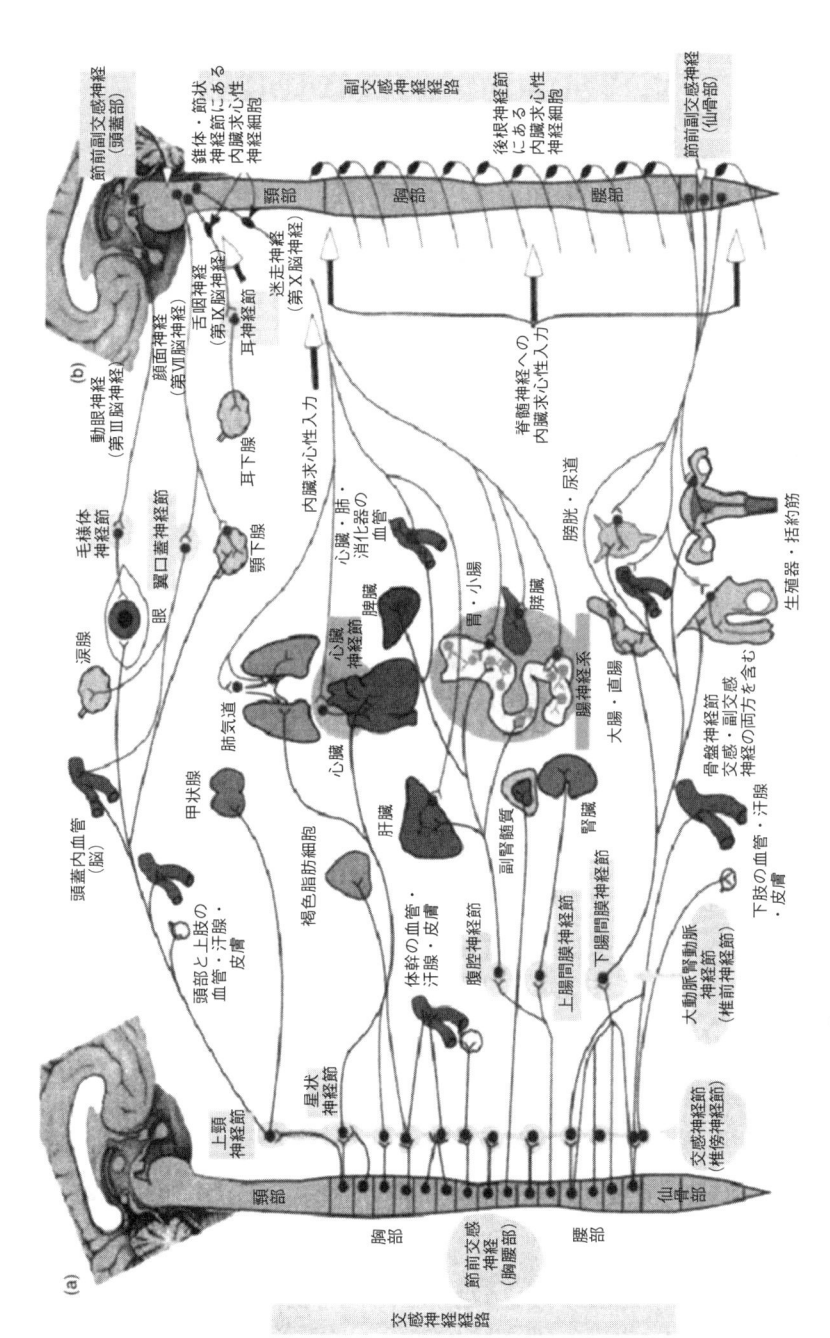

図 2.2 自律神経系の交感神経系と副交感神経系。ほとんどの臓器は二重支配されている。
(William Blessing & Ian Gibbons, Finders University SA, Australia)

期しているところ，たとえば，次の授業の課題で5分間のスピーチをしなくてはならないなどを考えてみてほしい。恐怖（あるいは怒りや性的覚醒など）を感じると，交感神経系が活性化して，心肺の活動が増加し，消化に使われるエネルギーが減少する（Kalat, 2007）。

　副交感神経系は，自律神経系のもう1つの支流である。副交感神経系を構成する神経は，脳または脊髄の最下部から出て，脊柱にそって走る神経節連鎖（ganglial chain）にも信号を送りながら，目標の器官に直接電気信号を送っている。副交感神経系は，文献ではいろいろな形で説明されている。アンドレアッシ（Andreassi, 2000, p. 67）は，それを，「休息，修復，楽しみ」に貢献する自律神経系の部門と呼んでいる（楽しみのレベルが高すぎたら，交感神経系が活性化する！）。カラット（Kalat, 2007）は「副交感神経系は，植物的（栄養に関する vegetative）で緊急を要さない反応に関わっている」と主張している（p. 85）。図2.2に示すように，脊柱下部から出る副交感神経は，結腸，直腸，膀胱および生殖器を神経支配する。一方，脳から出る副交感神経は，目，粘液腺，肝臓，腎臓，心臓といった全身の器官へ信号を送っている。

　さて，ここで述べた交感神経系と副交感神経系の基礎知識があれば，ホメオスタシスは2つの神経系の相互（reciprocal）活性化によって生じるというキャノンの立場はよりはっきりする。キャノンによると，生体が生き続けるために，外部状況に反応して，交感神経系と副交感神経系の間に生物学的な一種のギブアンドテイクが起こるという。バーントソンとカシオッポ（Berntson & Cacioppo, 2007）は次のように指摘する。心理生理学の分野はキャノンのこの考え方に強い影響を受けてきた。とはいえ，いまではホメオスタティックな過程ではなく，むしろホメオダイナミックな過程（交感神経系，副交感神経系，認知とプランといった個人の内的世界，入力やストレッサーといった外的世界の間で起こる過程）と考えられるようになっている。

> さらに，「ホメオスタシス」という用語は，静止レベルを強調し固定性を暗示しているので，内臓調整システムの変動性や力動的特徴を適切にとらえていない。より適切な考え方は，ホメオダイナミックな制御である。この考え方では調整過程は単純で型にはまったネガティブフィードバックの反映ではない。むしろ，調節メカニズムは複数あって複雑であり，遅延や制限，フィードフォワード成分を含んでいる。また，それ自体が能動的に制御されて操作特性が変化するかもしれない。(p. 463)

　身体を無傷で生存させているこのホメオダイナミックな相互作用すべてから，たくさんの生体電気活動（メディア実験室で実験参加者の皮膚につけた表面電極から記録されているもの）が生まれる。もちろん，参加者の認知システムと，実験のために処理するように求めたメディアメッセージのダイナミックな相互作用も生体電気信号に

◆ 心理生理学の基本仮定

は含まれている。しかし，それは記録されているもののごく一部，わずかな部分であることを忘れてはならない。

(5) 認知過程は身体反応から推測できる

　心理生理学者は，認知過程について，観察される身体反応と対応づけることで推測しようとする（Donchin, 1981）。最も強い形の推測ができるのは，二者間に1対1の関係があるとき，つまり，1つの心理事象がただ1つの生理反応と結びついているときである。（Cacioppo et al., 2007b）。残念ながら，この最も純粋な1対1の対応関係はほとんどない。これまで述べてきたように，脳は高度に相互連結した自律神経系のなかで身体化されているからである。認知過程と生理反応との関係はもっと複雑だとわかることの方が多い。1つの例は，単一の心理過程が多数の生理事象と関連していること，つまり，1対多の関係が確立されることである。たとえば，テレビメッセージでカメラが変わった後には，心拍数が一時的に低下し，皮膚コンダクタンスが増加する。あるいは，ネガティブで中傷的な政治広告を処理していると，ポジティブな広告を処理しているときよりも，突発的に起こる短いホワイトノイズに対する驚愕反応が大きくなり，頬にある笑顔を作る表情筋の活動が低下する（Bradley, Angelini, & Lee, 2007）。こういった状況では，多数の生理反応を単一の**反応パターン**（response pattern, つまり，同時に生じることが多い身体反応の組み合わせ）にまとめることで，最適の1対1の関係を確立し，身体反応から認知処理への強い推論を行うことができる。

　とりわけ扱いにくい事態は，心理過程と生理反応の間の残り2つのタイプ「多対1」や「多対多」の関連性である。多数の生理反応を1つの反応パターンにまとめると，多対多の関係を，複数の認知過程が1種類の身体反応に結びついた多対1の関係に変換できる。残念ながら，このタイプの関係を確立しても科学研究ではあまり役にたたない。いくつかの心理状態や認知過程を区別する情報が生理データに含まれていないからである。例として，3つの異なるタイプの映画（コメディ，はらはらする法廷ドラマ，ホラー）の一部を参加者に見せるという実験について考えてみよう。生理測度は皺眉筋活動である。予想どおり，平均した皺眉筋活動はコメディを見ているときに低いので，この1対1の関係から，コメディは良い事と結びついた情動システム（欲求・接近システム）を活性化させ，その結果，皺眉筋の活性が低下したと論理的に推論できる（Larsen, Norris, & Cacioppo, 2003）。しかし，法廷ドラマのはらはらする最終弁論シーンと，ホラー映画でサイコパスが人を殺すシーンにおける皺眉筋活動を比較すると，平均増加量は事実上同じである。これが，2種類のメディアコンテンツに1つの生理事象が関連している多対1の関係である。法廷ドラマとホラー映画を見てい

るときの情動的・認知的過程は違っていると理論的に予測する理由は十分あるが，この生理データでは両者を区別できない。この問題を扱うには，いくつかの方法がある。この仮想例の研究者にとっては残念なことだが，解決策の多くは実験計画の段階で考慮すべきであった。たとえば，他の生理測度を従属変数に追加すれば，2種類の視聴条件における反応パターンの違いについて予測できたかもしれない。また，重要なことは，情動を測る最適な方法は，生理・主観報告・行動の3つの観察データから三角測量（triangulation）することである（Bradley & Lang, 2000）。だから，今回のケースでは，3つの映像を見た後に主観評定に答えてもらうこともできた。また，実験中の参加者の様子をビデオに録画して，見ているときに神経質な行動や姿勢の変化があったかを，後でコード化（採点）することもできただろう。そうすることで，コメディと他の2ジャンルの映像を見ているときの皺眉筋活動の違いについては1対1関係を認め，一方で，サスペンスとホラーを区別するのに，皺眉筋活動と組み合わせて，主観評定（恐怖と不安に関連した尺度）や参加者の画面に対する姿勢（たとえば，ドラマチックな法廷シーンでは前のめりになり，ホラーでは後ずさりしているかもしれない）の違いを使うことができたかもしれない。

　別の可能性として，ホラーとサスペンスの両方（多）と皺眉筋活動（対1）との関係は，参加者全体を平均したときにのみ現れることもありうる。もし，この等質なグループを，理論的に説明できる個人差要因（パーソナリティ，年齢，文化的影響，心理学的プロフィールなど）に基づいて分けられるなら，ある心理学的タイプの人々にとっては，ホラーとサスペンスを皺眉筋活動によって1対1対応の関係で区別できる条件を見つけられるかもしれない。

　理論上は明らかに違うと考えられるが，1つの生理現象に収束されそうな心理過程を分離するための他の方法は，心理過程における時間という要因の重要性を思い出すことである。ほとんどの生理指標はメディアメッセージの時間経過にそって繰り返し収集できるので，心理生理データの時間平均を求めることは認知過程の重要な差をあいまいにしてしまいがちである。身体反応を動きのあるものと見ることで，ヒントが得られて，多対1の分類から1対1の分類へと移行できるかもしれない。これが本当であることを示すために，法廷ドラマとホラーを見ているときの平均皺眉筋活動に差がなかったという今回の仮想実験について再び考えてみよう。図2.3aのような結果だとする。

　もしここで皺眉筋活動を1つの平均値にまとめず，メッセージの時間経過に沿って展開していくような分析をすれば差が見えてくる。図2.3bを見ると，まったく違う時系列から同じ平均値が得られることが分かる。概して，ホラーシーンの冒頭では皺眉筋の低下が起こる。参加者は実際にはストーリーにまつわる謎を楽しんでいたのかも

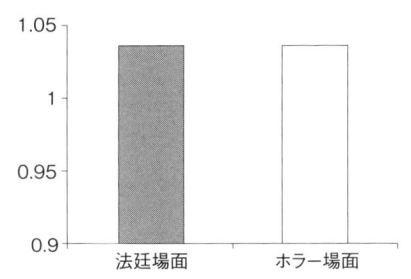

図 2.3a　皺眉筋活動の変化得点の平均値

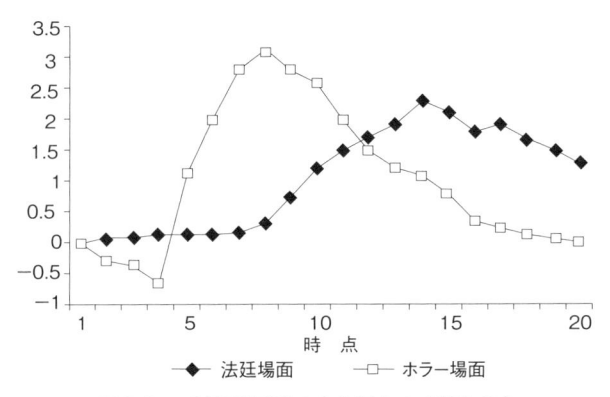

図 2.3b　皺眉筋活動の変化得点の時間的変化

しれない。しかし，その後，ネガティブ情動の増大（皺眉筋活動に現れる）が突然起こる。法廷ドラマを見ているときに比べて早い時期に大きく生じる。法廷ドラマでは，皺眉筋活動はゆるやかに増加するパターンを示す。皺眉筋活動に現れるネガティブ情動は強くはないが，見終わった後にはホラー映画よりもわずかに大きかった。時間は認知過程において重要である。だから，生理測度から認知過程を推論しようとするときにも重要なはずである。

(6) 心理生理測度は化け物である

私たちのうちの一人は，毎週行われる実験室ミーティングでこの表現をよく使っていることを認めよう。たぶんそう言うのが楽しいからだ。だからといって，このメッセージの意味を見失ってはいけない。そこで，この仮定を元々の文脈の中で説明してみよう。『感情と情動 (*Feeling and emotion*)』(Gardiner, Metcalf, & Beebe-Center, 1937/1970) という本に書いてある。

> 科学理論とは，因果関係を記述したものである。心理生理学的な相関は因果的ではない。したがって，科学理論では，心理生理学的な相関は化け物（monstrosities）である。そうした相関は科学とは関係ないというのではない。相関とは心理学者が理論を検証するためのツールである。しかし，相関は理論の一部ではない（p. 385，傍点を追加した）。

　この仮定は，生きている人間の中にあるさまざまなシステム間の関係性や，生体そのものと外部環境に及ぼす無数の影響との関係性が，ホメオダイナミックな性質を持つことから生まれている。複数の入力が心理生理測度に影響を与えるので，単一の因果関係を確立するのはきわめて難しい。研究者は，外部環境と関連した変数を，実験計画や実験室の立ち上げを通して，できるかぎり統制しようとする（Lang et al., 2009）。しかし，そうしたところで結局得られるのは，メディアメッセージ変数と生理指標との間の因果的でない関連性だけである。

　このことの意味は，ガーディナーがはっきりと述べている。すなわち，生理現象を理論モデルの要素（ノード）として含めるのは軽率だということである。生理測度は複数の入力によって決定されており，検討しようとする認知状態とは相関関係しかないからである。だから，たとえば皮膚コンダクタンス水準が高い人はある結果を示すといった原因－結果の関係を理論に組み込むのは避けたい。生理現象を理論モデルに含めることが危険であるのは，「心理生理学的研究における変動を生み出す無数の原因，生理事象の確率的性質，その結果として起こる再現性や一般化可能性の低下」（Cacioppo et al., 2007b, p. 7）のせいである。生理現象そのものではなく，それが反映している認知的・情動的な状態（覚醒など）を因果的な関係性として理論に含めるのが望ましい。

　もちろんその上で，多くの指標を使って覚醒を生理学的に測定し，さまざまな方法で分析することができる。そして，ここにガーディナーの「化け物」の引用文が2番目に示唆することがでてくる。時が経つにつれ，技術は正確になるとともに，時には廉価にもなっていく。メディア心理学者が利用できる生理測度はますます増えていく。そういった測度の多くは，認知・情動過程と相関するものとして使えることが示されている。たとえば，メディアに対する覚醒反応は，皮膚コンダクタンス（Bolls, Muehling, & Yoon, 2003; Potter, 2009），呼吸容積（Gomez, Zimmermann, Guttormsen-Schär, & Danuser, 2005），心拍変動によって測定された心臓の交感神経活性（Ivarsson, Anderson, Akerstedt, & Lindblad, 2009），32チャネルから測定した脳波（Baumgartner, Valko, Esslen, & Jäncke, 2006），尿中のテストステロンとアドレナリンのレベル（Arnetz, Edgren, Levi, & Otto, 1985），脳内血流量（Morris et al., 2009）と関連づけられてきた。生理測度と認知・情動状態の関連を示すリストをますます長

くしていくことは，測定の分野を前進させるかもしれない。しかし，それはコミュニケーションについての心理学理論の発展にはほとんど寄与しないのである（Cacioppo et al., 2007b）。もし心理学の理論を発展させることを最終的に目指しているのなら，心理生理測度は認知・情動の諸過程を同定するためのツールであって，具体的なものとして考えるべきではないと強調しておきたい。利用できるからというだけの理由で，より大きく，複雑で，高価な測度を認知過程の同定に使うべきではない。時には，シャベルの方が掘削機よりも，目的にあった穴を掘ることができるのだ。

　以上述べた 6 つが，認知・情動過程を理解しようと心理生理測度を使う社会科学者が持っている基本仮定である。身体反応と情動の関係を理論化したのはプラトンの教えにさかのぼるが，心理生理学の分野は 1950 年に最初に会合を開いた研究者の小集団から始まった。

◆　心理生理学：長い伝統のある分野

　1950 年の半ば，**アルバート F. アックス**（Albert F. Ax），**チェスター W. ダーロー**（Chester W. Darrow），**R.C. デイビス**（R. C. Davis）に主導された研究者たちが米国心理学会の大会で毎年非公式に集まり，生理測定を使って心理事象の理解を深めることについて議論するようになった。しかし，1959 年のオハイオ州シンシナティで行われた会議で，より公式的な集会にする可能性，つまり，「精神機能を支え精神機能に関連している生理活動に関わる科学」に特化した新しい学会を作ることが熱心に議論がされた（Darrow, 1964, p. 4）。自律的な組織を立ち上げる案を全員が支持したわけではなかったが（Edelberg, 1974），1960 年に心理生理学会（Society for Psychophysiological Research: SPR）が設立された。ダーローは初代会長となり，翌年に SPR の第 1 回大会がニューヨーク市で開かれた（Cacioppo et al., 2007b）。SPR は 1964 年にアックスを初代編集長として『心理生理学（*Psychophysiology*）』という学会誌を創刊した。アックスがその役割に選ばれたのは自然なことであった。彼とその妻ベリルは謄写版の『心理生理学ニュースレター』を 1955 年から執筆・回覧していた。9 年間に 800 ページを超える執筆はかなりの仕事である。アックスの言葉を借りれば「"狩猟サイクル" を短くして，この分野の研究が辿る不安定な道をまっすぐにする」ためであった（Fetzner, 1996, p. 135）。

　ダーローの会長講演「心理生理学，昨日，今日そして明日（Psychophysiology, yesterday, today and tomorrow）」は *Psychophysiology* 誌の創刊号に掲載された。そ

の中で，ダーローは，この分野の誕生はダーウィン（Darwin, 1872/1965）の『人及び動物の表情について』から始まると述べている。確かに，その本のほとんどのページで，身体活動を認知・情動状態に関連づけた例に出会う。たとえば，

> 激怒に特有な兆候に注目してみよう。この強力な感情の下では，心臓の動きは大きく加速されるか，あるいは大きく乱れるかもしれない。顔は赤くなるか，あるいは血液の循環が妨害されて紫になるか，死んだように真っ白になるかもしれない。呼吸は苦しくなり，胸は重苦しくなり，拡大した鼻孔が痙攣する。全身が震えることがあり，それに声も影響される。歯は噛みしめられるか，歯ぎしりをする。筋肉系は暴力的で半狂乱の行動のために刺激される（p. 78）。

もちろん，心理過程と生理学の関連についてのダーウィンの知識は，彼自身の観察結果だけによるのではない。彼は当時の最高レベルの学者の著作を広く読み（Black, 2002），ベル（Bell, 1806）やベルナール（Bernard, 1865/1957），デュシャン（Duchenne, 1862/1990）といった他の生理学者から本質的な影響を受けたことを認めている。実際，『人及び動物の表情について』に，ダーウィンは，デュシャンの写真（本物の情動経験ではなく筋を電気刺激した結果として笑顔を見せる参加者の写真）にヒントを得て自ら描いた顔表情のイラストを載せている。

ダーウィンの例は，珍しいことではない。ある専門分野が歴史上どの時点で「始まった」と主張するにせよ，どの世代の科学者も前の世代が残したものに恩恵を受けている。だから，身体反応と認知・情動過程を関連づけようとする強い興味がいったいいつ始まったかを探そうとすれば，かなり以前までさかのぼることができる。紀元前400年ごろに書かれたプラトンの対話編『ティマイオス』では，ティマイオスがソクラテスに宇宙の成り立ちについて話す。その説明によると，人間を作るにあたって神は，頭には不死で神聖な判断力と合理性を入れた一方，肉体には死ぬべき運命にある人間の情念（喜び，苦痛，怒り，軽率さ，恐れ，そして希望）を入れたという。必要以上にその2つが混じって『神聖さが汚れる』ことを懸念して，理性は首をはさんで情念と分離された。しかし，上述のダーウィンの引用文と以下のプラトンの引用文を比べてみよう。

> 心臓（血管の結び目であり四肢に流れる血液の泉）は護衛兵の位置におかれた。何か悪いことが外部で，また内部の欲望から起こったと知らせる理性によって情念の力が目覚めると，体内の感じる力のすべてがその指令と脅威を感知し，あらゆる血管を通じてその言うことを従順に聞き，そのようにして，かの最善の原理がすべてに命令をくだせるようになっている。しかし神々は，危険を予期したときに起こる心臓の動悸や情念の膨張・興奮が火によって起こることを見越していたので，心臓を支援するものとして肺を作って埋め込んだ。そもそも肺は柔らかくて血の気がなく，そしてスポンジの気孔のような穴があいている。空気や飲み物を受け入れて，心臓を冷やし，一息つかせ，熱を和らげるようになっている。そのため，神々は肺につな

がる気道を2つに分け，肺を心臓の近くに柔らかいバネのように置いた。心臓の中に怒りが満ちたときも，心臓はその柔らかいものにぶつかって冷やされ，それほど苦しまず，理性の力で情念と共存できるようになる（Jowett, 2008）。

　ダーウィンが1800年代に書いたものの方が洗練されているが，両者はきわめて類似している。それに，ティマイオスの記述と，1930年代にこの点について書かれたキャノンによるホメオスタシスの説明もきわめて似ている。

　プラトンの次に登場する，心理生理学史における重要人物は紀元130〜200年に生きていたペルガモンの**ガレノス**（Galen, Galenus）である。ガレノスは，生理学・哲学・医学についてたくさんの書物を残した古代の一人で，彼よりも前の時代の人々（特に，プラトン，アリストテレス，ヒポクラテス）の著作のエッセンスをまとめた（Boylan, 2007）。しかし，いかなる世代でも学者は過去の考え方と自分が生きている社会的・知的環境の両方に制約されるように，ガレノスはペルガモンの市民でもあった。ペルガモンは20万巻もの文献がある図書館，ゼウスにささげた巨大な祭壇，町中に張りめぐらされた水道で知られる（Bromehead, 1942）。この張りめぐらされた導管という技術的偉業は文化にとって中心的できわめて重要であったので，後づけ的に考えると，ガレノスや同時代の人々が，健康は身体内部の液体（血液，粘液，黒胆汁および黄胆汁）のバランスによって保たれると信じたことはいかにも納得できる（Boylan, 2007）。猿の解剖によって（当時ペルガモンでは人間の解剖は禁止されていた），ガレノスは，これらの体液が諸器官で生成され，血管によって身体中に水力学の原理に基づいて分配されるという理論を発展させた。人間の生理学におけるガレノスの液体輸送説は，約1500年の間，ほぼ普遍的に受け入れられていた（Cacioppo et al., 2007b）。

　生理学の思想におけるガレノスの縛りが緩んできたのは1500年代のことであった。興味深いことに，その緩みは**ヴェサリウス**（Vesalius）の研究結果から生じた。ヴェサリウスはガレノスのアプローチに精通しているだけでなく，ガレノスを「医師の国のプリンスであり，万物の教師」と呼んでいた（Saunders & O'Malley, 1950, p. 13）。それでも，ヴェサリウスは若く聡明なイタリアの解剖学者であり，厳密な実証主義者として，身体機能についての伝統的な見方を自分の直接観察で確認することに心血を注いだ。ガレノスとは違い，ヴェサリウスは人間の死体を使って解剖や観察を行った。死体は夜中に絞首台や疫病患者の墓穴から盗んでくることもあった。

　23歳の若さで医学博士号を得た後，ヴェサリウスはヴェニスで外科教授になり，解剖を行うとともに，イタリア中から集まった学生や同僚に講義を行った。講義の一環として，彼は大きな解剖学図版を作った。好評を博し，1538年に6枚の図版（*the Tabulae Sex*）が出版された。今日では心理生理学や生物学，解剖学のほとんどの出

版物で図は重要なので，信じがたいことだが，当時では珍しいことだった。それでも，出版は広く受け入れられ，同時に他の解剖学者によって盗用された（Saunders & O'Malley, 1950）。

1年後，ヴェサリウスは，静脈切開術（瀉血，訳注：汚れた血液を排出させることで病気を治そうとした治療法）というガレノス流の治療法をめぐる論争に加わった。ガレノスやヒポクラテスの著書がアラビア語とギリシャ語の両方に翻訳されたので，治療に関する特定の方法に本質的な違いが生まれていた。患者のどこからどのくらい瀉血するかといったことである。その頃まで，この議論について見解を述べた人々は，過去の権威の見解と患者の治療成果の観察を混合したものに頼っていた。しかし，1539年に静脈切開術に関する文書を発表したことで，ヴェサリウスは静脈系の直接観察と図解によって結論を出した最初の人物となった。

> その効果は目を見張るものであった。その後，論争に参加する者はすべて身体で検証しなければならなくなり，それが今度は静脈弁の発見につながった。さらに，ヴェサリウスが静脈系にこれほど集中したので，思いがけずガレノス解剖学の弱点の1つが露呈した。そのため，この小論がきっかけとなって，徐々に伝統的な権威という縛りが緩んでいき，仮説の妥当性はもっぱら観察によって得られた事実に基づくという原則が生まれることになった（Saunders & O'Malley, 1950, p. 18）。

静脈系を直接観察して調べることは，当時としては進んだアプローチであり，ガリレオやベーコン，ニュートンが当時の知的・宗教的権威に挑んだ研究と並び，ウィリアム・ハーヴェイ（William Harvey）の研究にも影響を与えた。彼は博士論文で，身体における血液分布を「運河」として考えることを完全に論破したのである（Cacioppo et al., 2007b）。その著作『動物の心臓および血液の運動について』（Harvey, 1628/1998）では，ガレノスの考え（血液は身体中をやみくもに動き，動脈と静脈の両方でどちらの方向にも移動する）を論破するように計画した思考実験と計算について述べた。ハーヴェイの計算は，解剖によって観察した左心室の血液量に基づいていた。その値に，1拍で心室から排出される血液量の割合の控えめな推定値と，30分間の心拍数の推測値を掛け合わせることによって，ハーヴェイは30分間で移動する血液量が（控えめに見積もっても）全身に含まれる血液量をはるかに越えることを示した（Massey, 1995）。そこから得られる結論は，もちろん，静脈と動脈が実際には循環系を作っており，血液は一定の方向で身体を流れる（動脈は心臓から身体へと出ていき，静脈は心臓に戻ってくる）ということである。図2.4に，ハーヴェイが自説を立証するのに使った図版を見ることができる。思考実験として，運動した直後の人の腕を止血帯で縛ることを想像してもらっている。止血場所より指先に近い方では動脈は脈打たず，止血帯より

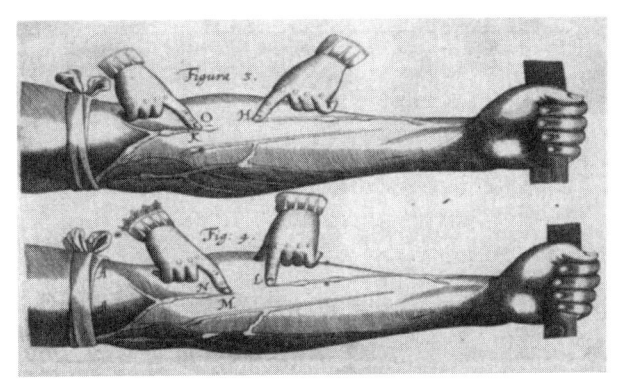

図2.4 ハーヴェイが1600年代に行った止血帯を用いた思考実験により，血液は身体を循環しており，動脈によって心臓から送り出され，静脈によって戻ってくると認められるようになった。（インディアナ大学ブルーミントン校のリリー・ライブラリーの好意による）

も上では「動脈は拡張期ごとに盛り上がり，激しく拍動し，波のように周囲に広がり始める。あたかも流れを遮るものを打ち破ろうとしているかのようである。要するに，その部分の動脈は異常にあふれている」（Harvey, 1628/1998）。

　心理生理学の歴史上，次に起こった本質的な発展は，1700年代の終わりに起こった。**ルイジ・ガルヴァーニ**（Luigi Galvani）による筋肉と神経による電気伝達についての研究であった（Stern et al., 2001）。そのときまで，身体運動は神経を通って液体が運動することで起こると仮定されていた。神経は，ガレノスの考え方に沿って体中を通る一繋がりの管として考えられていた（Cacioppo et al., 2007b）。しかし，1781年にガルヴァーニは，誰かがカエルの神経をナイフで触るのを見て（妻が夕食にカエルの足を調理していたという説もある），火花が散ると同時にカエルの足が収縮したことに気がついた。ガルヴァーニは，筋肉がコンデンサーに似ているのではないかと考えた。本質的には，電気エネルギーを溜め込んで，後で放電によって筋肉を収縮させていると考えたのである（Cajavilca, Varon, & Sternbach, 2009）。ガルヴァーニはいくつかの実験を行い，電気刺激を強くすると筋活動がどう変わるかを調べたり，雷雨時の空気に含まれるような環境中の電気が電気刺激になりえることを示したりした。この実験期間中，外部の電気刺激がまったく存在しなくても，2種類の金属ではさむとカエルの筋肉が収縮することも分かった。この現象は生物の筋肉は電気コンデンサーであるという（正しい）考え方を支持するものだとガルヴァーニは考えたが，実験の直接的な結果は科学的議論の対象となり，この考え方が受け入れられるのに数十年かかった（Cajavilca et al., 2009）。イタリアのパヴィア大学の物理学者**アレッサンドロ・**

ヴォルタ（Alessandro Volta）は，2種類の金属ではさんで筋肉が収縮することは金属の電気的性質によるものであり（収縮は単にアーチファクトとして起こる），筋細胞自体から発生する電気が伝導するためではないと考えた。ガルヴァーニとヴォルタの間に緊張が生まれ，しっかりとした一連の実験と反証実験が始まった。ガルヴァーニは，たとえば，濡れた紙を筋肉につなげたり，まったく別のカエルから取った筋線維をつなげたりしても，電気回路が閉じて筋の収縮が起こることを示した。しかし，ヴォルタのガルヴァーニに対する反論の方が一般的に受け入れられるようになった。特に，ヴォルタは銀と亜鉛を接触させると小さな電流が生じることを実証した後はそうであった。1800年にヴォルタは最初の電池を開発・配布し，彼の人気は急上昇した。その結果，筋肉は電気信号を自発しないというヴォルタの見解も広まった。

1849年になってはじめて，若い聡明な学者，ベルリン大学の**エミル・デュ・ボア＝レイモン**（Emil du Bois-Reymond）が，実はガルヴァーニの理論が正しかったことを示した（Cacioppo et al., 2007b; Meltzer, 1897）。デュ・ボア＝レイモンは神経検流計（ガルバノメーター）を発明し，それを使って，実際に運動ニューロンを通って流れる電流があることを示した。**活動電位**（action potential）として現在知られる電流である（Pearce, 2001）。さらに，デュ・ボア＝レイモンとその学生ユリウス・バーンスタイン（Julius Bernstein）は，現在も使われているニューロンの生理学的モデル（静止時には筋ニューロンの半透過膜の両側に陽イオンと陰イオンがあるというモデル）を開発し実証した（Brazier, 1959）。バーンスタインは，この膜を通じた位置エネルギー（現在は静止電位と呼ばれる）が，ヘルムホルツの測定していた，ごく短い刺激時間で筋収縮を引き起こすのに必要な興奮量と等しいことも示した（ヘルムホルツについてはドンダースと引算法に関連して前に述べた）。

人間の細胞は体内で電流を作りだせるという見解が容認されると，それを測定するための機材の開発が始まった。最初のそのような装置は1870年代の終わりに登場した毛細管電位計（capillary electrometer）であった（Burch & DePasquale, 1964）。この装置は水銀で満たされたチューブを使い，その形状が電流に基づいて変化するというものである。強い光を当てることによって輪郭の変化をリアルタイムで記録でき，体表面で放出される電気的変化を捉えることができた。この技術は，最初カエルの心拍の電気活動を測定するために1880年代に使用され，1887年に人間に電極をつけて使われた（Stern et al., 2001）。1904年にアイントホーフェン（William Einthoven）が単線検流計を発明したので，心電図の記録がより実用的になった。強い光源や不安定な水銀が不要になったからである（Burch & DePasquale, 1964; Andreassi, 2000）。しかし，図2.5を見ると分かるように，その方法論はまだ簡単とはいえなかった。4章で

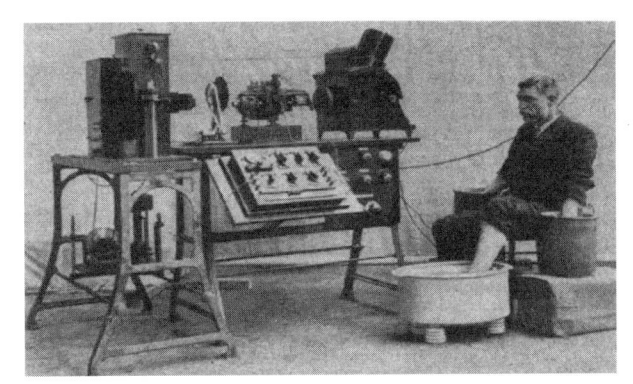

図 2.5　初期のアイントホーフェン式単線検流計（ケンブリッジ社製）
(Barron, 1950, p. 721)

述べるように，心拍を簡便に記録できるようになるために多くの進歩があった。

　より簡単に，でも正確な記録装置を開発する道のりは，もちろん他のすべての心理生理学の技術でもおよそ同じである。しかし，1800年代後半から1900年代初頭に始まった測定方法の開拓がなければ，今日の私たちはないだろう。後の章で取り上げる測定に特に関係するところでは，フェレ（Féré, 1888）が最初に行った，交感神経系の活性化の指標として皮膚で分泌される汗の測定，ジェコブソン（Jacobson, 1927）によるオシロスコープを使った表情筋活動の測定，ベルガー（Berger, 1929）による脳波を使った頭皮表面での脳活動の最初の測定がある。

◆　心理生理学の利点と欠点

　アイントホーフェンの単線検流計に比べれば邪魔にならない身体反応の測定を長いこと目指してきたが，図2.6を見れば，今日のメディア心理生理学実験室でも複数の電極を直接身体に装着しており，そのリード線が垂れ下がっているのが分かる。実際，いくつかの電極は目の近くに取りつけられている。目は，テレビを見たりコンピュータゲームで遊んだりするときにきわめて重要な身体部位である。だから，実験参加者の周辺視野にリード線が垂れ下がっていたら，確実にメディア経験と結果の妥当性に影響がありうる。もちろん，実験場面の**生態学的妥当性**（ecological validity）についての疑問も残る。

　生態学的妥当性とは，実験状況が実生活の状況に似ている程度である。ふだんテレ

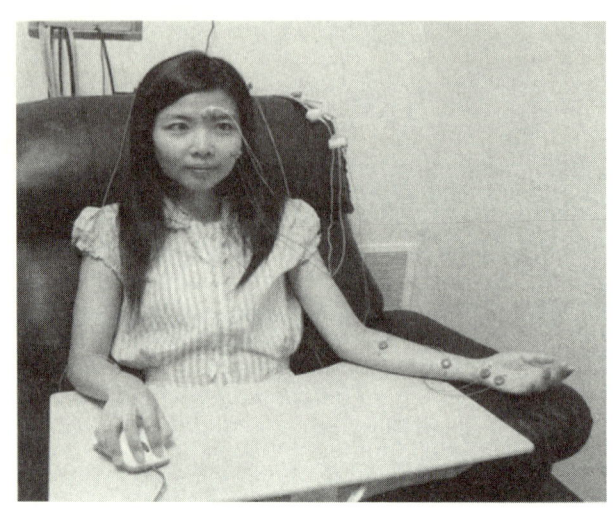

2章 心理生理学：理論的仮定と歴史

図2.6 メディア心理生理学実験室における典型的な生理反応記録セッションの様子

ビを見たり，音楽を聞いたり，部屋でネットサーフィンをするときに，電極センサーを身体につけている人などいない。もしそんな人がいたら，誰か助けてあげないといけない。確かに，視聴状況の不自然さは心理生理学研究における欠点の1つである。

　他の欠点として，測定手続きによって実験参加者が感じるかもしれない不安がある。心理生理学研究を行うときは参加者と必ず身体的に接触する。蒸留水で手を拭いたり，へんてこなセンサーにゲルをつけて皮膚や顔にのせたりする。これは人によっては不安になる。ここで，状況と結びついた不安を安らげるためには，参加者と信頼関係をつくる実験者の能力が不可欠である。おおまかな経験則として，できるだけ共感的になり，参加者の視点で状況を見ようとするのがよい。たとえば，ある大学院生がこんなことを言ったのを聞いたことがある。「この電極のインピーダンスが落ちていないので，シリンジをつかってゲルをもっと追加しますね。」後で，その学生に教える機会があり，同じ情報でもこんな言い方をすれば参加者のストレスは少ないと伝えた。「このセンサーから見えるはずのものが見えないので，もう少し糊を入れてうまくいくか試してみましょう。」しかし，どんなに穏やかな態度や落ち着いた言葉を使おうと，生理記録は本質的に煩わしいものである。

　関連した問題として，心理生理測度に付随して参加者のリスクが少し上がることがある。これらは上述の社会的な不快感や不安を越えた問題である。研究者は，電極を参加者の皮膚表面に装着し，それにリード線をつなぐ。リード線はアンプにつなぐの

で，電源である壁のコンセントからの交流電流とインピーダンスの低い状態で接触させることになる（訳注：新しい生体アンプでは，参加者は交流電流から電気的に絶縁されている）。電極をしっかり装着するので，実質上，参加者は電気の流れる回路の中に置かれることになる。このため，実験室において定期的な安全チェックは欠かせない。実験室のある建物や実験装置が電気的に安全であることを確かめなければならない。安全性に関する具体的な問題は，8章で述べる。

　人によっては，心理生理データ収集法にまつわる最後の欠点は，すべてのデータ収集の際に注意深さと正確さが求められることかもしれない。メディア心理生理学者が興味をもつ信号は，とても弱く，とても限局した部位から発生することがある。たとえば，ユーモラスなラジオ広告を聴いている間のポジティブ情動の測定に興味を持ったので，筋電図を使って筋活動を測定したいとしよう（Bolls, Lang, & Potter, 2001）。とりわけ笑ったときに口角を上げる大頬骨筋群の活動に興味がある（Tassinary, Cacioppo, & Vanman, 2007）。しかし，この筋群は口角挙筋群に重畳しており，上唇挙筋群ともきわめて近い。両者は嫌悪や怒りのときに唇を持ち上げることと関係している。できるかぎり妥当なデータを得るためには，電極を正しい位置につけることが最重要である。さらに，収集する電気信号はとても小さいので，正確に測定するためにはたくさんすることがある。これには，実験以前のこと，電気ノイズが少ないように実験室を設計するといったことも含まれる。しかしまた，毎回の実験における勤勉さ（電極と信号源の間のインピーダンスをできるだけ下げるように皮膚表面を準備する）も必要である。皮膚の下処理とは，特殊な綿棒を使って表皮を少しこすり，伝導性ゲルを電極と皮膚の両方につけることである。脳波研究では，この準備にもっと時間がかかることがある。電極を研究課題と仮説に関連した脳部位に対応する特定の頭皮上部位におかなければならない。特殊な脳波キャップを使えばこうした空間配置は簡単になるが，それでもインピーダンスを低くするために，頭皮の角質を取り除き，髪を押し分ける必要がある。実験中も同じで，使えるデータが得られているかを確認するために，生理信号をモニタしながら，たとえばアンプを調整しなければならない。だから，「手を汚す」のが嫌いな人や，実験のすべての段階（計画，データ収集，分析）で細部に注意を向けられない人は，心理生理学の研究には向いていないだろう。

　しかし，この程度の細かい仕事ならしてもいいという人なら，心理生理測度を有益だと思うだろう。メディア視聴中の多数の身体反応がリアルタイムで同時測定できるようになるのである。それぞれの生理反応は，その特定のメディア文脈と結びついた認知・情動過程（そういった過程は，参加者が話したくなかったり，話せないこともある）について洞察を与えてくれる。心理生理測度は，かつてブラックボックスと考

えられてきたもの（身体化された人間の脳）の中身を照らし出す強い光なのだ。

　それでは，以下にこの本の残りの内容を紹介する。3章では，心理生理学者が知っておくべき用語や概念について述べる。そして，4章と5章では，読みやすく参照しやすくすることを考えて，人為的な区分を行う。4章では，従来「認知的」と呼ばれてきた概念（注意，認知過程，認知的努力，記憶など）に結びついた生理学的システムの測度に着目する。具体的には，特に心電図を使った心拍数測定や脳電図による脳波測定について述べる。5章では，同じことを，従来「情動的」と呼ばれてきた概念（覚醒や快，不快，悲しみ，喜び，嫌悪，好意など）についても行う。そこでは，筋電図を使って顔面のいろいろな筋群を測定する方法や，皮膚電気活動を皮膚コンダクタンス水準や皮膚コンダクタンス反応として測定する方法を学ぶ。

　6章では，メディアメッセージと相互作用するときに生じる心理状態と相関するものとして文献で報告されはじめてきた，新しい心理生理測度について論じる。それぞれの測度は，心理生理学や認知心理学，認知神経科学の分野ですでに長いこと研究されてきたが，これからメディア心理学実験室でもっと活用されるようになるだろう。

　本章で何度か述べたように，心理生理測度は他のタイプの測定と併用することが最も役に立つ。それぞれの測度が認知過程の異なる段階についての情報を与えるからである。そのため，7章では，メディア心理学において心理生理学的指標と組み合わせて使われる測度についていくつか紹介する。一般的な心理質問紙や副次課題反応時間，連続主観評定測度，思考列記法，記憶測度をすべて扱う。

　8章は，メディアの認知・情動処理について実験で心理生理測度を使おうとするときに直面する実際上の問題について情報提供することを意図している。外部信号ノイズ源の対処法，安全上の注意点，実験計画，そして分析アプローチなどについて述べる。

　最後に，9章ですべてをまとめてみたい。コミュニケーション研究の主要領域において，心理生理データがメディア心理学研究の実際的・社会的重要性を高めていることを示す最近の研究を概観する。9章では，メディア心理学者が現在置かれた心踊る科学的環境と，大学や企業で行われるメディア研究において心理生理測度の使用がますます盛んになったことについても述べる。最後は，これからのメディア心理生理学における発展の方向性について考えてみる。

　では準備ができたら，心理生理測度とそこから分かる意味によって，人間の認知・情動システムのブラックボックスをこじあける準備をしよう。3章の冒頭では，心理生理学の用語・概念・装置について知っておくべき重要な基礎知識を述べる。

3章

心理生理学におけるキーワードと概念

　心理生理測定を1つの分野として、またメディア心理学者が使うアプローチとして、その歴史を実感してもらったところで、そのアプローチの中心となる用語と概念をいくつか紹介する。本章は短いが重要である。重要な用語と語彙に慣れることで、後の章がより理解しやすくなるように構成されている。最初に信号の記録に関する基礎知識を述べる。次に、人間の心理生理反応の主な特徴を述べる。本章は決して詳細を網羅したものではない。研究を始める前には、他の優れた心理生理学の教科書を参照することをお勧めする（Andreassi, 2007; Cacioppo, Tassinary, & Berntson, 2007a; Stern, Ray, & Quigley, 2001）。さらに、心理生理学的記録の中心となる生体電気の原理を包括的に紹介した文献もある（Marshall-Goodell, Tassinary, & Cacioppo, 1990）。

◆ 身体からコンピュータへ：シグナルチェーンをたどる

　心理生理学における記録は、主に、皮膚表面で生じる電気信号（**生体電位**：biopotential）を収集することに注目する。皮膚コンダクタンス（5章参照）を測定するときだけは、記録装置から低電圧の電気信号を身体に与える。交感神経系の活性化によって汗が出ているほど、その信号は皮膚を伝わる。もっと一般的なのは、生体内部の筋細胞や神経細胞による**活動電位**（action potential）が発火することで生じる信号を記録することである（訳注：活動電位ではなく、活動電位の元になるシナプス後電位も生体信号の源である。p. 92 参照）。活動電位は、ニューロンを覆う半透性の膜のイオン透過性が急速に変化することで生じる、およそ 70 mV の全か無かの放電である。細胞が安静状態にあるとき、イオン濃度は膜外と膜内で異なる。前章で述べたように、これがバーンスタインとデュ・ボア=レイモンによって1850年代初頭に発見された**静止電位**（resting potential）である。

　一方、ナトリウムイオン（Na^+）が半透性膜を通って細胞内に流入することがある（訳注：通常は Na^+ を細胞外に送り出す仕組みが働いている）。これによって約 25 mV

分の電荷が細胞膜を通過すると，細胞は「発火し」，70 mV の電荷すべてを放出する。このエネルギー放出は，隣接する細胞の極性を変化させるのに十分で，活動電位の伝播が起こる。大きな神経細胞群で何度も活動電位が生じたとしても，70 mV はとても小さな信号である。さらに，信号が小さいだけでなく，活動電位は記録電極を貼りつける皮膚の表面下で起こる。そのため，心理生理データを収集するメディア心理学者は，生体電気信号を増幅するなど，**シグナルチェーン**（signal chain）の多くの段階ですべきことがある。シグナルチェーンという概念を使えば，活動電位がコンピュータ内で記号や数値になるまでに信号がたどる諸段階をイメージできる。シグナルチェーンの観点で考えれば，実験室で生じる記録上の問題を解決するのに役立つだろう。たとえば，信号が記録できるはずなのに記録できないといったケースは，想像以上によく起こる。シグナルチェーンのたとえを理解するために，チェーンをつなぐ主要な環(わ)について以下に述べる。

(1) 電極とリード線

電極は小さな丸いカップの形をしており，その底にある平らな表面が生体電気信号を伝える金属物質で覆われている。金属として最もよく使われるのが銀‐塩化銀（Ag/AgCl）であるが，金やプラチナといった他の伝導性金属が使用されることもある。現代の心理生理学研究室で使用される測定方法のほとんどは**双極記録**（bipolar recording）である（訳注：ここでは2つの電極の電位差を測定するという意味で使われている）。双極記録では，電気信号を2つの活性部位間で比較する。要するに，すべての測度に2つの電極が必要だということである（心拍数を記録するのに2つ，表情筋活動を記録するのに2つなど）。3つ目の電極を**グランド**（ground）として用いることがよくある（訳注：グラウンド，接地電極，アース earth ともよばれる）。その理由は，双極導出で用いる2つの電極に共通した電気信号を除外するためである。グランド電極を使うことは実験参加者のリスクに影響するので，グランドの設置に関しては使用する記録装置の指示に従うのが望ましい。しかし，すべての実験室で通用する重要な2つのルールがある。1つ目が，グランド電極は1つだけ装着することである。2つ目が，グランド電極は他の電極をつなげる前に最初につなぐことである（訳注：新しい生体アンプでは，参加者は電源から電気的に絶縁されている。名前から受けるイメージとは異なり，グランド電極は地面につながっているわけではない）。

電極にはいろいろなサイズがあり，記録面の直径で呼ばれる。一般的な2つのサイズは 4 mm と 8 mm である（図3.1）。双極記録では，同じサイズの電極を対にして使わなければならない。記録される生体電位は小さいので，できるだけ大きな表面積が

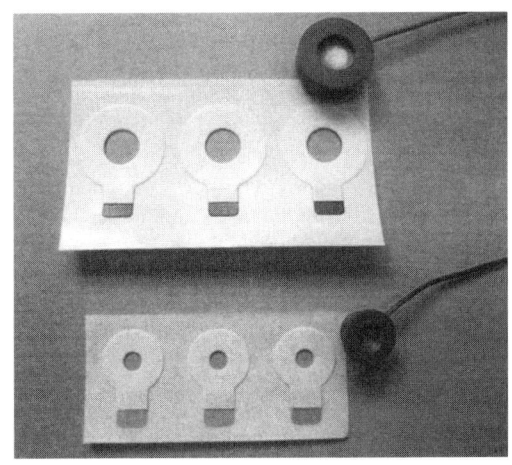

◆ 身体からコンピュータへ：シグナルチェーンをたどる

図 3.1　標準サイズの電極は記録面が直径 8 mm である。表情筋筋電図記録に用いる小型電極は直径 4 mm である。どちらも再利用可能な電極である。電解質ゲルを入れて粘着テープで参加者に貼りつける必要がある。

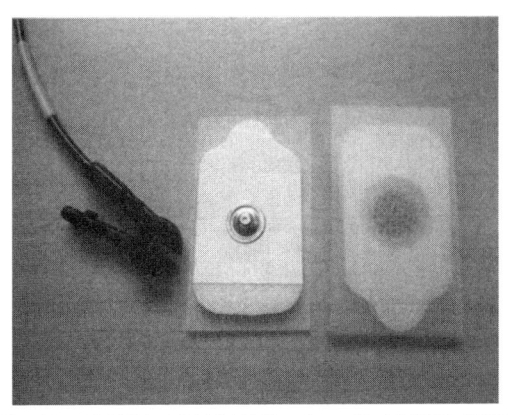

図 3.2　ディスポ（使い捨て）電極は 1 回だけ使う。たいていは電極に電解質ゲルと粘着テープがついた状態で販売されている。左端に見える電極リード線を粘着面の裏側にある金属ボタン（写真中央）に挟んでつける。

望ましい。しかし，電極装着場所によっては，大きい 8 mm 電極では実用的でないときがある。これは，メディア実験室では表情筋電図を測定するときに特に当てはまる。大きい電極は，視界をふさいだり，重すぎて粘着シールでは顔の表面から外れたりすることがある。

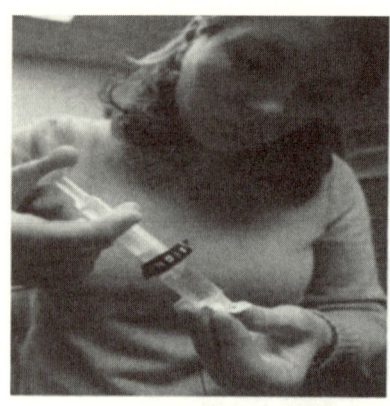

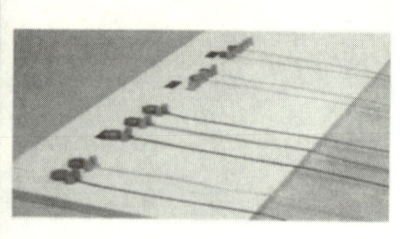

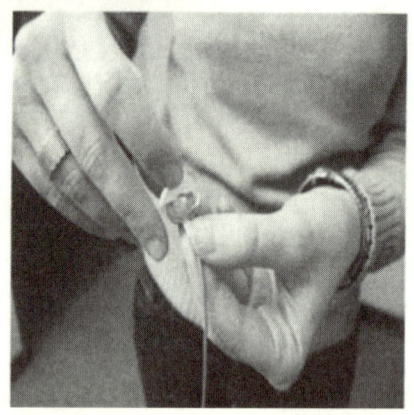

図 3.3 再利用可能な電極を実験室で使うときは，電解質ゲルに気泡を作らないようにすることが大切である。最初はゲルを電極にあふれるまで入れ，装着前に数分間おいて安定するのを待つとよい。下の写真に示すように，再利用可能電極とリード線の接続部分はきわめて壊れやすいので，丁寧に扱わなければならない。

　信号強度を高めるために，電極には**電解質ゲル**（electrolyte gel）を詰める。ディスポ（使い捨て）電極には粘着面があり，最初からゲルがついていることがある（図 3.2 参照）。ディスポ電極を使うことにしても，電解質ゲルが手元にあると便利だ。私たちの経験上，ディスポ電極のゲルの表面に電解質ゲルをごく少量つけると，「新鮮」になり，信号の質がよくなる。ディスポ電極を参加者の皮膚に貼りつけ，そこに**電極リード線**（electrode lead）をはめる。実験の後に，リード線を電極から外し，電極は捨てる。

　他方，再利用可能な電極には粘着シールが必要であり，装着前にゲルを詰めないと

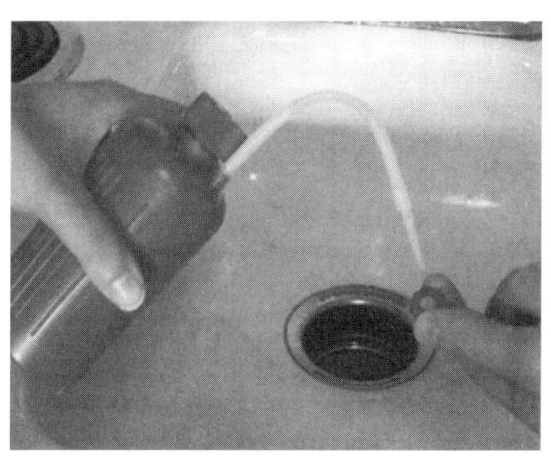

◆ 身体からコンピュータへ：シグナルチェーンをたどる

図 3.4 外科用の絞り出し容器に入れた温水を細く絞ってかければ，電極からゲルを簡単に取り除ける．記録面の銀‐塩化銀をこすって剥がしてしまうこともない．

いけない（図 3.3）．外科用の注射器に電解質ゲルを入れると，電極の穴に注入するのに使える．このとき銀‐塩化銀電極の表面を注射器の先端でこすらないように気をつけないといけない．また，ゲルの中に入る気泡を最小限にするのが望ましい．双極記録の性質上，気泡によって片方の電極面がもう一方の電極面よりも表面積が小さくなったら，正しく測定できないかもしれない．

　私たちの経験から，次のように準備すれば，電解質ゲルの気泡を減らすことに効果がある．まず，実験参加者が到着する約 10 分前に，電極の受け皿から少しあふれるくらいに電解質ゲルを注入する．つまようじを使って，最初に生じる大きな気泡を静かに取り除く．それから，電極を平らなところにおき，ゲルが安定して気泡が表面に浮かび上がるのを待つ．装着の直前に，つまようじで粘着シールの表面をなでて，余ったゲルをそぎ落とす．最後に，粘着シールの表面をめくり，気泡ができていないことを最終確認する（図 3.3）．

　シグナルチェーンの最初の環なので，もし参加者からの電気信号が観察できないなら，電極と電極リード線を最初に調べるとよい．再利用可能な電極を使う人は，使った後に電極をきれいにしておく．再利用可能な電極を清掃するときに，リード線につながっている結合部に注意し，銀‐塩化銀の表面をこすりすぎないようにする．小さな綿棒を使用してゲルを取り除く人もいる．もっと摩耗が少ないのは，ウォーターピック（口腔洗浄器）や外科用のスクイーズボトルを使って，温水を細くして電極にかけ，

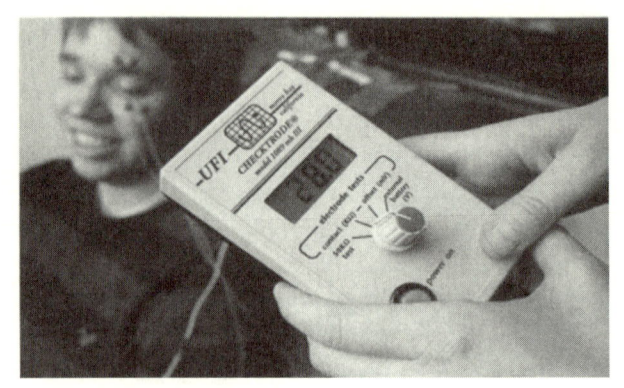

図 3.5　2つの電極間の電気インピーダンスを測るのに使うインピーダンス計

古いゲルを洗い飛ばす方法である（図3.4参照）。ゲルを取り除いた後，沈着した鉱質を洗い流すために蒸留水を使って電極をすすぎ，次に使うまでに完全に乾かしておく。

期待した信号が得られないとき，電極やリード線について他に考えるべきは，次のようなことである。ディスポ電極を使っているなら，ゲルが固まっていたり，長いこと保管していたので乾いてべたべたになったりしていないか？　着脱できる電極リード線と電極のスナップコネクタはきちんとつながっているか？　再利用可能な電極を使っているなら，電極リード線と電極のデリケートな接続部が損傷しているかもしれない。他の可能性として，間違ったゲルを使用していることがある。5章で学ぶように，再利用可能な電極で使用されるゲルには2種類ある。どの測度を記録するかによってゲルを使い分ける。

電極にまつわることとして，電極から得られる信号の**インピーダンス**（impedance）がある。インピーダンスとは，要するに，生体電気信号が皮膚表面から電解質ゲルを通って，電極リード線に至るまでに出会う抵抗の量である。インピーダンスが高いと，被験者の体動（**運動アーチファクト**：movement artifact）や，壁のコンセントやテレビモニタなどから出る交流電源の外来振動の影響を受けやすくなる。インピーダンス計（図3.5）を使うことが推奨される。その最適値は，どんな信号を記録するかと，シグナルチェーンをつなぐ次の環である**生体アンプ**（bioamplifier）の入力インピーダンスがどのくらいかによって変わる（Marshall-Goodell et al., 1990）。たとえば，タシナリーら（Tassinary, Cacioppo, & Vanman, 2007）は，表情筋筋電図を記録する前に皮膚表面を清浄し軽く研磨して，インピーダンスレベルを5〜10 kΩにすることを推奨している。しかし，最近の脳波計は入力インピーダンスが高いので，電極部位でのイ

ンピーダンスが高くてもよい（Pizzagalli, 2007）。頭皮上の19，64，256部位で記録するようなことがあれば，これはいいことである。すべてのチャネル（訳注：放送業界では「チャンネル」というが，情報通信業界では「チャネル」とよぶことが多い）のインピーダンスを下げる時間を減らせるからである。

(2) 光電脈波計

電極は，特殊なタイプの**トランスデューサー**（transducer）である（訳注：生体電気現象はイオンの動きであり，それを電子の動きに変換している）。トランスデューサーはエネルギーの形式を他のものに変換する。だから，電極の場合，生体電位エネルギーは電気信号に変換され，それが生体アンプで増幅される。以降のほとんどの章では，電極を用いた生理記録について述べるが，メディア心理学のいくつかの研究論文では，別のタイプのトランスデューサーを使う。**光電脈波計**（photoplethysniograph: PPG）

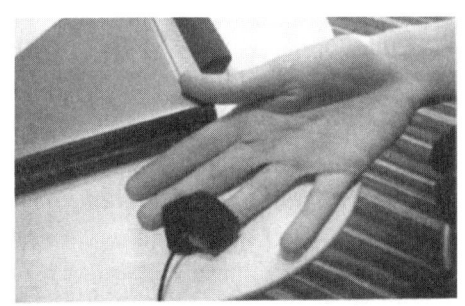

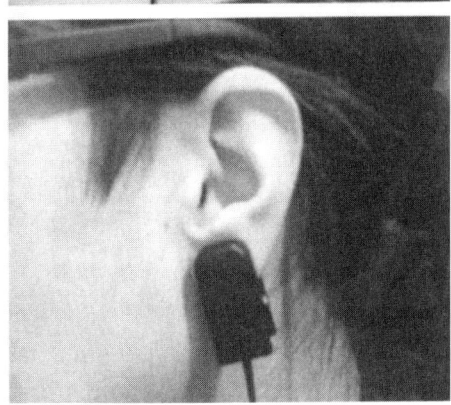

図3.6　光電脈波センサーは1か所に装着するトランスデューサーで，反射光を利用して血液量を検出する。一般的には，指か耳朶に装着する。

である（Anttonen, Surakka, & Koivuluoma, 2009; Detenber, Simons, & Bennett, 1998; Lim & Reeves, 2009）。 光電脈波計は，発光ダイオードを使って，指や耳たぶ（耳朶）の皮膚を照らす（図 3.6）。装置のフォトセンサーに跳ね返ってきた光を測定することで，その場所を通過した血液が吸収した光の量を測り，脈波を求めて心拍数を計算する。 光電脈波計はセンサーを1つだけ装着すればいいので，2つか3つの電極をつけて心拍数を測ることに比べてメリットがある。しかし，光電脈波は心筋から生じる電気信号を直接測定したものではなく，末梢で観察される脈波波形上で隣接する最大点間の間隔をミリ秒単位で測って心拍間隔を推定していることをしっかり理解しておこう。この心拍間隔の推定値を使って心拍数を計算する。推定値なので，この方法では副交感神経系と交感神経系による心臓と血管収縮の二重神経支配を区別できない。心拍変動解析（6章参照）することで両方の自律神経系の働きを知りたいなら，脈波を使わずに心電図を使うのがよい。

(3) 電極ケーブルと生体アンプ

　記録システムによっては，脈波センサーや双極電極を1度**電極ケーブル**（electrode cable）に差し込み，そのケーブルを1か所で生体アンプにつなぐものもある。電極リード線を生体アンプに直接つなぐことのできるシステムもある（図 3.7）。

　生体アンプは，コンピュータで記録できる程度まで信号を増幅するように設計されている。生体アンプのことを，電極から記録する信号の「ボリュームを上げる」つまみと考えるのは有益である。旧式の生体アンプでは，車のステレオの音量を大きくするのと同じように，ボリュームを連続的に上げることができる。新しいタイプの生体アンプでは増幅率（利得）を段階的に変えることが多い。たとえば，図 3.8 の生体アンプには，電極リード線からの信号を増幅するための5つの利得設定がある：100, 1,000 (1 K), 5,000 (50 K), 10,000 (10 K), 50,000 (50 K) 倍である。利得設定は，記録する信号の電圧や記録に用いるソフトウェアのパラメータによって決める。しかし，信号が見えないときに，生体アンプでまず確認すべきなのは，電極リード線や電極ケーブルのコネクタと利得設定である。信号が入力されており，十分に増幅されていることを確認する必要がある。

(4) フィルタリング

　特定の周波帯域内で振動する生理信号だけに興味があるときもある。他の周波数における信号は本質的にノイズなので，研究者はそれらを取り除きたいと思う。そうするにはフィルタリングを行う。オフラインフィルタリングでは，すべての生理信号を

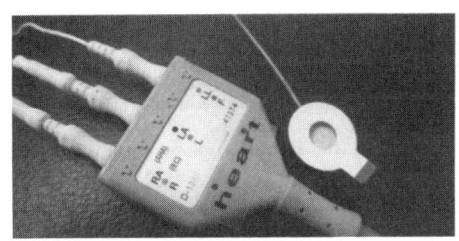

図3.7　上段：電極ケーブル。双極電極の2本のリード線とグランド電極が差し込んである。
　　　中段：電極ケーブルは壁の穴を通して生体アンプに差し込む。
　　　下段：電極ケーブルを使わずにリード線を生体アンプに直接差し込むタイプのシステム。

（ノイズも含めて）増幅し，実験セッション中にコンピュータで記録する。データ収集が完了した後にフィルタリングを行う。つまり，望まない周波数を取り除くコンピュータソフトウェアを使って「オフライン」で行う。だから，オフラインフィルタリングを行うときは，バンドパスフィルタ（bandpass filter）はシグナルチェーンの一部ではない。しかし，図3.8の右側を見ると分かるように，フィルタが生体アンプの一部としてシグナルチェーンをつなぐ環となることもある。このときは「オンライン」でフィルタリングしていることになる。

　生体アンプに組み込まれたオンラインフィルタには，2つのタイプがある。ハイパス（高域通過）フィルタとローパス（低域通過）フィルタである（Stern et al., 2001）。どんな種類の信号を通してシグナルチェーンに流すかによって名づけられている。つ

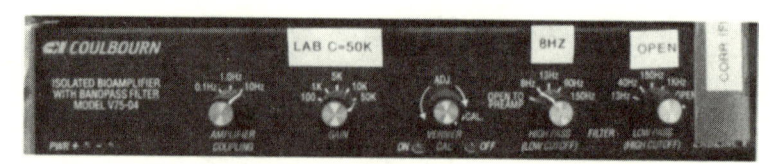

図 3.8 生体アンプの例。信号を 50,000 倍に増幅するように利得をセットしてある。右側にハイパスフィルタとローパスフィルタがある。

まり，ハイパスフィルタ（high-pass filter）では，その周波数を超える信号を通過させ，超えない信号は減衰させる値を設定できる。ローパスフィルタ（low-pass filter）は，その周波数を超えない信号を通し，超える信号は減衰させる値を設定できる。図 3.8 では，ハイパスフィルタが 8 Hz（1 秒に 8 回の周波数で振動する信号）に設定されて，ローパスフィルタが「なし（Open）」（つまり，高域のカットオフポイントがない）に設定されている。これは，生体アンプが受け取った入力のうち周波数が 8 Hz を超えるもののみを通過させるようにフィルタが設定されていることを意味している（訳注：8 Hz 以下を完全に遮断するのではなく，8 Hz で振幅またはパワーが半分になる）。オンラインでフィルタをかけるときは，望ましい周波数帯域をチェーンの次の環（AD/DA ボード）に通すようにフィルタが設定されているかを確認することが重要である。

(5) AD/DA 変換ボード

ほとんどの研究室において，シグナルチェーンの最後の重要な環は **AD/DA ボード**（AD/DA board）である。AD/DA は，アナログ－デジタル／デジタル－アナログの略称である。AD/DA ボードは，コンピュータが生物と違っているので必要になる。生物が作り出す生体電気信号は連続的である。たとえば，心臓はいつでもある大きさの電圧を作りだしており，それを心電図電極で集めて，生体アンプに送る。しかし，コンピュータは離散値を使って動いているので，連続信号を受け入れることができない。だから，連続信号をコンピュータで貯蔵するためには，信号を一連の離散的な電圧値に切り分けなければならない。この過程は**サンプリング**（sampling）と呼ばれる。ほとんどの研究室では，すばやく（1 秒間に 20 〜 1,000 回）サンプリングを行い，離散的なデジタル値の系列が，生体から生じる連続的な波形をうまく表現できるようにしている。AD/DA ボードは，生体アンプからの出力からそのようなサンプルを抽出する装置であり，コンピュータに離散的な値を入力する。ほとんどの AD/DA ボードは 2 つの重要な部分から構成されている。まず，デジタル入出力とアナログ入出力の

チャネルがついたインタフェースボックスがある。これらのチャネルは，刺激提示用コンピュータや生理データ収集用コンピュータ，生体アンプをつなぐのに使う。もう1つの部分は，データ収集用コンピュータのカードスロットに差し込むインタフェースカードである。AD/DAボードは，データ収集システムに統合されて売られていることもあれば，サンプリング記録しようとする信号を測る生体アンプをいくつもつないで使う単体の部品として売られていることもある。コンピュータハードウェアについて詳しくなかったり，知識のある技術者に聞くことができなければ，統合型のAD/DAシステムを使うことを考えた方がいい。業者がすべての生体アンプと接続してくれるからだ。生体アンプとAD/DAボードの選択については，8章でもっと詳しく紹介する。

　しかし，今のところ，実験室のシグナルチェーンでチェックすべき重要なことは，特定の生体アンプからの信号がAD/DAボードの適切なチャネルに入っているかどうかである。たとえば，心理生理データを収集するとき，何らかのソフトウェアを使って，コンピュータのAD/DAカードとAD/DAインタフェースボックスをつなぐだろう。そのソフトウェアによって，AD/DAボードの各チャネルがどの測度に対応するかが分かる。たとえば，アナログチャネル1を参加者の雛眉筋（眉をひそめる筋）の活動データが収集できる場所に対応させたとしよう。これが成功するのは，実際に，筋電図の出力がAD/DAボードのアナログチャネル1入力につながれているときに限る。もしうっかり生体アンプの出力を別のアナログ入力チャネルにつなげていたら，シグナルチェーンは切れてしまう。もし，参加者がしかめ面をしており，電解質ゲルに気泡がなく，リード線の損傷もなく，適切な生体アンプに差し込まれていたとしても，信号はデータ収集コンピュータが待っているAD/DAボードには届かない。その結果，何も記録できないのだ。

　AD/DAボードについての最後の留意点は，それぞれの測度をどのくらいの頻度でサンプリングして収集するかである。サンプリングの回数を増やすと，参加者ごとに必要なコンピュータの貯蔵容量が増える。コンピュータ貯蔵容量は毎月のように大きく安くなるが，たくさんのチャネルからサンプリングしていると，参加者ごとに必要なコンピュータメモリのサイズはすぐに増加してしまう。たとえば，60分間のテレビを見ている間の心拍数，皮膚コンダクタンス，4つの表情筋筋電図を記録するとき，1秒間に1,000回（1,000 Hz）のサンプリングを行うと，サンプル数は1人の参加者につき2,100万以上になる！　だから，それぞれの測度が必要とするだけのレベルに，サンプリングレートを変えることもできる。このとき，サンプリングを節約しすぎると**エイリアシング**（aliasing）が生じることは知っておく必要がある。エイリアシングと

は，サンプリング値が描く波形が実際の生体の波形とは似ても似つかなくなるという現象である。このように，サンプリングレートを適切に設定することはシグナルチェーンにおける最後の重要な環と考えることができる。エイリアシングをさける目安としては，**ナイキスト定理**（Nyquist theorem）が知られている。ナイキスト定理によると，測定しようとする現象の2倍にサンプリングレートを設定すると，元の連続波形を正確に表現できる（訳注：実際の測定では3～4倍にすることが多い）。たとえば，脳波記録を構成している波形は，毎秒1～60回（1～60 Hz）で振動する（Pizzagalli, 2007）。だから，脳波のサンプリングは，少なくとも120 Hzでなければならない。とはいえ，ほとんどの研究者はもっと高いサンプリングレート（少なくとも250 Hz前後）を推奨している。同様に，心拍数を測るための心電図の信号のほとんどが13～40 Hzの範囲で生じることが分かっているなら，80 Hzのサンプリングレート（1秒間に80回の抽出）であれば，あとで分析するときに元の連続的な心電図信号を正確に再現できるだろう（訳注：心拍変動の分析では心電図のR-R間隔を正確に求めないといけないので，最低でも250 Hz，通常は500～1,000 Hzのサンプリングが推奨されている（Berntson et al., 1997, p. 630）。

◆ 心理生理信号の用語

さて，シグナルチェーンのいろいろな環について簡単に理解できただろう。この後の章では，個別の測度に対応した電極配置や増幅について具体的に述べる。しかし，その前にもう少し用語の説明をしておきたい。このセクションでは心理生理信号そのものに関する共通した用語をいくつか紹介する。

（1）持続性反応と一過性反応

2つの一般的用語が，心理生理反応を調べる期間を表現するのに使われる。**持続性反応**（tonic response）は比較的長い時間生じる反応であり，特定の事象というより実験条件に対して反応する。たとえば，ワイズら（Wise, Bolls, Myers, & Sternadori, 2009）は，参加者内比較実験を計画し，擬似的なニュースウェブサイト上でニュース記事を読んでもらった。主な独立変数はニュース記事の書き方（典型的な「逆ピラミッド」形式，または経時的な物語形式の2水準）であった。好きなだけ記事を読んだ後，参加者は画面をクリックして，その記事に関する60秒のビデオクリップを見た。ワイズらは，逆ピラミッド形式の記事を読んだ後には，物語形式の記事を読んだ後よりも，

◆ 心理生理信号の用語

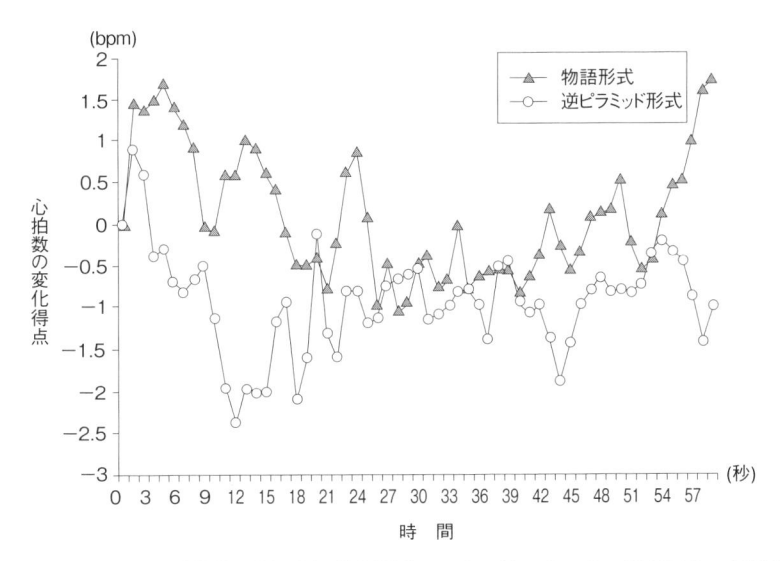

図 3.9　心拍データの持続性分析の例。物語形式のストーリー 8 つと，逆ピラミッド形式のストーリー 8 つを聞いているときの心拍数を平均し，60 秒間の区間を示した。この分析法では，比較的長い区間を比較することができる。特定の誘発反応を検討するものではない。(Wise et al., 2009)

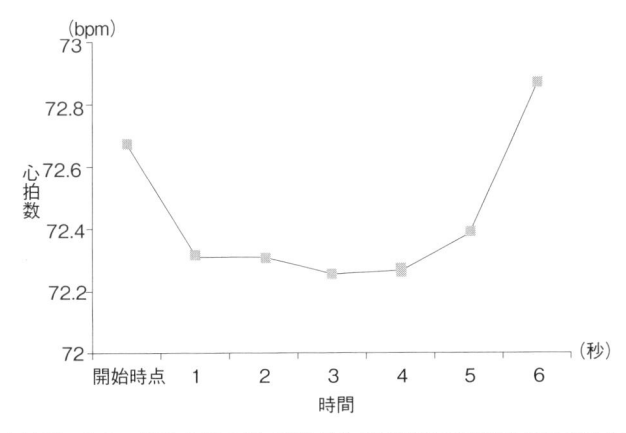

図 3.10　心拍データの一過性分析の例。聴覚的な構造特徴の開始時点にそろえてすべての実験参加者の心拍数を平均し，短い誘発反応を 6 秒の区間で分析した。(Potter, Lang, & Bolls, 2008)

ビデオクリップの処理に認知的努力がより必要になるとの仮説を立てた。4章でさらに述べるように，認知的努力は心拍数の減少に現れるものと操作的に定義した。結果を図3.9に載せた。記事の形式（2水準）ごとに8つずつの記事を一緒にまとめ，全60秒区間における生理反応を比較する分析を行った。これが持続性分析の1例である。

2つ目の反応のタイプは**一過性反応**（phasic response）である。比較的短い時間窓で生じ，ふつう特定の刺激特徴に対して反応する。たとえば，ポターら（Potter, Lang, & Bolls, 2008）は，どのような聴覚的な構造特徴が定位反応（orienting response）を起こすのかに興味を持った。定位反応は，その特徴が生じた後の6秒間に起こる心拍数の一時的減少に現れるものと操作的に定義した。実験場面で，参加者に，聴覚的な構造特徴が明らかになっている擬似的なラジオ放送を聞かせ，そのときの心拍数データを収集した。それぞれの特徴が起こった直後10秒間の時間窓における平均心拍活動を算出した。その研究から得られた一過性の結果の例を図3.10に示す。

(2) 変化得点

図3.9と図3.10をよく見ると，どちらも心拍数減少を1秒刻みで表現しているが，その変化をグラフのY軸に表現する方法が違っていることが分かる。図3.10はそのままの値であるが，図3.9は**変化得点**（change score）である。変化得点は，共通したベースラインの生理測度の値をその後の各時点における値から減算することで計算する。ベースラインの値は，ふつうは刺激オンセットの前，実験参加者がリラックスして次のメッセージが始まるのを待つように教示された区間で測定する。たとえば，ワイズら（Wise et al., 2009）は，「ビデオを見ている参加者から1秒ごとに心拍数を求め，ビデオ開始直前の5秒間（ベースライン）の平均心拍数を引算することによって」変化得点を計算した（p.541）。変化得点を使うことは，参加者間比較を行う実験ではとても重要である。なぜなら生理状態やリアクタンスの個人差によって起こる群間変動を中和するのに役立つからである。8章で述べるが，そのような変動は参加者内比較計画では起こらない。

(3) 馴化と鋭敏化

心理生理学者が理解しておくべき概念として，**馴化**（habituation）がある。Stern et al.（2001）は，馴化を「同じ刺激が繰り返し提示されることで生じる反応性の減少」と定義している（p.55）。言いかえれば，同じメディア現象が繰り返し提示されると，そこから生じる情動的・認知的過程は接触のたびに減弱するということである。これはそれぞれの過程に付随した心理生理反応パターンに反映されるようである。たとえば，

◆ 心理生理信号の用語

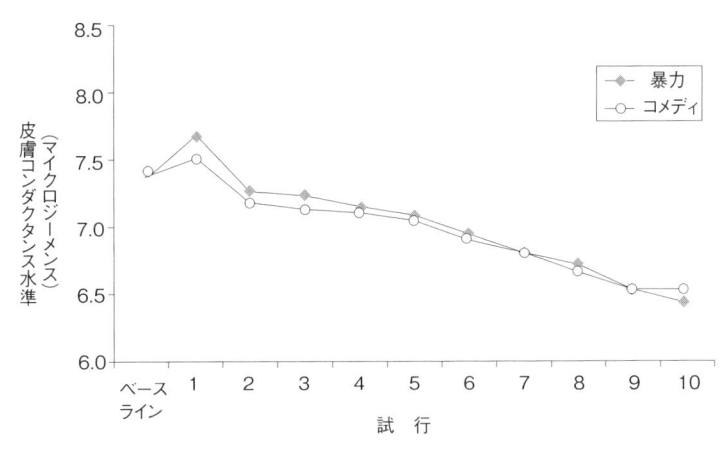

図3.11 皮膚コンダクタンス水準の馴化の例。同じ暴力動画とコメディ動画を交互に各10回繰り返して提示した。(Bruggemann & Barry, 2002)

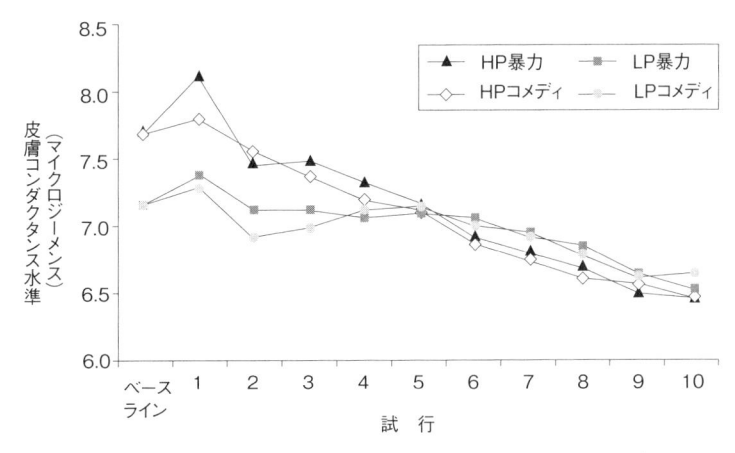

図3.12 馴化と鋭敏化の例。精神病質尺度の質問紙で高得点の人(HP)と低得点の人(LP)を比較した。(Bruggemann & Barry, 2002)

ブルッグマンとバリー(Bruggemann & Barry, 2002)の実験を考えてみよう。29人の男性と29人の女性に，同じ2つのビデオクリップを交互に10回ずつ見せた。どちらのクリップも約1分間で，1つはテレビコメディ『ミスター・ビーン(*Mr. Bean*)』の一部であり，もう1つは映画『レザボア・ドックス(*Reservoir Dogs*)』の暴力シーンだった(男が耳を削ぎ落とされるシーンだが，知っているだろうか)。2つのクリップ

を繰りかえし見ている間の皮膚コンダクタンス活動を記録した。1回見るごとに主観評価を行った。図3.11を見ると，2つのクリップを見ているときの皮膚コンダクタンス水準の平均値は最初の試行で増加しているが，その後は馴化しているのが分かる。

興味深いことに，彼らは，**精神病質傾向**（psychoticism）の尺度得点が高い人（HP）は，低い人（LP）に比べて，コメディ動画と比べたときの暴力動画に対する皮膚コンダクタンスの増加が大きいことを発見した。しかし，彼らは暴力シーンに対してすぐに馴化した。一方，精神病質傾向が低い参加者は，動画のタイプによる皮膚コンダクタンスの差が1試行目に比べて2～3試行目で大きかった（図3.12）。これは**鋭敏化**（sensitization）の例である。鋭敏化とは，同じ刺激を繰り返し提示することで心理生理反応が増加することである（訳注：この実験では，物理刺激としての動画ではなく映像コンテンツに対する反応の鋭敏化に関心があったので，暴力動画とコメディ動画の差分を取った）。

◆ まとめ

ここまでで，心理生理信号の測定に使うハードウェア全般についての基本知識を述べた。さらに，シグナルチェーンという概念モデルについて説明した。これは参加者の身体からデータ収集用コンピュータに至るまでの信号をたどるのに役立つ。最後に，メディア心理学者が一般的にどうやって心理生理信号を見るかについて述べた。分析に関していえば，変化得点を使うか全体値を使うか，持続性の変化を見るか一過性の変化を見るかである。

さあ，総論から各論に移るときである。次の2章では，これらの基礎知識がどのように人間の情報処理のブラックボックスを開くのに役立ったかを見ることにしよう。4章ではメディアに対する認知反応，5章ではメディアに対する情動反応について探究する。

4章
メディアの認知処理に関する心理生理測度

　本章と5章では，それぞれメディアの認知処理と情動処理の研究で利用できる心理生理測度に焦点を当てる。これまでの章で，心理生理学研究の歴史，基本的な概念と生物学的過程に加えて，心理生理測度全般に当てはまる基本的な手続きの詳細について概観した。ここではさらに進んで，今日のメディア心理学研究でよく使われる心理生理測度をいくつか具体的に取り上げ，その使用に関する理論的・概念的・操作的な詳細について論じる。メディア心理学者は，メディア消費というとても複雑な意識経験の背後にある心的過程や，メディアコンテンツが個人に及ぼす大小さまざまな影響について検討している。この分野に心理生理測度を正しく使おうとするなら，メディアを使うことで引き起こされる認知・情動過程とそのときの生理活動との関係を，しっかりとした理論から理解する必要がある。したがって，本章も次章も，はじめにメディア利用中の認知と情動に関わる心的過程について一般論として理論的に論じた上で，具体的な測度を利用するときの詳細を議論する。先に進む前に述べておくが，ここで述べるメディア接触によって生じる心的過程についての理論は，私たちが自分の研究に適用している認知・情動・メディアについての最新理論に限定されている。興味を持ったら，これらの概念が歴史的にどのように議論されてきたかを知りたくなるかもしれない。

　方法論の発展によって，人間の認知を直接かつ詳細に観察できるようになった。その後の理論の進歩と相まって，メディア接触時に起こる心的過程の理解がこれまで以上に深まってきた。このような進歩はメディア心理学研究の生命線である（実際，科学全般の生命線でもある）。思うに，メディアの認知・情動処理の研究で心理生理測度を利用するのは，おそらくこの分野で起こった方法論上の最大の進歩の1つである。1章で述べたように，心理生理測度の利点の1つは，心的過程のリアルタイムの指標となりうることである。だから，これらはメディアを消費するときに起こる過程（非常に意識的な過程も比較的無意識的な過程もある）を知る上での手がかりを与えてくれる。心理生理学的手法のおかげで，メディア心理学者はメディア接触時に展開するダイナミックな心的過程をリアルタイムで観察できるようになった。とはいえ，この方

法論上の進歩がどれほどの価値をもつかは，得られたデータが，メディア消費の豊富で複雑な体験についての有益な知見につながる理論的思考をどの程度生みだすかにかかっている。そのためには，人間の脳の性質や脳がメディアメッセージを処理する方法を理解することをいつも中心に考えることが必要である。

　メディア（多種多様なフォーマットやコンテンツがある）を消費するという行為は多くの心的過程と関与しており，それによってメディアを楽しんだりメディアから情報を得るといった意識的経験が生み出されている。これらの心的過程こそ，メディアが個人に及ぼすこれまでに知られているすべての効果の基盤となっている。1章では，人間の認知や情動のブラックボックスをいかに切り開くかについて論じた。また，メディア接触によって生じるダイナミックな心的過程を体系的に研究することで，コミュニケーション学が，静的なメディア効果について浅く記述することに焦点を当てた研究分野から，人間の心とメディアの相互作用について豊かで洞察に満ちた理論的説明を発展させる分野へと移ったことを論じた。メディア心理学者は，常に変化する技術プラットフォームに載った多様なメディアコンテンツに関わる数々の心的過程を理解することに集中しないといけない。メディアが個人に及ぼす影響を科学的に理解することに貢献したいなら，多種多様なコンテンツを，メディア産業の慣習に基づく方法ではなく，心的過程という視点から理論的に考えていくことが重要である。メディア技術がすばやく変化するので，新しいメディア技術の刺激的な部分だけを拾い上げて，静的な「新しい効果」を再び研究することは簡単である。しかし，今，研究者に求められているのは，コンテンツを心的に処理しているメディアの「処理装置」（人間の脳に身体化された心）の機能に適切に注目することである。

　メディアの「処理装置」を理解するためには，常に進化している人間の認知と情動の性質についての理論的見解を取り入れるだけでなく，メディア処理の心理過程を調べる方法論について専門知識を持つ必要がある。心理科学者は，身体化された心に心的過程がどのように表われてくるかについての知見を増やしつづけている。メディア心理学者はこの知識を常に把握しておかなければ，心のメディア処理について研究で具体的な心理生理測度を用いるときに，概念的・操作的な足がかりを失ってしまう。

　心理生理測度に反映される心的過程は脳として身体化されたものであり，そこでは認知と情動のダイナミックな相互作用が起こっている。したがって，メディアの認知・情動処理に関する具体的な心理生理測度について理論や方法の点から詳しく述べる前に，情動と認知がどのように関連しているかを概観しておく必要がある。情動と認知に相互作用があるということは，心理生理測度を使ってメディア利用時の認知・情動過程をどうやって理解するかということと，理論的にも方法論的にも関係している。

神経心理学者は，相互依存的な認知と情動が複雑な社会的環境において効果的に生きるのに役に立っていることを示してきた（Damasio, 1994）。メディアメッセージは複雑な社会的刺激の一種だが，メディアを消費する人間の心のなかで，認知と情動の広範囲な相互作用を引き起こすようである。この相互作用のうち，認知処理の心理生理測度について本章でもう少し詳しく述べる。それに基づいて，次章ではこの問題をより一般的に扱う。

メディア（非常に没入的なゲームから従来のニュースや娯楽番組まで）を使うことで，私たちは比較的狭い「現実世界」を簡単に超えることができる。直接体験できそうになく，実生活よりもずっと心理的に引きつけるような人物や場所，出来事に接触する。このことは，メディア研究者なら誰でも（おそらくメディア消費者の大半も）よく分かっている。しかし，メディア学者は，直接的な感覚体験を超えたメディア体験によって認知過程と情動・動機づけ過程が複雑に相互作用しはじめることを，必ずしもはっきりと意識してきたわけではなかった。

理論の中には，メディアメッセージ処理において認知と情動が相互作用することをはっきりと認めており，脳における情報処理のあり方と一致しているものもある。このアプローチでは，メディアに関連した伝統的な特徴ではなく，人間の脳にとって顕著性の高いメディアの特徴を強調する。たとえば，近年，ラングら（Lang, Potter, & Bolls, 2009）は，「メディアメッセージ」を強力に概念的に定義しようとするならば，その基礎として，動機づけや情動についての重要性の程度が異なる感覚情報の流れに言及しなければならないと提案している。この考えは，**動機づけられた注意**（motivated attention）として知られる情報処理の理論的視点に基づいている。この見方では，環境中の刺激に向けられる注意の量は，知覚された情報の情動・動機づけに関する重要性によって調整されると考える（Lang, Bradley, & Cuthbert, 1997）。この理論的視点は，最近になってメディアメッセージの動機づけられた認知処理に適用されるようになった（Bradley, 2007b; Lang, 2009）。メディアには，動機づけや情動の面で重要な手がかりが多数含まれるので，動機づけられた注意という理論的枠組みを取り込むことはメディア心理学者にとっては納得がいく。

動機づけられた注意という見方は，メディアと心の相互作用を取りまく研究や理論にとって，面白い示唆を与える。動機づけの面で重要な情報に注意を向けて優先的に処理するという現在の脳は，何千年にもわたって進化したものである。その間は，生物としての人間に関連するもの（食物や捕食者，配偶者など）が実際にすぐ近くに存在した時代であった。今日は，ハイヴィジョンテレビ，立体映画，非常に没入的なテレビゲームなどがある。現代では単なるピクセルの集合でしかないが，脳はあたかも

実在しているかのように，動機づけに関連したものに反応するように生得的に配線されている（Reeves & Nass, 1996）。

　動機づけられた注意のアプローチをメディア心理学研究に適用するのは，メディア利用時の認知・情動過程を分離して研究できなくなることも意味している。心のメディア処理についての理論は，相互作用する認知・情動過程を必ず含まなければならない。さらに，純粋に方法論的なレベルにおいて，心理生理学的手法をメディア利用時の心的過程の研究に使うときに留意しなければならないのは，認知過程を反映すると操作的に定義して収集したデータは，同時に情動過程の影響も受けていること，その逆もまた正しいということである。たとえば，テレビで放送された反喫煙メッセージにおける恐怖アピールや不快な映像をどのように処理するかを検討した研究では，心拍数（認知処理の心理生理測度としてよく用いられる）の変動が生じたが，これには表情筋筋電図（情動反応に関連する筋活動を測定したもの）の変動も伴った（Leshner & Bolls, 2005）。この2つの測度を使うときの詳細は，本章（心拍数）と，次章（表情筋筋電図）の該当するセクションで扱う。さしあたり重要なことは，このような研究結果が，認知過程と情動過程の相互作用がどのように心理生理データに反映されるかを例示していることである。

　この理論的な見方を採用すると，メディアのコンテンツ（内容）とメディアの構造（形式）の相互作用が動機づけられた注意に与える影響についても慎重に考えなければならなくなる。人間の脳への影響に関していえば，情動と認知が絡み合っているように，メディアメッセージのコンテンツと構造も絡み合っている。「何を言うかではない。どのように言うかだ」という古いことわざを聞いたことがあるだろう。脳のメディア処理に関してはそれが正しいことが示されている。ペイン基金研究（1章参照）に携わった人が，『イシュタルの祭り』のような映画に含まれる「わいせつな」話題の影響力をどのように心配していたかを思い出してほしい。そして，ラングらが，テレビの関連カットや無関連カットの両方に対して一時的に注意がより向けられることをどのように発見したかを思い出してほしい。つまり，メディアメッセージはダイナミックに時間的に展開するので，メディアのコンテンツと構造が相互作用して動機づけられた注意に影響する（Lang, Bolls, Potter, & Kawahara, 1999）。構造的特徴（カット，カメラアングルなど）が限界容量のある人間の認知システムに及ぼす影響は重大なので，実際，ラングは構造的複雑性についての以前のおおざっぱな概念化（たとえば「関連のあるカットと関連のないカット」）をやめて，メッセージの構造的変化が認知システムにもたらす負荷を定量化する手の込んだシステムを発展させるようになった（Lang, Park, Sanders-Jackson, Wilson, & Wang, 2007）。

身体化され動機づけられた注意という理論的枠組みは，純粋に「冷たい」認知過程も純粋に「熱い」情動過程も存在しないと主張する。注意を向けたり，考えたり，覚えたりするための環境情報を選択することに心的努力を配分する認知過程は，動機づけや情動によって支えられている（Berntson & Cacioppo, 2008; Lang & Bradley, 2008）。反対に，情動的に意味のある刺激（定義上，長期記憶から検索された貯蔵情報に基づいて意味づけがなされる）が認知的に注意を向けられないかぎり，情動過程が関与することはほとんどありえない。この認知過程と情動過程の間の広範囲でダイナミックな相互作用は，認知処理に関わると考えられている領域と情動反応の中枢と考えられている領域をつなぐ広範囲な神経連結という形で，解剖学的に具現化されている（Tucker, Derryberry, & Luu, 2000）。これらの相互連結した脳領域は，メディア接触時の認知／情動処理のパターンに関与している。そのパターンはメディアコンテンツの感覚特性や動機づけ上の重要性，構造的特徴によって変わる。

　身体化され動機づけられた注意という枠組みは，メディア接触時の認知・情動過程の指標として心理生理測度を用いることの最強の理論的根拠となるだろう。認知と情動の相互作用を理解するための一般的な枠組みにもなる。しかし，それでも認知と情動には独立した分離可能な心的過程が含まれており，だから，それぞれの心理生理測度について別々に述べられることを知るのは重要である（Cacioppo, Gardner, & Berntson, 1999）。具体的にいえば，メディアに含まれる情報に注意を向けて心にとどめるという心的過程（そのメディアの認知処理）は，そのメディアから引き出した情動的意味に関連する心的過程と相互作用するが，互いに独立している。これらが独立した心的過程であり，それぞれに関連する特定の心理生理測度があることは，認知処理の心理生理測度と情動処理の心理生理測度について別々の章で概念的・操作的な詳細を述べることから分かる。次の章では情動について検討するので，この章の残りの部分では，認知処理の心理生理測度に焦点を当てる。その中で，メディアの認知処理を研究するための概念的基礎と，2つの心理生理測度（心拍数と脳波）を紹介する。

◆　メディアコンテンツの認知処理について考える

　メディアコンテンツの認知処理とは，広い意味では，何らかのメディア形式を通じて提示された情報に注意を向けて心にとどめる心的行為である。メディア利用中の認知処理を理解しようとする学術研究のルーツは認知心理学にある。認知心理学は，極端な行動主義から，人間がどのように知識や情報を獲得し使用するかを理解しようと

する認知的アプローチに移行した心理学である（Bryant & Rockwell, 1991）。初期の頃，メディアコンテンツの認知処理に関心を持った研究者は注意（特に，テレビに向けられる注意）に注目し，子どもを対象とした研究が多かった（たとえば，Anderson & Burns, 1991）。

人がテレビにどのように注意を向けるかを検討した初期の研究者は，認知心理学における注意の概念と同じく，注意を2つの分離可能な認知過程（環境からの情報選択に関連した過程，努力や処理の深さと関連した過程）から構成されると考えていた（Anderson & Burns, 1991）。

20世紀の最後の20年間で，人がどのようにテレビに注意を向けるかについて非常に多くの研究が行われた。最初期の研究のなかには，『セサミストリート』を見ている子どもを対象に行われたものがある。この教育番組の制作上の諸特徴がどのように注意を捕捉し維持させるかを，子どもがテレビ画面を見ていた程度と内容を覚えていた程度によって検討した（Anderson & Levin, 1976）。この研究が答えようとした基本的な疑問の1つは，注意が視聴者の意識的で戦略的な選択によって駆動されるのか，それともコンテンツや形式的な制作上の特徴によって自動的に捕捉されるのかであった（Alwitt, Anderson, Lorch, & Levin, 1980; Huston & Wright, 1983; Lang, 1990）。また，**注意慣性**（attentional inertia）の性質についても調べられた（Anderson & Lorch, 1983; Choi & Anderson, 1991）。この現象は，あるテレビ番組を見ている時間が長いほど，それに注意を向けつづけ，画面から注意がそらされにくくなる現象である。

人がどのようにテレビに注意を向けるかについて検討した初期の研究は，人間の脳がメディアコンテンツを認知的に処理する方法についての深い理論的視点を発展させる基盤を築いた。1980年代に発展したモデルはかなり洗練されており，無意識的・意識的な心的過程やさまざまな形式の記憶の働きを反映したものであった（たとえば，Anderson & Bryant, 1983; Thorson, 1989）。しかし，これらのモデルの基盤となった大多数の研究は行動測度や自己報告に頼っており，メディアコンテンツの認知処理に含まれる微妙な点を明らかにすることはできなかった。その結果，込み入ったダイナミックな過程の多くは覆い隠されてきた。そのような過程はいまでは心理生理測度によって探求できるようになっている。

現代では，メディアコンテンツに接触しているときの広範で入り組んだ脳の働きを研究するために心理生理測度を手軽に利用できる。そのため，研究者は，心的活動の性質について概念的・操作的に詳しく理解していなければならない。ここでは，メディアコンテンツの認知処理の研究に心理生理測度を使いたいと考えている研究者に特に関連がある2つの概念的・操作的留意点を紹介する。1つ目は，概念的なレベルにお

いて，メディア消費における意識的体験（脳によって作られる）が特定のダイナミックな下位過程によって生じていると知ることである。それらの下位過程は，消費しているメディアコンテンツの関連する諸側面を知覚し，取り込み，理解し，心にとどめることと表現できる。2つ目は，操作的なレベルにおいて，メディア接触中の脳の働きは，認知過程の心理生理測度の背景にある観察可能な生物学的活動によって支えられているということである。これら2つの留意点をまとめると次のようになる。心理生理測度を利用してメディアの認知処理を研究することは，生理システムにおける観察可能な生物学的活動を，メディアコンテンツの心的処理に関わる下位過程にマッピングすることである。幸運にも，生理活動のパターンと多くの認知過程との結びつきはすでに確立されている。メディア研究者は，メディア認知処理の研究において，有効にかつ信頼性をもって心理生理測度を利用するための方法を学ぶことに力を注ぐことができる。

　メディア接触時の認知過程を厳密に妥当な方法で測定するには，「注意」と「記憶」の違いを慎重に細部まで概念化する必要がある。人はメディアコンテンツに注意を向けていても，提示された情報を詳しく正確に覚えていないかもしれない（Bolls, Lang, & Potter, 2001）。第2に，記憶は単一の広い概念としては適切に記述できない。記憶は，再認・再生・検索に関連した心的過程から構成されている（Zechmeister & Nyberg, 1982）。理論的・実践的な価値は多少あるが，注意と記憶の概念を大ざっぱに捉えていると，メディアメッセージの認知処理に伴う重要な過程が覆い隠されてしまう。たとえば，単にメディアメッセージに向けられる「注意」を測定するなら，人間の注意を作り出しているもっとミクロなレベルの心的過程が見過ごされてしまう。ここでいうミクロとは「重要でない」という意味ではもちろんない。このような基礎となる心的過程こそ，認知処理を組み立てているナットやボルトのようなものであり，さまざまな形式のメディアコンテンツがどのように認知的に処理されるかをもっと知りたいと思うなら観察しなければならないものである。人間の注意の背後にあるそのようなミクロ過程が変われば，メッセージに「注意を向ける」ことの効果も変わってくる可能性がある。

　ラジオ広告におけるイメージ（imagery）を扱った私たちの研究は，注意や記憶の背後にある特定の認知過程を研究することの重要性を示す例である（Bolls, 2002, 2007; Bolls & Potter, 1998）。イメージを浮かべやすいラジオ広告は，イメージを浮かべにくいラジオ広告よりも，注意が向けられて記憶に残りやすいと報告した先行研究がある（MacInnis & Price, 1987）。しかし，認知処理の心理生理測度を使い，メッセージ再認に関する詳細なテストを行ったところ，イメージを浮かべやすい広告の処理に向けら

れる認知的努力のほとんどは，検索（記憶の背後にある1過程で，貯蔵された記憶表象の神経ネットワークの活性化に関わる）に向けられ，符号化（注意の背後にある1過程）が犠牲になっていることが分かった（Bolls, 2007; Bolls & Lang, 2003）。

　心理生理測度は，メディアメッセージの認知処理の背後にあるダイナミックな下位過程の働きを観察するために用いられてきた（最近の総説として Lang et al., 2009 参照）。明らかに，心理生理測度は，時間に沿った心的過程のダイナミックな機能を解明できると期待されている。メディア研究において認知処理が扱われた初期には，メッセージに誘発された心的過程（記憶を表象する特定の活性化パターン）を記述する理論モデルのために心理生理測度による研究が欠かせないと考えられていた（Bryant & Rockwell, 1991）。心理生理測度を用いたメディアの実験を行うときは，理論に基づき，情報処理に関する検証可能な仮説を立ててから行わないといけない。したがって，ここでは心理生理測度を用いてメディアコンテンツの認知処理（および情動／動機づけ処理）を検討した研究の背景にある理論モデルについて概観する。

(1) 動機づけられたメディアメッセージ処理の限界容量モデル

　アニー・ラングとその同僚は，過去20年にわたって数多くの実験を行い，メディアの認知処理についてのモデルを発展させてきた。そのモデルは最近になって「動機づけられたメディアメッセージ処理の限界容量モデル（limited capacity model of motivated, mediated, message processing: **LC4MP**）と呼ばれるようになった（Lang, 2009）。LC4MPの前提の多くは1章と2章で扱ったものに類似している。このモデルの基本原則は，人は容量に限界のある情報処理装置だということである。限界のある認知的容量という考え方は，LC4MPの前提であるだけでなく，人間の注意や記憶について初期の研究を行った著名な心理学者が構築した理論にも含まれている（Wickens, 1984）。メディアメッセージの認知処理という実践的文脈でいえば，限界容量とは単に，人間の認知システムがメディアメッセージに含まれているすべての情報を完全に処理するための容量を持っていないことを意味している。LC4MPによれば，メディアメッセージに含まれる情報はダイナミックな記憶表象に変換される。その記憶表象は符号化・貯蔵・検索の下位過程を通って変化する。これら3つの下位過程は，メディアコンテンツに接しているときに並列的に作動する。

　ここでは3つの要素がどのように協動するかについて論じる。過程は順を追って論じることになるが，メッセージを処理する間に3つの下位過程すべてが同時並列的に働くことを覚えておいてほしい。また，記憶は過程であって人間の脳のどこかに存在するわけではないことも忘れないでほしい。**符号化**（encoding）では，メッセージか

◆　メディアコンテンツの認知処理について考える

らの入力情報がその後の処理のために選択される。その結果，選択された情報を表象する神経活動パターンが生じ，短期的ワーキングメモリとして働く。同時に，認知資源は**検索**（retrieval）にも配分される。その結果，過去に得た情報や知識を表象している神経の記憶ネットワークが活性化する。符号化と検索が同時に起こると，統一された神経活性が生じ，メディアメッセージについての理解可能な記憶表象ができる。符号化と検索に伴い，符号化されたメディアメッセージに含まれる情報の一部が検索によって活性化する情報と結びつけられる。これは貯蔵の記憶過程を通して起こる。**貯蔵**（storage）によって，新しい神経の組織的パターンからなる記憶表象が作られ，それが後で検索を行うときに活性化する。これらの下位過程が同時並列で働くということは，メディアコンテンツの連続した流れに含まれる新しい情報が符号化され，貯蔵された詳細な記憶表象が検索されながら，新たに貯蔵も行われていることを意味している。

　具体的な例を挙げたら，メディア利用中の認知的下位過程である符号化・検索・貯蔵の性質が分かりやすくなるかもしれない。ゴールデンタイムに放送されるお気に入りのドラマを見ていると想像してほしい。そのすべての瞬間においてたくさんの情報が存在する。それを符号化時に選択することで，番組についての連続した一時的記憶表象が形成される。その情報とは，画面に表われるオブジェクトの物理特徴から，ストーリー展開に含まれている動作や会話まで多岐にわたる。たとえば，番組内に商品を提供している広告主は，番組の主人公がフォード・マスタングに乗っていることを視聴者が符号化し，できれば覚えてほしいと望んでいる。しかし，この番組を見ている人は楽しい物語の世界に入り込もうと思っているだけなので，登場人物同士の会話といったストーリー展開と直接関係のある情報を符号化することに認知資源のほとんどを配分するだろう。会話を符号化することは，それと同時に，貯蔵された知識が検索を行う下位過程によって活性化されることで意味をもつ。少なくとも，検索によって，その登場人物が話す言葉についての知識を表象した活性化パターンを引き起こす。検索によって生じた活性化パターンは登場人物や番組についての貯蔵された情報も表現している。たとえば，その回のストーリー展開や以前のエピソードに基づく情報や，このジャンルの番組がふつうどう展開するか（ホームドラマの展開はアクションドラマの展開と違うといったこと）についての情報である。重要なのは，メディアメッセージの認知処理中に符号化・検索・貯蔵を同時に行うと，メッセージに含まれる情報を多かれ少なかれ反映した意識的な心的表象の基礎となる活性化パターンを形成するということである。さらに，人間がメディアメッセージを処理するときに検索により多くの認知資源を配分するほど，メッセージを詳細に符号化するための限界容

量の割合は少なくなる。同じように，メディアコンテンツの連続的な流れに含まれる情報を符号化することに多くの認知資源を配分するほど，検索や貯蔵に向けられる認知資源が少なくなり，後で活性化しやすい詳細な記憶表象を完全に形成することができなくなる。

　LC4MPでは，認知資源は**制御的処理**（controlled processing）と**自動的処理**（automatic processing）の両方の形でメディアメッセージに配分されることも前提にしている（Lang, 2009）。この前提は，この分野の基礎となる疑問の1つに対する答えとなっている。注意はメディアに対して意識的・能動的に配分されるのか，それとも刺激の特徴に応じて自動的・無意識的に配分されるのかという疑問である。両方とも正しい。どれだけの認知資源が符号化・検索・貯蔵に配分されるかを決める過程は，多かれ少なかれ自動的なものから意識的に制御されるものまである（Lang, Potter, & Bolls, 1999; Schneider, Dumais, & Shiffrin, 1984）。

　人間がメディアを使うときの関心と目標に基づいて，メッセージ処理に認知資源が制御的に配分される（Lang, 2009）。その明白な例は情報探索の目標である。生存に役立つ情報を得たいという個人的な関心が，犯罪・暴力・災害といったネガティブなニュースの符号化に意識的により多くの認知資源を配分する1つの理由である（Shoemaker, 1996）。実際，ニュース記事の符号化を，認知資源の制御的配分を反映する心理生理測度（訳注：心拍数と副次課題反応時間）を使って調べた研究では，ニュース記事のなかにネガティブな画像があると，符号化に配分される認知資源が増えることが示されている（Lang, Newhagen, & Reeves, 1996）。メディアコンテンツの符号化に自動的に資源を配分するメカニズムは**定位反応**（orienting response）とよばれる（Lang, 1990）。定位反応は「おや何だ」反応ともよばれ，環境で出会う新奇刺激や信号となる刺激の符号化に配分される認知資源が一時的に増えることである（Graham, 1979; Graham & Clifton, 1966; Sokolov, 1963）。定位反応を誘発するメディアメッセージの特徴がいくつか見つかっている。すでに述べたように，テレビ映像の関連カットや無関連カットもその例である（Lang, 1990; Lang, Geiger, Strickwerda, & Sumner, 1993）。しかし，音響効果や音声の変化（Potter, 2000; Potter, Lang, & Bolls, 2008），ウェブページのアニメーション（Diao & Sundar, 2004; Lang, Borse, Wise, & David, 2002）に対しても定位が起こることが分かっている。

　認知資源がメディアメッセージ処理に意識的・能動的に配分されると，持続的な（長い時間続く）認知処理が生じる。無意識的・自動的に配分されると，コンテンツ内の特定の刺激や特徴に対する一過性の反応として認知処理が生じる（3章参照）。大事なのは，メディアの情報を処理している間，認知資源の制御的・自動的配分はダイナ

ミックに同時に起こるということである。制御的・持続的に認知資源が配分されているときに，それに反して自動的・一過的な認知資源の配分が起こる。

人間の脳についての基本的な理解と，認知処理の心理生理測度をメディアの心的処理の研究に利用するための確かな理論的枠組みが得られたので，具体的な心理生理測度の概念上・使用上の詳細について考える準備はできた。本章の次のセクションでは，メディアメッセージの認知処理の研究に使える2つの心理生理測度についてよく理解してもらうことを目指す。まず心臓活動について論じ，その後，脳波について述べる。メディアの認知処理に関する実験では，脳波よりも心臓活動を観察することが多い。これはたぶん，脳波活動を記録・分析するには費用と熟練技術が必要なので，多くのメディア研究者にとっては心拍数のほうが測度として利用しやすいからである。したがって，脳波よりも心臓活動について詳しく述べることになるが，どちらの測度にもメディアメッセージの認知処理について刺激的な洞察を与えてくれる力がある。

◆ 心臓活動：認知処理の生理測度

心臓から思考について何が分かるか？（What can the heart tell us about thinking?）この問いは興味深いだけでなく，アニー・ラングが編集した『メディアへの心理反応を測る（Measuring psychological responses to media）』の章のタイトルにもなっている（Lang, 1994c）。そのタイトルが暗示するのは，心臓活動（心拍数の増減に反映される）は認知処理の生理測度として妥当であるという考えである。1章で述べたように，ラングの本は，メディア実験室において生理学的手法が使われた第3の波，最も長く現在も続いている流れと一致している。ラングが書いた章は，メディアコンテンツの処理に向けられる認知資源の心理生理学的指標として心拍数を使うことについて深く論じた最初の文献である。そこにこの測度についての概念上・使用上の詳細がまとめられていたので，他の研究者はメディアの認知処理過程について心拍数を使って推測することができるようになった。

本書の心拍数についての議論も，その理論や使用について深く理解するのに役立つと思う。興味をもった読者がこの測度を使って自分で実験できるように，手続きを詳しく述べたい。心拍数を利用すれば，容量限界のある認知資源がメディアメッセージ処理にどのように配分されるかを検討できるので，今後もメディア心理学研究に役立つことは間違いない。21世紀最初の10年に研究を行った者は，心拍数を利用して，次のようなメディアコンテンツの特徴による認知資源配分の変化を測定してきた。イン

ターネットニュース記事の文体（Wise, Bolls, Myers, & Sternadori, 2009），画像のサイズ（Codispoti & De Cesarei, 2007），コマーシャル休憩中のラジオ宣伝の数（Potter, 2009），インターネット広告におけるアニメーション（Chung, 2007; Diao & Sundar, 2004），テレビに映った画像（Fox et al., 2004; Thorson & Lang, 1992），ラジオ広告によって喚起されたイメージ（Bolls, 2002）等。認知処理の心理生理測度として心拍数について論じるなかで，心拍数変化がもつ心理学的意味（心臓活動の解剖学や生理学に基づく）と，心拍数を測定・分析するための装置について扱う。

（1）心拍数の心理学的意味

心臓活動と認知処理のつながりは，直感的にすぐ分かるものではないだろう。読者のみなさんはおそらく心臓は情動と関連すると考えるのに慣れており，インターネットサーフィン中にお気に入りのウェブサイトの情報を処理するときに費やす心的努力の量に関連しているとは考えないだろう。口語では「胸の鼓動を感じる（feelings of the heart）」と言うし，情動状態によって心拍数の変化を含む重大な生理的変化が起こるのは間違いない。大半の器官と同様に，心臓も神経系の交感神経枝と副交感神経枝によって二重に神経支配されている。心臓活動の生物学的側面は後で論じる。これが実際に意味するのは，心臓が拍動する速さはいつでも両方の神経系からのインパルスが組み合わさって決まるということである。一般的にいえば，交感神経系の活性化は覚醒と関連し，副交感神経系の変動は環境情報の知覚処理に配分される認知資源の変動を反映すると考えられている（Berntson, Cacioppo, & Fieldstone, 1996; Wetzel, Quigley, Morell, Eves, & Backs, 2006）。簡単にいえば，交感神経系（「闘争－逃走システム」）は心拍を加速させ，副交感神経系は心拍を減速させる。これが意味するのは，交感神経系による心拍変化は，ある状況の覚醒度や情動性の影響を反映しているということである。しかし，情動的なメディアメッセージと結びついた交感神経系の活性化は，メッセージ内容に向けられる関心や注意の増加も伴っているのがふつうである。なぜなら，進化的に古い脳は，覚醒的なメディアに含まれる動機づけに関連した内容（セックスや暴力など）をメディアの中のものとは認めず，現実に存在すると考えられるからである（Reeves & Nass, 1996）。だから，何か脅威を与えるものが画面に出現すると，私たちは覚醒するし注意も向ける（実際の生活でするのと同じように）。心臓にこのような二重の影響（交感神経に駆動される覚醒が心拍を加速させるのと同時に，副交感神経に駆動される注意が心拍を減速させる）があるために，ジルマン（Cantor, Zillmann, & Bryant, 1975; Zillmann, Mody, & Cantor, 1974）やドナースタイン（Donnerstein & Barrett, 1978; Donnerstein & Hallam, 1978）がポルノ映像

を見ているときに記録した心拍データが予想される方向に変化しなかったと考えられる。研究者が慎重でなければ，情動的なメディアコンテンツを研究するときに起こりうる交絡を簡単に見逃してしまう。情動的なメディアコンテンツは，情動反応を誘発するだけでなく，注意を向ける対象でもある。したがって，情動的なメディアコンテンツに対する身体化された心的処理には，交感神経と副交感神経の活性化がどちらも含まれる。メディア接触時に生じる交感神経の活性化の最適な測度は皮膚コンダクタンスだと考えられている（5章参照）。なぜなら，皮膚コンダクタンスは二重支配を受けておらず，交感神経系によってのみ活動するからである。

　LC4MPの理論的見解に基づく研究者は長い間，メディアメッセージは（覚醒を高めるメディアメッセージであっても），交感神経支配が副交感神経支配による心拍減速を完全に打ち消すほど覚醒を高めることはめったにないと仮定してきた。しかし，副交感神経系が心拍数を減速させると同時に，程度は低いが，交感神経系が心拍数を上げていることもまた事実である。そのため，心拍変動（heart rate variability: HRV）の分析を行ってきた研究者もいる。たとえば，ラヴァジャ（Ravaja, 2004a）は，心拍数を認知処理の指標としているメディア研究者に，心拍変動の分析を行って，交感神経系と副交感神経系それぞれが心拍数の変化に及ぼす効果を別々に同定することを強く勧めている。心拍変動については6章で詳しく扱う。しかし，1分間の拍数（beats per minute: bpm）としての心拍数の変化と，情報処理に配分される認知資源の変動が関連していることを確かめた心理生理学的研究も十分にある。だから，心拍変動ではない心拍数の変化を，メディアメッセージの処理に配分する認知資源の指標として使うことができる。実験文脈や刺激選択を適切に統制するかぎり，心拍数はメディア心理学者のツールボックスに自信をもって入れてよい。とりわけ，他の測度によって得られた結果と組み合わせて使えば間違いがない。

　環境情報の符号化に配分する認知資源と心拍数は関連しているという指摘は1960年代にさかのぼる。注意と定位反応に関する研究によって，定位反応は確実に心拍減速を引き起こすことが示された（Graham & Clifton, 1966; Lynn, 1966; Sokolov, 1963）。レイシーの情報取込－拒絶仮説では，心拍減速は環境からの感覚取込を助ける準備過程を反映し，心拍加速は情報の拒絶を示す防御反応や環境刺激の処理からの解放を反映すると提案した（Lacey & Lacey, 1974）。環境情報の符号化における心拍減速の正確な機能については，微妙に異なる理論的解釈がいくつかある。1つの視点は，心拍減速の機能によって，潜在的に意味のある環境刺激に対して敏感になり，反応効率が改善するというものである（Lacey & Lacey, 1980）。やや異なる視点では，心拍減速によって，環境情報の符号化による感覚入力の質が実際に改善すると主張する（Graham,

1979)。結局のところ,環境情報の符号化に認知資源を配分するときに見られる心拍減速は,潜在的に意味のある情報の取り込みを促進するのに役立つ過程を反映しているようである(De Pascalis, Barry, & Sparita, 1995; Jennings, 1992)。要するに,潜在的に重要な感覚刺激(メディアメッセージなど)の情報処理を行っているときの心拍数変化についての心理生理学的研究が示しているのは,心拍減速はワーキングメモリに情報を符号化することに配分する認知資源の増加を反映すること,心拍加速は環境への反応や適応にかかわる他の過程のために環境刺激の拒絶を反映していることである(Lang, 1994c)。心拍減速と加速について一過的なレベルと持続的なレベルの両方で検討することはメディア心理学者にとってきわめて有益である(Lang et al., 2009)。

心拍数がメディアコンテンツの符号化に配分される認知資源の指標として利用できると結論づけたかなりの数の心理生理学研究があるが,観察される心拍数の変化はすべて交感神経系と副交感神経系の活動が複雑に組み合わさった結果であることに留意しておく必要がある。心拍数の変化を含むすべての心理生理反応が心理学的にどんな意味を持つかは,本質的にはその背後にある生物学的過程に根ざしている。心拍数の場合には,心臓の解剖学と生理学が関係している。それについて詳細に記述した教科書がある(Brownley, Hurwitz, & Schneiderman, 2000)。心臓系の詳しい説明をするのは本章の枠を越えるので,こういった文献を読むことを勧める。むしろ,ここでの目的は,符号化に配分する認知資源の指標となる生理的信号を引き起こしている心臓の基本特徴について説明することである。心臓信号のもっと複雑な空間的・時間的特徴について研究するなら,ここで述べるよりずっと詳しい心臓血管系の知識に基づいて行わなければならないことに気をつけてほしい。以下の段落では,メディアの過程や効果に関心がある学者が心臓活動とメディア認知処理の理論的結びつきを理解できる程度に,心臓の特性に関する情報を提供する。

(2) 心臓系の解剖学と生理学の基礎

人間の心臓は,本質的には電気的・機械的なシステムである。ポンプ(心筋)と,細胞機能に必要な血液を体中にめぐらせ,最後は心臓に戻ってくる通路の集まり(動脈,心室,毛細血管,静脈)から構成されている。心臓が血液を身体に供給させるために決定的に重要なことは,多かれ少なかれ規則的でリズミカルな方法で,確実かつ一貫して収縮・拡張を繰り返すことである。規則的でリズミカルな心臓活動の極端な変動は心臓疾患の症状であり,心不全を引き起こしうる。

心臓が規則的でリズミカルに動くようにできているということは,心臓活動の変化をメディアメッセージの認知処理の指標として利用したい研究者にとって意味があ

る。心拍数の大きな変動は，ふつう身体活動が突然大きく変化したり，その他の強いストレスを受けたりするときにだけ誘発される。メディアメッセージの認知処理に関する実験は，ほとんどが運動中というよりリラックスした状態で行われ，心拍数を大きく変動させる強いストレスを引き起こす画像をコンテンツに含むことはめったにない。大半の実験では，メディアメッセージの認知処理による心臓活動の変化はわずかしか観察できないだろう。こういった小さな変化を観察しなければならないので，メディアメッセージと接しているときの反応を確実に測定するには心臓の信号についての基本特徴を理解することが重要になる。このことは，メディアの特徴が心拍数に及ぼす効果を分析した実験で報告される効果量の推定値が小さくなることも意味している。効果量が小さいからといって，実験結果の実践的・理論的な重要性が減るものではないことを認識することが重要である。

心臓の律動的な収縮は，心臓の細胞を電気的に脱分極・再分極させ**心房**（atria）や**心室**（ventricles）の興奮と収縮を引き起こす協調的な伝導システムによって駆動される。心臓の電気刺激は，陽性の電荷をもつイオンが心筋細胞の内部に流入することで生じる。これは**脱分極**（depolarization, 細胞内が細胞外よりも陽性の電荷を持った状態）を引き起こす。**心筋**（myocardium, 心臓の壁にある横紋筋）における細胞の脱分極により心臓の収縮が起こる。**再分極**（repolarization）は細胞の内部が外部に比べて陰性の電荷を持つように戻る過程である。これが，心筋の静止状態となる。心臓の細胞の脱分極と再分極が繰り返されると，心臓が拍動する。したがって，心臓活動とは，要するに，心臓の細胞で生じる電流によって拍動に関連した機械的な収縮と弛緩が生じるという電気機械的な活動である。

心臓の信号は電気的事象と機械的事象によって構成される。拍動に関連した機械的事象は電気的変化と同時に起こる。言い換えると，心臓が収縮・弛緩するたびに心筋で特別な電気信号の変化が起こる。この一連の電気的事象の繰り返し，およびそれと同時に起こる心筋の機械的運動（動脈と静脈を通して血液を動かす）が**心周期**（cardiac cycle）と呼ばれるものである。心周期は心房の脱分極（収縮）から始まる。その間，心室は休んでいる。次に心室の脱分極が生じて心室は収縮するが，心房は再分極（弛緩）する。最後に，すべての心房・心室が再分極の状態になる。心筋が収縮している期間を「心臓収縮期」，心筋が弛緩している期間を「心臓拡張期」と呼ぶ。完全な1回の心周期は，心房と心室の収縮期と拡張期の全系列として定義される。

心臓活動をメディア認知処理の指標とした実験のほとんどは，心臓の電気信号を測定してきた。しかし，脈拍数（機械的事象）について光電脈波計を使って測定する実験もある（Anttonen, Surakka, & Koivuluoma, 2009; Detenber, Simons, & Bennett,

1998)。心臓活動によって生じる電圧は十分大きいので,四肢や体幹の皮膚表面に,標準的な**心電図**(electrocardiogram: ECG または EKG)を得るための電極配置をすることで確実に記録できる。標準的な心電図を記録するときに必要な装置・電極配置・技術的配慮について,これから手短に論じる。その前に,心電図の波形としての特徴を理解する必要がある。

心電図は,心周期において生じる電圧振幅の変化を表わしている。したがって,心電図は,心臓活動を電圧波形として描いたものであり,図 4.1 に示すような心臓の波形だと分かる形をしている。この基本波形は,1 回の完全な心周期を表わす 3 つの主要な波から構成される。心電図の波は特定の電気的・機械的事象が心臓で起こるときに発生する。P 波は心房が脱分極している間に発生する。QRS 複合は,心室の興奮(訳注:脱分極)を示す。T 波は,心室が再分極するときに生じる(Hurst, 1998; Stern et al., 2001)。メディアの認知処理を研究するときは,ふつう心臓周期の QRS 複合における R 波と R 波の間隔の変化に最も関心がある。心電図波形におけるこの区間を「R-R 間隔(inter-beat interval: IBI)」と呼ぶ。

心臓活動のいくつかの側面が心理生理学研究で検討されてきたが,情報処理の研究で使われる最も一般的な指標は心拍数(heart rate)と心拍間隔(heart period)である。両方とも,R-R 間隔(IBI)を測定することで得られる。**心拍数**(heart rate)は,ある時点における心臓活動を表わす指標であり,その速さで 1 分間に生じることになる拍数(bpm)で表現される。**心拍間隔**(heart period)は,心周期の QRS 複合における R 波間の時間をミリ秒(ms)で表わしたものである。心拍数と心拍間隔は逆数の関係にある。つまり,これらの心理生理学の測定基準(metric)は 60,000(1 分 = 60,000 ミリ秒)をその値で割ることで簡単に変換できる。たとえば,心拍間隔が 750 ms なら,心拍数は 80 bpm(60,000/750)である。

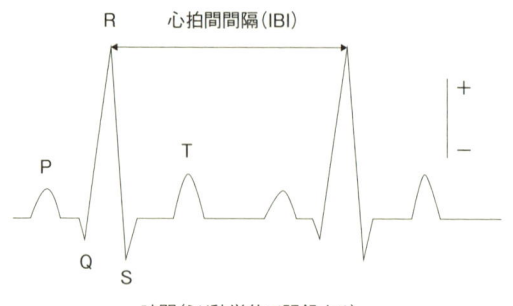

図 4.1 心電図によって記録される波形の模式図

心拍数と心拍間隔は，さまざまな認知課題（視覚的注意，心的イメージ，暗算，言語処理など）に心的努力がどのように投入されるかを調べるために測定されてきた（Berntson et al., 1996; Deschaumes-Molinaro, Dittmar, & Vernet-Maury, 1992; Pfurtscheller, Grabner, Brunner, & Neuper, 2007）。交感・副交感神経系が活性化する効果は心拍数よりも心拍間隔において線形的に現れるので，心拍間隔（R波間隔をミリ秒で表わしたもの）の方が心拍数よりも認知処理の心理生理測度としては優れているかもしれないと提案されている（Berntson, Cacioppo, & Quigley, 1995）。しかし，私たちの研究では，メディアの認知処理についての多くの研究と同様に，心拍数を使って分析している。1990年代初頭の心理生理学的研究が復活するなかで，心拍数の方が読者や編集者にとってより直感的に理解しやすいと思うからである。今日では心臓活動が測度として一般に受け入れられ理解されるようになったので，将来の研究者は心拍間隔の線型性の利点を活かした分析をしたいと考えるかもしれない。

　心拍数や心拍間隔が認知処理の測度として妥当であることは，自律神経系・中枢神経系と心臓に生物学的な結びつきがあることに基づいている。2章で述べたように，身体化された脳という理論的視点は，心的活動は自律神経系と中枢神経系のすべてで起こる生理的過程によって駆動されるという信念につながる。したがって，心的過程（中枢神経系の脳によって実行される）は，それが自律神経系活動に及ぼす効果を観察することによって研究できる。自律神経系は，心臓を含む人体の主な器官を支配している。したがって，大まかにいうと，メディアメッセージと接するときに生じる認知過程は，中枢神経系を通じて自律神経系にトップダウン的に影響し，自律神経系活動の変動によって拍動の速さが変わるのである。心拍数に影響を与える自律神経系活動に影響する脳領域として，視床下部，扁桃体，前部帯状皮質，前頭前皮質などが知られている（Berntson, Quigley, & Lozano, 2007）。興味深いことだが，これらの部位は注意や記憶に重要な役割を果たす脳部位として知られている（Jansma, Ramsey, de Zwart, van Gelderen, & Duyn, 2007）。脳の皮質・皮質下領域は，脳幹における連絡によって自律神経系活動に影響する。脳幹からは副交感神経と交感神経がそれぞれ別の解剖学的経路を通って心臓を支配している。副交感神経活動は，**迷走神経**（vagus nerve）を通って，心臓の右心房上部にある**洞房結節**（sinoatrial node, SA node）に流れていく。交感神経活動は，頸部や胸部にある神経節や神経を通って洞房結節に流れていく。図4.2は，脳と心臓をつなぐ神経経路を示している。

　自律神経系が心拍数や心拍間隔に及ぼす影響を理解することは，実験で記録するこれらの心理生理測度の変化を正確に解釈する上で欠かせない。おさらいすれば，自律神経系は2つの独立した神経枝からなる。交感神経系（sympathetic nervous system:

SNS）と副交感神経系（parasympathetic nervous system: PNS）である。心臓は両方に神経支配されている。メディアメッセージを認知的に処理するときの中枢神経系活動によって交感・副交感神経系の活動が増減することがあり，それによって心拍の速さが変化する。交感神経系活動が増えると心臓が加速し，活動が減ると心臓は減速する。副交感神経系活動については，その反対のことが起こる。副交感神経系活動が増えると心臓が減速し，活動が減ると加速する。

　初期には，交感神経系と副交感神経系は拮抗して活動し，一方の活動が増えると他方の活動が減ると信じられていた。しかし，バーントソンら（Berntson, Cacioppo, & Quigley, 1993）の研究などによって，現在では，交感神経系と副交感神経系の両方が同時に活動し，どちらの神経枝の活動も増加または減少する場合もあることが分かっている。また，別々に活動することもある。つまり，一方の神経枝の活動が変化しても，他方の活動が変化しないこともある。したがって，心拍数と心拍間隔のどちらを使うにしても，メディア研究者は自律神経系の複数の活動パターンに影響される心理生理測度を用いていることを意識しておく必要がある。しかし，身体化された理論的視点と心臓活動の性質についての理解に基づいて厳密に考えれば，心拍数や心拍間隔の一過性・持続性変化の両方を，メディアメッセージの処理中に生じる認知資源の変化を示すものとして解釈できる。そのように心拍数を心理学的に解釈することで，心

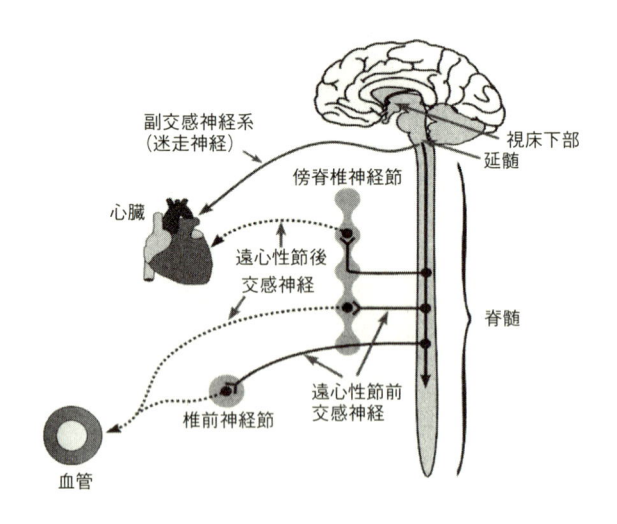

図4.2　脳と心臓を結ぶ神経経路。交感神経系と副交感神経系が心臓活動に影響する。
　（Klabunde, 2007）

がどのようにメディアメッセージを処理するかについての重要な洞察が得られる。その他，心拍数や心拍間隔をメディアメッセージの認知処理の指標として使うために必要な知識や技術については，次節で実験参加者から心電図を確実に記録する手続きと関連づけて述べる。

(3) メディア実験室で心電図を記録する

メディアメッセージの認知処理を研究する実験室を立ち上げたいと思う人への朗報は，ほかの心理生理測度と比べて，心電図の記録に必要な装置は比較的安価で準備しやすく簡便に使えることである。心電図の記録に必要な装置は，どのメディア心理学実験室でも見つけられる。駆け出しの研究者にとって明らかな利点は，心電図を使ってメディアの認知処理を測定することに精通した研究者ネットワークと，容易に参照できる大量の研究文献が存在することである（Lang et al., 2009 参照）。本節では，メディア認知処理の研究を行うために心電図を収集・使用することに関する必要な装置と技法について扱う。

(4) 心電図を記録する装置と手続き

心電図の波形は，心房や心室で発生した特定の電気的事象に伴う電圧振幅の変化を表わしていることを思い出してみよう。心電図は，実際にそれらの事象の表現であることに留意してほしい。なぜなら，その信号は心臓から電極を貼りつけた皮膚表面まで移動してきた電圧を実際に測ったものだからである。確かに，この信号は心臓で実際に発生している電気信号と同じくらい大きくはならない。心周期の QRS 複合におけるR波の振幅（心拍数を求めるために利用する心電図の部分）は，表面電極で記録できる皮膚表面に到達するまでに 2 mV くらいまで小さくなる。この生体電位は，ほかの心理生理測度（頭皮上で得られる脳波波形）の電圧と比べれば大きいが，それでも相当に増幅しなければ，記録や解釈に耐える心電図波形が得られない。心臓で発生した電位のような生体電位を測定するときの技術的課題は，信号を皮膚表面からコンピュータに伝えるために，インピーダンスの低い，電気化学的に安定した通路を作ることである。コンピュータ上では，そのアナログ信号を表示し，統計分析のためにサンプリングして数値化する。心理生理データ収集のためのコンピュータとソフトウェアパッケージについては 8 章で詳しく論じる。ここでは，他の具体的な心理生理測度について論じるときと同様に，心電図を記録することに特化した装置と手続きに焦点を当てる。

心電図は皮膚表面に配置した電極を使って検出する。心周期の全区間で生じる電気

活動をできるだけ正確に記録できるように，よく考えて配置する。信頼できる心電図信号は，四肢または体幹に設置した電極から記録できる。電極配置にはいくつかの方法があるが，すべて心臓周辺にアイントホーフェンの三角形（Einthoven's triangle）を作るようなパターンである。オランダの心臓外科医であり，ノーベル賞受賞者のウィレム・アイントホーフェン（Willem Einthoven）にちなんで名づけられたこの逆三角形は，図4.3やこの後に説明する標準的電極配置に見ることができる。心電図は3つの電極による双極導出配置で記録できる。2つの記録電極と3つ目のグランド電極との電位差を測る。標準的な電極配置パターンは，以下のとおりである。

第I誘導：記録電極は左右の腕の肘からおよそ5センチ下に設置し，グランド基準電極は左手首に装着する。極性は，左腕の電極が右腕に対して陽性になるようにすると，心電図上ではP波とR波が陽性の波となる（図4.1参照）。

第II誘導：一方の記録電極は右腕の肘から5センチ下，もう一方の電極は左足首のすぐ上，グランド基準電極は左手首に装着する。極性は，左足首の電極が右腕の電極に対して陽性になるようにすると，第I誘導と似たパターンが得られる。

第III誘導：記録電極を左腕の肘から5センチ下，左足首のすぐ上に装着し，グランド基準電極は右手首に装着する。極性は，左足首の電極が左腕の電極に対して陽性になるようにすると，第II誘導と似たパターンが得られる。

第I誘導と第II誘導は，ほとんどの心理生理学的研究に適しているといわれている。第II誘導はR波が確実に2 mV程度になる（第I誘導で得られる電位よりも大きい）ので，この電極配置パターンは他の誘導よりやや優位である（Andreassi, 2007）。しかし，私たちの研究では，第I誘導をうまく使って，脚に電極を装着するわずらわしさを避けることが多い。

心電図の電極配置にかかわるノイズ源の1つは運動アーチファクトである。電極装着部位周辺の筋肉運動によって生じる電気活動は，心電図信号のノイズとなりうる。このノイズ源を除く最も簡単な方法は，参加者にリラックスして，実験刺激の提示中はできるだけ動かずに座っておくようにはっきりと教示することである。もちろん，これはいつでも可能なわけではない。特に，ウェブサーフィンやゲームのようなインタラクティブなメディアの消費を研究するときはそうである。運動アーチファクトが問題になるような場面で推奨される他の電極配置として，胸骨に沿って電極を装着するものがある（Andreassi, 2007）。しかし，メディア研究の文脈ではまたもや侵襲性が問題となる。私たちの研究では，運動アーチファクトに対処するために，僧帽筋の

第Ⅰ誘導
左前腕（＋）
右前腕（−）
グランド電極は左手首

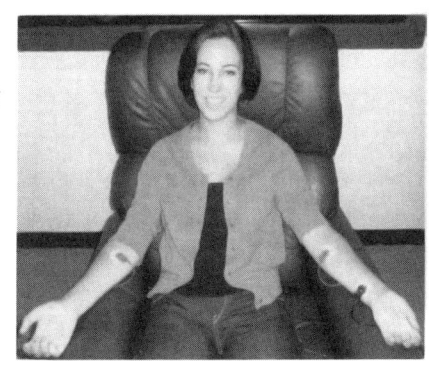

第Ⅱ誘導
左足首（＋），右前腕（−）
グランド電極は左手首

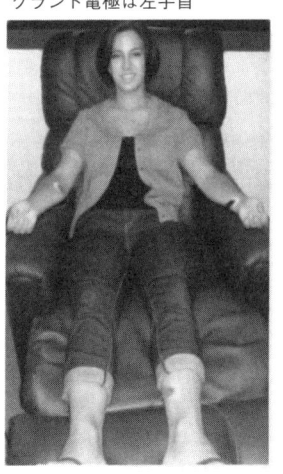

第Ⅲ誘導
左足首（＋），左前腕（−）
グランド電極は右手首

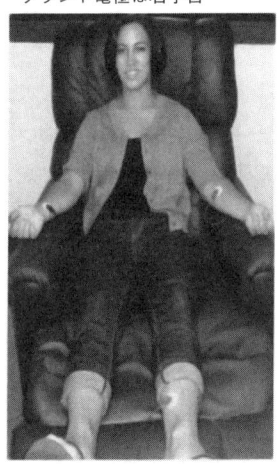

図4.3　心電図の標準肢誘導。左手－右手－左足がアイントホーフェンの三角形とよばれる。（訳注：グランド電極はどこに置いてもよい）

すぐ下，左右の鎖骨に記録電極を移動させることで，まずまずの結果を得ている。左腕と左足首を記録部位とする第Ⅲ誘導を使っても，一般に右手で操作するマウスを多用するようなインタラクティブメディアを研究するときの運動アーチファクトの問題に少しは対処できるだろう。

どの電極配置法を使うかによらず，電極の記録面と皮膚表面を低いインピーダンスで接触させなければならない。電気的インピーダンスを最小にするために，電極は比較的体毛の少ない皮膚表面に装着する。その表面はあらかじめ軽くこすって角質や汚

れ，油脂を取り除いておくのが望ましい。心電図で記録される振幅は十分に大きいので，他の心理生理測度と比較して，心拍数を測定するときは皮膚の処理はさほど重要ではない。参加者の皮膚の表面を，水や消毒用アルコールに浸したふつうのペーパータオルで拭きとるだけで十分である。心理生理学の消耗品を扱う会社の多くは，この目的にあったアルコール皮膚処理用パッドを販売している。専用の皮膚処理用パッドを使用する主な利点は，便利だからである。表情筋筋電図などは，もっとしっかり皮膚処理をしなければならず，そのようなパッドが必需品である。実験でそのような他の心理生理信号も測定するなら，パッドを使うのが便利である。忘れてはならないとても大事なことだが，アルコールを含んだ皮膚処理用パッドや消毒用アルコールに浸したペーパータオルは，皮膚コンダクタンスを記録するときの皮膚処理には決して使ってはいけない。この点については5章で再び取り上げよう。

心電図記録の標準電極は，直径8 mmの銀－塩化銀フローティング電極である（訳注：floatingとは「電極面と皮膚表面に隙間があって，浮いている」という意味）。銀－塩化銀電極は最良の電極である。バイアス電位（訳注：皮膚と接触したときの電位差）が小さく，互いに分極しにくいため，ノイズの少ない信号が記録できるからである (Stern et al., 2001)。フローティング電極には，記録面の周りにエポキシ樹脂の外枠があり，カップ状のくぼみができている。電極にとって重要な記録面が直接皮膚に触れず，導電性の高い電極ゲルがくぼみに入って皮膚と接触するということである。電極のくぼみをゲルで満たすときは気泡をできるだけ減らすように気をつける。気泡によってインピーダンスが増えるし，一方の電極（ゲルに気泡が多い）と他方の電極（ゲルに気泡がない）の信号を比較することになるので，双極導出の概念からいって妥当性に欠けるからである。電極をゲルで満たすときは，3章で説明した手続きに従ってほしい。電極につけたゲルの量が多すぎると，皮膚につけた粘着テープの下までゲルが浸みてきて，記録セッション中に電極が滑って落ちることがあるので気をつける。3章で述べたように，最初からゲルがついているディスポ電極の方がよいと考える研究者もいる。しかし，大勢の参加者で実験するときには，ディスポ電極は再利用できる電極を使うより，かなりお金がかかることになる（しかし，参加者が大勢いるときに再利用できる電極を使うと，今度はたくさんの電極にゲルを入れなければならなくなる）。3章で述べたことを思い出してほしいが，最初からゲルがついている電極を使うときでも新しい電解質ゲルを少し電極の表面につけると心電図信号をよりきれいに測定できる。

電極は，処理をした皮膚表面に適切な導出法で配置し，リード線につないで生体アンプに信号を送る。リード線には，陽性，陰性，グランドと書かれた3つの接続があ

る。心電図を記録するときはその極性に注意することが重要である。上述の電極配置に関する議論のように，陽性電極を正しく（通常は左腕または左足首に）接続しなければ P 波と R 波を陽性の振れとして正しく記録できないからである。

　生体アンプは，心電図の電圧を増幅してフィルタをかけるために使う。心電図信号の電圧が最大となるのは R 波が生じるときである。この信号は 5,000 から 10,000 倍の利得での増幅が必要なことがある。心電図信号を増幅する目的は，心拍間隔（IBI, R 波の間隔をミリ秒で表わしたもの）を記録するために，大きくてはっきり検出できる R 波を得ることである。しかし，心電図信号を増幅させると，信号に含まれるノイズも増幅させることになる。ノイズ源には，すでに述べた運動アーチファクトや，実験室環境の漂遊電圧によるものがある。すべての心理生理測度に共通して見られるノイズの発生源は，電子装置や蛍光灯，電球から生じる 60 Hz（米国）または 50 Hz（ヨーロッパやオーストラリア）の干渉である（訳注：東日本では 50 Hz，西日本では 60 Hz）。メディア研究室における環境電気ノイズ源対策については 8 章で詳しく述べる。本章では，これらの周波数を心電図信号からフィルタで除去することについて述べる。生体アンプの中には，**ノッチフィルタ**（notch filter，訳注：ノッチは「V 字型の切り込み」という意味）という 50 Hz や 60 Hz の帯域にある電気信号を選択的に除去するフィルタを搭載したものがある。心電図を記録するときにもっと便利なのは，生体アンプでローパスフィルタを設定して信号にフィルタをかけることである。ローパスフィルタは，設定した周波数よりも高い周波数の電気信号を減衰させる。標準的な心電図で心臓周期の QRS 複合を確実に記録するのに必要な最大周波数は 12 Hz である。したがって，生体アンプでローパスフィルタを 30 〜 35 Hz の範囲に設定すると，信号に含まれる電気ノイズを最小にし，筋運動によるアーチファクトも減少させるのに役立つ（Stern et al., 2001）。生体アンプのハイパスフィルタ（設定した周波数よりも低い周波数の信号を減少させるフィルタ）は，最低周波数に設定しておかなければいけない（訳注：基線が安定しないときは時定数 0.05 s（3 Hz）程度のハイパスフィルタをかけてもよい。Mulder, 1992）。

　生体アンプで記録された電気信号は，アナログの心電図波形となって，コンピュータのディスプレイ上に表示できる。このアナログ信号から心拍数や心拍間隔の測度を得るには，信号を数値化して R 波を検出し，R-R 間隔（IBI）を記録する必要がある。これは**シュミットトリガ**（Schmitt trigger）という専用の電気回路で行われる。シュミットトリガは，事前に設定した電圧に到達したときにパルス信号を出力する。このパルスは，AD/DA ボードを通じて生理データ収集用コンピュータにデジタル信号として入力される。トリガの電圧は心電図の R 波の電圧のみをとらえるように設定する。

そして，コンピュータの時計が連続するシュミットトリガからの出力信号の時間をミリ秒単位で測定する。だからこの方法で心臓活動を記録すると，心電図波形そのものは実際には記録されず，R-R 間隔（IBI）のみがミリ秒単位で記録される。シュミットトリガの代わりに，二重コンパレータ／ウィンドウ弁別器と呼ばれるものを販売する会社もある。この装置は，パルス信号を発生させる電圧の範囲として低い閾値と高い閾値の電圧の両方を指定し，そのあいだの入力があったときに信号が出力される（訳注：この説明はウィンドウ弁別器の説明。二重コンパレータは 2 つの入力の比較を行う装置）。

　一部のシステムは，シュミットトリガやウィンドウ弁別器をデータ記録に使わないことがある。その代わり，心電図波形の全体をアナログ信号としてサンプリングして記録する。QRS 複合の同定や R 波間のミリ秒計測は，オフラインでピーク検出アルゴリズムを使って行う。各参加者のデータファイルが非常に大きくなってしまうことを除けば，この方法でも不都合はほとんどない。

　シュミットトリガでは一定の電圧を設定するが，R 波がそれを超えるタイミングは毎回少しずつ異なるので，数ミリ秒の測定誤差が生じうることが知られている（Jennings et al., 1981）。自分が心拍間隔の測定に使っている装置が，設定した電圧が発生したときにどのようにデジタル信号を出力しているかを知っておかないといけない。出力の閾値となる電圧は，できるだけ心電図信号の R 波のピーク電圧に近い値にすることを推奨する。ウィンドウ弁別器では，ふつう低閾値をこのピークと同じくらいに合わせ，高閾値をそれ以上に設定する。したがって，信頼できる心臓活動の測度を記録する最初のステップは，できるだけノイズの少ない心電図波形を得るために細心の注意を払うことである。シュミットトリガの電圧設定を調節する前に，心電図波形をチェックして，電極配置・増福・フィルタによって生じることのある測定上の問題に対処する必要がある。この手続きにより，R 波の見落としや誤検出が起こりにくく，連続する R 波に出力信号を確実に発生できるレベルに，シュミットトリガの閾値を設定できる可能性が上がる。シュミットトリガによって記録された心拍間隔は，出力を心拍タコメータに送ることで自動的に心拍数（BPM）に変換できる。もちろん，心拍間隔と心拍数はどちらも統計分析を行うことができる。

(5) 心拍データの分析

　どんなに慎重にシュミットトリガを設定して R 波を検出しても，明らかに長い／短い R-R 間隔が発生するエラーが一定の割合で起こる。それぞれ R 波の見落としと誤検出によって起こる。たとえば，シュミットトリガの閾値を設定したら，R 波間隔が

5,346 ms になった……これは何かがおかしい。参加者の心臓が 5 秒以上動かなかったか，R 波をいくつか見落としたかのどちらかである。反対に，参加者が椅子に座り直してリード線が突然動くと，運動アーチファクトが発生して，シュミットトリガの閾値を何度も連続して超えることになる。これによって，偽の「R-R 間隔」が非常に短い時間範囲で記録される（35, 334, 12, 4, 55, 34, 26 等）。参加者の心臓が 500 ms 間で 7 回拍動することがないのは明らかである。したがって，心臓活動を分析するときの最初のステップは，無効な R-R 間隔を見つけ妥当な値で置き換えることで，データをクリーニングすることである。無効な R-R 間隔に対処するよくある方法は，一連の異常値（ミリ秒）を合計した値を，ある数で割って，より妥当な R-R 間隔に均等配分することである。意思決定は保守的で厳密にするのが一番である。疑問が生じた時間領域の R-R 間隔の最もよい指標となるのは，周辺の R-R 間隔である。補間する区間の前後にある，妥当と思われる R-R 間隔に注目し，増加または減少する傾向を見つけて，置き換える値を決める。私たちの経験上，条件を伏せた状態でデータをクリーニングするのが望ましい。また，無効な IBI を論理的かつ保守的な方法で決められないなら，欠損値として扱うのが一番よい。

　R-R 間隔データをクリーニングして編集することは，専用のプログラムを使えば簡単にできる。しかし，そのソフトウェアが実際にデータをきれいにするかについて詳しく知らなければならない。この目的に最適なソフトウェアでは，アーチファクトと見なす R-R 間隔をミリ秒で設定できるなど大半をユーザーが制御できるものである。有効な R-R 間隔として認められるのは 600 〜 1,200 ms の範囲（訳注：50 〜 100 bpm，実際にはもっと高くなる［R-R 間隔が短くなる］こともある）なので，その範囲を超えるものを見つけるようにクリーニングアルゴリズムを設定しないといけない。もし心拍タコメータで直接記録した心拍数を分析するなら，置き換えなければならない外れ値をサンプリングデータから見つけることが重要である。これには，平均値で補間することもあれば，直前の正常値によって異常値を置きかえることもある（時点 t における心拍数に最も近いのは時点 t − 1 における心拍数だから）。クリーニングしたデータの出力を厳密にチェックして，データ区間でクリーニングしたり欠損値として扱ったりした R-R 間隔の割合をメモしておくことが重要である。クリーニングしたり欠損値として扱ったりした割合が非常に多ければ，そのデータは捨てるのが望ましい。

　データのクリーニングが終わったら，**心拍時間分析**（heart time analysis）と**実時間分析**（real time analysis）のどちらを行うか決定しなければならない。心拍時間分析では 1 拍ごとの間隔を統計分析に用いる。心拍間隔には周期がない。つまり，実験で使うメッセージ刺激や参加者によって拍数が違う。実験で使う刺激すべてについて

記録時間が同じでもそうなる。したがって，よくある心拍時間の統計分析は，あらかじめ決めた理論的に意味のある数の拍に対して，それぞれの心拍間隔をデータポイントとする。実時間ではなく心拍時間で分析する方法の例は，定位反応のような一過性反応の分析であり，以下で詳しく論じる。

　心臓活動の実時間分析は，心拍間隔と心拍数のどちらを使っても実施できる。この分析では，任意の単位時間で平均したデータを用いる。データを平均する単位時間をどうするかは研究者に任せられている。しかし，単位時間の決定は，研究対象となるメディアの性質を考慮し，認知資源配分の意味のある変動を捉えられる必要性に照らして，正当化できないといけない。たとえば，非常に情動的な広告（カットや編集といった制作上の特徴を大量に含むことが多い）では，メッセージの符号化に対する認知資源の配分に影響しそうな，突然の内容変化を含むことが多い。この場合は，たとえば 1 秒間といった短い区間ごとにデータを平均した値を実時間の分析に用いなければ，予測される認知反応の頻繁な変化を捉えられないだろう。ある実験で使われる各メディア刺激に接している間を通して平均した心臓活動は，処理に配分される認知資源の全体的な指標として有効である。しかし，思い出してほしいが，心理生理測度の主な利点の 1 つは，認知処理・情動処理を時間に沿って観察できる（メッセージ刺激の提示中に起こる認知資源配分の変化を示す反応の一時的なゆらぎを捉えられる）ことである。もし心拍間隔をデータ分析に使うなら，R-R 間隔を単純に平均して統計分析に用いればよい。もし心拍数をデータ分析に使うなら，測定された R-R 間隔の値を平均して，それから単位時間ごとの心拍数（1 秒ごとの bpm など）に変換する。忘れないでほしいが，心拍間隔は周期のないデータなので，時間を通して平均するときは加重平均手続きを使わなければならない（訳注：詳しい説明は Berntson, Cacioppo, & Quigley, 1995 を参照。サンプリングポイントごとに瞬時心拍数を求め，区間平均値を計算すればよい）。

　検討する仮説やリサーチクエスチョンに応じて，心臓データは持続性または一過性の分析ができる。持続性活動のデータ分析では，メディア刺激に接しているときの心臓活動の長期変動を観察することに焦点を当てる。一過性活動を分析するときは，心理的に意味があると考えられる特定の事象（内容や編集上の何かの特徴の開始点など）が誘発する一時的な心臓活動の変化を検討することに焦点を当てる。メディア認知処理の実験で得られる一過性・持続性の心臓活動の分析に最もよく使われる統計分析は，反復測定の分散分析である。

　心臓活動には，統計分析にかかわりのある 2 つの性質がある。1 つ目は，1 回の記録セッションで得られる心拍数または心拍間隔の値は（条件間・試行間で）相関している

ので，反復測定分散分析における**球面性の仮定**（sphericity assumption）に違反する。そのため，統計的有意性を判定するときはグリーンハウス＝ガイサー（Greenhouse-Geisser）やフィン＝フェルト（Huynh-Feldt）の修正法を用いて自由度を調整しなければならない。2つ目に，心拍数や心拍間隔は**初期値の法則**（law of initial value）に大きく影響される。つまり，メッセージ刺激に接することで生じるこれらの測度の変化はすべて，刺激提示前の心臓活動のレベルに大きく影響されるということである（Lacey & Lacey, 1962）。初期値の法則が実際どの程度影響するかは入り込んだ問題であり，どう対処するのが一番いいかについては議論が分かれている（Geenen & van de Vijver, 1993; Stern et al., 2001）。しかし，よく行う方法は，心理生理データについて**変化得点**（change score）を用いて分析することである。つまり，心臓活動の分析はベースライン活動得点からの変化に対して行うのが最も適切である。したがって，ベースライン活動の測度を実験中に収集しなければならない。持続性活動は実験中に変化するので，ベースライン活動を測定する一番いい方法は，実験の最初ではなく各メッセージ刺激を提示する直前の区間で測定することである。この方法には，直前のメッセージが心臓活動に及ぼす持ち越し効果を統制できるという利点がある。メッセージ刺激の提示や主観報告測度の入力が終わってから，次のメッセージ刺激に対するベースライン活動を記録するまでの間に，参加者がリラックスするための十分な時間が必要である。そうすれば，心拍数が安静状態に近い水準まで戻る。しかし，この安静ベースラインの区間は，参加者が落ち着かなくなるほど長くしてはいけない。20秒前後の安静区間をとり，メッセージ刺激前の5秒間にベースライン活動を記録すれば十分である。変化得点は，5秒間のベースライン活動の平均値か，メッセージの開始直前1秒間をベースライン測度として算出できる。その後，各メッセージ刺激提示中に記録されたデータの値からベースライン活動を引算する。

　一過性データを分析する特殊なケースとして，ある特定のメディア特徴が定位反応を誘発するか否かを検討する実験について述べておきたい。定位反応は「おや何だ」反応と呼ばれ，心理学的に意味がある。符号化している刺激に配分される認知資源の一過性の自動的増大を反映するからである（Lynn, 1966）。定位反応を誘発させるメディア特徴を見つけることは，メディア心理学の研究のなかで非常に有意義な領域であり，自動的に注意を捕捉するメディア特徴の一部を明らかにしてきた（Diao & Sundar, 2004; Lang, 1990; Lang et al., 2002; Potter, 2000; Potter et al., 2008）。

　定位反応の分析は，心拍時間でも実時間でも実施できる。心拍時間を用いて分析するときは，反応を誘発すると考えられる特徴が提示される直前に生じる拍動をベースライン測度とし，その後の10拍について変化得点を求める。実時間で分析するとき

は，心拍数や心拍間隔データを使用して行う場合，刺激提示直前1秒間の心拍数や心拍間隔をベースラインとし，その後の6秒間から10秒間のデータについて変化得点を求める。このような変化得点の値を時間経過に沿ってグラフにしたものが，**心拍反応曲線**（cardiac response curve: CRC）である。分析の最初のステップは，CRCを視察して，操作的に定義される2つのパターンのどちらに従っているかを確認することである。メディアの構造的特徴に対する定位反応についての初期の研究論文でラング（Lang, 1990）が指摘したように，定位反応を反映する心拍反応には単相または二相性のパターンがある。単相性のパターンは，心拍数ではU字型，心拍間隔では逆U字型に見える。二相性のパターンは横向きのS字型に見え，心拍数の場合は初期の区間が減少し，心拍間隔の場合は初期の区間が増大する。心拍反応曲線を視察することでいずれかのパターンが確認できたら，次にデータの統計分析を行う。傾向分析（分散分析の特殊な例）により，データに2次（単相性）または3次（二相性）の有意な傾向があるかを探す。このようなパターンの心拍反応が観察され統計的に有意なときに，研究対象としたメディア特徴が定位反応を誘発したと結論づける。

(6) 心拍数を利用したメディア認知処理の研究例

心拍数は，メディアの認知処理の心理生理学的指標として最初期から広く使われてきた。21世紀になってもその使用はわくわくするような形で確かに続いている。最近の研究では，インターネットで提示される情報の特徴が認知処理に及ぼす影響について検討することが多い。この分野の研究は，メディア処理という観点からみると心理学的に興味深い。というのは，ユーザーが提示情報をコントロールできることがどのように認知処理に影響するかを検討できるからである。たとえば，ラングらは，静止画とアニメーションのインターネットバナー広告の表示をユーザーがコントロールできることが，広告に対する定位反応に及ぼす効果を検討した（Lang et al., 2002）。その結果，アニメーションのバナー広告だけが，一過性の心拍反応曲線として現れる定位反応を誘発することが分かった。さらに，ユーザーが広告の開始タイミングを決めることができても，この結果のパターンは変わらなかった。同様に，ディアオとスンダル（Diao & Sundar, 2004）はポップアップウィンドウで表われる広告が心臓の定位反応を確実に誘発することを示した。

心拍数は，以前からあるメディア形式に対する認知処理を明らかにするのにも利用されている。ポター（Potter, 2009）は，心拍数の変化得点を使った持続性分析を行い，ラジオコマーシャルが頻繁に入ることが聴取者に与える影響を調べた。参加者内実験計画を用い，聴取者に2種類の擬似的なラジオ放送を提示した。それぞれに5分

間の広告期間が含まれていた。カウンターバランスしたデザインで，一方の局は広告期間に60秒間のコマーシャルを5本流し，もう一方の局は30秒間のコマーシャルを10本流した。その結果，心拍数の減速が見られ，コマーシャルの数が少ない方に注意がより向けられていたことが示唆された。実際，10個の短いコマーシャルを含む広告期間ではベースラインを超える心拍数の増大が生じ，このことはコマーシャルから注意が離れたと解釈された。

　ここまで心拍数について論じ，心拍数を使ってメディア過程とその効果を調べた研究をざっと紹介したことで，心拍数がメディアメッセージの認知処理に利用できることが分かったと思う。新しい技術的プラットフォームによってメディア環境が発展しつづけ，その内容や構造的特徴が広範囲になっても，心拍数は刺激的で信頼でき，かなり利用しやすい認知処理の心理生理測度であり続けるだろう。次に，認知処理の2つ目の心理生理測度である脳波の話に移ろう。

◆ 脳波：メディア認知処理の基礎となる皮質活動の測度

　脳波（electroencephalogram: EEG）は，本書で述べる心理生理測度の中でも特別なものである。脳波は，脳における情報処理によって生じる中枢神経系活動の直接的な測度である。ほかの測度（心拍，皮膚コンダクタンス，表情筋筋電図）は末梢神経系活動のパターンを測定したものであり，そこから中枢神経系活動に身体化された認知・情動過程について推測していた。そのため，脳波は，メディア処理の理論モデルを発展させることができる大きな可能性を秘めた心理生理測度になっている。ベルガー（Berger）が1929年に初めて人間の脳波を報告して以降，要するに「心を読む」ことから科学的知識を得る神秘性や可能性は，学者や一般社会の興味を引きつけてきた（Stern et al., 2001）。

　脳波は，100万分の1 V（マイクロボルト，MV）単位の非常に小さな生体電位を頭皮上から測定したものである。その信号は，脳の皮質領域の神経活動によって発生している。認知神経科学者は，主な脳葉についての機能的神経解剖学の知識を著しく増加させており，感覚刺激に対する認知処理によって生じる活性化パターンについての仮説を構築できるようになった（Sauseng & Klimesch, 2008）。脳は，前頭葉，頭頂葉，側頭葉，後頭葉の4領域に解剖学的に分割されており，その活動は脳波を使って研究することができる（図4.4）。脳は互いに連結したニューロンから形成される大きな塊であり，抑制過程や促進過程によって結びついた何百万ものサブネットワークが

存在するらしい（Varela, Lachaux, Rodriguez, & Martinerie, 2001）。脳波として記録されるのは，神経細胞群（neuronal assembly）と呼ばれてきたニューロンネットワークで生じる電気活動の総和である。

以下に，脳波として記録される生体電位を生じさせる生理的活動について，ごく単純に説明する。本書で2回目の神経解剖学の講義である。2章で行ったニューロンの説明より少しだけ踏み込んだものになる。生体電位はニューロンで活動電位が生じることで起こる。ニューロンは，細胞体，軸索，樹状突起からなる。ニューロンの細胞体で発生した活動電位は軸索を伝わる。軸索は連結したニューロンの樹状突起にシナプス接合している。すると，連結したニューロンの樹状突起や細胞体でシナプス後電位が生じる。この過程は，脳の神経細胞群と連結する何百万もの神経細胞で起こる。神経細胞群で生じる活動電位は，足し合わせたら観察できるような形では生じず，互いの電気活動を打ち消すように発生することが多い。したがって，脳波は実際にはシナプス後電位を記録している。活動電位のようなマイクロ秒のオーダーではなく，ミリ秒のオーダーで持続し，（シナプス入力を受け取ると）瞬時に発生するので，電位が集積される（Harmon-Jones & Peterson, 2009）。

脳波は，脳の特定領域における皮質活動を直接測定できるので，態度形成，情動傾向，動機づけ過程，ステレオタイプ化，自己調整といった社会現象を検討する心理科学研究において幅広く使用されてきた（Bartholow & Amodio, 2009; Harmon-Jones & Peterson, 2009）。メディアメッセージと接しているときの脳活動を直接的に測定する

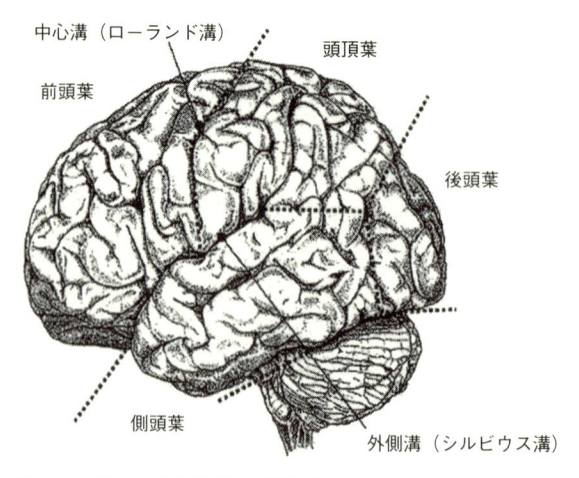

図 4.4　脳の主な解剖学的領域（Beaumont, 2008）

ことが，刺激的なメディア心理学研究を生み出す可能性が大きいのも明らかである。1章で述べたように，脳がメディアをどのように処理するかを調べるのに心理生理測度を最初に応用した研究では，脳波を使ってテレビ広告の諸特徴が注意や記憶に及ぼす影響を検討した（Krugman, 1971; Reeves et al., 1985; Rothschild, Hyun, Reeves, Thorson, & Goldstein, 1988）。

その後は，少なくとも学術論文のなかには，脳波を用いたメディア研究は少ない。予算がなかったり，必要な専門知識や技術がないために，大学のメディア研究室では脳波があまり使われなかったのだろう。しかし，メディアメッセージの認知処理について知るために脳波測定に戻ろうとする努力が最近少し行われている。一部のメディア調査企業が依頼者のために広告実践を評価する方法として脳波に注目しはじめたことも興味深い。多くの点において，脳波測定は，厳密なコミュニケーション理論の構築にまだ十分に貢献できていない。しかし，メディアメッセージの認知処理の研究に脳波を使った査読付論文が増えてきているので，これからが期待される。

この節では，脳波信号のさまざまな側面が持つ心理学的意味と基本的な脳波記録の技術的側面について述べる。脳波測定実験には，大脳半球非対称性についての数個のチャネルを使った単純な研究から，256チャネルの高密度記録ですべての皮質領域から広範囲に記録するものまである。したがって，脳波測定について技術的に詳しく論じることは本書の枠を超える。目的は，脳波測度とその可能性についての基本が理解できるように，一般的な説明をすることである。メディア研究室における脳波記録についてもっと知りたい読者は，より詳しい文献にあたることを勧める（Andreassi, 2007; Bartholow & Amodio, 2009; Harmon-Jones & Peterson, 2009; Pizzagalli, 2007）。

(1) 脳波の心理学的意味

身体化された認知についての理論的な視点（LC4MPを含む）によれば，情報に注意に向けて心にとめるという現象は，最も基本的なレベルでは，脳の働きとして観察できる具体的な身体過程である。だから，メディア心理学者は主要な皮質領域から脳波を使って脳活動を記録する。しかし，メディアメッセージの認知処理を研究するツールとして脳波が妥当であるのは，皮質領域から記録された特定の電気活動パターンが，環境刺激を処理する特定の認知過程の背後にある脳の物理活動を反映するという理論的仮定に基づいて研究が行われたときである。だから，脳波活動から心理学的意味を導きだすには，個々の認知過程と相関した皮質電気活動の固有パターンを見つけるために徹底した研究を行う心理生理学者が必要である。

頭皮上で脳波として記録される電位は，周波数や振幅の異なる陽性・陰性方向の振

れからなる正弦波のように表われる。脳波信号の時間的・空間的・周波数的次元には心理学的な意味があることが分かっている。脳波信号における時空間的特徴を分析したものが事象関連電位（event-related potential: ERP）である。そのような研究では，刺激の開始時点からミリ秒オーダーで生じる脳波の波形（たとえば，すばやく生起する注意や評価過程といった意味のある心理過程と対応づけがなされている）を用いる（事象関連電位の方法論に関するレビューとして，Bartholow & Amodio, 2009）。事象関連電位の分析は，基本的で単純な心理刺激を用いて行われることが多い。たとえば，参加者がヘッドホンの左側から出てくる音を聞くように教示しているときに，ヘッドホンの右側から出る音に対する分析を行う。注意を向けていない耳で生じる「風変わりな（オドボール）」音の 100 ms 後に（基準電極と比べて）陰性の電位増大が頭のてっぺんで記録できる。この N1（「1 番目の陰性電位」という意味）は聴覚事象関連電位の 1 つである（Fabiani, Gratton, & Federmeier, 2007）。

　事象関連電位は，基礎心理生理学ではとても人気のある測度だが，その研究プロトコルをメディアに関する実験に応用するには方法論上の大きな課題がある。第 1 に，事象関連電位の実験の多くとは異なり，メディア処理の実験では，比較的長い期間にわたって秒単位で変化するような複雑な刺激を使うことが多い。もう 1 つの課題は，信頼性の高い事象関連電位を得るには相当な数の試行を平均しなければならないことである。ヘッドホンから提示される何百回もの単音を座って最後まで聞くのはある程度時間がかかるが，リアルタイムのメディアメッセージに含まれる検討したい点を何百回聞くとしたらその比ではない。それでも，メディア心理学実験室に事象関連電位の方法論を組み込んだ最近の研究がある（Treleaven-Hassard et al., 2010）。P300 として知られる ERP を使って，認知処理とワーキングメモリの活性化を測定した。P300 は，刺激開始から約 300 ms 以降に頂点をもつ陽性電位である。P300 が早く生じることは，「情報処理スピードが速い」ことを示す（Treleaven-Hassard et al., 2010, p. 779）。

　この実験では最初に，10 種類のブランドロゴを画面に提示した。それぞれのロゴを 1 秒間提示し，ロゴとロゴの間には黒い画面を 1 秒間提示した。10 個のロゴのうち 4 つは，参加者が実験の後半で見るテレビ番組でインタラクティブな CM を出しているブランドのロゴだった。ほかの 4 つのロゴは，同じ番組で伝統的な CM を出しているブランドのロゴであり，残りの 2 つは統制用のロゴだった。10 個のロゴを 22 回ずつ提示し，その間の脳波データを収集した（訳注：参加者は何もせずにロゴを見ていた）。事前セッションでの ERP 測定が終わった後，参加者は 12 個のコマーシャルを含むテレビ番組を見た。うち 4 つが検討しようとするインタラクティブコマーシャルだった。4 つのうち，2 つは「同時提示型（impulse response）」CM で，画面の上部に表示さ

れ，相互作用しているときもその下でテレビ番組を見ることができた。残りの2つの広告は「広告主専用画面（Dedicated Advertiser Location: DAL）」で，最初は画面の上部にバナーとして提示されるが，参加者がリモコンを操作するとテレビ番組が画面から消えて，広告主のビデオ画面だけが表示された。

テレビ番組を見た後で，参加者は再びロゴ提示課題を行い，その間の脳波を記録した。この論文の著者によれば，広告主専用画面のCMは，同時提示型CMよりも，長く立ち入ったインタラクティブ経験が生じるという。そのためP300潜時はこのタイプのコマーシャルを見た後に短縮した。他方，同時提示型CMと伝統的なCMのロゴについては番組を見る前後でP300潜時に有意差はなかった。

この研究は，事象関連電位を使ったメディア研究をすることが将来有望であることを示している。しかし，おそらくそういった研究を計画するのが難しいので，脳波を使ってメディアメッセージの認知処理を検討した研究では脳電位を周波数領域で解析することがほとんどである。脳波波形は，心理学的に意味のある脳活動と結びついた4つの異なる周波数帯域に区分されてきた。スターン（Stern et al., 2001）によれば，これらの周波数帯域は以下のとおりである（訳注：周波数帯域の定義は研究者によって多少異なる）。

- アルファ活動は，およそ8〜12 Hzの周波数範囲で生じる比較的大きな振幅の律動波からなる。一般に，かなり深いリラックス状態と結びついている。
- ベータ活動は，およそ18〜30 Hzの周波数範囲で生じる比較的小さな振幅の波形であり，一般に警戒状態（alertness）と結びついている。
- シータ帯域活動は5〜7 Hzで生じる活動であり，デルタ活動は0.5〜4 Hzで生じる活動である。デルタ活動は健常人の睡眠と関連しているので，メディアメッセージ処理の研究に直接利用することは少ない。

アルファ活動とベータ活動は，メディア処理の心理学的研究で検討されることが一番多い周波数帯域である。脳波を使って注意や記憶を研究した初期の実験では，脳の左右半球で記録されたアルファ活動とベータ活動に焦点を当てた。アルファ活動の減衰（アルファブロッキングとして知られる）やベータ活動の増大は，環境刺激のワーキングメモリ表象の一部として情報を符号化することに，多くの注意を努力して向けていること（effortful attention）を反映すると見なされるようになった（Gevins et al., 1979）。多くの実験では，提示された刺激の学習・記憶につながる注意水準を反映した，アルファ帯域とベータ帯域における脳波活動を見つけることを目的としていた。

(2) 脳波信号を記録する

　脳波信号は，記録したい脳領域をカバーする標準電極部位から記録する。前述のように，簡単な脳波記録なら電極を数ヶ所（たとえば，左右前頭領域や左右頭頂領域）に装着して行うこともできるし，数センチの間隔で頭皮上全体に電極を配置して256チャネルといった高密度記録を行うこともできる。脳波が他の脳機能イメージング技術よりも方法論的に優れている点は，脳活動をリアルタイムで高い時間分解能で記録できる点である。弱点は，空間分解能が低いことである。初期の脳波研究と比べて多くのデータチャネルを使う高密度記録では，限局された皮質活動のパターンを見つける能力が改善した（Pizzagalli, 2007）。新皮質と頭皮の間にある組織は容積導体として働くので，脳波の生体信号が頭皮上で検出できる。しかし，頭蓋があるので，その電気信号は記録電極に到達する前に歪んでしまう。したがって，高密度で記録したとしても，記録された脳波は，限局した脳の皮質構造から発生すると考えるより，より広い脳領域から発生すると考えた方がよい。

　現代の研究における脳波記録では，32, 64, 128, 256個の銀－塩化銀電極を備えた伸縮性のある合成繊維製の電極帽を，参加者の頭に慎重に位置を決めてかぶせて記録するのが一般的である（Harmon-Jones & Peterson, 2009）。電極は**国際式10-20法**（international 10-20 system）と呼ばれる方法に基づいて配置される（Jasper, 1958）。この電極配置法の詳しい説明はアンドレアッシの本（Andreassi, 2007）に書いてある。簡単にいえば，この配置法では，**鼻根**（nasion, 鼻の付け根にあるくぼみ），**後頭結節**（inion, 首の真上にある後頭部の突起），耳介前点（左右の耳の前で頬骨の真上にあるくぼみ）という解剖学的目印に基づいて，電極間の標準的な距離を決める。この配置法によって，参加者が違っても電極をより正確な位置に配置でき，研究室間でも電極配置を標準化できるようになる。オリジナルの10-20法は，最近では高密度脳波記録に対応するために修正されている（Pizzagalli, 2007）。

　脳波信号を頭皮の表面で検出するためには，ほぼ100万倍に増幅する必要がある（訳注：ADボードに入れるだけなので実際は数万倍でよい）。元の信号がわずか数MVしかないためである（Stern et al., 2001）。これは，脳波信号からノイズを除去するために細心の注意を払わなければならないことも意味する。脳波信号は，装着された電極と皮膚との間の電気インピーダンスがどの電極でも$5\ \mathrm{k}\Omega$未満のときのみ，信頼性の高い記録ができる（Pivik et al., 1993）。インピーダンスを下げるためには，電極装着前に皮膚の処理を行うことがかなり重要である。電極を装着する場所の頭皮表面を擦る必要があり，実際の場面では，先の尖っていない針でやさしく引っ掻くこともあ

る。心理生理学の消耗品を売っている会社では，脳波記録用の皮膚処理ゲルを販売している（訳注：日本光電のスキンピュアなど）。電極には伝導性の高い電極ゲルを詰める。ハーモンジョーンズとピーターソン（Harmon-Jones & Peterson, 2009）は，電極帽を装着する手続きについて詳しく説明している。簡単にまとめると，鼻根とイニオン（後頭結節）に対応する場所を巻尺を使って測り，ペンで印をつける。それを電極帽の位置をそろえるのに使う。参加者の頭のサイズを測って，適切なサイズの電極帽を決めることも重要である。

皮膚を適切に処理し，電極帽を注意深くかぶせれば，脳波信号の信頼性は改善する。しかし，脳波信号には対処すべきノイズ源がほかにもある。メディアメッセージの認知処理の研究で検討されることが多い脳波信号の周波数帯（0.5～40 Hz）は，心臓活動や眼球運動に結びついた信号の周波数帯と重なる。このような生理的なノイズ源を統制することを勧める。心電図を脳波と同時記録したり，眼球周辺に電極を配置して水平・垂直方向の眼球運動や瞬きを記録すればよい。脳波用のデータ分析ソフトウェアを使って，脳波信号に含まれる心電図や眼球運動と相関するアーチファクトを見つけて除去することもある。

頭皮上の電極から記録された生体電位は生体アンプに伝えられ，信号の増幅やフィルタリングが行われる。脳波の生体アンプには，意味のある皮質活動と結びついた周波数帯域以外の活動を低減できる帯域通過（バンドパス）フィルタがついているはずである。生体アンプには，脳波測定に混入する環境中の電気ノイズを減少させる 50 Hz または 60 Hz のノッチフィルタがついていることもある。脳波を使ったメディアの認知処理の研究で扱うのは 40 Hz が最大なので，ナイキスト定理によって 80 Hz のサンプリング周波数なら高い信頼性で脳波波形を再現できるはずである。しかし，2 章で述べたように，既刊のガイドラインでは，正確さを保証するために 250 Hz 以上のサンプリング周波数が推奨されている（Pizzagalli, 2007）。しかし，高いサンプリング周波数で記録すると，チャネル数との掛け算になるので，高密度記録になるほど必要なコンピュータの記憶容量が大きくなることに注意する。脳波を記録する部位が多いなら，脳波専用のシステムが必要だろう。

（3）脳波を利用したメディア認知処理の研究例

脳波は認知処理についての中枢神経系の直接的な心理生理学的指標なので，メディアメッセージ処理を研究したい者にとっては，本当にワクワクするような測度である。脳とメディアコンテンツのダイナミックな相互作用について，近い将来，画期的な科学的洞察を提供できるようになる心理生理測度の例だと思う。先に述べたように，こ

の測度は大学のメディア研究室で見かけることは少ない。しかし，最近の発表された論文で，メディア認知処理の測度として脳波が役に立つことを示した例もある。

サイモンズら（Simons et al., 2003）は，情動的内容の異なる短い静止画と動画を見ているときに記録した脳波をスペクトル分析してアルファパワーを求めた。具体的には，情動的覚醒の主観報告と画像の動きがアルファ活動にどのくらい影響するかに関心があった。アルファ活動の減衰が，刺激に注意を向けて符号化する高次処理の指標として考えられていることを思い出してほしい。実験の結果，情動的覚醒の主観的評定が高いと，アルファ活動が特に頭頂記録部位で有意に低かった。さらに，動画を見ているときは静止画を見ているときに比べてアルファ活動が低かった。これらの結果に基づいて，映像に動きがあると，覚醒レベルが高まることで，メディアメッセージの符号化に影響すると結論づけた。

もう1つの例は，スミスとゲヴィンズ（Smith & Gevins, 2004）によって示された。具体的には，前頭部で記録したアルファ活動を高周波数成分と低周波数成分に分解し，テレビコマーシャルに対する主観的興味が高いときに低周波数成分が減衰することを発見した。アルファ活動の高周波数成分は，後で行った記憶テストで再生される確率が高かった広告を見ているときに減少した。これらの知見は，メディアメッセージの符号化や後の再生に関わる知覚過程や高次認知過程について知るための手がかりとして，脳波が役立つかもしれないことを示している。

最後に，ヴェッキアトら（Vecchiato et al., 2010）は，コマーシャルや政治メッセージ，公共広告を見ているときの認知過程の違いを観察するのに脳波活動の分析が利用できることを示した方法論的研究を発表した。特に興味深い発見として，ある候補者の支持者の認知処理パターンと支持者を持たない人の認知処理パターンの違いを，テレビの政治スピーチを見ているときの脳波活動によって区別できたことである。

メディアメッセージの認知処理に脳波を使った最近の研究を簡単に紹介してきたが，過去の事例を知るだけでなく，将来のメディア心理学で脳波を用いた研究を行うアイデアが生まれてほしいと思う。この節全体を通して，脳波がメディア心理学者のすばらしいツールになりうるという確信が得られたはずである。1980年代に初期の古典的研究が行われたが，最近また脳波がメディアメッセージの認知処理研究に使われるようになったことにはとても勇気づけられる。このことが示しているのは，脳波の記録・分析技術がメディアメッセージのような実世界の複雑な刺激の心的処理について信頼性のある研究ができる程度に柔軟になっただけではなく，メディアの心的処理に興味を持つ科学者にとって脳波が利用しやすい測度になったということである。

◆ まとめ

　この本で論じる測度の中で，脳波は中枢神経系の活性化を直接測定する唯一の測度である。脳波は，脳の電気活動を直接測ったものであり，メディア刺激の提示にタイムロックさせれば高い時間精度が得られる。脳波は時間ダイナミックスの点で優れているが，生体電位が生じる脳の場所を特定できないという問題がある。これは信号の振幅が極めて小さいこと，頭皮表面に到達するまでに距離があること，血液・体液・骨・皮膚や髪といった組織を通過しなければならないことによるものである。独立成分分析（independent component analysis: ICA, Delorme & Makeig, 2004）として知られる統計分析法によって脳波信号の発生源をより正確に見つけることもできるが，それには高度な統計の知識が必要であり，多数（たとえば256）の頭皮上部位から記録することが望ましい。

　おそらくこのような理由から，認知活動の指標として心理生理学の方法を利用した研究のほとんどは心臓活動という末梢測度を利用している。これまで述べてきたように，心臓は自律神経系の「注意」メカニズム（副交感神経系）と「情動」メカニズム（交感神経系）の両方に神経支配されている。この理由と本章の冒頭で述べた注意と情動に複雑な相互作用があるために，メディア実験室において心拍数だけが測定されることはめったにない。そのかわりに，次章で述べる情動処理の心理生理測度と組み合わされている。

5章
メディアの情動処理に関する心理生理測度

　前章では，メディアに接するときの認知過程の指標として用いられる心理生理測度について述べた。今度は，情動・動機づけ過程の指標となる心理生理測度について，理論・概念・実施にかかわることを述べる。身体化され動機づけられた処理という理論的枠組みについて4章の冒頭で論じた。この枠組みでは，情動と認知を大まかに概念化して，適応的機能を果たすために高度に統合され，測定可能な独自の生理活動パターンをともなう心的過程とみなしている。情動的なメディアコンテンツを脳がどのように処理するかについて研究するメディア心理学者にとって大切なことは，情動処理の心理生理測度について概念と使い方を理解することに加えて，情動に特有の機能や性質を理解することである。したがって，本章は，4章と同様に，メディアに触れるときの情動と動機づけについて理論的に考察することから始め，次に情動処理に関する2つの心理生理測度（皮膚コンダクタンスと表情筋筋電図）について述べる。どちらもメディア心理学の研究でよく用いられる。

　メディアコンテンツに接するときの情動過程は，生物学的動機づけに基づいているので，脳がそのコンテンツをどのように処理するかにとって重要であるばかりでなく，コンテンツが最終的にどんな影響を人間に与えるかも決めている。メディアコンテンツを消費する体験は，結局のところ，本質的には情動的な体験なのである。たくさんのメディア研究が示しているように，人々は特定の種類の娯楽メディアに頼って，「実生活」における情動体験を管理し意図的に操作しようとすることがある（たとえば，Carpentier et al., 2008; Chen, Zhou, & Bryant, 2007; Knobloch, 2003）。メディアにおける広告や公衆衛生キャンペーンに関する研究によれば，聴衆を説得できるかどうかはキャンペーンメッセージの情動性に強く関係している（Dilliard & Nabi, 2006; Friestad & Thorson, 1993）。情動はニュースの見方にも大きな影響を与える。ニュース報道で非常に多くの部分を占める暴力や傷害事件が，なぜいつでも注目されるかを調べる研究でも，情動に基づいた説明をすることがよくある（たとえば，Shoemaker, 1996）。

　メディア利用に伴う情動過程を科学的に理解することは，メディアが人に及ぼす影響を理解するためにきわめて重要である。にもかかわらず，20世紀後半になるまで，

情動はメディア研究の中でまともに扱われてこなかった。ドルフ・ジルマン（Dolf Zillmann）は興奮転移理論（excitation transfer theory; Zillmann, 1983）を提案したが，メディア効果の背後にある情動過程について最も早くから全体像を考えたコミュニケーション学者の一人であった。最近では，4章で紹介したラングのLC4MPが，メディア利用に伴う情動過程を直接研究するための理論的基盤として使われている（たとえば，Lang, 2009; Lang, Park et al., 2007; Lee & Lang, 2009; Leshner & Bolls, 2005）。情動過程がメディア理論に明確に含まれるようになったのは1980年代であるが，それはメディア研究に心理生理測度が再び使われるようになった時期でもあるというのは興味深い（Lang, Potter, & Bolls, 2009）。ジルマンもラングも情動の生理測度を使って理論を構築したが，1章で述べたように，その測度を心理生理学のパラダイムを使って解釈したのはラングだけである。

　理論の中心概念として情動を取り入れることにより，メディア研究者はメディアの静的効果を記述するだけでなく，メディア利用が個人に影響するダイナミックな心的過程について，もっと深みのある理論的な説明ができるようになった。私たちの同僚である心理学者は，密接に関連した2つの概念である情動と動機づけが，複雑な社会的世界で出会うさまざまな刺激や情報を効率的に処理し適応的に反応する心的活動の根本にある過程だということを発見した（Lang & Bradley, 2008）。社会的世界で出会う情報や刺激の多くがメディアを通じて提示される。だから，人がメディアコンテンツをどのように処理し，メディアコンテンツからどのような影響を受けているかを調べる研究に情動を取り入れることによって，メディア効果に関する初期の研究を超える知識が得られるようになったのは不思議ではない。

　初期の研究者は，メディア利用にかかわる情動処理を科学的に研究する知識や方法論を持たず，情動研究から得られた洞察を自らの理論に取り入れることもなかった。幸い，現在の科学環境はメディア心理学者にとって大きく変わり，情動の性質について詳しい理論的知識が得られる研究も増えてきた。神経心理学者は数十年間にわたって人間の情動の性質について熱心に研究してきた。推奨できる心理学の総説がいくつかある（Barrett, Mesquita, Ochsner, & Gross, 2007; Cacioppo & Gardner, 1999; Izard, 2009; Russell, 2003）。そのような研究から生まれた情動についての強力な視点に注目しなければ，情動・動機づけ処理の心理生理測度を正しく使うことができず，情動的メディアコンテンツの処理についての知識を深めることはできない。

◆ 情動の性質

　情動は人間存在の源泉と考えることもできる。適切に扱えば，情動を感じ，情動に基づいて行動する能力によって，豊かで充実した生活を送ることができる。情動は，恋に落ちたり，失恋したり，友人を失って悲しんだり，成功を祝ったりといった重要な人生の体験とともに存在する。情動が人間行動に与える影響は，もちろん主要なライフイベントに限られるわけではなく，日々の生活の細かい部分にも及ぶ。今日では，多くの研究者が情動を経験する能力と意識とに強いつながりがあると考えている（Damasio, 1999）。人間には意識があるので，私たちの日常は多かれ少なかれ意識される感情の絶え間ない流れによって構成されていると提案されてきた（Russell & Barrett, 1999）。

　情動と他の感情的反応－メディアを含む複雑な社会的世界に私たちがかかわるときに生じる反応－とを区別しておくのは有益である。**情動**（emotion）は，持続時間が比較的短く，情動価を伴う反応であり，特定の有意味刺激によって誘発されると考えられている（Frijda, 1994; Larsen, Berntson, Poehlmann, Ito, & Cacioppo, 2008）。この点で，持続時間の長い感情的反応である**態度**（attitudes）とは異なる（Eagly & Chaiken, 1993）。また，同様に持続時間が長く，特定の感情刺激に向けられていない拡散した感情反応である**気分**（mood）とも異なる（Frijda, 1994）。

　研究者は，情動・気分・態度という3つの感情的反応が異なる概念であることを心に留めておく必要がある。いずれも生理測度に影響する可能性がある。持続しているそのときの気分は生理的変化として現れるし，メディアコンテンツの選択やコンテンツに対する反応にも影響することが示されている（Zillmann, 2003）。最近は，心理生理測度を態度の潜在的測度として用いることについて，興味深い議論が行われている（Cunningham, Packer, Kesek, & Van Bavel, 2009）。心理生理測度を使って情動処理を研究するメディア心理学者は，メディアの中に提示される特定の心理刺激によって引き起こされる一過性の感情反応を観察しようとする。だから，メディアコンテンツに対する情動反応について，心理生理測度を用いて時系列的に研究することがいっそう重要になる。また，メディアコンテンツを感情的色彩や意味が刻々と変化する知覚情報の流れととらえ，情動反応の特性と一致させて考えることも重要になる（Lang, 2009）。研究者たちは，どんなメディアメッセージ（広告，ニュース記事，オンラインゲームなど）にもさまざまな情動刺激が含まれていることに気づき（Dillard, Plotnick, Godbold, Freimuth, & Edgar, 1996），メッセージに含まれる情動内容に対して特有な生理反応

パターンがあることを観察してきた（Leshner, Bolls, & Thomas, 2009; Ravaja, Saari, Salminen, Laarni, & Kallinen, 2006）。

　メディアや直接体験を通じて情動を経験する私たちの能力は，知覚や思考，情報に基づく意思決定といった精神能力と強く結びついている。だから，自分で意識している以上に，情動は日々の生活に影響を与えているだろう。情動の神経生理的基盤についての研究は，情動と認知という区分が脳の働きとしては実在しないことを示したので，両者が完全に分離できる過程であるという神話は崩壊した（Duncan & Barrett, 2007）。この分野の研究によって，情動処理は，従来から情動に関する領域と考えられてきた脳の皮質下領域と，認知領域と考えられてきた皮質領域にまたがる広範な相互接続ネットワークで実行されていることが明らかになった（Tucker, Derryberry, & Luu, 2000）。この情動ネットワークを構成する脳領域はトップダウン的・ボトムアップ的に相互に接続されている。つまり，情動が認知の構築を助け，認知が情動を形づくるということである（Cacioppo, Gardner, & Berntson, 1999）。

　メディアに接触しているときの情動・動機づけ過程について心理生理測度を使って調べるためには，メディアコンテンツ処理における情動と認知の相互作用を知らなければならない。たとえば，テレビで放送される麻薬反対メッセージを見たときの情動処理に関する最近の研究によると，若年成人（22〜24歳）は，思春期（12〜14歳）の若者に比べて，写実的なメッセージを見ているときの皺眉筋活動が弱いことが示された（Bolls, Zhang, & Miles, 2006）。皺眉筋活動はネガティブな情動反応の生理指標である（Larsen, Norris, & Cacioppo, 2003）。この研究結果は，若年成人は思春期の若者に比べて，薬物濫用メッセージに関する情報がたくさん記憶に貯蔵されているので，そうしたメッセージにやや鈍感になり，注意レベルや情動反応が弱まったと説明することもできる。4章で論じたように，この例が示すのは，情動的メディアコンテンツの心的処理に情動と認知の複雑な相互作用がかかわっていることを考慮しないといけないということである。認知処理の心理生理測度（4章で論じた）と情動処理の心理生理測度（本章で述べる）のデータを得ることで，情動的メディアコンテンツの心的処理に関する厳密で洞察に富むモデルが構築できそうである。

　もう1つ，メディア心理学研究に関連した情動の性質で述べておきたいことは，情動表出における意識の役割である。神経心理学者は，ヒトの脳について述べるときに，ほとんど意識されずに起こる皮質活動が情動過程も含めてどれだけ多いかを強調してきた（LeDoux, 1995）。はっきりいえることは，ある状況や文脈でどのように感じているかについて自己報告を求めるだけでは，情動の性質を深く理解できないということである。同様に，多くのメディア研究（たとえば Dillard & Peck, 2001; Nabi, 1999）

のように自己報告質問紙を用いて感情を測定するだけでは，メディアコンテンツが個人に与える情動的影響を深く理解することはできない。自己報告データだけを使った情動的メディアコンテンツの研究により，さまざまな形式の情動メッセージがもたらす意識できる効果についての価値ある知見が得られている。しかし，自己報告データは表面的な出力だけを反映しており，その背後にはもっと複雑で意識に上りにくい情動過程があるはずである。

　いろいろな様式のデータを集めてメディアコンテンツに関わる情動過程を徹底的に研究したとして，どれだけ価値のある理論的・実践的な見方ができるのかと疑問に思うだろう。マーガレット・ブラッドレー（Margaret M. Bradley）とピーター・ラング（Peter J. Lang）は，情動の「データ」が表現される3つの様式（生理的，言語的，行動的）について述べた（Bradley & Lang, 2000）。情動処理のかなりの部分が，言語報告や行動反応といった顕在反応には現れない中枢神経系や末梢神経系の生理活動として生じる（Larsen et al., 2008）。

　情動の性質を理論的に理解するには，情動は生きている人間が経験するきわめて複雑な現象であるとしっかり認識しておかないといけない。これはメディア研究者を含むすべての情動研究者の課題である。自分たちが研究しているのは，要するに人間の身体（生理システムからなる）と身体化された脳（すべての意識経験をもたらす）との複雑な相互作用なのだという事実に根ざしてアプローチしないといけない。この視点は一見あたりまえのようだが，メディア心理学者はこの複雑な相互作用を十分理解せずに研究をすすめてしまう危険がある。メディアに接しているときの情動体験をもっぱら自己報告測度によって研究したり，反対に，心理生理測度の方が情動体験を直接的に測れると信じたりしている人は，この複雑な現象における心と身体の相互作用を十分に理解していないか，理解していてもそれを活かせていない。

　ラングとブラッドレー（Lang & Bradley, 2008）は，メディアコンテンツを視聴しているときの心と身体の複雑な相互作用を示すことで，メディアに接しているときの情動を研究する意義を確立した。彼らによると，メディアの情動的コンテンツによって実世界で生じるのと同じ生理反応が起こるが，人は状況への身体反応を心的活動によって制御できるので，その生理反応は大きく調整されるという。もしこれが事実なら，メディア心理学者は，このありのままの現象（すなわち情動刺激によって喚起された生理システムと，情動反応を経験し調節する意識的・心的経験との絶えざる相互作用）にアプローチしなければならない。

　情動を心身の相互作用を伴うものとして考えることは，心理生理測度を使って情動的メディアコンテンツの心的処理を研究するときの理論的根拠になるが，直感的にも

理解できることである。私たちは生き物なので、身体反応（手のひらの発汗や表情筋の活動など）と情動体験とを自然に結びつけている。情動の性質に関する初期の理論には、情動体験における心と身体の結びつきについて探究したものもある。次節では、心身相互作用についての理論をもう少し掘り下げて考えてみよう。メディアコンテンツの情動処理の指標として末梢神経系活動の生理測度を使うときの心理学的・生物学的根拠となるものである。

（1）情動における心身相関

バーレットとリンキスト（Barrett & Lindquist, 2008）は、心理学者が情動理論のなかで脳と身体のつながりをどのように理解してきたかについての歴史を概観した。興味のある読者はこのレビュー論文を読めば、情動理論の背景に心身の相互作用についてのさまざまな視点があることが分かるだろう。ここではこの論文の概要を紹介し、情動と末梢神経系活動のつながり（以降では情動の心理生理学とよぶ）についての理論的文脈を示そう。

ウィリアム・ジェームズ（William James）は情動に関する最初の理論の1つを立ち上げ、情動刺激に出会うことで喚起される特定の身体反応が、個別の情動体験をもたらすと提唱した（James, 1884）。一方、他の情動研究者は、情動の意識的体験が特定の生理反応を喚起させるとか（Cannon, 1927）、個別の情動体験は認知と身体の絶え間ない相互作用によって生じるなどと提案した（Schachter & Singer, 1962）。最後にあげた視点は、他の視点とは異なっている。情動体験には特定の末梢神経系活動が含まれるといいながらも、身体活動と心的経験のどちらが情動の主原因かを論じるのをやめたのである。

情動の心理生理学において、このような心身相関の観点に基づくたくさんの研究が行われたことで、メディアコンテンツの情動処理の測定に末梢神経系の指標を正しく使うための理論的基盤ができた。この理論的基盤をいっそう強めたのは、情動における心身の「身体化（embodiment）」という観点を採用した研究者であった。人間の情動における身体化とは、心というものを、身体からの求心性の信号と遠心性の信号に影響される脳活動として考えることである。この視点に立てば、情動の心理生理学における心身相関を理解することは、中枢神経系と末梢神経系活動の相互作用を理解することにほかならない。

この2つの神経系がどのように相互作用して情動体験をもたらすかを詳しく考える前に、2章で述べた神経系の構造を簡単に復習しておこう。ヒトの神経系は末梢神経系と中枢神経系に大別されることを思い出してほしい。**中枢神経系**（central nervous system）は解剖学的に脳と脊髄に分けられる。中枢神経系活動に焦点をあてた情動の心理生理測度は，情動体験中の特定の脳活動を直接反映するように作られた。**末梢神経系**（peripheral nervous system）は，自律神経系と体性神経系に分けられる。自律神経系は，**交感神経系**（sympathetic nervous system）と**副交感神経系**（parasympathetic nervous system）の経路を通って，器官や腺を支配している。本章の後半で紹介する情動の心理生理測度である皮膚コンダクタンスは，自律神経系の交感神経活動を反映している。末梢神経系の体性神経系は骨格筋を支配している。本章で紹介するもう1つの情動の心理生理測度である表情筋筋電図は，情動表出に伴う表情筋活動の元となる体性神経系活動が表れたものである。

神経系全体は，フィードフォワードの遠心性経路とフィードバックの求心性経路を通してつながっている。情動事象に直面したときの遠心性神経系の活動による行動の例として，かわいい子犬が遊んでいるドッグフードのCMを見ているとき，犬好きの人が笑顔になることがあげられる。この場合，広告を知覚することで，情動的な快刺激である子犬の表象が脳の中に形成され，脳と体性神経系を結ぶ遠心性神経によって情報が送られ（フィードフォワード），表情筋活動が生じて笑顔になる。求心性神経系の活動による情動体験の例としては，好きなスターが映画の中で情熱的なラブシーンを演じているのを見て手のひらが汗ばんできたのに気づき，そのためもっと覚醒が高まるといったことがあげられる。この場合，自律神経系と脳を結ぶ求心性神経の経路によって，自律神経系活動の情報が脳に戻ってくる（フィードバック）。

求心性信号（afferent signals）と**遠心性信号**（efferent signals）の相互作用，つまり情動の心理生理学について最初に理論化したのは，**チャールズ・ダーウィン**（Charles Darwin）や**ウィリアム・ジェームズ**（William James）の著作である。ダーウィンは，個別の情動に関連した表情変化について正式に記録した最初の研究者の一人である（Darwin, 1872/1965）。ジェームズは情動に関する最初の理論の1つを発表し，それは後にジェームズ−ランゲ説として知られるようになった（James, 1884）。ダーウィンとジェームズの著作は，身体反応と情動体験につながりがあることを実証した。さらに，ジェームズは特定の身体反応を意識的に知覚することが情動体験そのものであるという立場を取った。ジェームズによると，情動体験は，中枢神経系の知覚過程が情動刺激を知覚し，末梢神経系の支配する器官・腺・筋肉に特定の活動パターンを引き起こしたときに始まる。このような末梢神経系活動の「かく乱」を中枢神経系が知覚して，情動反応が生じているという意識体験が生まれる。情動の意識体験に身体が大きな役割を果たしているという主張には，反対する者もいれば，同調する者もいた。早くから反対した者のなかに，キャノン（Walter B. Cannon）がいた。末梢神経系活

動の変化は情動の意識体験の必要条件ではないという証拠を集めた（Cannon, 1927）。

ジェームズやキャノン以降の研究によって，どちらの考えもそのままでは正しいとはいえないことが示されている（Cacioppo, Berntson, & Klein, 1992）。末梢神経系活動は確かに情動体験に重要な役割を果たしているようであるが，情動体験は中枢である脳においてのみ生じる。さらに，幸福や悲しみといった個別情動と結びついた末梢神経系活動の特定パターンを確定しようという研究はうまくいっていない（Bradley & Lang, 2007a）。怒りのような情動の意識的体験には，末梢神経系で生じる特別な活動パターンが関わるというよりも，事象や刺激に対する情動体験の上位次元である覚醒や情動価を反映した生理活動に対する認知的評価が関連しているようである（Barrett & Wager, 2006）。特定の情動体験の背景にある認知的評価は，環境や情動刺激，個人特性といった特徴に応じて，中枢神経系と末梢神経系の間にさまざまな相互作用を引き起こすだろう。たとえば，前述した3つの要因（環境，刺激，個人特性）が異なれば，怒りをかきたてる政治的メッセージに対して，眉をひそめたり，ほほえんだりといった異なる表情筋活動が生じるだろう。だからこそ，個別情動体験を確実に識別できる生理反応を同定するのが難しいのかもしれない。このことは，情動的メディアコンテンツによって生じる体験をよく観察するために，心理生理データと自己報告データを両方とも収集するのが重要であることも示している。

結局のところ，情動の心理生理学において心身相関の理論を構築することが，情動の身体化についてのしっかりした理論的基盤となる。それがあれば，メディア利用時の情動を研究するときに心理生理測度について自信を持って使えるようになる。この理論的基盤には，情動刺激（たとえば，メディアメッセージ）の心的表象，脳に貯蔵された情動の概念表象，身体状態の3者関係が明らかに含まれる（Barrett & Lindquist, 2008）。メディア利用時でもそうだが，情動過程の心理生理測度は，このような力動的関係の結果としての出力を反映した活動である。

(2) 情動価と覚醒——情動における上位次元

メディアによって生じる情動過程を研究するときに心理生理測度を用いる理論的根拠が分かったら，次は情動を構成する具体的な成分を理解することが大切である。皮膚コンダクタンスや表情筋筋電図などの心理生理測度は，そのような成分の指標として使われる。情動の心理学では，個別感情状態とは，怒り，嫌悪，悲しみ，喜び，恥，恐怖，満足，驚きといった感情体験をさす（たとえば，Izard, 1972; Plutchik, 1980）。このような個別情動の上位にある次元が見つかっている。最もよく認められているのが，覚醒と情動価という次元である（Bradley & Lang, 2007a; Lang, 1995）。

メディアに接しているときの情動体験は，個別情動の点からも情動次元の点からも研究されてきた（最近の議論として Bolls, 2010 と Nabi, 2010 を参照）。しかし，前述のように，心理生理測度は，個別感情状態というより情動の上位次元の指標とするほうが信頼性と妥当性が高いようである（Larsen et al., 2008）。情動の次元説とよばれるものに基づき，メディアによって生じる覚醒と情動価の変化について心理生理測度を使って研究するメディア心理学者はたくさんいる（展望として Lang et al., 2009 を参照）。

　次元説では，情動とは基本的な動機づけ過程から生じる感情体験であり（Lang & Bradley, 2008），方向と強度という2次元からなると考えられている（Dickinson & Dearing, 1979）。「方向」とは接近から回避までの幅をもつ動機づけられた行動を指し，「強度」とは接近反応と回避反応の強さを指す。情動の次元説では，動機づけられた行動の方向は，快－不快という情動反応の次元，すなわち**情動価**（valence）の次元に対応し，強度は**覚醒**（arousal）の次元に対応する（Cacioppo & Gardner, 1999）。

　最近では，情動価の次元には，動機づけに関する2つの異なる下位システム（欲求システムと嫌悪システム）が含まれると考えられるようになった（Cacioppo & Gardner, 1999）。この考えは，脳神経レベルにおける情動の表現と一致している。ポジティブな刺激とネガティブな刺激の処理に別々の神経回路が関係しているという証拠は多いからである（Cacioppo, Larsen, Smith, & Berntson, 2004）。この考え方に基づくと，覚醒は，完全に独立した情動の概念であるというよりも，欲求と嫌悪という動機づけ下位システムのそれぞれの活性化レベルを表わしているといえる（Cacioppo & Gardner, 1999）。情動価の次元を単純な双極と考えなければ，メディアコンテンツによって喚起された情動処理を，より細部に注目した面白い方法で研究することができる。この新しい考え方によって情動の概念が広がったので，メディアコンテンツによって情動体験のポジティブな次元とネガティブな次元が同時に活性化することもありえるようになった。この点は，情動過程の心理生理測度を取り入れた最近の研究にも反映されている。ポジティブ・ネガティブ両方の情動的トーンが含まれたメディアコンテンツが，欲求システムと嫌悪システムそれぞれの心理生理学的指標を選択的に活性化させたのである（Lee & Lang, 2009; Potter, LaTour, Braun-LaTour, & Reichert, 2006）。

　心理生理測度を用いてメディア利用時の情動過程をより深く厳密に説明したいと望む研究者が，情動の性質や心理生理測度で正しく測定できる情動の側面をよく理解していれば，メディア心理学の研究に大きく貢献できるだろう。本章の残りの部分では，心理生理測度を使って情動的なメディアコンテンツの処理に関する理論を深められるように，必要な操作的・技術的な知識を述べる。以下では，メディアコンテンツの情動処理過程を研究するときによく用いられる，皮膚コンダクタンスと表情筋筋電図という

2つの心理生理測度を紹介する。それぞれの生理学的基礎と心理学的解釈，実験室で使うときに必要な技術的知識について論じる。まずは皮膚コンダクタンスから始めよう。

◆ 皮膚コンダクタンス：覚醒の皮膚電気測度

　皮膚コンダクタンスは，情動処理の心理生理測度であり，皮膚の状態に応じて変化する**皮膚電気活動**（electrodermal activity: EDA）と呼ばれるものと概念的・操作的に結びついている。皮膚電気活動の変化を測る測度は，心理生理学で古くから使われてきた（Dawson, Schell, & Filion, 2007）。それは，測定が容易であり，数量化でき，心理状態の変化に対して感度が高いといった理由による（Lykken & Venables, 1971）。著名なフランスの神経学者シャルル・フェレ（Charles Féré）は，皮膚の電気活動の変化を体系的に測定した最初の研究者の一人である（Andreassi, 2007）。フェレは，2つの電極間に一定の弱い電流を流し，皮膚の2点間のコンダクタンスを測定した。この方法は通電法として知られる。これに対して，もっと以前から使われていた方法を電位法とよぶ。外部から定電流を与えずに皮膚表面の電気活動を記録することによって皮膚電位を測定する。フェレは，皮膚が電気を通すことを見つけただけでなく，物理刺激や情動刺激を与えられると皮膚コンダクタンスが変化することも発見した。この現象は，カール・ユング（Carl Jung）を含む20世紀初期の心理学者の興味を引き，皮膚電気反応（galvanic skin response）として急速に広まった。この名称は，情動刺激によって喚起された皮膚コンダクタンスの変化を測定するために検流計（galvanometer）が用いられたことによる（Andreassi, 2007）。

　情動的メディアコンテンツのような心理学的に意味のある刺激に対する皮膚電気活動を研究するときは，**持続性**（tonic）活動と**一過性**（phasic）活動を区別することが重要である。これらの2種類の生理活動の違いは3章でも論じた。持続性の皮膚電気活動がベースラインにおける活動や持続的に生じている活動を指すのに対し，一過性の皮膚電気活動は特定できる刺激に誘発された一時的な反応を指す。第3のタイプとして**非特異性皮膚電気活動**（nonspecific electrodermal activity）もある。非特異性の皮膚電気活動とは，特定の惹起刺激が存在しないときに生じる一時的な反応をさす。これらを区別して皮膚コンダクタンスを測定・数量化するときの具体的な手順については後述する。さしあたり，持続性の活動をさして「水準」という用語を用い，一過性や非特異性の活動をさして「反応」という用語を使うのが一般的だと言っておこう。したがって，心理生理学の研究で扱う皮膚電気活動は，皮膚コンダクタンス水準，皮

膚コンダクタンス反応，皮膚電位水準，皮膚電位反応の4種類になる。心理生理学では皮膚電位よりも皮膚コンダクタンスのほうがよく使われる。皮膚電気活動を測定する市販システムのほとんどは皮膚コンダクタンスを直接測定するように作られている（Dawson et al., 2007）。本書の執筆時点では，ほとんどのメディア研究室で皮膚コンダクタンスが皮膚電気活動の測度として使われているので，ここでも皮膚コンダクタンスを紹介する。

（1）皮膚コンダクタンスの心理学的意味

皮膚コンダクタンスの変化を生じさせる心理状態は，刺激の情動的特徴を処理することと結びついている。そのような刺激として，画像（Lang, Greenwald, Bradley, & Hamm, 1993），音楽（Grewe, Nagel, Kopiez, & Altenmuller, 2007），コンピュータゲームのアバター（Bailey, Wise, & Bolls, 2009），情動的動画（Codispoti, Surcinelli, & Baldaro, 2008）といったものがある。皮膚コンダクタンス反応は，定位反応（Lynn, 1966）の生理指標ともみなされてきた。定位反応（orienting response: OR）とは，環境における新奇刺激や信号刺激に対する注意が自動的に増大することを表わす。しかし，定位反応と結びついた皮膚コンダクタンス反応は，動機づけに関連した有意味刺激が交感神経系を喚起させることによる定位反応の情動－動機づけ成分を反映しているかもしれない。交感神経系の活性化と皮膚コンダクタンスは強く結びついており，信頼性も高い（Shields, MacDowell, Fairchild, & Campbell, 1987）。皮膚コンダクタンスが注意によって変化することは分かっているが，本書では情動処理の心理生理測度として紹介するのはそのためである。

皮膚コンダクタンス測度の生物学的・生理学的基盤を考えると，それが情動処理と結びついていることがはっきりする。さまざまな皮膚電気活動の背後にある解剖学・生理学については優れた解説があり，参照できる（Andreassi, 2007; Boucsein, 1992; Dawson et al., 2007; Stern, Ray, & Quigley, 2001）。本章の目的は，メディア実験室で皮膚コンダクタンスを正しく測定し，自信を持ってデータを発表できるようになるための基礎的な概念や知識を提供することである。

ヒトの皮膚の主な機能は，身体を守る防護壁となることである。この防護壁は，有害物質が血流に入るのを防ぐだけではなく，血流から物質を体外に排出するのにも役立つ。皮膚には，適度な湿り気を保ったり，身体の深部体温を調整する役割もある。皮膚がこれらの重要な生体調整機能を果たすことができるのは，**血管収縮**（vasoconstriction）と**血管拡張**（vasodilation）が起こることに加えて，必要に応じて汗を出せるからである。これらの過程は，中枢神経系と末梢神経系のつながり（具体的には，生体調整過

程に関わる脳領域と皮膚にある自律神経とのつながり）によって支えられている。皮膚にある自律神経に，たとえば汗を出せという信号が脳から届くと，皮膚外層の電気特性に測定可能な変化が起こる。これが皮膚電気活動，私たちが扱おうとする皮膚コンダクタンスの生物学的基盤である。皮膚コンダクタンスの背景にある生体調整過程は，エクリン汗腺における発汗量の変化である。

ヒトの皮膚の外表面には，**アポクリン汗腺**（apocrine sweat glands）と**エクリン汗腺**（eccrine sweat glands）という2種類の汗腺がある。アポクリン汗腺は，思春期になるまで十分に成熟せず，主として体温調節に関わっている。そのため，心理学的意味はあまりない。エクリン汗腺には心理学的意味があると考えられ，広く研究されてきた（Dawson et al., 2007）。手掌や足底にあるエクリン汗腺から出る汗は，闘争・逃走反応において何かを握りしめる行動がしやすくなるという適応的利点があると考えられている（Edelberg, 1972）。そのため，心理生理学者は手掌や足底にあるエクリン汗腺に関心をもっている。体温調節のための汗腺活動とは独立して，動機づけに関わる文脈で生起する「精神性発汗」に関係しているからである。手掌や足底にあるエクリン汗腺は，情動処理の心理生理測度として皮膚コンダクタンスを用いるときの測定対象となる。したがって，エクリン汗腺の構造と神経支配についてある程度理解しておくことが必要である。

エクリン汗腺は，皮膚の皮下組織から**真皮層**（subdermis），**表皮層**（epidermis）までを貫いている。汗を産出する分泌部は皮下組織にある。汗腺の分泌部には管がつながっており，皮下組織から表皮にある汗孔（皮膚外層にあり汗が見える場所）まで汗が流れる通路になっている。注意してほしいが，エクリン汗腺の分泌部は，管を通って皮膚の外表面まで勢いよく汗を押し出す噴水のようになってはいない。汗のレベルが汗腺管のなかで少し高くなるだけである。それでも，汗が作られ，汗腺管のなかのレベルが少しでも上がれば，皮膚の電気特性が変化し，皮膚コンダクタンスのような観察可能な皮膚電気活動パターンが生じる。

エクリン汗腺の活動は，末梢神経系と中枢神経系の相互連結によって生じる。だから，それぞれの神経系がエクリン汗腺活動にどのように関連しているかを述べておこう。末梢神経系についていえば，エクリン汗腺は交感神経系のみによって支配されている（Boucsein, 1992）。しかし，エクリン汗腺の交感神経活性化の基盤となる神経生理は通常のものと少し異なる。エクリン汗腺の活性化に関与する神経伝達物質は**アセチルコリン**（acetylcholine）である（Shields et al., 1987）。アセチルコリンは，一般には副交感神経の活性化に関与する。この事実からも，エクリン汗腺が単に深部体温の変化に反応しているのではなく，心理的に有意味な刺激に対する処理や反応に重要

な役割を果たしていることが分かる。中枢神経系がエクリン汗腺の活動にどのように関与しているかは，すべて解明されているわけではない。しかし，エクリン汗腺活動や皮膚コンダクタンスと一貫した関係を示す脳領域はいくつかある（Tranel, 2000）。エクリン汗腺活動と関係する脳領域は皮質下にも皮質にもある。トラネルとダマジオ（Tranel & Damasio, 1994）は，皮膚コンダクタンス反応を生起させる脳領域を研究し，最も重要な領域が，右半球の頭頂下部と背外側前頭領域，前部帯状回，腹内側前頭領域であることを発見した。他の研究では，扁桃体や海馬が皮膚コンダクタンスと関係する脳領域として示されている（Dawson et al., 2007）。

中枢神経系や末梢神経系がエクリン汗腺活動にどのように関与しているかをみても，皮膚コンダクタンスが情動処理の指標として利用できることがわかる。情動の神経解剖についての最近のメタ分析（Barrett & Wager, 2006）により，皮膚コンダクタンスの変化に重要な役割を果たすと考えられている脳領域の多くは，情動体験の生成にも関係していることが分かった。さらに，情動の次元説によれば，交感神経系の活性化は情動的覚醒を反映すると考えられている（Bradley & Lang, 2007a）。したがって，背後にあるエクリン汗腺の神経支配を考えると，皮膚コンダクタンスは情動処理（具体的には情動的覚醒）の信頼できる心理生理測度になると考えられる。身体化され動機づけられた処理という理論的枠組みの中では，情動的覚醒は情動・動機づけの欲求システムと嫌悪システムにおける活性化の程度を表わしている。

（2）メディア実験室で皮膚コンダクタンスを測定する

それでは，皮膚コンダクタンスの信号とその測定・解析の具体的な手続きについて述べよう。心理生理学会（The Society for Psychophysiological Research）は，皮膚コンダクタンス測定についての詳細な技術勧告を委員会レポートとして公表している（Fowles et al., 1981; 改訂版は，Boucsein et al., 2012）。このレポートの勧告は，心理生理学の方法論に関する最近の本にも取り入れられ，皮膚コンダクタンスを情動的覚醒の測度として用いる多くの研究者がそれに従っている。したがって，ここで述べる皮膚コンダクタンスの測定装置や皮膚の前処理，電極装着に関する技術的詳細は，主としてこの委員会レポートに基づいている。

皮膚コンダクタンスは，エクリン汗腺の活動に由来する皮膚表面の電気抵抗の変化によって変動する。コンダクタンスは電気抵抗の逆数であり，心理生理学の研究では最もよく使われている測度である。皮膚コンダクタンスを測定する原理となるのは，**オームの法則**（Ohms' law）である。オームの法則によれば，抵抗は，皮膚表面に貼りつけた2電極間にかける電圧を，皮膚を通して流れる電流で割った値となる。コン

ダクタンスの単位はジーメンス（Siemens, S）であり，皮膚コンダクタンスの場合はマイクロジーメンス（μS）の単位が使われる。

皮膚表面で電気抵抗の変化が記録されるのは，エクリン汗腺が並列に接続された抵抗器として作用していることと関係している。交感神経系が活性化すると，汗腺の分泌部が汗を産出して，汗管における汗のレベルが上がる。このことが皮膚の外層部の電気抵抗を減少させる（訳注：汗は電気を通すから）。コンダクタンスは抵抗の逆数である。したがって，汗のレベルが上昇すれば，皮膚の抵抗は減少し，皮膚コンダクタンスの値が高くなる。

皮膚コンダクタンスは，汗が外層に出てこないときでも情動的覚醒の測度になるというのは，情動的メディアコンテンツの研究者にとってはうれしいことである。非常に覚醒的なメディアコンテンツでも，目で見て発汗が分かるほど交感神経系が活性化することはまずありえない。例外として，強い情動を喚起する対戦型ゲームをしているときにはそういうことがあるかもしれない。汗管からあふれてこない少量の汗でも皮膚コンダクタンスに観察可能な変化が生じるので，皮膚コンダクタンスを測定する技術や手続きには特に注意を払う必要がある。メディア特徴による大きな情動的覚醒の変化が，交感神経系のごくわずかな活性化として生じることもありうる。実験中には座ってメディアを視聴させることが多いので，参加者はリラックスしている。だから，交感神経系の変化は小さいこともある。背景となる交感神経系の活性化レベルが低いので，どんなにわずかな皮膚コンダクタンス変化でも生じることになる。さらに，日常生活におけるメディア利用によって，情動性が極めて高いコンテンツ以外には鈍感になっている人もいる。したがって，わずかだが意味のある皮膚コンダクタンスの変化を検出するには，信号対ノイズ比のよいデータが収集できるように装置や測定方法に注意を払う必要がある。

(3) 皮膚コンダクタンスの記録装置と消耗品

皮膚コンダクタンスを記録する主要な装置は，**皮膚コンダクタンス連結器**（skin conductance coupler）である。皮膚外層の電気特性変化を記録するのに必要な電気信号を発生させる電気回路から構成される。皮膚表面の電気活動を測定する記録システムには2つの方式がある。2つの電極間に微弱な電流を流して電気抵抗を記録するシステムと，微弱な電圧をかけ皮膚コンダクタンスを直接記録するシステムがある。リッケンとヴェナブル（Lykken & Venables, 1971）は影響力のある論文を書き，皮膚コンダクタンスを直接測定するほうが皮膚抵抗を測定するよりもよいと主張した。そのため，メディアコンテンツの情動処理の研究では，皮膚コンダクタンスを直接測定

している（Lang et al., 2009）。多くの機器メーカーが皮膚コンダクタンスを直接測定する記録システムを販売しており，そのように記録することが皮膚電気活動の心理生理学研究において現在は推奨されている（Dawson et al., 2007）。抵抗ではなくコンダクタンスを直接測定する利点として，皮膚コンダクタンスが初期値の法則に左右されにくいことがあげられる（Stern et al., 2001）。**初期値の法則**（law of initial value）とは，心理生理測度が変化しうる範囲がそれに先立つ活動レベルに左右されることを指す（Stern et al., 2001）。皮膚コンダクタンスが初期値の法則の影響を受けにくいという意味は，あるメディアコンテンツによって喚起される皮膚コンダクタンス反応の大きさが，それ以前のベースラインとなる皮膚コンダクタンス値に影響されにくいということである。このように皮膚電気活動の記録システムに2種類あることを知っておけば，実験室を立ち上げるときに，正しい装置（低い電圧を与えて皮膚コンダクタンスを直接測定するもの）を注文できる。

皮膚コンダクタンス測定のために装置が発生する電圧を**励起電圧**（excitation voltage）と呼ぶ。皮膚コンダクタンス連結器で推奨される励起電圧は0.5 Vである。皮膚コンダクタンス連結器の励起電圧には，交流と直流がある。皮膚コンダクタンスは交流の励起電圧を使って測定することを推奨する。信号にノイズとして混入するかもしれない電極の分極化を減らせるからである（訳注：分極化とは生体とは関係なく2つの電極間に存在する電位差のこと。直流にすると片方の電極に電荷がたまるが，電流の極性をときどき反転させることでリセットできる）。また，皮膚コンダクタンス連結器には直流の結合方式と交流の結合方式がある。交流結合方式は時定数のかかった皮膚コンダクタンス反応を測定し，直流結合方式は記録セッション全体の皮膚コンダクタンス水準をまんべんなく測定する。私たちの研究では，直流結合方式で皮膚コンダクタンス水準を記録し，データ収集後にオフラインで皮膚コンダクタンス反応の分析を行っている。皮膚コンダクタンス連結器について最後に述べるのは，皮膚コンダクタンス信号の感度または増幅に関することである。一過性の皮膚コンダクタンス反応が観察できる程度の感度にするが，装置の測定範囲を超えるほど高くしてはいけない。増幅レベルを適切に設定するために，Stern et al.（2001）は次のように推奨している。記録セッションの最初に，実験参加者に深呼吸をしてもらう。そうすると，ふつうは皮膚コンダクタンス反応が観察できる。もし反応がみられなければ，感度を上げる。反対に，目盛が振り切れてしまったら感度を下げる。

私たちの研究では，直径8 mmの銀－塩化銀電極（プラスチックカバーのついたフローティング電極）をリング状の両面粘着シールで皮膚に装着して，皮膚コンダクタンスを測定している。分極化(電極間の電位差)を最小にするために銀－塩化銀電極を用

いることが大切である。電極の記録面の電荷が異なると，皮膚表面から記録されるコンダクタンス水準をゆがめてしまうからである。使用する電極サイズも皮膚コンダクタンスの値に影響を及ぼす可能性がある。表情筋筋電図の測定で使うような8 mm未満の電極は用いない方がよい。電極が極端に小さいと電流密度が高くなるので，皮膚コンダクタンス水準が実際以上に大きくなってしまったり，電極下の皮膚組織を刺激してしまったりする可能性があるからである（Stern et al., 2001）。**電流密度**（current density）とは，電極の記録面で単位面積あたりに流れる電流量のことである。皮膚コンダクタンスを測定するときは，電極の大きさに関係なく，一定の電圧を電極間にかける。したがって，電流密度は使用する電極の大きさに反比例し，小さい電極を使うほど流れる電流量が増えるのである。フローティング電極は皮膚コンダクタンスの測定に適している。リング状の両面粘着シールは，電極を固定するだけではなく，皮膚と電極ゲルが接する面積を統制することで，信頼性の高い皮膚コンダクタンスの記録に役立つからである。電極そのものの面積ではなく，電極ゲルと接する皮膚の面積が，皮膚コンダクタンスの記録に影響することを忘れてはならない。要するに，ゲルの接触面積を実験参加者間で厳密に統制する必要がある。理想的には研究室間でも一定にすれば，異なる研究室で行われた結果を比較できる。このことは，電極を適切に選び，注意して電極ゲルを使うことで実現可能である（訳注：ガイドラインでは$1.0\ cm^2$が推奨されている。Fowles et al., 1981）。

　電極ゲルは，電極表面と皮膚表面を接触させる物質である。他の心理生理測度では，電解質ゲルを使う。しかし，皮膚コンダクタンス電極で記録する信号は，皮膚外層部における電気特性の変化であって，神経活動によって生じる電気信号ではない。だから，皮膚コンダクタンスの測定に用いる電極ゲルは，皮膚の電気特性を大きく変化させないことが大事である。心拍数や表情筋筋電図といった他の心理生理測度で用いる電解質ゲルを，皮膚コンダクタンスの測定に絶対に使ってはならない。この用途に最適なのは，化学的成分が人間の汗にかぎりなく近い非伝導性のゲルである（訳注：およそ0.3%〜0.4% [0.050〜0.075M] のNaCl。生理食塩水0.9%よりも薄いことに注意する）。私たちの実験では，水溶性のKYゼリー®（潤滑ゼリー）を使うと，満足のいく結果が得られている。しかし，皮膚コンダクタンス用ゲルを自作することも広く推奨されている。フォールスら（Fowles et al., 1981）は，ユニベース（Unibase）と呼ばれるスキンケアクリームに塩化ナトリウムと蒸留水を混ぜた生理食塩水を加えて，皮膚コンダクタンス用の電極ゲルを作る方法を紹介している。ユニベースはもう市販されていないが，ヴェルヴァコール（Velvachol）というスキンクリームが代用になることが分かっている（Dormire & Carpenter, 2002）。皮膚コンダクタンス用ゲル（ペー

ストともよばれる）を市販するメーカーを見つけることもできる（訳注：BIOPAC Systems 社など）。

　皮膚コンダクタンス用ゲルは，電極のくぼみを完全に埋めるように注入する。気泡ができないように，またゲルが電極の枠やリング状シールからはみ出さないように気をつける。皮膚コンダクタンスを測定するときは，特にこの点が重要である。前述のように，電極のくぼみからゲルがはみ出すと，接触面積が変わって測定に影響するからである。ゲルの漏れを防いで接触面積を厳密に統制するコツとして，先にリング状シールを実験参加者の皮膚に貼り，そこにゲルを満たした電極を設置するという方法がある（Boucsein, 1992）。皮膚コンダクタンス記録用に，最初からゲルのついたディスポーザブル電極を販売しているメーカーもある（訳注：日本ではティアックの PPS-EDA がある。ただし，そのままでは接触面積が広いので，適宜カットして使う）。

(4) 皮膚コンダクタンス電極の装着

　皮膚コンダクタンスは，手掌や足底に電極を装着すると確実に測定できる。前述のように，これらの皮膚表面はエクリン汗腺の密度が特に高く，「精神性発汗」による皮膚コンダクタンスの変化を検出しやすい。皮膚コンダクタンスは手掌から測定することが多いが，参加者が実験中に行う課題によって，装着部位を選択するのが望ましい。力を入れて物を握ったり両手を使ったりする活動をさせるときは，足底から皮

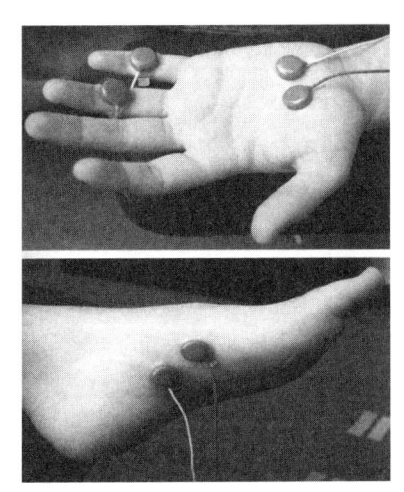

図 5.1　皮膚コンダクタンス電極のさまざまな配置法。薬指と小指の中節，母指球と小指球，足の内側面に配置した例を示す。

コンダクタンスを測定するのが最適だろう。どちらの測定部位でも，電極を双極配置する。つまり，2つの測定電極を皮膚表面に装着する。手掌から皮膚コンダクタンスを記録するときの電極は，親指のつけ根あたりにある母指球と小指側の小指球につけるか，薬指と小指の中節につける（訳注：人差指と中指の中節や末節を使うこともある）。電極は，記録に干渉する傷やたこが少ない非利き手に装着することが多い。皮膚コンダクタンスを足から測定するときは，親指の下，土踏まずの内側面に電極を装着することが推奨されている。これらの電極配置を図5.1.に示す。

　電極を装着する前に，皮膚の前処理をする必要がある。皮膚コンダクタンスを記録するときは，皮膚の前処理によって外層の電気特性が変わらないようにすることが大事である。他の心理生理測度を記録するときのように，研磨剤をつけた脱脂綿布で皮膚コンダクタンスの記録部位をこすることは絶対にしてはいけない。研磨剤を含まないせっけんと温水で手を洗ってもらうだけで十分である。皮膚表面の準備ができたら，皮膚コンダクタンス電極を記録部位に2つ装着し，皮膚コンダクタンス連結器のケーブル端子に差し込む。

(5) 皮膚コンダクタンスデータの分析

　メディアコンテンツの情動処理に関する研究では，皮膚コンダクタンス水準と皮膚コンダクタンス反応という2つのパラメータがよく用いられてきた。皮膚コンダクタンス水準（SCL）の分析では，実験参加者がメディアコンテンツを視聴している一定区間における皮膚コンダクタンスの平均値を解析する。皮膚コンダクタンス反応（SCR）の分析では，メディアを視聴しているときに生じる非特異性の皮膚コンダクタンス反応の振幅と出現頻度を測るのがふつうである。SCLとSCRの分析で得られたデータは，反復測定分散分析のような一般線形モデルで解析する。

　皮膚コンダクタンス水準の分析を行うときは，まず最初に，分析しようとする時間幅でSCLの平均値を算出する。私たちの実験では，20 Hzのサンプリング周波数で皮膚コンダクタンスの信号を収集することが多い。たとえば，30秒間のCMを観ている間のSCLを秒単位で分析したいときは，20ポイントの皮膚コンダクタンス水準を1秒ごとに平均して，30個のデータを算出する。SCLデータの平均に用いる時間幅は，研究者の選択に任されている。30秒間のCMを観る実験では，30秒間全体の平均を算出し，各CMに対して1つの皮膚コンダクタンス水準の値を算出することもできる。SCLの変化をみるときの分析幅を決めるには，実験刺激の情動的な内容や，そこに情動事象が複数含まれるかどうかを考えなければならない。たとえば，米国で放映が許可されるようなメディアコンテンツであれば，視聴中に皮膚コンダクタンス水準が急

激に変化するようなことはまず起こらない。したがって，皮膚コンダクタンス水準を分析するときは，秒単位で平均する必要はなく，2秒や5秒といった長い区間を平均してデータを整理した方がよいかもしれない。

　SCL分析の次の段階は，皮膚コンダクタンスの平均値を求めた各時点における変化得点を算出することである。SCLは初期値の法則の影響を受けにくいとはいえ，刺激メッセージが提示される前のベースラインデータを収集しておくことは，SCLの変化得点を計算するために重要である。心理生理測度のベースライン活動を測定することについては，3章で述べた。ベースラインからのSCLの変化は簡単に計算できる。メディアを視聴しているときの各時点におけるSCL平均値から，刺激提示前ベースラインのSCL平均値を引くだけでよい。ベースラインからの変化得点をその後の統計解析で用いる。

　皮膚コンダクタンスを分析する2番目の方法は，メディア視聴中に生じる非特異性SCRの振幅と出現頻度を調べることである。非特異性SCRは，特定の刺激がない状況で生じる交感神経系活動を反映した一過性の反応である。これはSCLの分析とは違っている。SCL分析では，メディア刺激を視聴している期間全体で生じる持続性の皮膚コンダクタンスを調べる。SCR分析では，同じメディア刺激を視聴しているときに生じる，短い一過性の反応を検討する。メディアコンテンツを視聴しているときに非特異性SCRが頻繁に大きく出現するほど，情動的覚醒水準が高まっている証拠と考えられる。これらの反応を非特異的というのは，特定の刺激に対して生じるのではなく，メディア視聴という背景状態で生じるからである。

　SCR分析で最初に行うのは，反応の同定である。SCRは，持続性のSCLに重畳して生起することを思い出してほしい。したがって，SCRを同定するには，意味のある皮膚コンダクタンスの一過的な増大を定義する基準が必要になる。SCRを同定するときに広く受け入れられている基準として，刺激後1秒後から3秒後までに皮膚コンダクタンスが0.01 μS以上変化するというものがある（Dawson et al., 2007; 訳注：原書では0.1 μSと書いてあるが，Dawson et al.には「0.01 μSから0.05 μSの間」と書いてあるので訂正した。新しいガイドライン［Boucsein et al., 2012］にも，コンピュータでデジタル値を計測するときは0.01 μSでよいと書いてある。反応は刺激の1～3秒後に始まり，そこから0.5～5秒でピークに達する）。この点はデータ収集方法にも関係している。皮膚コンダクタンス連結器で設定する増幅（感度）を十分に高くして，持続性活動に重畳して生じるSCRを観察できるようにしないといけない。皮膚コンダクタンス連結器のなかには，刺激提示前の持続性SCLを調整してゼロにすることができるものもある。理論的には，皮膚コンダクタンス信号の増幅感度を高く設定でき，

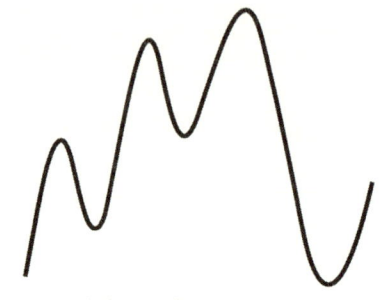

図5.2 皮膚コンダクタンス波形の仮想例。複数の非特異的反応が，前の反応が終わる前に生じている。

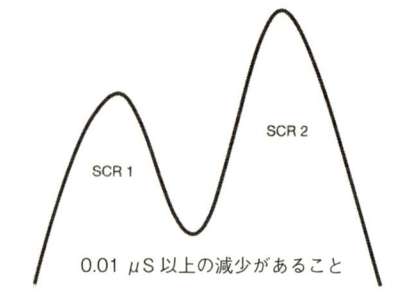

図5.3 皮膚コンダクタンス波形の仮想例。非特異的反応の頻度を数えるときの一般的な基準を示す。

0.01 μS 以上の減少があること

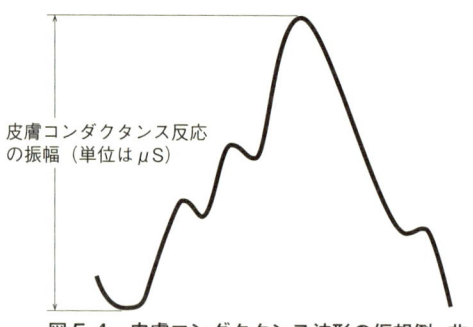

図5.4 皮膚コンダクタンス波形の仮想例。非特異性反応の振幅を測る方法を示す。

SCR を同定しやすくなるという利点がある。しかし，問題点として，刺激前ベースラインの持続性皮膚コンダクタンスを消してしまうので，SCL の分析ができず，SCR しか分析できなくなる。

　非特異性 SCR を正しく同定できれば，刺激メッセージを視聴しているときに生じる反応振幅と反応頻度を求めることができる。非特異性 SCR の頻度データを得るには，あらかじめ決めておいた振幅の増大がみられた回数を数えるだけでいい。実際のところ，研究者はそうしているのだが，メディア実験室で SCR の出現回数を数えるのは複雑な問題を含む。刺激がダイナミックに変化するために，一度生起した非特異性 SCR が反応前のレベルに戻る前に，次の反応が生じてしまうのである。図5.2に，このような仮想例を示す。

　1つの対策として，私たちの研究では，皮膚コンダクタンスに一定の減少がみられたところで，2つの非特異性 SCR を切り分けることにしている。たとえば，0.01 μS

以上の増加が生じたときに反応があったとみなすので,同様に 0.01 μS 以上の減少が生じることを 2 つの SCR を区別する基準として主張することができる。この基準を適用した例を図 5.3 に示す。しかし,SCR が生じたとみなす振幅増大の定義は恣意的なものなので(Dawson et al., 2007),減少の基準も恣意的である。

スターンら(Stern et al., 2001)は,持続性活動中に生じる SCR を同定するための追加基準について述べている(訳注:「深呼吸などの既知刺激から約 20 秒間に起こる反応はカウントしない」というもの)。非特異性 SCR 振幅を測るのは,ずっと単純なことである。反応の開始点からピークまでのマイクロジーメンス単位の増加を振幅として測ればいい。SCR 振幅の測定を図 5.4 に示す。

(6) 皮膚コンダクタンスを利用したメディア研究の例

皮膚コンダクタンスは,メディアコンテンツの情動処理に関する非常に面白い心理生理測度である。皮膚コンダクタンスによってメディアを視聴しているときの情動的覚醒(欲求と嫌悪という 2 つの動機づけシステムの活性化)をダイナミックに記録できるので,情動的メディアコンテンツの心的処理についてさまざまな知見が得られている。世界中で行われている研究のすべてをここでは紹介できないので,さまざまな形態のメディアに対する情動処理について皮膚コンダクタンスを用いて検討した例をいくつか示すにとどめる。

皮膚コンダクタンスデータを使うことで,次々と登場する新しいメディア環境の具体的な特徴が情動覚醒にどんな影響を与えるかが分かってきた。ラヴァジャ(Ravaja, 2009)は SCL を分析することで,オンラインビデオゲームにおける対戦相手のタイプの違いがプレイヤーの覚醒に及ぼす影響を調べた。対戦相手はコンピュータか人間であり,それぞれ実験参加者と同じ場所にいる条件と違う場所にいる条件を設定して,ビデオゲーム中の SCL を記録した。さらに,人間の対戦相手が友人の条件と他人の条件も設定した。皮膚コンダクタンスのデータは,ゲームセッション全体の SCL を平均して求めた。その結果,ビデオゲームの対戦相手がコンピュータのときより,人間のときのほうが SCL が高く,より情動的に覚醒していることがわかった。一方,対戦相手が友人でも他人でも,同じ場所にいてもいなくても情動的覚醒は変わらなかった。

他にも,皮膚コンダクタンスデータが有効な領域として,メディアの説得的メッセージに関する研究がある。ある研究では,内容の覚醒度と映像のスピード感が異なる薬物乱用についての公共コマーシャルに対する情動処理が,視聴者の刺激希求性の高低と年齢によって影響を受けるかを調べた(Lang, Chung, Lee, Schwartz, & Shin, 2005)。実験では,メッセージが喚起する情動的覚醒を測るために非特異性 SCR が用

いられた。その結果，刺激希求性が低い人は高い人に比べて，薬物乱用の公共コマーシャルを見ているときのSCRが多く，情動的に覚醒していることが示された。さらに，思春期の生徒は，大学生に比べて，スピード感のあるメッセージでないと情動的覚醒を示す大きなSCRが生じなかった。

これらは，皮膚コンダクタンスという皮膚電気活動をメディアに対する情動反応を理解するために使った2例にすぎない。しかし，前述したように，覚醒は情動体験の基礎にある主要な2次元のうちの1つである。第2の次元は情動価（valence）である。これは，情動体験がどの程度ポジティブあるいはネガティブであるかということを指す。そのため，SCRやSCLデータは情動価の生理測度である表情筋筋電図と一緒に報告されることが多い。

◆ 表情筋筋電図：情動価の測度

表情筋の電気活動を記録した表情筋筋電図（facial electromyogram）は，動機づけに関連する刺激によって生じる処理の情動価を示す心理生理測度として広く用いられてきた。表情と情動との関連性を指摘したのは，ダーウィン（Darwin）やデュシャン（Duchenne），それ以前にもさかのぼる。しかし，表情筋筋電図は1970年代半ばになって広く受け入れられるようになった。心理生理学者が快や不快の情動体験と特定の表情筋の関係を細かく調べ始めたのである。研究初期に，シュワルツ（Schwartz）のグループは，快や不快の心的イメージを思い描いているときの表情筋筋電図を記録した（Brown & Schwartz, 1980; Schwartz, Fair, Salt, Mandel, & Klerman, 1976）。この先駆的な研究以来，特定の表情筋から記録した電気活動を，情動的な場面や顔，賛成意見や反対意見を示すメッセージといったさまざまな快・不快刺激に対する情動処理と対応させる研究がたくさん行われてきた（レビュー論文としてLarsen et al., 2008を参照）。

メディア心理学者にとって重要な研究成果は，メディア利用中の情動価の変化にともなって一貫して活動する表情筋が特定されたことである。皺眉筋（corrugator supercilii），眼輪筋（orbicularis oculi），大頬骨筋（zygomaticus major）である。これらの表情筋から筋電図を記録する部位を図5.5に示す。

メディア情動処理の研究者は，ほとんどの場合，この3つの表情筋の活動に注目してきた（Lang et al., 2009）。そこで，これらの表情筋に焦点を絞り，その筋活動の心理学的意味やメディア実験室におけるデータの収集・分析方法について述べる。

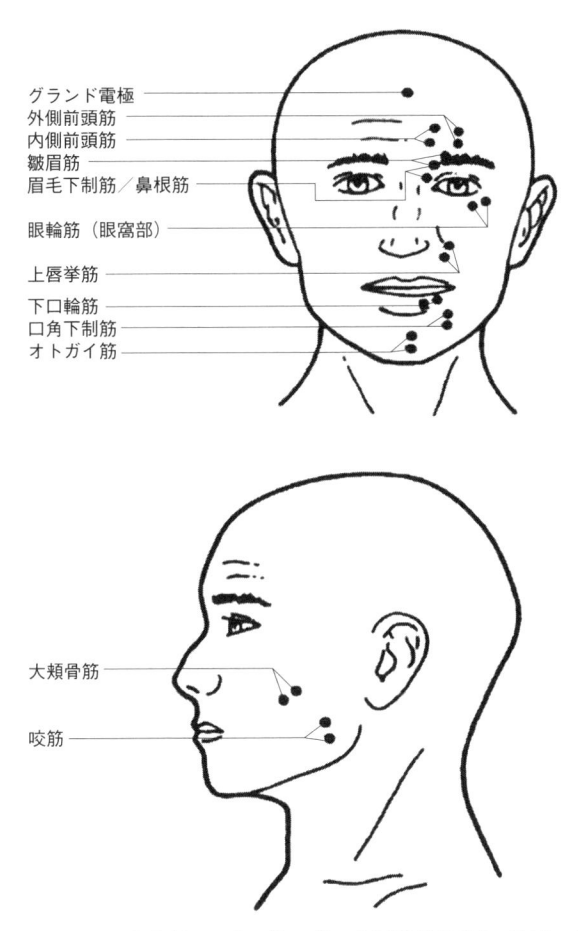

図 5.5　表情筋筋電図の記録部位。それぞれの筋の解剖学的部位上で行う。皺眉筋，眼輪筋，大頬骨筋は，メディア心理生理学実験室で最もよく記録される筋である。
（Fridlund & Cacioppo, 1986）

（1）表情筋筋電図の心理学的意味

　表情筋筋電図の心理学的意味をしっかり理解するために，他の心理生理測度と同様，測定する信号の生物学的基盤を知ることから始めよう。表情筋筋電図の生物学・生理学については，本書よりも詳しい資料がある（たとえば，Hess, 2009; Stern et al., 2001; Tassinary, Cacioppo, & Vanman, 2007）。本書では，これらの資料に基づき，メディ

ア情動処理の研究者向けに，表情筋活動の背景にある生物学的過程についての基礎知識を述べる。身体化された情動の観点からいうと，結局のところ，これらの生物学的過程が情動処理の基盤である。

筋活動の背景にあるのは，活動電位が末梢体性神経系の神経軸索を伝わることである。体性神経系は，骨格筋のすべてを神経支配している。骨格筋は横紋随意筋である。横紋とは「横に走る線維からなる」という意味である。それぞれの筋にはたくさんの横紋線維があり，**運動単位**（motor unit）としてまとまっている。それぞれの運動単位は1つの運動神経の軸索によって支配されている。1つの運動単位に含まれるすべての筋線維は，活動電位が運動神経の軸索を伝わってくると活性化して，筋収縮が生じる。この特殊な活動電位は，**運動単位活動電位**（motor unit action potential: MUAP）と呼ばれる。ある筋全体が収縮するのは，たくさんのMUAPの効果が累積したものである。活動電位は生体電気信号である。したがって，ある筋でたくさんのMUAPが生じると，筋収縮が起こるだけではなく，筋に近い皮膚表面に装着した電極で検出できる電気信号が発生する。2つの電極の電位差が，電圧の振幅に変換される。

筋上の皮膚表面から記録した電圧の振幅は，筋収縮の強さを正確に反映することが知られている（Tassinary et al., 2007）。しかし，表情筋筋電図は，筋収縮を反映する電気活動であって，実際の筋運動を反映した電気活動ではないことに注意してほしい。だから，表情筋筋電図は情動処理の高感度な測度になる。情動表出にかかわる表情筋に目で見える動きがなくても，情動体験を反映した表情筋の電気活動が記録できるからである。表情変化が観察できるほど表情筋を収縮させるようなメディアコンテンツは少ないだろう。それでもメディアコンテンツを処理することで情動が変化し，MUAPによる電気信号を記録できることはある。この点で表情筋筋電図は，ビデオ録画に基づいて表情をコード化するといった他の情動処理の指標に比べて優れている。

表情筋活動と情動を心理学的に結びつけたのは，ダーウィンの研究までさかのぼる（Darwin, 1872/1965）。彼は，さまざまな情動状態に関連した表情筋活動の目に見えるパターンを体系的に観察した。ダーウィンの研究に基づく心理学者は，表情筋活動は他者に情動を表出する手段にとどまらず，情動体験そのものを形成すると結論づけている（Neumann, Hess, Schulz, & Alpers, 2005）。情動の次元説では，体験の情動価と結びついた動機づけのパターンを重視する。私たちはこの立場を支持しており，表情筋活動が心理学的に意味しているのは，現在処理している状況の情動価であると考えている。つまり，表情筋筋電図は，理論的にも実際的にも，情動価（メディアが欲求と嫌悪の動機づけシステムを活性化させる程度）の指標になるということである。

情動処理の文脈で最もよく研究されてきた表情筋（皺眉筋，眼輪筋，大頬骨筋）は，

刺激の情動価に応じて正確に活動することが示されている。大頬骨筋と皺眉筋は，刺激の快・不快によって自動的に活性化することが知られている（Neumann et al., 2005）。少なくとも現時点では，メディア心理学者が表情筋筋電図を使って情動価の変化を測定することには，理論的・実際的な根拠がしっかりとある。個別情動の生理指標として表情筋筋電図を使った研究もあるが，メディアコンテンツによって喚起される個別の情動状態を測るには，信頼性と妥当性を有した既存の自己報告尺度と組み合わせて使うことを勧める（Bolls, 2010）。

表情筋筋電図によって記録される表情筋活動の心理学的意味について述べてきたので，次に，具体的な表情筋とその筋電図を記録する方法について詳しく述べていこう。

(2) 情動価の指標となる表情筋活動

メディアコンテンツの情動価の指標として表情筋筋電図が利用できるのは，基礎研究によって特定の表情筋が快や不快の情動・動機づけを喚起する体験に応じて選択的に活動することが明らかになっているからである。そのような研究は，メディアコンテンツの情動的影響を研究するためにどの筋を記録したらいいかを教えてくれるし，筋活動の変化について妥当な方法で解釈を行うときにも役立つ。多くの研究から，大頬骨筋と眼輪筋の活動は情動価の快次元に応じて増大し，皺眉筋の活動は不快次元に応じて増大することが示されている（Cacioppo, Petty, Losh, & Kim, 1986）。

メディアコンテンツの情動処理に関する過去の研究では，大頬骨筋の活動を記録することで快の程度を指標化し，皺眉筋の活動を記録することで不快の程度を指標化した（たとえば，Bolls, Lang, & Potter, 2001; Hazlett & Hazlett, 1999）。しかし，快の指標として大頬骨筋活動のみを記録した研究では，情動体験における表情筋活動を十分に評価できない。大頬骨筋が活動すると口角が引き上げられて笑顔になる。しかし，すべての笑顔が快の情動体験を反映しているわけではない。エクマンとフリーセン（Ekman & Friesen, 1982）は，本物の快情動を表わす笑顔と，不快情動を経験しているときにも生じうる笑顔とを区別した。本物の快情動では，頬にある大頬骨筋と眼窩下部にある眼輪筋が同時に活動するのが特徴である（Ekman, Davidson, & Friesen, 1990）。大頬骨筋と眼輪筋が同時に活動することで作られる笑顔は，**デュシャンスマイル**（Duchenne smile）と呼ばれる（Ekman, 1989）。本物の快情動を測るには，大頬骨筋と眼輪筋の活動を両方とも記録することが推奨されており，最近のメディア研究でもそうしている（Ravaja, Saari, Kallinen, & Laarni, 2006）。興味深いことに，皺眉筋は不快情動と快情動で反対方向に活動する（不快で増加し，快で減少する）というデータもあるので，この筋の活動を測れば，理論的には情動価の快／不快の2次元を

測れるかもしれない（Larsen et al., 2003）。しかし，一般的には，皺眉筋活動は不快情動体験の増大・減少を示す指標として扱われている。

　前の段落から明らかなように，メディア実験室では2ヶ所以上から表情筋筋電図を記録するのが重要である。前述のように，最近の考え方では，情動価の次元は欲求と嫌悪という動機づけに関する2つの下位システムからなっており，それぞれが反対に活動したり，同時に活動したり，別個に活動したりする（Cacioppo & Gardner, 1999）。つまり，情動価を正しく理解するためには，情動システムにおける快と不快の両方の活性化を同時に観察しないといけない（Cacioppo, Larsen, Smith, & Berntson, 2004）。表情筋筋電図の測定についていえば，メディアコンテンツの情動処理の心理生理測度として使うなら，快情動に関係していることが確認されている筋活動と不快情動に関係していることが確認されている筋活動を同時に測定した方がよいということである。快情動と不快情動の生起を同時に測定するのは，メディアコンテンツに含まれる情動の複雑さと多様さを考えても理にかなったことである。最近の研究は，説得的な健康キャンペーンメッセージにはポジティブな情動内容とネガティブな情動内容の両方が含まれることが多いことを指摘している（Leshner, Bolls, & Thomas, 2009）。実際問題としては，少なくとも2チャネル，理想的には3チャネルで，眼輪筋，大頬骨筋，皺眉筋を同時測定できるように実験室を準備するのがいいということである。次に，表情筋筋電図信号を記録するときの詳細について述べよう。

(3) 表情筋筋電図を記録する

　表情筋筋電図は，筋収縮が起きる前に生じる非常に弱い生体電気信号で，筋群の上にある皮膚表面で検出できる。そのため，信号−ノイズ比の高いデータを得るためには細心の技術的注意が必要になる。表情筋筋電図の周波数帯域は比較的広く，数Hzからおよそ500 Hzにまで及ぶ。この帯域は，実験室にある他の交流電源機器が発生する周波数帯域50〜60 Hzと重なる。そのため，他の交流電気機器によって生じる電気ノイズを除去する対策を講じなければ，ノイズが表情筋筋電図信号に混ざってしまうことになる。表情筋筋電図信号に電気ノイズが入るという問題をさらに難しくしているのは，この信号が非常に小さく，皮膚表面に達するときには数百mV程度にしかならないことである。したがって，表情筋筋電図信号を検出するためには，少なくとも50,000倍，多くの場合100,000倍も増幅しなければならない。信号を増幅するとは，ノイズを含めたすべての信号を増大することである。したがって注意深くノイズを除去しなければ，古い諺にあるように「ゴミを入れたらゴミが出てくる（garbage in, garbage out）」ことになる。心理生理学会（SPR）は，表情筋筋電図の測定に関す

る推奨ガイドライン（Fridlund & Cacioppo, 1986）を公表している。その内容の多くはノイズを減らすことに向けられており，電気ノイズが表情筋筋電図にとって特に問題になることを示している。メディア実験室で表情筋筋電図を測定するときの手続きとして本書で述べることは，このガイドラインに基づいている。表情筋筋電図信号に含まれる電気ノイズを除去する手順に特に注目する。

　当たり前のことだが，実験室環境に存在する電気ノイズに対処する一番よい方法は，筋電図の記録前にそのノイズを限りなく小さくしておくことである。メディア実験室で電気ノイズを減らす方法については8章で述べるが，表情筋筋電図の測定では特に問題になるので，ここでも簡単に述べておこう。メディア実験室で電気ノイズを発生させる主な原因となるのは，パソコンモニタと旧型のテレビである。そのノイズを除去するには，ブラウン管モニタを使うのを止めて，交流ノイズが漏れない新しい薄型モニタやテレビを使うのがよい（訳注：ただし，液晶モニタでは時間制御が正確にできないことがある）。電気ノイズは，実験室の照明から生じることもある。蛍光灯やハロゲン電球はノイズを発生させるので避け，実験室の照明にはふつうの白熱電球を用いるのが望ましい。究極的には，すべての電気機器とコンセント，ケーブル類はしっかりとシールドしておくのが望ましい。幸いなことに，市販の心理生理測定システムではほとんどそうした対策がとられているので，気をつけないといけないのは実験室の他の電気機器である。電気機器からできるだけ離れたところに実験参加者を座らせるのもよい考えである。機器から漏れるノイズをリード線が拾いにくくなる。

（4）表情筋筋電図を記録するための電極配置

　表情筋筋電図の記録に推奨される電極は，直径4 mmの銀−塩化銀フローティング電極である。心拍や皮膚コンダクタンスの測定で推奨される標準的な8 mm電極ではなく，小さいサイズの電極を使う利点は，測定する表情筋上に正確に装着できることである。人間の頭部には30対を超える左右対称の筋がある（Hess, 2009）。ということは，ある筋から記録した表情筋筋電図には，近隣の他の筋で生じる電気活動が混入しうる。このような混線は明らかに不要であり，望ましい記録部位に小さい電極を慎重に装着すればノイズを減らせる。フローティング電極を用いる利点は，電極カップに入ったゲルが柔らかいクッションの役割を果たし，電極表面と皮膚が安定して接触した状態を保つのに役立つことである。フローティング電極と一緒に使うリング状の両面粘着シールも，この点で役に立つ。表情筋筋電図の電極は，市販の電解質ゲルで満たすのが望ましい。電極表面と皮膚がしっかりと接触するように，電極カップを完全に満たし気泡を取り除くようにする。ただし，電極のふちからゲルがはみ出すほど

入れてはならない。ゲルがはみ出すと，記録中に電極が外れるかもしれないだけでなく，2つの電極間が電気的につながってしまうかもしれない。2つの電極が1つになってしまうので，双極測定ができなくなる。表情筋筋電図の電極は近い場所に装着するので，この点は特に気をつける。

装着部位の皮膚前処理と電極装着は，質の高い表情筋筋電図を得るために重要である。そうすれば，信号はメディアコンテンツの情動価に応じて正確に変化すると期待できる。単一の表情筋の活動だけを抽出するように電極を装着するのはほとんど不可能である。そのため，電極部位を表現するときは，特定の筋活動を記録したと主張するよりも，表情筋活動を記録した領域を述べるように推奨されている（Tassinary et al., 2007）。とはいうものの，皮膚をしっかりこすって電極インピーダンスを下げ，標準的な電極配置を行えば，皺眉筋や大頬骨筋，眼輪筋の活動変化がメディアコンテンツの情動価の変化を反映していると自信をもって主張できる。

表情筋筋電図を測定するときは，電極を装着しようとする皮膚表面をこすって前処理をする。皺眉筋と大頬骨筋の電極装着部位については，心理生理学の消耗品メーカーが販売しているアルコールを含んだ研磨パッドを使うことを推奨する。ただし，実験参加者の中には敏感肌の人もいるので，アルコールを染みこませたパッドで皮膚を拭くということを事前にはっきりと伝えておくようにする。眼輪筋については，目に近いためにアルコールが蒸発して目がヒリヒリするという参加者もいる。そういうときは，蒸留水で湿らせたペーパータオルを用いることもできる。皮膚前処理用の乾いた研磨パッドを販売しているメーカーもある（訳注：日本では日本光電のスキンピュアを使うことが多い）。どんな材料を使うにせよ，表情筋筋電図の皮膚前処理で一番大切なことは，角質や油脂，汚れや化粧を取り除ける強さで皮膚をこすって，皮膚と電極表面の間の電気インピーダンスを十分に下げることである。ついでながら，インピーダンスを下げるコツとして，電極を装着する部位に電解質ゲルをあらかじめ少量塗り込んでおくことがある。この方法の問題点は，筋電図信号を記録する接触面積の統制がやや不正確になってしまうことである。私たちの経験では，皮膚表面を適切にこすれば，インピーダンスを十分に下げることができる。

電極インピーダンスは，データ収集前に交流のインピーダンス計を使って直接測っておく。直流のオーム計を使って抵抗を測ってはいけない（訳注：電極が分極してしまうから）。電極インピーダンスに十分気をつけると，表情筋筋電図に重畳するノイズを低減でき，皮膚表面から記録された電位差が，測定しようとする筋活動を正確に反映する可能性が高くなる。当初，表情筋筋電図の電極インピーダンスは10 kΩ以下にすることが推奨されていた（Fridlund & Cacioppo, 1986）。最近の記録システムは質が

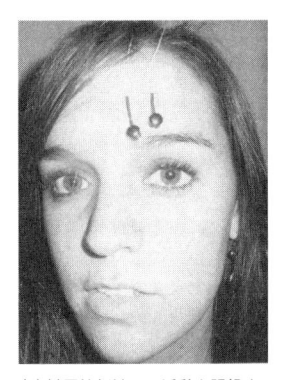

(a) 皺眉筋領域から活動を記録するときの電極配置。「片方の電極は，眉のすぐ上，目頭（眼裂の内側接合部）から垂直に伸ばした線上に置く。もう一方の電極は，そこから1cm外側でやや上側の，眉の縁に置く」

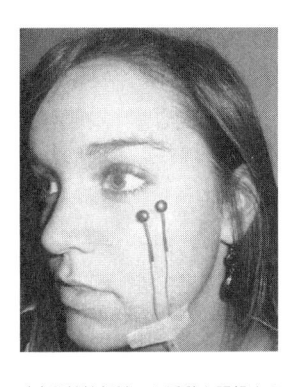

(b) 眼輪筋領域から活動を記録するときの電極配置。「片方の電極は，眼角（眼裂の外側接合部）から1cm下に置く。もう一方の電極は，そこから1cm内側でやや下側に，まぶたの下縁と並行になるように置く」

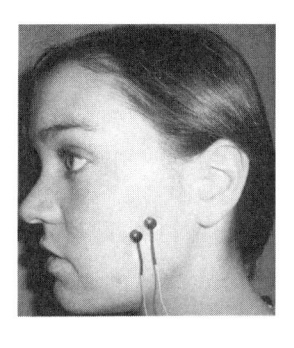

(c) 大頬骨筋領域から活動を記録するときの電極配置。「片方の電極は，口角と耳介前点（頬骨弓の後縁の上にある骨のくぼみ）を結ぶ直線上の中点に置く。もう一方の電極は，その線上で1cm下側の内側部（つまり，口に近い方）に置く」

図 5.6 表情筋領域から筋電図を記録するための電極配置
(Fridlund & Cacioppo, 1986, p. 572)

高くなり，電極インピーダンスが少し高くても記録できるようになったので，現在は30 kΩ未満が推奨されている（Hess, 2009）。データを収集する前に，このレベルにまでインピーダンスを下げなければならない。インピーダンスがこのレベルを超えている場合には，電極を外して皮膚前処理と装着をやり直し，再度インピーダンスを測定するのが望ましい。

　表情筋筋電図は，3本のリード線を用いて，活動を記録したい筋上の皮膚表面に電極を双極配置して測定するのが一般的である。2つの記録電極を筋上の皮膚表面に装着し，残りの電極をグランド電極とする。安全と信号の質の両面から，グランド電極はすべての記録電極で共通して1つにする。一般的にいえば，電極は筋の中心部近くで，筋線維と平行した線上に配置するのが望ましい。幸いなことに，大頬骨筋，眼輪筋，皺眉筋の領域から表情筋筋電図を測定する標準的な電極配置は確立されている。図5.6に，これらの表情筋領域から筋電図を記録するための電極配置を示す写真と，表情筋筋電図ガイドライン（Fridlund & Cacioppo, 1986）からの引用を示している。

　表情筋筋電図を記録するメインの装置は，差動増幅の生体アンプである。記録したい表情筋筋電図のすべてのチャネルに1つずつ生体アンプが必要になる。ということは，表情筋筋電図の測定装置を購入するときには，少なくとも2つ，理想的には3つ

の生体アンプを注文する必要があることを意味している。先に述べたように，表情筋筋電図を情動価の測度にするには，少なくとも2ヶ所の筋活動を同時記録することが必要だからである。生体アンプには，皮膚表面の電極から記録した信号を増幅するだけではなく，表情筋活動以外の周波数帯域の電気信号を弱めるフィルタリング機能もある。表情筋筋電図を正確に記録するには，アンプの増幅率を少なくとも 50,000 倍，できれば 100,000 倍に設定する必要がある。表情筋信号の主要な周波数帯域はおよそ 10～500 Hz なので，それにあわせてローパスフィルタとハイパスフィルタを適切に設定するのが望ましい（Fridlund & Cacioppo, 1986）。ヘス（Hess, 2009）は，30～500 Hz の帯域通過フィルタをかけると，表情筋筋電図ではない外部電気ノイズを除去できると提案している。実際には，ハイパスフィルタを 30 Hz に設定し，ローパスフィルタを 500 Hz に設定すればいい。

　生体アンプで記録した表情筋筋電図は，電気的なゼロ点からプラスとマイナスにふれる疑似ランダムな波形である。表情筋筋電図の生データは，信号を整流して平滑化する積分器（輪郭追跡器 contour follower ともいう）に送られる。**整流**（rectification）は，マイナスの電気信号の振幅をプラスに反転させることである。信号の**平滑化**（smoothing）は，表情筋筋電図の生データにおける瞬時ピークを丸めることであり，通常，積分器の時定数を選択することで行う。平滑化の時定数が長すぎると，変化の速い表情筋筋電図のピークを収集できなくなる。短すぎるとデータ収集効率が悪くなり，解釈しづらい波形になってしまう。私たちの経験では，時定数を 500 ms にすると，情動的メディアコンテンツによって喚起される表情筋信号の変化をとらえた解釈しやすいアナログ波形が得られる（訳注：このような装置を使わずに，生データから表情筋筋電図測度を求めることもできる。たとえば，サンプリングレート 1,000 Hz で記録した波形に 15 Hz のハイパスフィルタをかけて全波整流し，一定区間における平均電圧を求める。Larsen et al., 2003）。

(5) 表情筋筋電図データの分析

　情動価の指標として表情筋筋電図を用いるメディア心理学者は，メディアコンテンツを視聴しているときの快・不快情動の変化を分析することに興味がある。整流し平滑化した筋電図信号をアナログ−デジタル変換ボードによってサンプリングし，数値化する。サンプリングレートは，筋活動の意味のある変化をとらえることができるように選ぶのが望ましい。私たちは，積分器から出力されたデータについて 20 Hz のサンプリングレートを用いている（訳注：生波形から求めるときは 1,000 Hz 以上が望ましい）。そして，デジタル化した信号を任意の時間幅で平均することが多い。信号を平

均することは，皮膚コンダクタンスデータの分析のところでも述べた。ここでも同じ原則を用いる。つまり，扱っているメディアコンテンツを考慮し，表情筋筋電図の意味のある変動をとらえられる時間幅を選ぶ。

表情筋筋電図のデータ分析は，分析時間幅にかかわらず，変化得点を用いて行うのが望ましい。表情筋筋電図の変化得点は，記録した筋領域における最初のベースラインからの変化として算出する。実験参加者の表情筋がまったく活動していないことはありえないので，ベースライン活動をどのように得るかを考えておかなければならない。1つの方法は，最初の刺激メッセージを提示する前の安静期の表情筋筋電図を記録することである。メディアメッセージを処理していないときの安静レベルを正しく測れるだけの長さが必要だが，参加者が飽きてしまったり，そわそわしたり，不快な情動状態になってしまうほど，安静期を長くしてはいけない。実験の開始直後に安静期を設けることで起こりうる別の問題として，顔の電極が気になって，筋活動が真のベースラインレベルにならないことがある。私たちの研究では，それぞれの刺激メッセージを提示する直前のベースライン活動を測定している。この方法の利点は，それぞれの刺激についてゼロとなる参照点が得られることである。ベースライン活動を収集する第3の方法は，快情動や不快情動が生じない中性的なメディア刺激を視聴しているときの表情筋筋電図を測定することである。要するに，表情筋筋電図データを適切に分析するためには，ベースライン活動を測る最適な方法をあらかじめよく考えておく必要がある。

表情筋筋電図のデータは，ふつうは反復測定の分散分析を使って分析する。それぞれのメッセージに対して一定の時間幅の平均値を用いることもあるし，すべてのメッセージをひっくるめた全体の平均値を分析することもある。ほとんどのメディアコンテンツは情動的に複雑なので，各刺激メッセージに対して複数の時間幅を区切って分析するのがよさそうだが，先行研究では，すべてのメッセージを平均して分析したときにも興味深いことが分かっている。理論的には，表情筋筋電図のピークを分析するのも面白いだろう。いろいろな条件で得られた皺眉筋，大頬骨筋，眼輪筋活動の最大値を分析するのである。

(6) 表情筋筋電図を用いたメディア情動処理の研究例

メディアコンテンツによって生じる情動価の心理生理測度として表情筋筋電図を利用することは，テレビやラジオの広告を対象にした研究から始まった（Hazlett & Hazlett, 1999; Bolls et al., 2001）。そのような初期の研究によって，表情筋筋電図の妥当性と信頼性が示された。大頬骨筋活動は快情動を伴うメッセージに対して増大し，

皺眉筋活動は不快情動を伴うメッセージに対して増大したのである。

それ以降，表情筋筋電図を使って，メディアのさまざまなコンテンツや構造的特徴が情動に与える影響が調べられてきた。たとえば，ラヴァジャら（Ravaja, Saari, Kallnen, & Laarni, 2006）は，インターネットモバイル機器によくある小さな画面に提示されるメディアメッセージの処理に気分が及ぼす影響を調べた。その結果，抑うつ気分の実験参加者は，小さな画面で携帯メールを読むときのほうがビデオを観るときよりも眼輪筋活動が大きく，楽しい気分の実験参加者はその逆のパターンを示すことがわかった。大頬骨筋，眼輪筋，皺眉筋の活動は，主人公の視点で表示される一人称シューティングゲームのプレイヤーの情動体験を調べるためにも使われる。ゲームのさまざまな場面で一過性の筋活動に有意差がみられることが分かっている。敵を負傷させたり殺したりすると大頬骨筋や眼輪筋の活動が減少するが，自分のキャラクターが負傷したり殺されると皺眉筋活動が減少し，大頬骨筋や眼輪筋の活動が増大することが示された（Ravaja et al., 2008; 訳注：直感に反する結果だが，ゲームの中で死傷することは挑戦的な事象と捉えられ，ある種のポジティブ感情が生じるのではないかと論文の著者は推測している）。リーとラング（Lee & Lang, 2009）は，情動次元説と個別情動説を組み合わせた実験において，情動価の指標である表情筋筋電図が，喜び，恐怖，悲しみ，怒りといった個別感情を表現したビデオメッセージに対してどのように変化するかを調べた。その結果，中性的なメッセージに比べて，恐怖や怒りを表現したビデオを視聴しているときには，皺眉筋活動が有意に増大した。以上は，メディアのコンテンツや構造的特徴の要素に応じて時間的に変化する情動価を調べるために，表情筋筋電図が用いられた実験のほんの一例である。幸福，怒り，嫌悪といった個別感情を同定するために表情筋筋電図を用いる研究者もいる（Ekman, Friesen, & Ancoli, 1980; Ekman, Levenson, & Friesen, 1983）。すべての心理生理測度の中で，表情筋筋電図は個別感情を同定できる可能性が最も大きい。特に面白い傾向として，個別感情に関連した表情筋筋電図パターンを探す研究から，嫌悪体験や嫌悪表情に伴って特異的に活動する表情筋があることが分かった（Stark, Walter, Schienle, & Vaitl, 2005; Vrana, 1993; 訳注：上唇挙筋 levator labii superioris のこと。6 章参照）。メディア心理学者は，表情筋筋電図で個別感情の生起が分かるかもしれないという可能性に期待している。メディアによって生じる情動体験の重要な部分は，怒りや悲しみ，嫌悪，幸福といった個別の感情状態だからである。

◆ まとめ

　本章では，情動に関する理論について述べるとともに，メディア心理学研究において，情動を動機づけ活性化として研究する価値について述べてきた。情動処理の心理生理測度を2つ紹介した。皮膚コンダクタンスと表情筋筋電図は，メディアが情動に及ぼす影響を理解するために非常に有用である。皮膚コンダクタンスは，交感神経系の活性化による汗腺活動の変化を反映しており，情動覚醒の測度として妥当性と信頼性がある。表情筋筋電図は，表情筋を動かす運動単位活動電位の集積を記録したものであり，欲求と嫌悪の動機づけ活性化の変動による情動価を反映する敏感な測度である。

　これらの測度を使って，メディアコンテンツの心的処理を深く理解するためのチャンスはたくさんある。メディア環境は，ますます情動性を増し，変化をつづけている。最良の研究を行うには，本章で述べた測度を適切に用いるだけではなく，情動の生理学や情動体験についての研究を続けている神経心理学者の知見を取り入れることである。そうしたアプローチによって，新しい問題と心理生理測定の潮流を最先端で理解し，メディア心理学では十分に使われてこなかった面白い方法で，心理生理測度を用いることができるようになる。この点については次章で述べる。

6章

メディア研究における新しい心理生理測度

　メディア心理学実験室で使われる一般的な心理生理測度について，前の2章で議論した。メディアメッセージの認知処理の指標がほしいときは心拍数や脳波を測定し，情動に興味があるときは皮膚コンダクタンスと表情筋筋電図を測定する。しかし，この分野が成長するにつれ，メディア研究者は，認知心理学や神経科学の実験室から出版される論文にヒントを得て新しい測度を見つけている。基礎実験の枠組みでは検証されているものの，これらの測度がメディアメッセージのような長時間続く刺激に適用できるかは検討が始まったところである。

　本章では，そのような測度や技法をいくつか紹介する。4章と5章と同じ形式で進める。まず，測度を理解するための概念と生物学的基礎を簡単に述べる。次に，その測度を使ってデータをどのように収集するかについての基本情報を提供する。最後に，その測度を利用してメディアメッセージ処理のブラックボックスを開こうとした最近のメディア心理学研究を紹介する。

◆　驚愕性瞬目反応

　次のようなイメージをしてほしい。今は10月下旬で，寮に住む大学生がハロウィーンのお化け屋敷を開催することにした。学生会館の多目的室に即席の迷路をつくり，ゾンビや幽霊がつぎつぎ襲いかかるなかを歩いて進むようになっている。正面玄関で，あなたと友達は入場料を払って，暗くなった廊下に入る。暗い通路を少しずつ進む。何かが起こることは分かっている。何かが飛びかかってくる？　天井から落ちてくる？　悲鳴が聞こえる？　それとも？　そのとき，先ほどまで見えなかった片隅で，血まみれの骸骨がストロボで照らし出される！　と同時に，大きな悲鳴が壁の後ろのスピーカーから大音量で流される。あなたと友人はどうする？　そのとおり。それが起こると分かっていても，身体全体がびくっとするだろう。これが驚愕反応（startle response: SR）である。前章で述べた定位反応（orienting response: OR）のように，

驚愕反応も自動的な反応であり，止めることはできない。(そういうわけで，幽霊屋敷で「ぜんぜんこわくなかった」と友人が話すのを信じてはいけない。本当はこわがっている。ほんの数ミリ秒にしてもだ。)

(1) 驚愕反応について理解する

　驚愕反応は，これまでの章で取り上げてきた別の自動反応である定位反応と似ている。定位反応とは，周囲で起こる新しいことを符号化するために認知資源を一時的に自動で割り当てることである。驚愕反応は，自動的で前意識的であるという点で定位反応に似ている。しかし，驚愕と定位反応には概念的にも生理学的にも大きな違いがある（Graham, 1979）。概念としては，定位反応は認知システムに情報を取り入れることであるのに対し，驚愕反応はシステムを中断することである。すべての処理をいったん止めて，周囲にある恐怖や脅威を与えるものから生体を守るために必要な資源を準備する。生物学的にも違っている。定位反応は惹起刺激後に心拍数の減少が生じるのに対し，驚愕反応は主に交感神経系が引き起こす反応なので，驚愕すると心拍数が増大する（Graham, 1979; Bradley & Lang, 2007a）。驚愕反応が他の身体部位にどのように表れるかは，ランディスとハント（Landis & Hunt, 1939）が詳細に記録している。実験参加者のすぐ後ろでピストルを鳴らして驚かせ，1秒間に200〜3,000コマで高速度写真を撮影した。その反応とは，「瞬きをする，頭を前に動かす，特徴的な表情をする，肩をすくめて前に出す，上腕を外転させる，ひじを曲げる，前腕を回内させる，指を屈曲させる，体幹を前に出す，腹部を収縮させる，膝を屈曲させる」といったものだった（Landis & Hunt, 1939, p. 21）。防御反応の最も安定した指標は，身を守るためにまぶたを急速に閉じること，つまり瞬目である。実際，瞬目は驚愕反応のとても強力な指標なので，回避すべき刺激が弱く，目立った身体反応を他に引き起こさないときでも測定できる（Lang, Bradley, & Cuthbert, 1990）。

　驚愕性瞬目がシステムの中断であることは広く認識されているが，その振幅が何によって変化するかについては議論が続いている。議論の中心は，驚愕性瞬目は，環境に向けている注意の指標なのか，それに伴う情動価の指標なのかである。1〜2章で扱った心理生理学的アプローチの仮定と一致するが，その答えは，驚愕プローブを認知処理課題のどこで提示するかによって決まる。初期の驚愕研究をいくつか順番に紹介していけば，そのことが分かるだろう。

　1970年代から1980年代にかけて，**フランシス・グラハム**（Frances Graham）は，防御反応を外部刺激に払われる注意量の指標として考えた（Anthony & Graham, 1985; Graham, 1975, 1979）。ありがたいことに，方法論はピストルを使ったランディスやハ

ントの時代から進歩しており，短いホワイトノイズやストロボのフラッシュといった刺激が使われるようになっていた。グラハムの実験には，**プレパルスパラダイム**（pre-pulse paradigm）とよばれる実験デザインによるものが多い。そこでは，驚愕刺激の直前に，たとえば小さな音のような何かが起こる。これがプレパルスである。プレパルスは新奇な環境刺激なので，心臓の定位反応を引き起こす（Bohlin & Graham, 1977）。実際，プレパルスの符号化に認知資源が自動的に配分されると，その後の驚愕反応の大きさが変わることが分かっている。しかし，その影響の方向性（先行刺激のない統制条件と比べて驚愕反応が大きくなるか小さくなるか）は，プレパルスと驚愕プローブとの時間間隔に依存する（Graham, 1975）。先行する時間が極端に短いと（250 ms 未満），驚愕反応は統制条件よりも小さくなる。グラハムはこの結果を解釈して，定位反応によって生じる符号化認知資源の自動配分は，驚愕プローブによって中断されないように「守られている」と提案した。いいかえれば，脳は定位反応に続く 250 ms の間は刺激の新奇性の処理に集中しており，有害なホワイトノイズが突然鳴っても邪魔されないように進化してきたのである。

しかし，グラハムらの別の研究において，プレパルスと驚愕プローブの間隔が長いときには（1,200 ms あるいは 2,000 ms），反対の結果が得られている。間隔が長く変動するときは，ホワイトノイズプローブに対する驚愕反応は統制条件よりも大きく，馴化が生じなかった。しかし，驚愕プローブが常に一定の長い間隔後に生じれば，瞬目は初めは大きいが，徐々に馴化が生じ，プレパルスのない統制条件と比べて差がなくなった（Graham, Putnam, & Leavitt, 1975）。これは次のように解釈できる。刺激間間隔が変動するときは，プレパルスは驚愕プローブが提示される手がかりになるが，それがいつ生じるかは分からない。その結果，驚愕プローブが提示されることを期待して持続的に注意を向け，それが驚愕性瞬目を増大させたのである。しかし，間隔が一定だと，プレパルスが驚愕プローブの提示されるタイミングの手がかりになることを参加者が学習できる。その結果，驚愕プローブを予期して向けられる注意が減り，驚愕反応の増強が起こらなくなるのである。

1990 年代前半，フロリダ大学の**ピーター・ラング**（Peter J. Lang）らは，驚愕プローブを提示する前の状態が瞬目振幅に影響するかどうかを研究しはじめた（Lang, Bradley, & Cuthbert, 1990）。ラングについては，5 章で述べた感情の次元説において，主要人物として紹介した。このアプローチでは，あらゆる情動体験の中心には生体の動機づけという生物学的枠組みがあると考えていることを思い出してほしい。いいかえれば，いいものに近づき，悪いものを避けようと動機づけられているということである。「**情動価**（valence）とは，欲求的または防御的な行動の構えをもった生体

の傾向性を指す。覚醒（arousal）とは，さまざまな強さのエネルギーや力で反応しようとする生体の傾向性を指す」(Lang et al., 1990, p. 380, 傍点は原文による)。彼らは，「プローブが提示される背景やプローブ自体の情動価を無視したら，（驚愕反応における）注意効果は正しく評価できない」(Lang et al., 1990, p. 380) と述べて，瞬目に及ぼす情動価の影響を調べる実験を行った。実験参加者はコンピュータ画面の前に座り，画像を6秒間見た。画像には，ポジティブ（笑っている赤ちゃん，チョコレートサンデー，ヌード），ネガティブ（飢えている子供，傷ついた顔，ヘビ），ニュートラル（のし棒，普通の顔，ビル）があった。驚愕性瞬目反応は，画像を見ているときに聴覚プローブと視覚プローブの両方を使って測定した。その結果，ニュートラル画像と比較して，ポジティブ画像では瞬目振幅が抑制され，ネガティブ画像では瞬目振幅が増大した。これはモダリティが一致しないときでも，つまり，視覚刺激を見ているときに聴覚プローブを使ったときでも生じた。

　メディア心理学者は，これらの情動価に基づく仮説が，その後，静止画ではなく，もっと長い時間の動画を使って検証されたことに興味をもつかもしれない。ヤンセンとフリーダ (Jansen & Fridja, 1994) は，ニュートラルな旅行映画，ホラー映画のクライマックス場面，女性向けのポルノ映画を見ているときの，大きなホワイトノイズに対する驚愕反応を調べた。驚愕プローブは映画が始まってから10秒後，30秒後，50秒後に提示した。結果は，上述のラングらの研究 (Lang et al., 1990) と似たようなもので，驚愕反応はホラー映画を見ているときに大きく，ポルノ映画や旅行映画を見ているときには小さくなった。面白いことに，ポルノ映画を見ているときの驚愕反応は旅行映画を見ているときの驚愕反応と有意差がなく，ラングらの予測とは異なった。その理由として，ヤンセンとフリーダは，参加者のなかには実験室でポルノ映画を見ることを不快に思った人がいたからかもしれないと述べている。これを支持する別の研究がある (Kaviani, Gray, Checkley, Kumari, & Wilson, 1999)。アイススケートダンスやコメディ（ミスタービーン）などのポジティブな映像を見ているときは，日用品や街中の風景を映したニュートラルな映像を見ているときよりも驚愕反応が小さくなった。面白いことに，ネガティブな情動価をもつ映像に対しても，ポジティブ映像と同じように驚愕反応が実際に減少することがあった。ネガティブ映像として使われた2つの個別のシーンに対する反応を分析すると，映画館で上映されるギャング映画のフィクションシーンでは予測どおり驚愕反応が増加したが，かかとの手術場面を実際に映した教育映画では驚愕反応が小さくなった。このような研究を発展させれば，フィクションとドキュメンタリーにおけるメディア事象の情動処理の違いや，苛酷さやもろさといった脅威描写のわずかな違いを調べるために驚愕反応を用いることがで

きるだろう。

　では，驚愕性瞬目反応は注意と情動のどちらを測っているのだろうか。最近の研究（Bradley, Cuthbert, & Lang, 1993; Vanman, Boehmelt, Dawnson, & Schell, 1996）は，プローブが複雑な刺激（たとえば静止画）の直後に提示されるときは，静止画を処理する注意資源が増えることで驚愕反応が抑制されるというグラハムの考えを確認している（Graham, 1980）。たとえば，ブラッドレー（Bradley et al., 1993）は，ポジティブ，ニュートラル，ネガティブの静止画を 6 秒間ずつ見ている参加者に，画像の開始から 300 ms, 800 ms, 1,300 ms, 3,800 ms 後に驚愕プローブを与えた。その結果，300 ms や 800 ms といった処理の初期には，複雑な情動画像を理解しようと注意を向けることで，単純な中性画像に比べて瞬目振幅が抑制された。しかし，1,300 ms や 3,800 ms のような処理の後期では，瞬目反応は情動価を操作することでポジティブ，ニュートラル，ネガティブへと直線的に増加した。このように，定位反応の直後には短い「保護された区間」があるという概念は広く認められている。プレパルス後の約 250 ms 間は，符号化の下位過程が驚愕反応の中断機能によって妨害されない（Graham, 1980）。それとともに，この時間枠外では，瞬目振幅は実験参加者が感じている状況の情動価の指標になることも認められている（Bradley, Maxian, Wise, & Freeman, 2008）。

(2) 驚愕性瞬目反応を測定する

　驚愕反応についての研究に専念し，完璧な測定を身につけようとする研究者もいる。だから，測定に関するすべてをこの節で紹介することはできない。驚愕反応のデータを自分で測定する前には，必ず他の資料も参照してほしい。推奨する参照文献として，『心理生理学ハンドブック（*The handbook of psychophysiology*）』の筋電図についての章（Tassinary, Cacioppo, & Vanman, 2007）や，心理生理学会（SPR）が刊行している公式ガイドライン（Blumenthal, Cuthbert, Filion, Hackley, Lipp, & van Boxtel, 2005）がある。私たちがこれらの資料に基づいて実践している注意点を以下に述べる。

電極の準備

　驚愕性瞬目反応を測定する電極の選択については，5 章の筋電図記録で述べたことを繰り返すことになる。瞬目測定に使う電極は，目の下にある眼輪筋の運動単位活動電位を集合的に記録している。目に近い場所に装着するので（また，メディアメッセージを認知処理するときに目を使うので），直径 4 mm の小さな銀‒塩化銀電極が推奨される。電極における電気信号を人工的に増大させないのは，皮膚コンダクタンス測度のときだけである。瞬目を含むその他の測度では，身体内部から出る微弱な生体電気信号をできるだけ増幅することを目指す。そのため，他の筋電図記録と同じく，電

極のくぼみに伝導性の高い電解質ゲルを満たすか，あらかじめゲルがついているディスポ（使い捨て）電極を使う。

電極は両面粘着テープで装着する。皮膚から外れない程度の粘着力を残して，テープの周囲は切った方がいい。5章で述べたように，眼球周辺の他の筋活動が混入しないように電極間の距離を1〜2cmにするためである。両面粘着テープを皮膚につけるときは，お互いが接触しないようにする。記録中にこすれると運動アーチファクトになるかもしれない。電極間の距離が近く，電極が小さいので，電極ゲルの量にも注意する。「どうみても足りないのではないか」と思えるが，それで十分である。電極のくぼみからあふれないようにし，余った分を取り除けるつまようじを用意しておく。もしゲルを入れすぎて両面粘着テープにまであふれてしまったら，電極を隣接させることで，ゲルがショートしてしまう。これでは，1つの電極で記録するのと同じである。ほとんどのメディア実験室では双極導出をする。つまり，生体アンプで2つの電極の差分を記録する。ゲルがあふれて電極が1つになってしまったら，双極導出にはならない。

皮膚の前処理

驚愕反応を測定するときにも，5章で述べた筋電図の皮膚前処理法に従うが，少しだけ追加する。情動価の指標として皺眉筋から記録するために眉上の皮膚を前処理するとき，5章では，角質を取り除くためにアルコールと研磨剤を含んだ専用の前処理用パッドを使うことを勧めた。一方，SPRのガイドラインでは，眼輪筋測定のために目の下の皮膚を前処理するときは，アルコールは使ってよいが（ただし，事前に使うことを参加者に告げ，揮発したものが目に入らないように閉眼させる），研磨剤はその部分の皮膚に使うには粗すぎると述べている。上述のように，ネガティブ感情状態は驚愕反応に影響するので，これは特に大切である。そのため，眼輪筋測定にはアルコールさえ使わないようにする研究者もいる。

皮膚の前処理では，電気インピーダンスをできるかぎり下げることが目標となる。インピーダンスを下げるのが難しいこともあるので，皮膚の前処理にかける時間は，電極数や実験時間，実験参加者の態度といったさまざまな要因を比較検討して決めないといけない。驚愕性瞬目のための皮膚前処理法の推奨例を，以下に紹介する。

1. 蒸留水で湿らせたペーパータオルで下まぶたをやさしくこすり，化粧や角質を取り除く。
2. 乾いたペーパータオルで数回こすって乾かす。
3. 電解質ゲルをほんの少し（小豆粒くらい）指先にとり，その場所の皮膚に染み込むように塗る。

4. ペーパータオルをもう一度使って余ったゲルをふき取り，2つの電極がショートしないようにする。

　これはかなりの手間であるし，インピーダンスが十分に下がるとはかぎらない。しかし，筋電図信号，特に驚愕性瞬目を測定するときは，皮膚の前準備に時間をかけて最良の信号強度が得られるようにしておくと，結局はデータの解釈が明解で容易になる。

電極配置

　驚愕反応の実験で電極を装着するときは，まずはまばたきによって目がどうなるかをよく知っておくとよい。たとえば，教示をしているときに，参加者の目の様子を何気なく観察してみよう。目の周辺の解剖学的構造は一人ひとり違うので，ガイドラインをそれぞれにあわせて調整することが必要かもしれない（Blumenthal et al., 2005）。しかし，一般的には，実験参加者にまっすぐ前を見てもらった状態で電極を装着しはじめる。まず，まぶたの下側，瞳孔のすぐ下に1つの電極をつける。眼輪筋にのせて眼窩骨の上に電極を置くようにする。もう1つの電極は，半月形をしている眼輪筋に沿って，耳側に置く。2つの電極の中心間距離は1～2 cmが推奨されている（Blumenthal et al., 2005）。

　聴覚驚愕プローブを左右の耳に提示するなら，右目と左目どちらの下につけてもいい。しかし，実験手続きを統一するために，どの参加者でも同じ目を使うようにする。面白いことに，左目を使った研究が多い。おそらく実験者が右利きだと左目につけやすいのだろう。

プローブ刺激

　驚愕反応はストロボ光や触覚刺激のようないろいろな刺激で生じるが，驚愕反応の研究では聴覚プローブをヘッドホンやスピーカーから提示することが多い（Blumenthal et al., 2005）。刺激持続時間は非常に短く，たいてい50 msである。音の大きさ（強度）だけではなく，最大強度に達するまでの時間（立ち上がり時間）も重要な刺激属性である。立ち上がり時間がきわめてゼロに近い100 dBの強度の聴覚プローブがよく使われる。多くのメーカー（8章参照）は，これらの基準を満たす純音とホワイトノイズを発生させる装置を市販している。しかし，ブルメンタールの研究から，純音よりもホワイトノイズのほうが確実に驚愕反応を生じさせることが分かっている（Blumenthal & Berg, 1986; Blumenthal & Goode, 1991）。また，確実に驚愕反応を生じさせるには100 dBも必要ではないことを示し，50～85 dBの範囲で充分であると提案している（Blumenthal et al., 2005）。確実に瞬目が生じる強度を見つけるために，各研究者はあらかじめ装置をテストして，実験室の音響特性や使用するヘッ

ドホン，メディア刺激がどのように関連しあうかを理解しておくのが望ましい。

　ヘッドホンから音を出して驚愕反応を引き起こすことは，メディア心理学研究で最もよく行われる。ヘッドホンが電極リード線に触れて運動アーチファクトが生じるかもしれないが，ヘッドホンをつけることで，にぎやかな実験室環境にいても，確実にメディアコンテンツの音とプローブを聞かせることができる。さらに，プローブの強度と周波数が適切になるように参加者ごとにスピーカーの位置を調整するのは難しいので，ヘッドホンをつけてもらった方が簡単である。

信号記録

　筋電図信号の記録について5章で述べたこと（増幅，整流，積分）は，驚愕反応データを収集するときにも当てはまる。しかし，瞬目が生じる瞬間の振幅は，皺眉筋や大頬骨筋の信号よりもずっと大きい。だから，増幅率（感度）の設定には，特に気をつけないといけない。これは，AD変換器によってアナログ生体電気信号をデジタル信号に変換することと関連している。要するに，AD変換器には上限があり，大きく増幅しすぎると変換器の上限を超えてしまい，驚愕反応の上端が記録できなくなってしまう。ブルメンタールら（Blumenthal et al., 2005）は，これを避けるために2つの提案をした。1つ目の簡単な方法は，高い分解能を持つAD変換器を購入することである（16ビットか24ビットであればいい）。2つ目の方法は，実験前に予備の驚愕試行を実施することである。こうすると，何が起こるかを参加者に事前に知らせることができるだけではなく，驚愕反応が大きすぎるときに感度を下げることができる。

　この他に，驚愕反応の測定に関するAD変換器の問題としてサンプリング周波数がある。5章で述べたように，筋電図を記録するときの典型的なサンプリング周波数は20 Hzである（訳注：積分器から出力される信号をサンプリングする周波数）。しかし，驚愕反応はプローブ直後に急速に生じるので，低いサンプリング周波数を使うと反応を見逃してしまうかもしれない。驚愕性瞬目反応を捕えるには少なくとも1,000 Hzのサンプリング周波数が推奨される。保存容量が問題になるようなときは（たとえば，ドラマ1話分を1,000 Hzでサンプリングするようなときに起こる），驚愕プローブの前後1秒間だけを高いサンプリング周波数で，それ以外は低いサンプリング周波数で記録することもできる。

驚愕反応の数値化

　驚愕反応を数値化するときは，指定した時間枠内で生じる筋電図信号の傾きの増加を検出するコンピュータアルゴリズムを使うことが多い。1章において，人の生理活動は，メディア刺激に反応することよりも，生存を続けることに強く関連していると述べた。研究者はそれを忘れやすいので，ここで議論を始める前にも述べておく。ホ

ワイトノイズへの反応だけでなく，瞬目はさまざまな理由で生じるからである。そういうわけで，コンピュータアルゴリズムによって驚愕反応を探すときは，まずプローブ開始点と驚愕反応との時間的関係を調べる。もし瞬目がホワイトノイズに対する反応なら，大人の場合，筋電図信号は 21 ～ 80 ms の間で増加しはじめる（Blumenthal, Elden, & Flatten, 2004）。広い年齢層に適用できる，やや広い 120 ms までの時間窓を提案している研究もある（Balaban, Losito, Simons, & Graham, 1986）。プローブ開始点を考えたときに早すぎたり遅すぎたりする瞬目があったら，それは情動や注意の測度ではなく，目を潤すための瞬目を偶然に記録した可能性が高い。

　すべての驚愕プローブに対して，明瞭で数量化できる瞬目が生じるわけではない。ときには，まったく反応がないこともある。また，ノイズや運動アーチファクトが多すぎて，ベースラインからの反応ピーク振幅を決定できないこともある。そのようなケースを，**無反応試行**（non-response trials）や平坦反応とよぶ。しかし，安定したベースラインからスロープが大きく増加してピークがあれば，その増加を数量化することで反応を数量化できる。「大きな増加」という定義は，ベースラインレベルの何倍というものから，一定の時間幅のなかで何マイクロボルト増大するかというものまである（Blumenthal et al., 2005）。単一試行で，スロープの増加が数回見られることがある。ブルメンタールら（2005）は，「筋電図反応がいったんベースラインに戻り，後半のピークが刺激誘発性反応とは考えられないときを除けば」，最大振幅をピークとみなすことを提案している（Blumenthal et al., 2005, p. 10; 訳注：後半のピークのほうが大きくても，それを測らないときがあるということ）。その決定は主観によるものなので，どの程度の振幅を反応とみなすか，複数のピークをどう扱うかについてはルールを明確にするのが望ましい。また，理想的には驚愕反応を得点化するときは，どの実験条件であるかを知らずに行うのが望ましい。

　驚愕反応の平均値を，参加者ごと条件ごとに計算する。平均値は，無反応試行のゼロを含む方法（平均**強度** magnitude と呼ばれる）でも，無反応試行を計算から抜く方法（平均**振幅** amplitude と呼ばれる）でも求められる。原因は分かっていないが，驚愕反応の大きさにはかなりの個人差があり，まったく反応しない人もいる。そのため，数人のデータによって結果が不当に歪まないように，驚愕データは z 得点（訳注：平均 0，標準偏差 1 の分布上での得点）や T 得点（訳注：平均 50，標準偏差 10 の分布上での得点）に標準化することが多い。

（3）メディア心理学における最近の研究

　驚愕性瞬目測度をつかってメディアメッセージ処理を理解しようとする研究が最近

行われている。たとえば，サミュエル・ブラッドレー（Samuel D. Bradley）らの研究では，ゴールデンタイムに放送されている医療ドラマ ER の2エピソードのうちの1つを実験参加者に見せた（Bradley, 2007a; Bradley, Maxian, Wise, & Freeman, 2008）。これらのエピソードの情動価は，あらかじめ別の参加者を使って連続反応測度ツール（Continuous Response Measurement: CRM については7章で詳しく述べる）で採点しておいた。それによって，各エピソードの中から最もポジティブ，最もネガティブ，最もニュートラルなシーンを同定した。それぞれの情動価を持つシーンから12の時点を選び，驚愕反応を引き起こすための聴覚刺激を提示した。結果より，驚愕反応がテレビ鑑賞の情動価（具体的には動機づけシステム活性化）の指標として使えることが確認できた（Bradley, 2007a）。瞬目はネガティブ情動シーンで最大となり，ポジティブ情動シーンで最小となり，ニュートラル情動シーンで中程度となった。

さらに，ブラッドレー（Bradley, 2007a）は別の仮説も検証した。テレビ番組でカメラが切り替わることがプレパルス刺激になるなら，驚愕反応は情動価ではなく注意の指標になるのかという仮説である。これはもちろん理論ベースの問いである。カメラが切り替わることで定位反応が生じることが分かっており（Lang, 1990; Lang, Geiger, Strickwerda, & Sumner, 1993），プレパルスに定位した直後には，いわゆる「保護ゾーン」によって驚愕反応が弱まるからである。そこで，ブラッドレーはカメラが切り替わった直後（133 ms か 267 ms）かしばらく後（1,000 ms か 1,300 ms）に聴覚驚愕プローブを提示した。その結果，カメラ切り替え後にプローブが提示されるタイミングとシーンの情動価には有意な交互作用が認められた。要するに，カメラ切り替え直後にプローブが提示されると，驚愕反応によって動機づけシステム活性化の違いを区別できる正確性が減ったのである。次の研究で，カメラの切り替えをふつうの聴覚プレパルスに変えたところ，同様の結果が得られた（Bradley et al., 2008）。この初期の研究の要点は，驚愕反応は注意ではなく動機づけや情動状態の指標になるということである。ニュートラルのときと比較して嫌悪システムが活性化すると大きくなり，欲求システムが活性化すると減少する。しかし，ブラッドレーの研究が示すように，聴覚驚愕プローブの配置は綿密に計画して行い，定位反応を生じさせるカメラ切り替えなどの構造的特徴の 800～1,000 ms 後に提示するのが望ましい（訳注：情動による効果と注意による効果が交絡しないようにする）。

最近になって，聴覚驚愕プローブは，聴覚刺激に対する情動反応の指標にもなることが示されている（Roy, Mailhot, Gosselin, Paquette, & Peretz, 2009）。この研究では，6つの楽曲の一部（各100秒間）を，3曲が覚醒的快，3曲が覚醒的不快となるように予備調査で選んだ。不快音楽を聴いているときには，快音楽を聴いているときよりも，

驚愕反応が大きかった。さらに，不快音楽は快音楽よりも驚愕反応の**潜時**（latency）が短かった。つまり，筋電図スロープの増加がプローブにより近い時点で起こっていた。

◆ 驚愕性後耳介筋反応

　驚愕プローブに惹起される別の測度が，最近のメディア心理生理学の論文で散見されるようになった。**後耳介筋**（post-auricular muscle）は，耳の後方にあり，**耳介**（pinna）と頭皮を接合している。活動すると，耳を上後方に持ち上げる。この筋は聴覚驚愕プローブによって反射的に活動することが知られており，後耳介反応（post-auricular response: PAR）とよばれる（Benning, Patrick, & Lang, 2004）。ニュートラル情動と比べて，後耳介反応はポジティブ情動状況で大きくなり，ネガティブ情動状況で小さくなる（Benning et al., 2004; Hess, Sabourin, & Kleck, 2007）。

　後耳介反応と眼輪筋の驚愕性瞬目反応は同時に記録できるが，測定法が少し違う。まず，後耳介筋上に電極を配置するには，特殊な小型イヤホンタイプのヘッドホンを使わなければならない。電極も一般の筋電図記録用電極より小さく，後耳介筋反応専用に設計されたものを使う。データ処理や分析にも違いがある。後耳介筋反応は「微小反射」であり，単一試行では記録できない（Sparks & Lang, 2010）。ノイズから分離するには，たくさんの試行を加算平均することが必要である。この点では，4章で述べた脳波の事象関連電位と似ている。後耳介反応のほうが瞬目反応よりも潜時が短く，驚愕プローブの9〜11 ms後に生じる。

　最近の研究で，スパークスとラング（Sparks & Lang, 2010）は，静止画を用いた後耳介反応の研究で得られた知見についてテレビを見ているときに適用して，後耳介反応で何が測れるかを調べた。1つには，後耳介反応は，驚愕性瞬目反応のように欲求システムと嫌悪システムを同時に測定できる可能性がある。もしそうなら，ポジティブ状態では後耳介反応が大きくなり，ネガティブ状態では小さくなるだろう。あるいは，後耳介反応は欲求システムの活性化だけを測っている可能性もある。もしそうなら，後耳介反応は覚醒的なポジティブメッセージのときに大きくなり，沈静的なポジティブメッセージや（覚醒・沈静を問わず）ネガティブメッセージのときに小さくなるだろう。実験では30本のテレビCMを見せた。そのうちの12本は，予備調査によって4つの情動価・覚醒カテゴリーに当てはまるように選定されたものだった。その結果，後耳介反応が反映するのは欲求動機づけ活性化だけであり，嫌悪システムの活性化によっては抑制されないことが示された。1つの研究しか発表されていないの

で，当然ながら，この測度がどのくらい「ブラックボックス」をのぞくのに役立つかを検討する余地はたくさんある。

◆ 新しい表情筋筋電図測度：上唇挙筋

　5章で述べたが，情動処理の心理生理測度は，個別感情ではなく情動次元の指標と考えたほうが確実・妥当なようである。個別感情を区別できる能力が高いと考えられているのは，表情筋筋電図である。表情と情動の関係についての理論を深めたのはポール・エクマン（Paul Ekman）である。怒りや悲しみ，嫌悪といった個別感情の表情をあらわす独特な表情筋活動のまとまりがあると提案した（Ekman, 1993）。理屈上は，メディアメッセージが引き起こす個別感情体験を調べたいなら，個別感情に確実に結びついた特定の表情筋の活動を筋電図で記録すればいいことになる。しかし，このアプローチが理論的・実際的に可能かどうかについてはかなりの議論がある（Hess, 2009）。とはいえ，個別感情を反映する表情筋筋電図反応パターンを同定しようという努力はなされてきた（Scherer & Ellgring, 2007）。残念ながら，その手の研究のほとんどは，心理生理測度が主に覚醒と情動価の次元を反映するという知見を支持する結果に終わっている。一方で，特定の情動の確実な指標になると思われる表情筋がある。上唇挙筋（levator labii）群は上唇を持ち上げ小鼻を広げ，嫌悪を誘発する刺激に対して活性化することが示されている（Chapman, Kim, Susskind, & Anderson, 2009; Vrana, 1993; Yartz & Hawk, 2002; 訳注：上唇挙筋 levator labii superioris と上唇鼻翼挙筋 levator labii superioris alaeque nasi を一緒に測定する）。

　嫌悪感（disgust）は，嫌悪（aversive）動機づけ活性化から生じる感情であり，理論的に興味深い。不快で不純と知覚された刺激に対する防衛反応の一種である（Woody & Teachman, 2000）。ナビ（Nabi, 2002）は，嫌悪感がメディア心理学者にとって重要な概念であると述べ，怒りに類似した嫌悪感と本当の嫌悪感（「むかむかする」とか「吐き気がする」といったもの）とを区別した。嫌悪感を研究する心理学者は，嫌悪感を引き起こす以下のようなカテゴリーを見いだしている。食物の汚染，ある種の動物，排泄物，身体外見の異常（傷など），ある種の性的行為，衛生状態などである（Haidt, McCauley, & Rozin, 1994）。上唇挙筋は，5章で述べた皺眉筋とともに，嫌悪感に選択的に応答するようである。メディアには嫌悪感を引き起こすカテゴリーに含まれる刺激が頻繁に登場するので，メディア研究者はこの測度に特に関心があるかもしれない。この測度が役立つ1つの分野として，健康キャンペーンメッセージの認知・情動処理

の研究がある。メッセージに嫌悪感を引き起こすような画像（血や傷，病気になった臓器など）が頻繁に含まれるからである。

5章で表情筋筋電図の測定について述べたことは，上唇挙筋から活動を記録するときにもすべて当てはまる。この筋から双極導出するときは，小さい電極を使い，互いに接触しない程度に近づけて装着する。高伝導性の電解質ゲルを使う。上唇挙筋の活動を記録する電極は，鼻翼の脇と口角上部に置く。フリントランドとカシオッポ（Fridlund & Cacioppo, 1986）は，1つ目の電極を鼻翼の付け根から1 cm 外側（端から0.5 cm 下）に，もう1つをその1 cm 上（やや外側）に置くことを推奨している（図5.5参照）。

メディア心理学で上唇挙筋活動を測定した論文はこれまでない。最も関連した研究は，嫌悪感に関連した画像に対する反応を測定したものである。これは情動について調べたものであり，メディアメッセージの処理について調べたものではない（Chapman et al., 2009; Yartz & Hawk, 2002）。これらの論文は，上唇挙筋がメディアメッセージの嫌悪感に関する内容を研究するときに役立つかもしれないことを示している。しかし，嫌悪感は個人差が非常に大きい感情といわれているので（Haidt et al., 1994），使うときは慎重でなければならない。個別情動の指標として表情筋活動を測定するという提案は当てにならないかもしれない。そういった限界はあるが，もし上唇挙筋のような特定の表情筋が個別情動の指標になるなら，心理生理測度のまったく新しい利用法であり，メディア心理学者が知っておきたいことだろう。

◆ 心拍変動

これまで書いてきたように，交感神経系のみに支配される皮膚コンダクタンスを除いて，心理生理測度は交感神経系と副交感神経系の両方に同時に影響をうけている。このことは，たとえば心臓活動を心拍数として測るときに問題になる（Ravaja, 2004a）。副交感神経系の影響は注意の増大による減速であり，交感神経系の影響は覚醒増大による加速である。テレビドラマやロックミュージック，コンピュータゲームといったメディアメッセージを考えるとき，交感神経系と副交感神経系がそれぞれどのように関与しているかが分かると心拍数をよりよく解釈できるだろう。これが心拍変動（heart rate variability: HRV）と呼ばれる測度である。

4章で述べたように，心臓データを集めるときには拍動で生じる生体電気信号のQRS複合波の間隔を扱うことが多い。この間隔を心拍間隔（inter-beat interval: IBI）という。さて，メディアメッセージを見ている人からある区間におけるIBIを次々に

記録したとしよう。一列に並べると，713, 777, 779, 812, 801, 756, 766 ms のようになる。等間隔（たとえば 20 Hz）でサンプリングするときとは違い，QRS ピーク間隔の変動は大きい。HRV 分析では，その変動の背景にある意味を探るために，いろいろな測度を使って交感神経系と副交感神経系それぞれの影響を知ろうとする。そういった測度は，「時間領域の測度」と「周波数領域の測度」のいずれかに分類できる（Allen, Chambers, & Towers, 2007）。

時間領域の測度

データに含まれる IBI 値の変動を計算する。さまざまな方法が使われてきた。IBI 値の標準偏差のような単純なものもあるが（Murray, Ewing, Campbell, Neilson, & Clarke, 1975），たとえば，連続する IBI の絶対値の差が 50 ms を超える割合（パーセント）を計算する（Ewing, Borsey, Bellavere, & Clarke, 1981）といった少し手の込んだものもある。もっと複雑で利用しにくい「呼吸に由来しない周波数と非定常性を除去する多項式移動平均を用いた Porges-Bohrer の特許アルゴリズム」（Allen et al., 2007, p. 245）といったものある。アレンら（Allen et al., 2007）は CMetX というシェアウェアプログラム（MS-DOS 版）をダウンロードできるようにしている（http://jallen.faculty.arizona.edu/resources_and_downloads/）。IBI データを入力すれば，さまざまな時間領域 HRV 測度が算出されるプログラムである。

これらの HRV 測度を使い，ポジティブ情動やネガティブ情動を伴うラジオ広告を聞いている参加者の IBI データを追加分析した研究がある（Koruth, Potter, Bolls, & Lang, 2007）。その結果，ポジティブな広告よりもネガティブな広告に多くの注意が向けられた（心拍数が低下した）と解釈されたこと（Bolls, Lang, & Potter, 2001）は，実際にはポジティブ広告に対して交感神経系活性が高まった結果であることが分かった。コルスら（Koruth et al., 2007）は，このことは元のデータに関し解釈を変えることになると提案した。しかし，この知見は注意して扱わないといけない。もともとの実験計画が，HRV 分析には最低でも 2 分間のデータが必要であるというガイドライン（Task Force of the European Society of Cardiology and the North American Society of Pacing and Electrophysiology, 1996）に従っていないからである。

そこで，コルス（Koruth, 2010）は，実験計画を見直し，新しい実験を行った。ポジティブまたはネガティブな 2 分間の動画に含まれるカメラ切替えの数が増えることで，時間領域 HRV 測度が変化するかを調べたのである。しかし，得られた結果は HRV 分析にとって有望ではなかった。「従来の（BPM）分析とも理論とも一致しない結果が得られた」（p. vii）からである。この点について，時間領域 HRV 測度は累積的な測度なので，テレビ番組の情動ニュアンスの経時変化は分析できないのではないかとコ

ルスは述べている。
周波数領域の測度
　一連の IBI 値に対して**高速フーリエ変換**（fast Faurier transform: FFT）をかける（訳注：IBI は一定間隔ではないので，一定間隔の値になるように補間しリサンプリングしてから周波数分析を行う）。FFT の詳細を述べるのはこの章の範囲を超える。簡単にいえば，どんなに複雑な波形でも，振幅が異なる単純な周期波形の組み合わせとして表現できる。FFT は，複雑な波形を，構成成分となる特定の周波数帯域の振幅（強度）に分解する。心拍変動のための FFT 分析を行うとき，主に関心があるのは 2 つの周波数帯である。1 つは，0.04 〜 0.15 Hz の低周波数（low frequency: LF）帯域である。LF が何を測っているかについては議論がある（Task Force of the European Society of Cardiology and the North American Society of Pacing and Electrophysiology, 1996）。交感神経系の活性化を反映していると考える人もいれば（Kamath & Fallen, 1993），交感神経系と副交感神経系の両方が影響すると考える人もいる（Akselrod et al., 1985）。

　もう 1 つは，0.15 〜 0.40 Hz の高周波数（high frequency: HF）帯域である。その解釈は一貫しており，呼吸性洞性不整脈（respiratory sinus arrhythmia: RSA）とも呼ばれる。呼吸性洞性不整脈は，迷走神経による心臓の副交感神経系支配を表わすものと考えられている（Porges, 2007）。ベースラインに比べて RSA が減少することは注意が持続的に向けられていることを示す（Porges, 1991; Weber, van der Molen, & Molenaar, 1994）。情動刺激としてメディアメッセージを使い RSA の強度に与える影響を調べた研究があるが，不明瞭な結果に終わっている（Baldaro et al., 2001; Kreibig, Wilhelm, Roth, & Gross, 2007）。たとえば，3 つの動画（自然風景シーン，医学教育のための胸部手術シーン，性的シーン）を見ている参加者から RSA を含むいろいろな心理生理反応を記録した研究がある（Codispoti, Surcinelli, & Baldaro, 2008）。心拍数は，ポジティブとネガティブの覚醒的なシーンに対して（ニュートラルシーンに比べて）有意に減少した。4 章に書いたことから予想できるように，ネガティブシーンのほうが減少が大きかった。しかし，映画の種類によって RSA に有意差はなかった。その代わり，RSA はどの映画を見ているときにもベースラインから有意に減少した。「高覚醒ポジティブ映画に対する心拍反応に交感神経系と副交感神経系がどのような役割を担うかを明らかにするにはさらなる研究が必要である」と述べられている（Codispoti et al., 2008, p. 94）。

　周波数領域の HRV 測度で成果を得ているメディア研究者に，ニクラス・ラヴァジャ（Nikolas Ravaja）がいる。彼が最初に RSA を使って，メディアメッセージに対する

心臓反応への交感神経系と副交感神経系の影響を分離しようとした（Ravaja, 2004a）。ある実験では，実験参加者に32本のニュースを画面の小さなビデオプレーヤーで見せた（Ravaja, 2004b）。ニュースはスクリーンに登場するニュースキャスターが読んだ。独立変数の1つとして，ニュースキャスターが動画か静止画かを操作した。娯楽希求（Fun Seeking）尺度の質問紙で得点が高かった参加者は，静止画よりも動画のニュースをみているときにRSAが有意に低かった。この研究では低周波成分にも有意差が得られたが，その解釈は上に述べたように定まっていない。

　時間領域と周波数領域のHRV測度をメディア実験室で使うことには，たくさんの可能性がある。メディア心理者がまだ使っていないHRVの側面として，安静時の心拍変動がその後に行う持続的注意や作業記憶といった認知処理課題に与える影響がある（Hansen, Johnsen, & Thayer, 2003）。たとえば，ハンセンらは，成人男性から5分間の心臓活動を記録し，時間領域の指標（連続したIBIの差の二乗平均平方根rMSSD）で折半して，変動が高い群と低い群に分けた。その後，実験参加者は心理テストをいくつか行った。安静時のHRVレベルが高い人は，低い人に比べて，早く回答でき，得点も高かった。この知見は理論的に興味深い。安静時のHRVレベルによってメディアメッセージに対する注意や記憶に差があるかどうかを調べる研究ができるからである。もっと現実の問題として，安静時のHRVはその後の人生における健康にも関連している。もしHRVによって，ある種の心臓疾患にかかりやすい人で，メディアの警告メッセージと予防メッセージに対する処理が異なっていることが分かれば，知識獲得と行動変化に有効なメッセージをデザインするときに使えるかもしれない。

◆ 機能的磁気共鳴画像法（fMRI）

　最近は学術雑誌だけでなく一般向けの書籍にも「色のついた脳」が載っている。透けて見えるヒトの脳の断面に明るい色で領域を示したものである。これらの画像は，機能的磁気共鳴画像法（functional magnetic resonance imaging: fMRI）というデータ収集・分析法で作られる。fMRIの方法論はメディアメッセージを処理するときの脳活動を調べるためにも使われるようになってきた。メディアメッセージ処理を調べるfMRI研究は今後増えていくだろうと予測できる。特に，「ニューロマーケティング」の世界が始まったからである（Penn, 2010）。測度の基礎を知るのは大事だが，この節は2つの理由であえて短くする。第1に，fMRI測定は複雑であり，詳しく述べるにはスペースが足りないからである。第2に，本書で扱う他の測度と違って，MRI

◆ 機能的磁気共鳴画像法（fMRI） *151*

装置はメディア実験室でいつでもすぐに使えるものではないからである。数百万ドルもするものであり，fMRI を使う研究者は（メディア心理学者でなくても），医学部や病院の MRI 装置が空いている時間に予約しなければならない。もし運よく MRI 装置が使える立場にあり，手伝ってくれる神経科学者や物理学者が同僚にいたなら，必要な知識を得るために fMRI 記録についての文献をたくさん読むといい（Heuttel, Song, & McCarthy, 2008; Johnstone, Kim, & Whalen, 2009; Wager, Hernandez, Jonides, & Lundquist, 2007）。

　しかし，そうではない私たちにとって，fMRI とは要するに何か？　名前から想像できるように，それは巨大な磁石である。地磁気より少なくとも 30,000 倍の磁界を発生する。巨大な磁石がどうして認知・情動処理の研究になるのか。学校で習った化学を思い出してほしいが，1 つの原子には一定数の陽子（プロトン）があり，それは原子核周囲の軌道上に浮いている。それぞれのプロトンは陽性の磁気を帯びている。fMRI 実験では，実験参加者は仰向けになって，磁石のついた大きな筒に入れられる。強い磁場のなかに脳をおくと，多くのプロトンが磁極に沿って並ぶ。ただ並ぶのではなく，それぞれの原子核の軌道上で回っていることを忘れないでほしい。データ記録は，fMRI 操作者が，別の磁気信号（最初の磁気とは垂直方向の信号）のスイッチを入れることで始まる。この 2 番目の信号は，おおよそラジオ周波数の範囲にあるので，**ラジオ波パルス**（radio frequency [RF] pulse）と呼ばれる。RF パルスは整列したプロトンを叩いて動かす。すると，プロトンは原子核の軌道上を回りながらも，磁場による整列からは外れるようになる。RF パルスを切っても，プロトンはもとの磁場方向に自動的にパチンとは戻らない。そうではなく，よろよろとゆっくり戻る。

　もとに戻る速さを決める要因はいくつかあるが，この測度にとって重要なものが 2 つある。第 1 は，周囲の水密度である。RF パルス系列のなかには，脳の構造である骨・白質・灰白質の位置を決めるためにつかうものがある。そのような RF パルスに対する戻り方の速度を記録すれば，解剖学的画像が得られる。これが，「色のついた脳」における脳本体である。RF パルス系列には，脳の中の酸素化された血液と脱酸素化された血液の比率に基づくプロトンの戻りの速度を測るためのものもある（そのとおり，これが「色のついた脳」の色の部分である）。酸素を含んだ血液が多いと，fMRI 信号が強くなる。そのため，fMRI 研究者は **BOLD 信号**（BOLD signal）を記録するという。BOLD というのは血液酸素レベル依存（blood oxygenation level dependent）の略語である。ほとんどの fMRI の結果は，実際には，脳のある領域における BOLD 信号の量を刺激間で比較したものである。もし脳内のある場所(たとえば前頭前皮質)に酸素を含んだ血液が，ある刺激条件において別の条件よりも有意に多くあれば，そ

の増加の程度を解剖学マップ上に色をつけて示す。

　お分かりのように，メディア心理学者にとってのBOLD技術の利点は，メディアの認知・情動処理によって活動する脳部位を正確に同定できることである。あまり得意でないのは，脳活動が生じた正確な時点を同定することである。少なくとも脳波のような脳の活性化を直接反映する測度には劣る。たとえば，最近のfMRI研究では，メッセージ感覚価（message sensation value）の高い公共サービス広告を見るときの脳活動を検討した（Langleben et al., 2009）。メッセージ感覚価とは，視覚的変化（カメラ切り替え，特殊効果，鮮明な色），聴覚的変化（音量，音楽や音声の提示），知覚的内容（驚きの終結など）の数に基づく合成変数である。この研究では，8つの禁煙広告が使われた。内4つがメッセージ感覚価が高く，4つが低かった。さらに，北極の野生生物に関するドキュメンタリーから8つの部分を選んだ。18名の喫煙者がfMRIを測定しながらビデオメッセージを見た。その後，視覚再認課題を行い，提示する画像が先ほどのビデオに含まれていたかどうかを答えた。

　以下は，この論文の考察からの引用である。fMRI研究で典型的な部位データの例である。

> 当初の仮説どおり，メッセージ感覚価の高い広告は低い広告よりも再認成績が低かった。メッセージ感覚価の高い公共広告の認知処理が減少したことを示すこの行動データは，脳機能イメージングデータによっても支持された。メッセージ感覚価の高い広告には，後頭皮質（紡錘状回を含む）と海馬傍回が広範に活性化した。一方，メッセージ感覚価の低い広告には，前頭前皮質，側頭皮質，後頭頂皮質が活性化した。（Langleben et al., 2009, p. 224）。

　fMRIの結果を理解するには，脳の構造に詳しくなければならない。しかし，この測度にできることは，脳血流の場所を探し，それと認知処理との相関を仮定することである。もし，カメラの切り替えといったメッセージ感覚価の特定の1つの属性に対する反応に興味があるなら，fMRIは最良の方法ではないかもしれない。外部刺激に対する脳血流反応は変化しやすく，内外環境の相互作用に依存することが分かっている。しかし，ほとんどのfMRI分析プログラムでは「血行動態反応関数」とよばれる1つの単純な曲線を使ってその反応を推定するため，正確ではないかもしれない。その関数は，典型的には誘発刺激の6秒後に緩やかにピークに達するカーブを描く（Heuttel et al., 2008）（訳注：このあたりの批判はやや的外れである。監訳者解説を参照）。

　多くの人にとって，fMRIはわくわくするものである。文字どおり中枢の皮質処理を測ることができ，「ブラックボックス」そのものの内部にアクセスできるからである。しかし，この測度は多くの人にとって法外に高く，深刻な懸念もある。メディア研究者にとって差し迫った懸念とは，fMRIの生態学的妥当性である。脳表面に均質な磁場

を作るために騒音が生じるので，記録時は非常にうるさい。その騒音以上に，メディアメッセージに含まれる音を増幅しないといけないということである。やればできることだが，実験参加者を疲れさせることになるし，増幅を忘れてはいけない。このほか，fMRI記録は閉所恐怖症の人や病院の雰囲気が苦手な人には向かないし，fMRI研究に参加しないほうがいい人（訳注：体内に金属を埋め込んだ人など）もいる。

最後に述べておきたいことがある。脳波もそうだが，fMRIは，心拍や皮膚コンダクタンスのような末梢神経系測度と違い，脳活動を直接的に測定するものである。しかし，そうであっても，1章で述べた心理生理測定の基本仮定に縛られないわけではない。脳血流の活動は，単なるメディアメッセージ処理以上のことと関係している。刺激−反応という直線的な枠組みで心理生理学を利用した時代に逆戻りしないためには，結果を注意深く解釈し，緻密な実験計画と手続きを用いることが必要である。特に，広告の有効性を測るのに心理生理測度を使う研究では気をつけないといけない。fMRIアプローチを誇大に扱った例として，商業誌 *Admap* に最近掲載されたある国際広告代理店の社長のロビン・ワイト（Robin Wight）言葉を引用してみよう。

> 文献をざっと目を通してみると，脳スキャンから行動を予測できることが分かる。数十年のうちに，脳スキャン研究は進化して，ブランド共感性やコミュニケーションによるブランド学習についての問いに，脳にあるミラーニューロンを調べれば答えられるようになるだろう。消費者による不正確な自己報告に頼る必要がなくなるのだ。(Wight & Nolan, 2010, p. 16)。

学術エリート主義者と思われそうだから，はっきりいっておくが，大学教授だけがfMRIデータを正しく解釈できる信頼できる人だと主張しているわけでない。しかし，「色のついた脳」を見せることで，他の形式でデータを示すよりも，研究の見た目上の妥当性・適切性が高く評価されるようになるという研究がある（McCabe & Castel, 2008）。特許ビジネスベンチャー企業にはピアレビューの厳しさがないので，身体信号がもつであろう心理的意味とは正反対の何かを，顧客にとっての「特効薬」として提案するかもしれない。

◆ まとめ

メディアメッセージ処理の指標として心理生理測度を使うことが，これほど一般的になったことはない。そして，この章で示そうとしたように，メディア心理学者が利用できる方法論のツールボックスは，身体信号と心理状態と対応づける新しい方法が見つかるたびに広がっていく。このような新しい測度は，認知心理学や生物心理学，

心理生理学の基礎研究からもたらされたことがお分かりだろう。この流れは次章でより明らかになる。7章では，メディア処理の研究で心理生理学と一緒に使われる認知と情動の自己報告測度について述べる。本書で述べる概要にとどまらず，メディアの認知・情動処理の研究で今後使われるかもしれない測度に興味がある人は，こういった分野の文献を広く読んでおくといい。さらに，そういう分野の研究会に参加して，知識や方法論について尋ねられる人脈を作るといいだろう。

7章
心理生理測度を他の測度と結びつける

　これまでの章では，メディア心理学者のツールボックスに心理生理測度を追加することがいかにワクワクすることであるかを述べてきた。すでに確立されている認知処理と情動処理の心理生理学的指標に加えて，まだ広く使われてはいないがメディアメッセージ処理の理解を深める可能性をもった測度についても論じた。本章の目標は，自己報告測度・行動測度と関連づけることにより，認知・情動処理の心理生理測度を適切に位置づけることである。最初に，メディアメッセージ処理を複数の測度によってとらえることが必要だという視点をどのように身につけるかについて論じる。次に，メディアメッセージ処理に関する心理生理測度とその他の測度との関係について論じる。本章の最後には，メディアメッセージ処理の自己報告測度と行動測度を具体的に紹介する。そのほとんどはアニー・ラングの本『メディアに対する心理反応を測る（*Measuring psychological responses to media*）』（Lang, 1994b）で最初に取り上げられたものである。本章では，ラングの本を拡張・更新し，心理生理測度と自己報告測度を組み合わせてメディアメッセージ処理を研究するときに考慮すべき方法論上の問題点についてはっきりと議論する。しかし，ラングの編集した本もメディア心理者の誰もが知っておくべき重要な資料である。

　メディア心理学者は，メディアに接しメディアに影響される人の心という複雑な社会現象について研究しようとしている。この現象が複雑であることは，メディアメッセージ処理についての実験の独立変数と従属変数の両方に現れている。研究対象とする刺激（メディアメッセージ）は，メディア効果の実験が最初に行われたころから，指数関数的に複雑になっている。伝統的なメディアコンテンツに加えて，現在研究されている独立変数には，初期の研究者には想像できないようなもの（オンラインアバター，ソーシャルメディア，マルチメディアプラットホームなど）もある。さらに，メディア心理学研究で関心が持たれる従属変数（注意，情動，記憶，態度，意思決定など）は，さまざまな意識的・無意識的な心的体験を生みだすダイナミックで身体化された心理過程から生まれている。意識的・無意識的な心的過程とメディア利用時の体験を包括して扱うことで，メディアメッセージが個人に与える影響を明らかにできる。

だから，この領域の知識を深めるには，意識に上る程度が異なる心的過程や体験の指標となる複数の関連した測度をまとめて分析できるように考えながら研究を進めることが必要である。そのためには，多面的な測度データが，メディアの影響を受けた心について洞察を得るためにどんな役割を果たすかをよく理解しておく必要がある。

◆ 多様な測定データから正しい全体像を得る

　心理生理測度はメディアメッセージ処理を理解するためにこれまでも使われてきたので，その知識を利用して自分でデータを集めればとても面白い研究ができる時代になった。気をつけないといけないのは，メディア利用に伴う静的な結果を記述するよりもメディアにかかわる動的な心理過程を理解するのが重要だといわれるが故に，心理生理測定に頼りすぎる研究者がでてくることである。結局のところ，心理生理測度の一番の強みは，メディアに接しているときの認知・情動過程をリアルタイムで調べられることである。しかし，それぞれのデータ形式（心理生理データ，自己報告データ，行動データ）からそれぞれ独自の情報が得られることを理解せず，ある形式を別の形式より重視しすぎると，メディアメッセージ処理を深く理解する研究にはならないだろう。

　それぞれのデータ形式から独自の情報が得られることを理解すれば，メディアメッセージ処理のような複雑な現象を複数の測定法を組み合わせて研究することの価値を正しく理解できる。この視点は，それぞれの測度が示すのはダイナミックな心的過程や体験の一部分であるという認識に基づいている。このような正しい視点を得るには，研究対象とする現象（メディアを利用し影響される心的体験）の性質をよく考えるとともに，それぞれの測度の強みと弱みをしっかり理解しておくことが必要である。

　それでは，研究対象（メディアを利用する身体化された心）について，その代表的な構成概念の機能を測るという視点で考えてみよう。4章で紹介したメディアメッセージ処理のモデル（LC4MP）では，すべてのコミュニケーションはメッセージと受け手との継続的でダイナミックな相互作用であると捉えている（Lang, 2009）。メディアメッセージ処理の文脈において，メディア利用の心的体験を生みだすのは，メディアメッセージと受け手（社会環境において行動・反応・相互作用している人）との継続的な相互作用である。この現象を「心的体験」と呼ぶからといって，メディア利用の行動成分を軽視・否定しているわけではない。むしろ，メディア利用の行動成分は，心的体験を作り出す身体化された心が行った運動反応のあらわれとみなすことができ

る。

　動機づけられた認知という理論的視点では，中枢・末梢神経系の生理活動が身体化された心をつくりだし，そこからメディア利用の心的体験が生まれると仮定する。中枢・末梢神経系活動が基盤となって心的体験が作られるということは，メディアメッセージ処理の研究に心理生理測度を適用する研究者が根底にもっている信念である（Lang, Potter, & Bolls, 2009）。しかし，心理生理測度で明らかになる身体化した心的過程によって，メディアが生みだす心的体験のすべてを記述できると考えるのは間違っているかもしれない。認知資源を配分して重要なニュースを符号化するときには心拍は減速するし，覚醒的なオンラインゲームをしているときには手のひらに汗をかく。しかし，そういった認知・情動処理を示す生理的変化を観察することは，メディアを利用したりメディアに影響されるダイナミックな体験のほんの表面を探っているにすぎない。

　メディアを利用することで，夢中になったり満足したりする意識的体験が生まれる。それは，身体化された心を構成する特定の神経活動パターンが生みだしたものではあるが，心理生理測度によって記述できるものでは決してない。たとえば，暴力的なオンラインゲームをすることは非常に覚醒的な体験である。それは皮膚コンダクタンスデータでわかる。しかし，心理生理データでは，たとえば空想の世界に入り込むことで得られる満足といった意識的側面を記述できない。身体化された心が，メディアメッセージと相互作用するなかで生みだすのは，認知・情動過程を反映した生物学的な身体活動だけではない。メディア利用によって起こる心的体験には，さまざまな個別感情や，楽しむ・分かる・魅了されるといった感覚が含まれている。だから，メディアメッセージと相互作用する心を研究するときは，どんな実験であっても，さまざまな構成概念を概念的・操作的に定義しておく必要がある。

　1章では，メディア効果の研究を批判した。心的過程を構成概念に含めず，メディア利用とその影響について，行動主義パラダイムに基づく「ブラックボックス」アプローチで研究していたからである。行動主義を離れ，心的過程を研究対象にする時代に移ったことで，そのブラックボックスが勢いよく開かれた。メディアを利用しメディアによって影響される体験についての知識を深めるきっかけとなった。しかし，そういう変化があったからといって，メディアに接した結果として起こることの測定が重要でなくなったわけではない。

　むしろ，メディアに接することで生じる心的過程を研究できるようになったので，メディアメッセージ処理に伴って時系列的に生じる心理過程と心理状態とのダイナミックな相互作用が研究できるようになったのである。このアプローチのもとでは，「結

果」測度（信念，態度，感情，行動）は，メディアに接することで起こる予測可能で安定した「効果」の指標としてみるべきではない。メディア心理学者は，自己報告や行動といったいわゆる「メディア効果」の測度を，心的過程とダイナミックに相互作用する心理状態の指標，他の複雑な社会環境でも起こる心理状態の指標として考えるべきである。

　図7.1は，メディア効果を研究するための初期の「ブラックボックス」アプローチと，LC4MP（Lang, 2009）の理論的基盤であるダイナミック過程アプローチを対比している。メディアと心の相互作用を理解するためのダイナミック過程アプローチは，心の過程と状態を表わすさまざまな概念を含んでいる。それらは意識に上ることも上らないこともある。ダイナミック過程アプローチの核となる仮定は，メディアメッセージ処理はいつでも過去と将来の事象や相互作用から影響を受けるということである（Lang, 2009）。そのため，身体化された心的過程とそこから生まれる心理状態は止まることなく，常に流動している。その知識を発展させるには，この複雑な現象に概念レベルと実践レベルの両方から取り組む必要がある。万華鏡をのぞくようなダイナミック過程アプローチのほうが，初期のメディア効果の研究に適用されてきたインプット／アウトプットモデルよりも，知識を発展させることができそうである。

　ダイナミック過程アプローチでメディアメッセージ処理を研究するなら，関連するさまざまな構成概念を考慮しながら，しっかりと説明しなければならない。ここでしっかりと説明するというのは，根底にある生物学的レベルの説明を超えて，高次レベルの説明をすることである。メディア心理者の最終目的は，メディアメッセージと受け手との相互作用について知ることであり，単に身体化された心の機能を知ることではない。だから，メディアを利用しメディアに影響されるという心的体験にかかわるさまざまな概念を説明しておく必要がある。これは要するに，メディアメッセージ処理に関する概念の定義を複数の測度と結びつけることを意味する。言い換えると，チャーフィー（Chaffee, 1991）が述べたような，明瞭でしっかりとしたよい説明をするということである。ここでは，まず「メッセージの受け手」という概念について論じ，その後，メディア利用によって生じる心的経験に関連した概念を説明していく。メディアメッセージ処理の心理生理測度やその他の測度について，その役割と相互関係が分かるようにしたい。

　メディアメッセージ処理に関する複数の測度を結びつけてメディアにかかわる心的体験を理解するには，メッセージの受け手という概念と心理過程や心理状態の測度とを結びつけないといけない。メッセージの受け手は，身体化された心をもち，複雑な社会環境でダイナミックに行動・反応・相互作用する人と概念化されてきた（Lang,

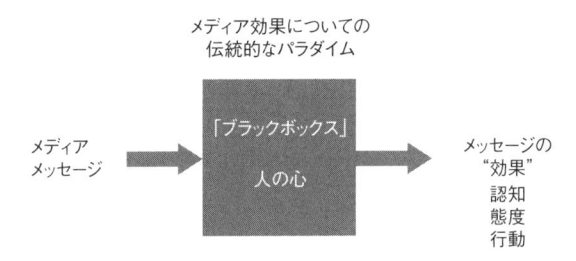

◆ 多様な測定データから正しい全体像を得る

図 7.1a この図は，メディア効果を研究するときの従来のパラダイムを示している。心的過程は「ブラックボックス」現象の一種であり，正しく観察することはできないと考える。

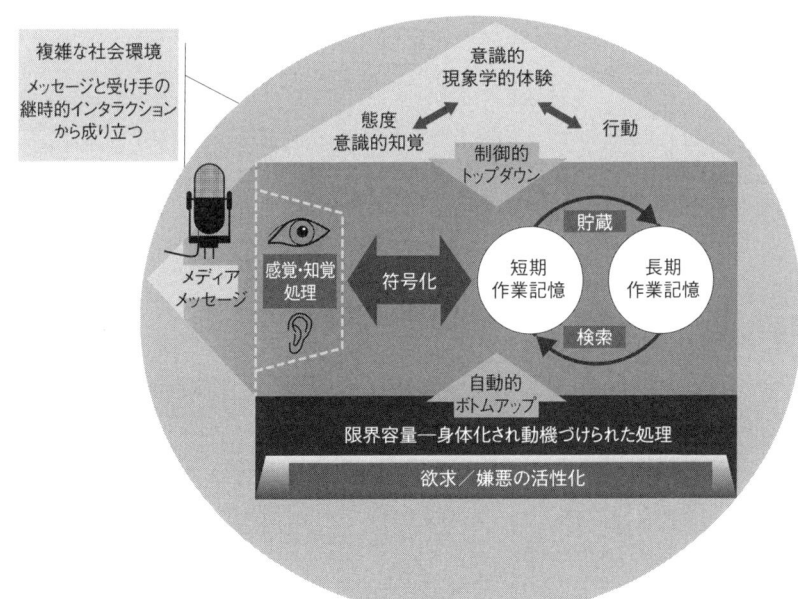

図 7.1b この図は，心的過程と心的状態を研究するためのダイナミック過程モデルを示している。このようなダイナミックな過程は，メディアのメッセージと受け手との相互作用の中で作用し，意識に上ることも上らないこともある。

2009)。メッセージの受け手をこのように定義すると，メディアメッセージ処理の測度は，心理学的に意味のある神経系活動のパターンだけでなく，メディア利用によって生じる現象学的体験を記述できなくてはいけない。これらの測度は，継時変化に敏感であるだけではなく，複雑な社会関係に含まれるさまざまな特徴（メディアメッセージの内容や構造的特徴を含む）にも敏感でなくてはならない。

本書で述べるメディアメッセージ処理の心理生理測度は，心理学的に意味のある神経系活動のパターンの敏感な測度であり，メディア利用にかかわる認知・情動過程の指標として使える。自己報告測度と行動測度は，これまでもメディア利用の心的経験を研究するために使われており，メッセージの受け手とメッセージの相互作用から生じる心理状態についての現象学的体験を表わす敏感な指標となる。つまり，メディアに関する心的体験を理解するときの心理生理測度の役割は，身体化された認知・情動過程を記述することである。他方，自己報告測度と行動測度の役割は，現象学的体験を反映した意識的な心理状態と，メディア利用から生じるかもしれない行動を記述することである。

これで明らかだろう。上記のように「メッセージの受け手」を定義すれば，メディア心理学者が研究したいのは，「身体化された認知・情動過程」，「現象学的体験」，「行動」という広い概念をより具体的に説明した概念なのである。図7.2は，この考えを図示している。メディア心理学者が説明したいと思う概念の例を，より広い概念の中

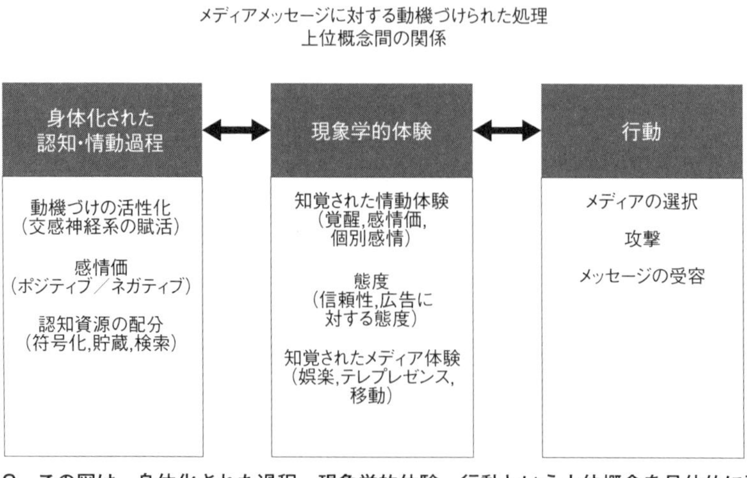

メディアメッセージに対する動機づけられた処理
上位概念間の関係

身体化された認知・情動過程	現象学的体験	行動
動機づけの活性化（交感神経系の賦活） 感情価（ポジティブ／ネガティブ） 認知資源の配分（符号化，貯蔵，検索）	知覚された情動体験（覚醒，感情価，個別感情） 態度（信頼性，広告に対する態度） 知覚されたメディア体験（娯楽，テレプレゼンス，移動）	メディアの選択 攻撃 メッセージの受容

図7.2 この図は，身体化された過程，現象学的体験，行動という上位概念を具体的に説明した個別概念の例を示している。

に位置づけている。このように説明することは、メディア心理学者が研究している現象を、メディアメッセージと身体化された心をもった人とのダイナミックな相互作用として捉える見方と一致する。しっかりした概念的説明には必要なことだが、概念とその測定法には密接な関係がある。

　ここで提唱するように、自己報告測度や行動測度を心理生理測度と組み合わせてメディアメッセージ処理を研究するときは、それぞれの測度の強みと弱みを知らないといけない。メディアメッセージ処理の心理生理測度は、実際の過程を表わす測度であり、時間的に展開する身体化された心の活動を観察できる。自己報告測度は、ある時点におけるメッセージの受け手の意識状態が出力されたものである。だから、心理生理測度には、関連する概念の時間的な変化を記述できる強みがある。自己報告測度と行動測度には、心理生理データには現れにくい、心的活動が時間的に加算されたものを捉えられるという強みがある。

　人の心的活動や体験の多くは、無意識的であり、報告できない（Cacioppo & Decety, 2009）。メディアメッセージ処理の心理生理測度は、メディアに関わる心的体験の背後にある意識されにくい過程を捉えることができる。その一方で、重要なことだが、心理状態のなかには心理生理データの測定に必要な生理学的徴候がいまだに分かっていないものもある（Strube & Newman, 2007）。この事実が示唆するのは、心理的に意味あるメディアメッセージの特徴が引き起こす心的処理には、心理生理測度では観察できない／観察することが難しいものがあるかもしれないということである。研究者は、扱っている構成概念が、特定の心理生理測度や反応パターンによって正しく識別できるかを評価しないといけない。たとえば、表情筋筋電図を使えば、ある広告によってポジティブな態度とネガティブ態度のどちらが生じたかを識別することはできるだろう。しかし、その態度変化の原因が、広告に出てくる話し手が魅力的だったからか信頼できそうだったからを識別できる心理生理測度はない。

　ここで最後に述べたいのは、メディアメッセージ処理のさまざまな測度から得たデータから結論を正しく導き出すことの難しさについてである。自己報告測度と行動測度の弱点のなかで結論の妥当性に影響しうるものとして、**社会的望ましさによる反応バイアス**（social desirability bias）や、記憶検索の難易度によって結果が変わることがあげられる。心理生理測度はそのようなものに影響されにくいが、1章で述べたように化け物である。つまり、ノイズと思われるものを除去し心的処理による生理活動の変化を抽出するのが難しいので、データから導かれる結論の妥当性を脅かすことになる。メディアメッセージ処理について複数の測度からデータを得る意義を理解すれば、心理生理測度が他の処理測度とどのように関連しているかが分かるだろう。

◆ 心理生理測度とその他の測度との関係を理解する

　メディアメッセージ処理における心理生理測度とその他の測度の関係を論じるにあたり，身体化された認知情動過程，現象学的な意識体験，行動の3つがどのくらい相関しているかについてまず考えてみよう。単なる相関ではなく，測度間の理論的な一貫性についても考えてみる。身体化され動機づけられた認知という理論的枠組みや心理生理測定法をよく理解していない人は，心理生理測度と自己報告測度の関係を単なる相関分析で理解しようとすることがある。そのような思い込みには気をつけないといけない。2つの測度が有意に相関していなければ，片方が間違っていると安易に考えやすいからである。残念ながら，経験上，生理反応測度が間違っていると考えられることが多い。このような考え方は，メディアメッセージ処理の測度間の関係について表面的にしか見ていない。

　相関があるかどうかだけで測度間の関係を考えるのは，いくつかの理由で見当違いである。第1に，単純な相関は，測定している概念の時間的ダイナミクスを隠してしまう。心理生理測度は，メディア利用時に時々刻々と変化する認知・情動過程を見るために使うことが多い。他方，自己報告測度は，事後的に測定し，メディアメッセージによって生じる認知・情動過程について意識的に気づいている部分を測るのに使う。ダイナミックな活動中の心理生理測度を平均して，概念的に関連した自己報告測度との相関を求めると，生理活動の時間変動パターンによって結果が変わってしまう。たとえば，メディアメッセージの情動強度がメッセージの中で大きく変わるなら，皮膚コンダクタンス水準も大きく変動するだろう。このデータ変動は平均コンダクタンス水準には影響するが，同じメッセージについて自己報告された覚醒に影響するかどうかは分からない。平均した心理生理データは心的過程の時々刻々の変動の影響を受けるが，自己報告測度は影響を受けないかもしれないということは，これらの測度間の見かけ上の相関を考える上で意味がある。研究者は，これらの時間的ダイナミクスを心にとめておくのが望ましい。特に，心理生理測度と自己報告測度に相関がないか低い相関しかないときには気をつけたい。

　第2に，メディアと心の相互作用は複雑なので，心理生理測度・自己報告測度・行動測度の間に直感的な強い相関があるのは，むしろ危険なことである。メディアメッセージには，多種多様な構造的・内容的特徴がある。それらがさまざまな形で身体化された認知・情動処理を引き起こし，心理生理測度に現れてくる。だから，メディアメッセージ処理の測度間に単純な相関があることは期待できない。最後に，測度間の

関係を単に相関として捉えるだけでは理論的発展がなく，最悪の場合，心理生理測度をメディア利用時の認知・情動過程の妥当な指標とは見なさないことにもつながる。

　関連しているはずのメディアメッセージ処理の測度同士が相関するとはかぎらないことには，理論的に興味深い理由がある。あるメッセージ内容の特徴（仮に，オンラインゲームで使うアバターを自分でカスタマイズできるかどうかとする）によって生じる覚醒を調べたいとしよう。覚醒の測度として，皮膚コンダクタンス（5章参照）と自己報告（ゲームをすることがどのくらい沈静的／興奮的だったかを評定してもらう）の2つの測度が使える。この2つが相関しないかもしれないのには興味深い理由がある。1つには，覚醒は単一の概念ではないからである。覚醒には自律神経・皮質・行動という異なる種類があるといわれている（Stern, Ray, & Quigley, 2001）。オンラインゲームをしているときの皮膚コンダクタンスと覚醒の自己報告測度は，種類の違う覚醒を反映しているかもしれず，種類の違う覚醒同士が互いに相関するかどうかは分からない。さらに，メディアメッセージの特徴が違うとそれぞれの覚醒に与える影響も変わるので，皮膚コンダクタンスと覚醒の自己報告の関係は単純な相関よりもずっとダイナミックで複雑なものになる。もし，皮膚コンダクタンスと覚醒の自己報告とに弱い相関しか得られなかったり，あるいはアバターをカスタマイズできることが1つの覚醒測度にしか影響しなかったとしても，片方の測度が信頼できないと結論づけるのは見当違いである。実験で得られた複数の測度が相関したりしなかったりするという結果が一貫して得られる理由を理論的に考えるのは研究者にとって面白いことだろう。必要なのは，身体化された認知・情動過程，現象学的な意識体験，行動というメディアメッセージ処理に伴う測度を，それぞれが関連しているが独自の心的過程を反映する（あるいは，それぞれの心的過程から生じる）異なる概念を表わす測度と考えることである。

　この3つの測度を互いに関連しているが異なる概念の指標とみなすのが重要であることを示す例として，メディアメッセージの身体化され動機づけられた処理（心臓活動に反映される）がメッセージに注意を向けるという意識体験（自己報告尺度で測る）とは別個の現象であることを示した研究がある。ラジオ広告に関する先行研究によると，心像性の高い広告に対して，視聴者はより注意を向けると自己報告するが，心拍は減速するのではなくむしろ加速する（Bolls, 2002, 2007; Bolls & Lang, 2003; Bolls & Potter, 1998）。この結果をそのまま受け取ると，自己報告データと心理生理データは相関していない。4章で論じたように，メッセージに注意を向けていると自己報告するほど心拍の減速が起こるはずだからである。しかし，広告に注意を向けているという意識と，身体化され動機づけられた広告の処理とが別々の概念であると考えるなら

ば，理論的に興味深い説明をすることができる。ボウルズらは，心像性の高いラジオ広告を聞くときに心拍が増加するのは，心像を形成するのに必要な情報を記憶から検索するのに認知資源を配分するためではないかと解釈した。記憶検索過程は心拍加速をもたらすが，それが心像性の高い広告を聞いているときに生じると考えられる。視聴者は心像性の高い広告に注意を向けていたと報告した。このことは，メッセージに注意を向けているという意識には，符号化・検索・貯蔵のどの過程に認知資源を配分しているかが反映されにくいことを示している。このように理論を深めていくことは，心理生理測度と自己報告測度を単なる相関としてではなく，独立した概念の指標として見なすことが必要である。

ただし，生理活動と自己報告測度に相関があることは，メディア心理学で心理生理測度が使われるようになる過程で重要な役割を果してきた。心理生理測度の妥当性を示すときは，個人内での生理反応と心理状態との相関を直接調べる。カシオッポらは，生理活動とその他の心理状態の測度との相関によって心理生理測度の妥当性を示す方法をうまく説明している（Cacioppo, Tassinary, & Berntson, 2007b）。

しかし，心理生理測度の妥当性を示すことは，メディア心理学者が，メディアと心の相互作用を研究するのとはまったく違った課題である。メディア心理学者は，実験で得られた測度間の単なる相関よりも，それらの関係についてもっと詳しく理論的に分析しようとしている。

メディア心理学者が心理生理測度と主観測度を用いるのは，メディアメッセージと人という別々の実体間の相互作用を研究するためである。これは心理生理測度の妥当性を検証することとは根本的に違う課題である。メディア心理者は，心理生理学者がすでに妥当性を検証している測度を使ってメディアメッセージ処理を研究する。そこで得られるのは，メディアメッセージの特徴と受け手に応じてさまざまに変化する心理過程と心理状態を反映するデータ（理想的には複数の測度）である。メディアメッセージ処理の測度が直感的に意味のある関係を持たないようなときは，研究者は腕まくりしてしっかりと理論的にとりくみ，個人とメディアメッセージにどんな相互作用があるかを明らかにする必要がある。このことは，情動的なラジオコンテンツの認知処理について検討した研究では確かに当てはまった。心拍減速に反映される符号化への認知資源の配分が起こっても，メッセージの再認成績は必ずしもよくなかったのである（Bolls, Lang, & Potter, 2001; Potter, Koruth, et al., 2008）。

メディアメッセージ処理の心理生理測度とその他の測度の役割と関係性について考えてきたので，今度は，具体的な方法論について議論しよう。メディアメッセージ処理の研究によく使われるいくつかの測度の概要を紹介する。自己報告測度，連続反応測

定,思考列挙,副次課題反応時間,記憶測度といった測度である。読者はこれらの測度についてすでによく知っており,自分の研究で使ったことがあるかもしれない。しかし,ここでは心理生理測度と組み合わせて使うときに必要となる具体的な注意点を述べる。また,いくつかの研究を紹介することで,測度を組み合わせることでメディアメッセージ処理の理解が進むということを強調したい。

◆ 自己報告測度と心理生理測度を結びつける

メディアメッセージに対する人の現象学的体験を理解するには,メッセージの特徴が心理状態にどのように影響するかを評価しなければならない。もっとはっきりいえば,メディアメッセージに対する現象学的体験のなかで心理学的に意味のある側面を知るには,本人に体験を記述・自己報告してもらう以外にない。だから,信頼性と妥当性のある自己報告尺度はメディア心理学においてとても有益である。特に,身体化された認知・情動処理を表わす心理生理測度と一緒に使うとよい。

役に立ちそうな自己報告尺度はいくつもある。ルビンらはコミュニケーション研究に利用できる妥当性のある尺度を集めた本を編集した (Rubin, Palmgreen, & Sypher, 1994)。この本は,メディアメッセージ処理の理解にかかわる心理状態を測定する尺度を探すときに役立つ。ルビンらが取り上げた測度を心理生理測度と一緒に使ったら,面白い結果が得られるだろう。説得的コミュニケーション(商業広告や公共広告など)の影響に関心を持つ人は,ブルーナーら (Bruner, Hensel, & James, 2005) の本も参考になる。心理生理測度と一緒に使える自己報告尺度について一つひとつ述べるのは,本書の枠を超える。ここでは,自己報告測度と心理生理測度を結びつけて分析するときの方向性を,いくつかの具体例から示してみよう。

議論に先立ち,自己報告測度と心理生理測度を同じ実験で測定するときの方法論上の留意点を2つ述べておく。第1に,自己報告測度の測定は,心理生理信号のノイズになるかもしれないことである。単純なものとしては,質問紙に記入するときの身体運動がノイズとなって混入することがある。質問紙に丸をつけたりマウスボタンをクリックしたりすることで,心電図信号にノイズが乗ることもある。同様に,そのような運動によって,手のひらの皮膚コンダクタンス水準も目立って増大する。心理生理データを測定する実験では,刺激メッセージの提示中は快適な状態で動かずにいるように教示する。自己報告測度に答えるときは明らかにそのような状態ではない。だから,ふつうは記入中の参加者から心理生理データを記録するのは意味がない。典型的

な研究手続きでは,実験の最初,刺激メッセージと刺激メッセージの間,実験の最後に自己報告測度に答えてもらう。

　第2に考えるべきことは,自己報告測度に答えることは認知的・情動的な課題であり,記録している心理生理測度に何らかの影響を与えるということである。情動的要素を含む質問やしっかりと内省することが必要な質問に答えることには,認知・情動過程が含まれており,それは心理生理データに現れる。実験計画を立てるときは,自己報告測度に伴う運動や認知的・情動的努力によって生じる生理反応が消え,活動がベースラインに戻ってから次の刺激を提示するのが大切である。これはふつう,自己報告測度に回答した後,次の刺激を提示するまでしばらく安静に座っておいてもらう時間をとることで簡単に実現できる。

　自己報告測度と心理生理測度を一緒に使うときに考慮すべきことは以上の2点だけである。だから,これまでにも一緒に使われ,メディアメッセージ処理の理解に貢献してきた。自己報告測度と心理生理測度をどのように組み合わせるかは,メディアメッセージ処理を理解するためのアプローチの違いによって変わる。大きく分けて,3つの方法がある。自己報告測度は,心理生理測度が反映する身体化された心的過程に概念的に関連した心理状態の指標として使うことができる。また,心理生理測度が反映する心的過程を調整する心理状態や,その過程から生まれる心理状態についての自己報告測度を得ることもできる。さらに,自己報告測度は,メディアメッセージ処理に影響を与えるだろう個人差の指標としても使える。以下では,それぞれを別々に扱うが,同じ実験のなかで組み合わせて使うこともできる。

(1) 身体化された心的過程の指標としての自己報告測度

　自己報告測度と心理生理測度を組み合わせるアプローチの1つに,実験中の注意や情動次元について自己報告してもらうことがある。そうすると,心理生理測度に反映される認知・情動過程について参加者がどのくらい生じていると感じているかのヒントが得られる。先に述べたように,自己報告と心理生理測度を組み合わせると,相関しているかどうかだけでなく,もっと多くのことが分かる。情動処理の心理生理測度と情動価・覚醒の自己報告測度を組み合わせる実験のほうが,認知処理の心理生理測度と注意の自己報告測度を組み合わせる実験よりも多い。しかし,どちらの研究についても,確立された自己報告尺度がある。

　感情における情動価と覚醒の次元を測る最も一般的な自己報告尺度に,**自己評価式マネキン(SAM)尺度**(Self Assessment Manikin scale)がある。SAM尺度は,絵で構成された9件法尺度であり,感情の次元説に基づいている(Bradley & Lang, 1994)。

参加者は，安静－興奮の連続体上で覚醒を，不快－快の連続体上で情動価を評定する（図7.3参照）。

　メディア心理学者にとって興味深いことに，SAM尺度は情動画像に対して妥当性が確認されており，画像に対する反応の個人差を研究するときにも使われている（Bradley, Cuthbert, & Lang, 1996; Codispoti, Ferrari, & Bradley, 2006; Lang, Greenwald, Bradley, & Hamm, 1993）。この尺度は，**国際感情画像システム**（International Affective Picture System: IAPS，情動価と覚醒の標準得点が得られている大規模な画像集）を作成し，その妥当性を確認するために使われた（Bradley & Lang, 2007b）。IAPSの刺激は，情動価と覚醒があらかじめ分かった刺激を用いて情動を喚起する研究でよく用いられている。このような研究によって，あるレベルの情動価や覚醒を持つ刺激が心理生理測度に与える影響を調べることができるようになった。IAPSの画像を見ているときに，SAM尺度の覚醒評定値は皮膚コンダクタンスと正の相関があり，SAM尺度の情動価評定値は表情筋筋電図のポジティブ・ネガティブな反応パターンと相関することが分かっている（McManis, Bradley, Berg, Cuthbert, & Lang, 2001）

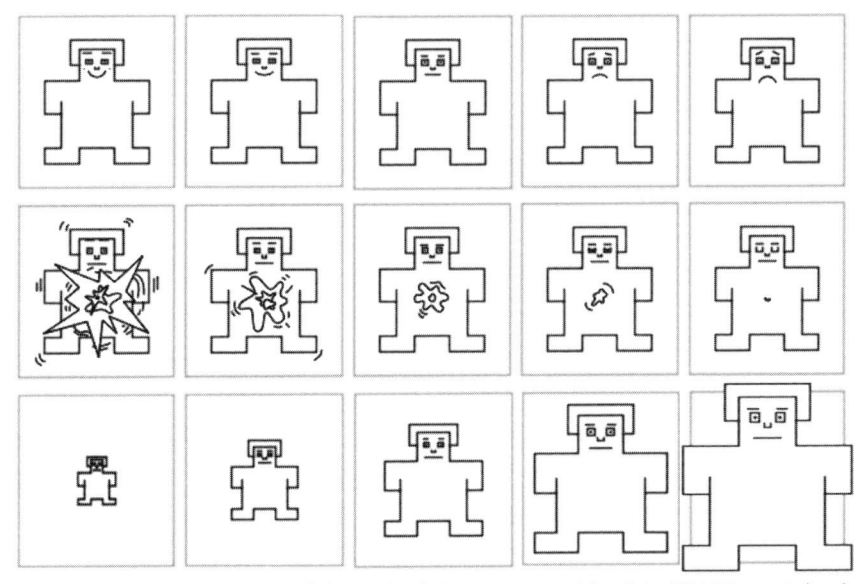

図7.3　自己評価式マネキン尺度(The Self Assessment Manikin [SAM] scale)。上段は自己報告の情動価，中段は自己報告の覚醒をそれぞれ測定する。下段は優勢性（dominance）の測度である。優勢性という情動次元は予測力が低いことが多くの分野で示されているため，メディア心理学研究ではあまり使われない。

SAM尺度はメディアメッセージ処理についての実験で非常に有益であることが示されている。心理生理データとSAM尺度評定を組み合わせた研究には，ウェブサイトの見た目の複雑性（Tuch, Bargas-Avila, Opwis, & Wilhelm, 2009），ネガティブな政治広告（Bradley, Angelini, & Lee, 2007），マルチプレイヤーゲームにおけるアバターの選択（Lim & Reeves, 2009）について調べたものがある。たとえば，テレビ広告に関する最近のfMRI実験で，SAM尺度の情動価と覚醒の次元と相関する脳活動パターンが見つかった（Morris et al., 2009）。聴覚メッセージ処理についての研究では，心理生理測度とSAM尺度を結びつけることで，コンテンツの構造が複雑になるほど皮膚コンダクタンスと覚醒評定が増えることが示された（Potter & Choi, 2006）。リーとラングは，心理生理データとSAM尺度の情動価と覚醒の自己評価を組み合わせ，テレビの公共広告を見ているときの個別感情体験の背後にある動機づけ活性化パターンを調べた（Lee & Lang, 2009）。この研究ではSAM尺度を改変して，参加者に快と不快を別々に評定させ，メッセージによって喚起された欲求と嫌悪の活性化をそれぞれ調べようとした。予想された欲求と嫌悪の活性化は，楽しく感じられるメッセージについては自己報告評定にのみ現れたが，悲しく感じられるメッセージについては自己報告と心理生理データの両方に認められた。

　以上に述べたのは，SAM尺度と心理生理データを組み合わせるとメディアメッセージの情動処理についての理解が深まるというほんの一例である。短い紹介ではあったが，SAM尺度は覚醒と情動価についての知覚を測る尺度として，その信頼性と妥当性が広く認められていることが分かるだろう。この尺度は実験中に簡単に使うことができる。だから，メディア利用中の情動体験を調べる尺度としてもこれからも使われつづけるだろう。

　メディアメッセージの処理を理解するために，注意の自己報告測度を使った研究もたくさん行われている。この分野の研究により，メディアコンテンツの知覚・注意・理解にどのくらいの心的努力を向けていると参加者が思っているかが明らかになってきた。しかし，メディアコンテンツの認知処理について何か結論を出すときには，自己報告測度の限界について知らないといけない。無意識の心的過程を反映する概念を測るために自己報告測度を使うといったおかしな例もある。そうでなくても，自己報告測度ではメディア利用中に生じる異質の認知過程の機能がひとまとめになってしまうことがよくある。だから，注意の自己報告測度は，メディアメッセージ処理に対する心的努力のおおまかな配分についての自覚を測っていると考えるのがよい。心的努力に対する自覚を検討することに理論的価値がないと主張するのではない。注意の自己報告測度には上述の限界があるが，そこから得られるデータは心理生理測度から得ら

れるデータにとって非常に有益である。たとえば，健康に関する非常に嫌悪的なメッセージがどのように処理されるを知るために，きわめて覚醒的で不快な画像が，符号化に実際に配分される認知資源（心拍数や HRV で測定する）とそのようなメッセージ処理に対する心的努力の自覚（注意の自己報告測度）にどのように影響するかを調べることができる。非常に不快で覚醒的な画像には防衛が起こって処理資源が向けられなかったとしても，主観的には多くの心的努力を配分していると答えるかもしれない。そのような興味深いパターンは，心理生理測度と自己報告測度の両方を測定して初めて得られる。

　幸いなことに，心理生理測度と組み合わせて使える注意の自己報告測度がいくつか存在する。「関与（involvement）」は，メディアメッセージの認知処理の研究でよく使われる概念であり，メッセージに向けられる注意の程度を反映する（Greenwald & Leavitt, 1984）。残念ながら，この概念の定義はさまざまであり（Roser, 1990），ここでの目的に役立つのはその一部である。関与という概念は，説得の研究で広く使われている（Johnson & Eagly, 1990）。関与は，製品や事象に対する関与とメッセージに対する関与という異なる 2 つのカテゴリーを含む多次元の概念であると考えられており（Zaichkowsky, 1985），その自己報告尺度は広告研究でよく使われている（Andrews, Durvasula, & Akhter, 1990）。しかし，関与を測定する尺度項目のなかでメッセージ処理の研究に最も関係するのは，注意や心的努力のレベルについての自覚を測る項目である。たとえば，アンドリューズとシンプ（Andrews & Shimp, 1990）は，メッセージに対する関与の指標を開発し，注意量，集中度，思考レベル，焦点の狭さ，努力レベルを測る項目を含めた。

　メッセージに対する関与を測る尺度に似た注意の自己報告測度を使いながら，同時に心理生理測度を測定した実験もある。ラジオメッセージの構造的複雑性についての実験で，ポターとチェ（Potter & Choi, 2006）はメッセージ処理に配分される注意を，聴取中の心拍数と聴取後の自己報告測度によって測定した。使用した自己報告尺度の項目は，メッセージに対する関与の尺度項目と似ている。どのくらいメッセージに注意を払ったか，集中したか，考えてみたか，興味深いと思ったかを尋ねた。自己報告の注意尺度項目を分析したところ，構造的により複雑なメッセージに対して，より多くの注意を払い，集中していたと感じていることが分かった。面白いことに，複雑性の低いメッセージを聞いているときの方が心拍減速が大きかった。この結果は，参加者は，自己報告とは反対に，複雑性の低いメッセージに対して，符号化の認知資源をより多く配分していたことを示している。この研究は，自己報告と心理生理測度を 1 つの実験で組み合わせて使うのは理論的に価値があり，結果が互いに矛盾するときで

も，得られる知見が大きいという例である。

注意の自己報告測度と心理生理データを組み合わせたその他の例として，テレビ広告がどのくらい興味深いと思ったかを尋ねることで注意を測った研究がある（Smith & Gevins, 2004）。同時に，広告を見ている間の脳波（4章で述べた認知処理の心理生理測度）も測定した。その結果，前頭部におけるアルファ抑制と自己報告された興味との間に有意な相関が認められた。この結果のパターンに基づき，テレビ広告に主観的に興味をもつときは，ワーキングメモリや注意制御に関する皮質が大きく活性化すると結論づけられた。

(2) 心的過程を調整する要因，心的過程から生じる要因の自己報告測度

自己報告測度と心理生理測度を結びつける2つ目のアプローチは，メッセージの認知・情動処理を調整する心理状態や，そこから生じる心理状態についての自己報告測度を得ることである。心のブラックボックスで生じる認知・情動過程を探るために心理生理測度が使えるとしても，その過程が生じる前後で生じる心理状態を測る重要性が下がるわけではない。そのような心理状態がメディアメッセージ処理を理解するために理論的・実際的に重要なこともある。つまり，さまざまな知覚・態度・行動を，伝統的なメディア効果パラダイムに基づいて「メッセージの効果」と見なすのではなく，メッセージと受け手との継続的でダイナミックな相互作用から生じる心理状態と見なして探求するということである。

妥当性のある自己報告尺度で測定できる知覚・態度・行動はたくさんある。たとえば，メッセージの信頼性，広告に対する態度，メディア利用の頻度といった概念を扱った文献は容易にみつかる。しかし，メディアメッセージ処理についての理解を深めるには，そのような概念と身体化され動機づけられた処理との相互作用を，心理生理測度と自己報告測度を組み合わせることで検討する必要がある。

心理状態と身体化され動機づけられた処理の相互作用を調べる実験を計画するときは，そのような心理状態がメッセージ処理をどのように調整するか，メッセージ処理の結果としてどのように生じるかを考えることが重要である。たとえば，健康キャンペーンの研究では，健康に関する現在の行動や信念が健康メッセージの処理に影響するか，健康メッセージの処理がその後の健康に関する信念や行動意図に影響するかを考えることが理論的にも実際的にも重要だろう。幸いなことに，健康に関するコミュニケーションを研究するときは，信念，効能，行動意図といった健康概念についての妥当性のある確立された尺度が先行文献に掲載されている。同じことは，メディアメッセージ処理の他の分野についてもあてはまる。ニュースの信頼性，攻撃性，現実性と

いった概念についての妥当性のある尺度は先行文献に載っているだけでなく，ハンドブックにも掲載されている（たとえば Rubin et al., 1994）。

メディア研究では，心理状態の自己報告測度に加えて，認知・情動処理の心理生理測度を測定することが増えてきた。携帯型テレビと従来のテレビに配信されるメディアコンテンツの影響を調べた研究で，メディアの**フロー体験**（flow experience, 挑戦的だが楽しいメディア体験に伴うと考えられる概念）の自己報告測度とともに，皮膚コンダクタンスが測定された（Ivory & Magee, 2009）。携帯型テレビで配信されるコンテンツに対しては覚醒が低くフロー体験をあまり感じなかったので，研究者は，携帯型メディアは手軽だが，メディア体験の楽しさが減るかもしれないと結論づけた。

健康コミュニケーションの分野は，認知・情動処理の心理生理測度と，心理状態の自己報告測度とを組み合わせるのが最も魅力的な分野の1つだろう。この分野の研究者は，知覚された脅威，効能，行動意図といった，メッセージの認知・情動処理に関連する心理状態の自己報告測度を開発してきた（Witte, 1995）。恐怖に訴えて破傷風ワクチンの使用を促すメッセージの処理と，健康説得に関する心理状態との関係を調査した研究がある（Ordoñana, González-Javier, Espín-López, & Gómez-Amor, 2009）。メッセージを与える間，心拍と皮膚コンダクタンスをそれぞれ注意と覚醒の測度として記録した。メッセージ後に，知覚された脅威，知覚された効能，行動意図について自己報告測度に回答を求めた。その結果，脅威が大きく効き目も大きいメッセージを受け取った参加者は，メッセージが認知的・情動的に効果的に処理されたことを示す自律神経系反応が生じ，推奨された行動をとろうとする意識が高まった。

この議論は，メディアメッセージの処理と一緒に研究すべき心理状態のごく一部を取り上げたものにすぎない。以上の短い例示によって，心理生理測度と自己報告測度を組み合わせた面白い研究が生まれることを願う。この分野の研究者は，単に認知・情動過程の存在を確認するためだけでなく，心理生理測度と自己報告測度を使って心理過程と心理状態の相互作用を説明する理論モデルを発展させようとしている。

(3) 心的過程に影響する個人差の自己報告測度

心理生理測度と自己報告測度を結びつけるための第3のアプローチは，メディアメッセージ処理に影響する可能性のある個人差を測るために自己報告測度を用いるものである。心は身体化されているので，身体化された過程は心理状態や心理特性の個人差によって容易に変化するし，それは心理生理測度にも現れる。4章で，脳はボトムアップとトップダウンの両方で刺激を処理するように生物学的に作られていると述べた。ある心理特性の個人差が，メディアメッセージ処理にトップダウン的な影響を

与えることはありうる。

　メディア研究者は，単純化された強力効果モデルを超えて，メディア利用とその効果の個人差をもっと包括的に考えるモデルを採用するようになっている（Krcmar, 2009）。メディア効果の個人差を理解する理論的アプローチのなかには，個人差を欲求，反応準備状態，特性の個人差に分類するものもある（Oliver & Krakowiak, 2009）。欲求の個人差を反映する変数として，刺激希求性（Zuckerman, 1979）と認知欲求（Cacioppo & Petty, 1982）がある。反応準備状態の個人差は，メディアコンテンツに対する情動反応の予想される強度差を反映している。特性に関連する変数は，伝統的には，既存のパーソナリティ特徴の個人差を反映している。メディアメッセージ処理に影響を与えそうな個人差を測定する妥当性のある尺度についての先行文献を見つけるのは容易である。以下では，そういった個人差の例をいくつか紹介する。

　研究対象とするメディアメッセージによっても違うが，メッセージの認知・情動処理に影響しそうなパーソナリティ特性はたくさんある。心理学の文献には，妥当性のあるパーソナリティ測度の例が載っている。主な測度として，NEO-PI（Costa & McCrae, 2008; 訳注：NEO はもともと Neuroticism-Extroversion-Openness の略語だった。PI は personality inventory），ズッカーマン－クールマン性格検査（Zuckerman, 2008），アイゼンク性格検査（EPQ; Furnham, Eysenck, & Saklofske, 2008）などがある。EPQ の1つの次元である**精神病質傾向**（psychoticism）に注目し，それがメディアメッセージ処理を調整するかもしれないと考える研究者もいる。この因子の得点が高い人は，攻撃的で共感性に欠けると一般にいわれている（Rawlings & Dawe, 2008）。ブルッグマンとバリーは，精神病質傾向が暴力的なメディアコンテンツに対する情動反応の調整変数ではないかと調べた（Bruggemann & Barry, 2002）。参加者に暴力的な動画とコメディ動画を見せ，それぞれのビデオを10回提示する間の皮膚コンダクタンス水準を測定した。精神病質傾向の高い参加者は，低い参加者に比べて，暴力的な動画に対して，より楽しいと自己報告し，皮膚コンダクタンス水準の馴化が早く生じた。これを拡張した研究で，ラヴァジャらは，精神病質傾向の高低によって，暴力的なゲーム中に生じる認知・情動処理を反映する心理生理測度が変わるかを調べた（Ravaja, Turpeinen, Saari, Puttonen, & Keitlkangas-Jarvinen, 2008）。その結果は，精神病質傾向が高い参加者は，低い参加者に比べて，ゲームの相手を殺したり傷つけたりするのを苦と思わないらしい（ポジティブ感情の指標である大頬骨筋と眼輪筋の活動が大きかった）というものだった。

　メディア研究で注目されているパーソナリティ特性には，**刺激希求性**（sensation seeking）もある。刺激希求性は，人が意図的に刺激の多い体験を求める程度を反映す

るパーソナリティ特性だと考えられている（Zuckerman, 1979）。刺激希求性の個人差がメディアメッセージ処理に影響すると考えるのはもっともである。このパーソナリティ特性は特異的な生理活動パターンに現れるからである。刺激希求性が高い人は低い人に比べて，安静時の生理的覚醒が低い（Zuckerman, 1990）。刺激希求性の高い人は低い人に比べて，薬物乱用に関する公共広告をテレビで見ているときの生理的覚醒が低かったという研究もある（Lang, Chung, Lee, Schwartz, & Shin, 2005）。

　比較的最近作られた個人差の自己報告測度で，身体化され動機づけられたメディアメッセージ処理に理論的に関連したものとして，**動機づけ活性化測度**（Motivation Activation Measure: MAM）がある。MAM は，アニー・ラングらが開発し，現在も改良している測度である。欲求および嫌悪の動機づけシステムにおける安静時の活性化レベルの個人差を反映する測度で，信頼性が確認されている（Lang, Bradley, Sparks, & Lee, 2007; Lang, Kurita, Rubenking, & Potter, 2011; Lang, Shin, & Lee, 2005）。この測度は，4 章と 5 章で述べた身体化され動機づけられた認知の視点に基づいて作られたものである。この理論によると，人の情動反応は，動機づけに関連した刺激（メディアメッセージを含む）をどのように処理し評価するかを決める欲求的・嫌悪的動機づけシステムが活性化することと定義される。このシステムの安静時の活性化レベルと動機づけに関連した刺激に対する応答性には，どちらも大きな個人差があると考えられている。(Ito & Cacioppo, 2005)。おそらくこの個人差は，動機づけシステムが身体化されているという性質に根ざしている（Berntson & Cacioppo, 2008）。MAM は，動機づけに関連した情報に対する反応の個人差の指標となるように作られた。動機づけの活性化と認知・情動処理の結びつきが身体化されているとすれば，MAM によって測定される動機づけ活性化の個人差が，心理生理測度によって測定される認知・情動処理を調整していると十分に期待できる。

　MAM は，メディアメッセージ処理の実験に簡単に取り入れることのできる簡潔な自己報告測度である。この測度を得るには，覚醒と情動価があらかじめ分かった IAPS の画像（Bradley & Lang, 2007b）を何枚かランダムな順序で見せる。オリジナルの MAM 尺度には 90 枚の画像が含まれており，子どもと青年用の簡易版もあった。しかし，画像を 41 枚にした短縮版（mini MAM）が開発され，その妥当性が確認された。そのため，MAM は，他の手続き（メディアメッセージ処理など）と組み合わせても 1 回の実験セッションで容易に測定できるようになった(Lang et al., 2011)。MAM を測定するときは，各画像を好きなだけ長く見て，覚醒的か，ポジティブか，ネガティブかについて感じたことを評定するように教示する。評定には，ポジティブ評定とネガティブ評定を別々の尺度上で行う修正版 SAM 尺度を使う。画像に対する参加者の評

定値を使って，アニー・ラングが**欲求システム活性化**（appetitive system activation: ASA）と**防衛システム活性化**（defensive system activation: DSA）と名づけたものを計算する。ASAとDSAの得点は，研究目的に応じて個別に分析することもできるし，組み合わせて動機づけ活性を類型化することもできる。たとえば，DSAの個人差だけに注目し，それが情動的メディアコンテンツの処理に影響するかを検討することもできるし，DSAが高くASAが低い人とDSAが低くASAが高い人における情動処理の違いを分析することもできる。

　動機づけ活性化の個人差としてMAMを使った研究から，この変数がメディアの選択やメッセージ処理に大きく影響する個人差であることが分かってきた。心拍数と皮膚コンダクタンス水準のパターンから，ASAの高い人は，低い人に比べて，メディアコンテンツにより注意を向け，覚醒が上がりにくいことが示されている。さらに，DSAは不快なコンテンツに対する処理を調整するようである。DSAの高い人は，心拍数や皮膚コンダクタンス水準のパターンから，ネガティブメッセージにあまり注意を向けず，覚醒が高くなりやすいことが示されている（Lang, Bradley, et al., 2007）。ポターらは，MAMによってメディア利用のパターンが予測できることを見いだした（Potter, Koruth, et al., 2008）。DSAが高い人ほど，ニュースや情報を好んだ。この知見に基づき，MAMと心理生理測度を組み合わせて，DSAの高低によって情動的なニュースに対する処理がどのように変わるかを調べるのも面白い。要するに，動機づけ活性化（MAMで測定する）がメディアメッセージ処理を調整するという仮説を発展させる知見が集まってきているということである。

　MAMやSAM，精神病質傾向，認知欲求，関与といったものは，これまでに使われてきた自己報告測度のほんの一部である。このような自己報告測度を心理生理測度と組み合わせて使うことでどんな面白い仮説や研究テーマが生まれるかを考えてみてほしい。これまでに紹介した自己報告尺度は，ある1つの時点における参加者の反応を測るものである。しかし，主観的体験をもっとダイナミックに捉えることができるなら，もっと面白いアイデアがたくさん生まれてくるだろう。次に，そのような測度について述べよう。連続反応測定は，瞬間ごとの心理状態を測る方法であり，心理生理測度と組み合わせることができる。

◆ 連続反応測定：心理状態を動的に測定する方法

　連続反応測定（continuous response measurement: CRM）は，メディアメッセー

ジ処理の心理学研究で使われるだけでなく，実際場面で使われるのを目にすることもある。アメリカ大統領候補者による討論会のテレビニュースでは，候補者のパフォーマンスに対する各陣営の投票者の評価を視聴者に見せる方法として CRM を使うことがある。スーパーボウルの広告から有名人の記者会見，政治演説に至るまで，各種メディアコンテンツについて多数の評価者に基づくオンライン CRM データを流す世論ウェブサイトさえある（www.mediacurves.com）。

　ビオッカらは，メディアメッセージの心的処理に CRM を使うときの方法論と注意点について詳しく論じている（Biocca, David, & West, 1994）。そのため，この節では，メディアメッセージ処理の実験における具体的な CRM の使い方を詳しく述べることはしない。そのかわり，より広い視点から CRM と心理生理測度の方法論的・理論的な結びつきに注目してみる。

　連続反応測定とは，要するに瞬間ごとの自己報告測度を電子的に表わしたものである（Biocca et al., 1994）。ふつう参加者は手に持ったダイヤルかスライダーを使って，ある種の尺度上で連続的に反応を報告していく。ふつう，尺度は，対となる形容詞の双極尺度（賛成する／反対する，沈静的／覚醒的など）や単一次元の数値評価（このメッセージは今どのくらい愉快かを 0～100 で答えるなど）の形をとる。従来の自己報告測度で測れる概念ならほとんど CRM で測ることができ，心理状態の時間変動を示すデータが得られる。CRM が使われてきたメディア心理学研究の 2 つの主要領域は，広告と政治的コミュニケーションである。この測度は広告に対する消費者の反応を調べるのに広く使用されており，1990 年代前半にはコピー調査（広告メッセージに対する人々の反応の調査）をするときの広告業界の定番となった（Fenwick & Rice, 1991）。ステイマンとアーカーは，広告を見ているときの CRM データを使って，広告によって生じる感情のなかにいくつかの情動次元を見つけた（Stayman & Aaker, 1993）。最近では，選挙候補者の討論を見ているときにどのくらい間違った方向に誘導されるかを研究するために，論点の知覚が CRM を使って調べられている（Maurer & Reinemann, 2006）。

　メッセージの解釈を反映する高次の心理状態の変化を時々刻々と捉えられるのは CRM の強みである。前節で述べたように，従来の自己報告測度は，メッセージが引き起こす心理状態についての累積的評価を反映している。メディアメッセージの心的処理が時間とともに展開するなら，測定している心理状態の時間的変化に敏感な測度が最もよい測度であるといえる。CRM と心理生理測度にはどちらもこの方法論的強みがあるので，2 つの測度が概念的に，また使用する上でどのように関連しているかを考えてみる価値はある。さらに，メディア産業で CRM が広く使われていることか

ら，この測度を使って，メディアと心の相互作用に関する研究の理論と実践の間にある大きなギャップを埋められるかもしれない。CRMを心理生理測度と組み合わせて使うことには，理論的・実際的に何か特別な利点がありそうである。この2つの測度には共通の強みがあるが，測っている概念はそれぞれ異なっている。

　CRMと心理生理測度をどのように組み合わせるかを考えるには，CRMで何が測れるかを知らなければならない。心理生理測度が何を表わしているかは，身体化された認知・情動処理という観点からすでに十分に述べてきた。CRMは，メディアメッセージに対する覚醒や情動価，注意について視聴者がどう感じているかの指標として使える。これは心理生理測度を使ってできることと似ている。CRMと心理生理測度をこのように組みあわせた例として，CRMを使って刺激メッセージの予備テストを行うことがある (Bradley, 2007a; Lee & Lang, 2009; Sparks & Lang, 2010)。もし実験で使うメッセージを覚醒や情動価，注意，その他の心理概念の水準を統制して選んだのなら，CRMを使うことで，その心理状態が時間的に変動することを実際の参加者で示すことができ，裏づけのデータが得られる。CRMを使ってメッセージの予備調査をするのは，効率がよく賢い方法である。CRMは，心理生理測度よりも参加者の邪魔にならず，安価に実施できるからである。心理生理測度との最大の違いは，CRMは，従来の自己報告測度と同じように，対応する自律系の変化が具体的に見つかっていない高次の心的状態の指標になりうることである。

　CRMでは，参加者に心的状態を内省的に分析させて，メディアメッセージに接している間のダイナミックな変化を報告させる。心理生理測度ではそのような内省を求める必要がない。これが，リアルタイムで反応を記録するという点からみた2つの測度の大きな違いである。この違いから，CRMでどんな心的状態が測れるかについての示唆が得られる。メディアメッセージに対する興味の程度や好きか嫌いかという単純な評価であれば，正しく内省して時間的変動を報告することが容易にできるはずだ。熟考しなければ心理状態の変化を報告できないときは，CRMデータの妥当性は低くなる。メッセージを視聴しながら心的状態を意識的に評価してその変動を報告するという課題は，メッセージそのものの処理から認知資源を奪う。研究するときはこのことを忘れてはならない。この事実は，CRMでどんな変数を測るかを決める上で重要である。心理生理測度と組み合わせたときに，CRMで有効に測定できる高次な心的状態の種類は限られてくる。

　CRMと心理生理測度はそれぞれ心理状態と心理過程をリアルタイムで測れるという強みがある。しかし，両者の違いを気にせず，一緒に組み合わせて使えるわけではない。2つの測度が変化する時間スケールは大きく異なる。4章で述べたが，脳波の事

象関連電位の中には，刺激提示後 300 ms 以内に生じる評価過程を敏感に反映するものがある（Bartholow & Amodio, 2009）。実験参加者がメッセージコンテンツを意識的に解釈し，ダイヤルを回して反応することで CRM に答えるには，明らかにもっと長い時間がかかる。つまり，心理過程や心理状態とメディアメッセージの知覚情報の流れとの時間的対応は，心理生理測度のほうが CRM よりもずっと密であるということである。この時間差を忘れてはならない。特に，メディアメッセージの特定の内容や特徴が喚起する心的過程や心的状態を研究するときはそうである。

メディアメッセージ処理の研究で心理生理測度を使うときは，CRM データと組み合わせることで，身体化された過程とそこから生まれる高次の心的解釈との結びつきをリアルタイムで連続的に調べることができる。このようにすると，従来の自己報告測度と心理生理測度を組み合わせたときよりも深い洞察が得られるようになる。たとえば，ポジティブ感情，ネガティブ感情，覚醒の CRM 評定を，心理生理測度と組み合わせて動画の認知・情動処理を調べた研究がある（Wang, Lang, & Busemeyer, 2011, p.79）。CRM の欠点として，一度に 1 次元しか測れないことがある。だから，この実験では，別々の参加者が，それぞれの動画のポジティブ感情，ネガティブ感情，覚醒について評定した。そして，時間軸上に結果をプロットして，以下のように実験刺激を選んだ。

> ポジティブ動画として，ポジティブ感情得点の高いほうから（平均値＞ 5），ネガティブ感情得点が 3 以上にならない（平均値＜ 3）ものを 12 種類，ネガティブ動画として，ネガティブ感情得点の高いほうから（平均値＞ 5），ポジティブ感情得点が 3 以上にならない（平均値＜ 3）ものを 12 種類選んだ」。そして，ポジティブ動画とネガティブ動画のそれぞれについて，12 の動画を覚醒の程度により 3 段階に分けた（覚醒的・やや覚醒的・沈静的について 4 つずつ）。

その後，全部で 24 のメッセージを 4 つの異なる「TV チャネル」に体系的に配置した。別の実験参加者はそれを見て，好きなようにチャネルを変えられるようにした。心拍数，皮膚コンダクタンス，皺眉筋と大頬骨筋の心理生理データを同時に測定し，CRM データと組み合わせることで，変数間の動的な関係を表現する数学モデルを作った。この研究は，予備調査の基準にするという従来の用途を超えて，CRM データと心理生理データを組み合わせる 1 つの方法を示している。

CRM と心理生理測度を組み合わせた例から分かるように，両方のデータを 1 つの実験中に同時に集めることは複雑であり，おそらく妥当なことではない。CRM で回答するときの運動動作が生理信号のアーチファクトになるし，いうまでもなく，CRM 課題は心理生理測度で調べようとするメッセージ処理から認知資源を奪う。この問題に対する 1 つの解決策は，刺激メッセージを提示しながら測定するのは心理生理測度か

CRMのどちらか1つとし，それぞれの測度を異なるメッセージから測定することである。こうすれば，参加者間でデータを平均することで，すべてのメッセージについて両方のデータ形式が得られる。この方法では参加者を条件にランダムに割り当てることが欠かせない。要するに2つの実験を1つに組み合わせることなので，実験参加者を多く集める必要がある。他の解決策として，心理生理測度を記録する実験とCRMを記録する実験を別々に行うことがある。CRMと心理生理測度を真に組み合わせるために，この2つの実験は1つの論文にしないといけない。そのなかで，それぞれの測度から得られた結果を同時に考慮し，メディアメッセージ処理についての総括的な結論を書く。メディアメッセージ処理については，そういう論文が今のところ出ていない。以上，心理状態を調べるもう1つの方法としてCRMの概要を述べてきた。CRMデータと心理生理データを組み合わせる方法や，それがメディアメッセージ処理の理解に与える意義が分かっただろう。

◆ 思考列挙：メディアメッセージ処理の質的経験をとらえる

思考列挙（thought listing）（思考発話法（think aloud procedure）ともいう）は，個人の心の中身（具体的な考え，感情，アイデア，期待，評価，イメージなど）を垣間見ることのできる測度である（Cacioppo, von Hippel, & Ernst, 1997; Shapiro, 1994b）。思考列挙は，実験で使われた特定の刺激に対して心に浮かんだことを思い出して言葉で記述するように求める。メディア実験の参加者から得られた思考列挙データによって，メディア利用時の心的体験について詳しい質的な記述が得られる。思考列挙データは，特定のメッセージ特徴に対して心に浮かんだ内容をカテゴリーごとに定量化して，統計分析を行うこともできる。思考列挙法は，最初から定量的な測度では十分に記述できない側面を捉えるために使われている。心的体験と意識的思考は対応しているので，思考列挙のデータは参加者の現象学的体験をまさに反映したものである。

思考列挙は，説得的メディアメッセージの研究で広く使われてきた。説得的メッセージによって引き起こされる思考は認知反応と呼ばれる。認知反応は，メッセージによって生じる態度変化と強く関連すると考えられている（Chattopadhyay & Alba, 1988; Petty & Cacioppo, 1986）。最近の説得研究では，思考列挙を使って，説得的メッセージによって生じる考えに対する確信度が，情緒アピールによる評価判断への影響を変化させるかどうかを研究した（Briñol, Petty, & Barden, 2007）。思考列挙は，ユーモアがあることで政治的メッセージにおける議論を批判的に精査しなくなるかを調べ

るためにも使われている（Young, 2008）。説得以外の文脈では，攻撃的な言葉を多く含むテレビのホームコメディを見ることで攻撃的な思考が増えるかを調べるのにも使われている（Chory-Assad, 2004）。コミュニケーション研究でこの測度が広く使われるのは，メディアを利用するという心的経験の質について実験中に測定できる魅力があるからである。しかし，思考列挙を実施してその結果を解釈するためには，いくつか気をつけなければならないことがある。

　方法論的な問題の1つは，ある特定のメッセージについて考えたことを報告してもらうときにどこまで妥当に報告できると期待できるかである。この測度は，主に思考内容を知るために使うものであって，たとえば，どうしてそう思ったかを説明させてはいけない。社会心理学の研究から，ある刺激に対する思考内容がなぜどのように生まれたかを本人は説明できないことが実証されている（Wilson & Brekke, 1994）。したがって，思考列挙を，メディアメッセージに関わる認知・情動過程の働きを直接測る指標として使ってはいけない。思考列挙で得られる心の中身は，心的過程の出力を表わしている。もっと具体的にいえば，本章で「心理過程から生じる心理状態」とよぶものを反映している。だから，参加者には，メッセージを受け取っているときに感じたどんな考えでもいいから思い出して述べてほしいという，できるだけ一般的な教示を与えるのがいいようである（Shapiro, 1994b）。「このメッセージの間，心に浮かんだことを何でも述べてください」というくらい一般的で単純なものでよい。

　思考列挙データを使うときの2つ目の方法論的問題として，データに含まれるノイズ源がある。そのようなノイズ源の1つは，人が思考を言語化できる正確性と関係がある。思考列挙では，どんな思考内容でもいいから思い出して答えるように参加者に内省させる。そのデータの妥当性は，実験参加者がメッセージの間に生じた思考を正確に思い出せる程度に依存している。これに関係するのは，研究者の知りたいことが分かるような形で参加者が適切に思考を記述できるかどうかである。たとえば，ステファンとルッソ（Stephens & Russo, 1997）の報告によると，参加者が自分の思考をポジティブ，ネガティブ，中性に分類するときと，同じ思考の記述を訓練された判定者があとで分類するときでは，分類の結果が大きく違った。自分の思考に伴う情動価について，参加者は中立的な判定者には伝えることができない何かを知っているようである。

　メッセージを受け取っているときの思考を正確に思い出す能力に影響する要因がいくつかある。明らかな1つの要因は，思考を思い出し述べてもらうタイミングである。思考は，メディア利用中にオンラインで報告することも，実験で用いるメッセージとメッセージの合間に報告することもできる。メディア利用中に思考を言語報告するよ

うに求めたら,思考がワーキングメモリで活性化しているときに記録できるだろう。そのようにして得られる思考の正確性は,あとで思考を再生するように求められるときほど,記憶検索過程に依存していない。しかし,このアプローチの欠点は,メッセージ処理中に思考を報告することでメッセージの深い処理から認知資源をうばってしまうことである。メッセージの重要な特徴を完全に処理することができなくなるかもしれない。

　思考列挙において再生の正確性に影響する第2の要因は,実験中に複数のメッセージについて思考列挙を繰り返し行うことである。複数のメディア刺激に対して繰り返し思考列挙を行う実験では,参加者は,メッセージの最後にその情報が必要であることが分かるので,再生できるように意識的な努力をだんだんと行うようになるかもしれない。そういった可能性があるので,刺激メッセージの提示順序をランダムにすることが重要である。それだけでなく,単に考えたことを思い出してほしいと教示するだけでも,メッセージの認知・情動処理が変わってしまうかもしれない。このことは,思考列挙データのノイズに止まらず,認知・情動処理の心理生理測度にとってのノイズにもなる。メッセージ処理への認知資源の配分に影響するような実験手続き(たとえば,考えたことを後で思い出してもらいますと教示すること)はすべて,実験中の心理生理測度に影響する可能性があることを忘れてはならない。

　その他の思考列挙データのノイズ源は,**社会的望ましさによる反応バイアス**(social desirability bias)である。この反応バイアスは,メディアメッセージ処理のさまざまな測度を歪める可能性があるが,特にここで論じておく必要がある。考えたことを述べるように求めることは,その人の最もプライベートな側面を開示してもらうことである。公にしにくい微妙な考えを言葉で記述することは,自己報告測度に数値で答えるよりも,ずっとプライバシーの侵害になると感じても不思議ではない。だから,参加者が正直に気持ちよく答えられるようにするための手順を踏むことが大切である。参加者の反応は匿名で機密として扱われることを教示で強調したり,データを収集する環境のプライバシーを高める工夫もできる。

　思考列挙は,メディアメッセージの心的処理についての興味深い洞察を得るために使われてきた。このメッセージ処理の質的な測度と心理生理測度を組み合わせることで,新しい洞察が得られる可能性が高い。現在のところ,心理生理測度と思考列挙のデータを同時に解釈して,メディアメッセージ処理について何か結論を出した研究はない。それは,どちらの測度もデータ分析に多大な時間がかかることが理由かもしれない。実験参加者が報告した思考は整理してコード化しなければならず,**評定者間信頼性**(inter-coder reliability)といったことにも気を配らないといけない。このような

データ分析の労力を惜しまないなら，身体化され動機づけられた処理と現象学的心的体験を同時に観察できるようになるだろう。たとえば，説得的メッセージの符号化に配分される処理資源の量（心拍数を指標にする）が，メッセージへの反論や疑い（思考列挙で測る）に影響するかを調べることもできる。あるいは，新しいメディアに関する研究では，インタラクティブ性の違いが，覚醒（皮膚コンダクタンスで測る）と思考（メディア体験の楽しさや満足）にどのように影響するかを調べることもできる。思考列挙を心理生理データと組み合わせて使う手間を少しだけ減らす方法として，あらかじめ決めた思考の類型を作り，そこに自分の考えを分類してもらうこともできる(Stephens & Russo, 1997)。これらの測度を組み合わせると，研究者の作業は増えるし，その実施法にも一層気を配らないといけない。しかし，これまでの議論から明らかなように，測度を組み合わせることで，メディア現象に対する理解がとても豊かになるだろう。

◆ 副次課題反応時間：認知資源の行動測度

　副次課題反応時間（secondary task reaction time: STRT）は，注意を研究する認知心理学者が古くから使ってきた認知処理の測度である。この測度は，複数の情報源を処理するときに使える認知資源には限界があるとする注意の限定容量説に基づいている。(Kahneman, 1973; Shiffrin & Schneider, 1977)。手続きとしては，STRTは認知心理学者が注意の研究で用いてきた二重課題の研究パラダイムに基づいている。参加者に2つの別々の課題を行わせ，一方の課題が別の課題のパフォーマンスに影響する程度を調べる（Pashler, 1998）。

　STRTデータを測定するには，主課題（たとえば，物語を読む）に最大限の注意を向けるように教示しながら，副次課題の手がかり刺激に行動反応（典型的にはボタン押し）を行うように求める。副次課題の手がかり刺激（ふつうは短い音や文字）に反応するまでの時間が，副次課題反応時間である。このデータ（ミリ秒単位で記録する）を統計分析にかけて，認知資源についての結論を出すことができる。認知心理学者は副次課題反応時間データを使って注意のモデルを構築してきた(Posner, 1978)。また，最近では，脳イメージングと組み合わせて，注意に関連する過程の神経基盤を調べた研究である（Hahn et al., 2008; 訳注：この論文はメディアの研究ではなく，二重課題の研究である）。そのため，STRTは今でも，人が情報にどのように注意を向けるかを調べる有益な測度とみなされている。

1980年代になるとコミュニケーションの分野で注意が広く研究され始めたので，STRTが注意の測度として使われるようになった（Thorson, Reeves, & Schleuder, 1987）。副次反応時間課題データは，それ以来，コミュニケーションに関する研究論文でよく見られるようになった。バジル（Basil, 1994a）は，メディアメッセージの認知処理の研究にSTRTを使うときの理論的基礎を述べた。メディアを利用することには容量に限界のある処理資源の配分が必要になる。だから，STRTは注意の基礎研究と同じように，メディアメッセージに向けられる注意を研究するときにも有益であると提案した。最初のうちは，この測度を使ってメディア処理の研究をすると，認知心理学の従来の解釈とは矛盾した混乱する結果が得られた。

STRTデータの従来の解釈は，主課題に注意や心的努力を多く向ければ，副次課題反応時間は長くなるというものである。この解釈をメディアメッセージ処理に当てはめると，メッセージが複雑になるほど副次課題反応時間が長くなるという仮説が立てられる。副次課題反応時間を使ってメディアメッセージの認知処理を調べた研究者は，初期の実験ではこの仮説を支持しない結果が得られたと述べている（Fox, Park, & Lang, 2007; Reeves & Thorson, 1986）。たとえば，広告の聴覚的・視覚的な複雑性を操作した研究では，複雑なメッセージに対して副次課題反応時間がより短くなった（Thorson, Reeves, & Schleuder, 1985）。直感に反する結果は，STRTとメッセージ内容の記憶との関係についても認められる。もし，従来の解釈のように副次課題反応時間がメッセージに向ける注意を直接測るなら，副次課題反応時間が長い（メッセージにより注意を向けている）ときはメッセージ内容をよく記憶しているはずである。これはいつでも正しいわけではない。たとえば，テレビで放映されるニュースの予告編（Cameron, Schleuder, & Thorson, 1991）やナレーションの構造（Lang, Sias, Chantrill, & Burek, 1995）の影響に関する実験では，副次課題反応時間が短いほど記憶成績が良かった。

直感に反する結果が1990年代半ばまで頻繁に報告されたので，副次課題反応時間が実際に何を測っているかについて疑問を投げかける研究者も現れた（Basil, 1994b; Grimes & Meadowcroft, 1995）。ラングとバジル（Lang & Basil, 1998）は，この測度を理論的に再解釈して，副次課題反応時間データがメッセージ処理に使われる認知資源の直接的な指標になるというのは間違っており，単純化しすぎていると論じた。そして，メッセージ処理に配分される認知資源と，メッセージ処理に必要な認知資源とを区別する必要があると述べた。4章で述べたように，認知資源は，制御的過程と自動的過程の両方によってメッセージ処理に配分される。メッセージ処理に必要な認知資源は，メッセージの内容と構造的特徴によって決まる。ラングとバジルは，配分さ

れる資源と必要な資源との差分を「符号化に利用できる認知資源」と名づけ，それがSTRTが実際に測っているものだと提案した。これは非常に特殊なSTRTの定義であり，注意の指標として考える他の方法とは異なっている。

　STRTをこのように解釈することの真の利点は，メディアメッセージに注意を向けたり処理したりという心的課題の微妙で複雑な性質をより正確に反映している点である。副次課題反応時間を符号化に利用できる認知資源の測度と考えることで，この測度が現在有力なメディア処理の理論であるLC4MP（Lang, 2009）と強く結びつく。4章においてLC4MPについて述べたときに，符号化はメディアメッセージに注意を向けて記憶することに伴う1つの下位過程であると述べた。さらに，この理論モデルでは，符号化に配分される認知資源と符号化に必要な認知資源とを明確に区別している。つまり，メッセージの符号化に配分される認知資源は，その処理に実際に必要な資源と比べて多すぎることも少なすぎることもある。それは，認知資源がどのくらい符号化に配分されるか，メッセージの内容や構造的特徴を符号化するのにどのくらいの資源を必要とするかによって決まる。ラングとバジルは，副次課題反応時間は，符号化に配分される認知資源と実際に必要とされる認知資源との差分（つまり，符号化に使える認知資源）によって変わると提案した。

　最近の研究で，副次課題反応時間を符号化に使える認知資源の測度とみなす考え方が支持されている（Fox, Park, & Lang, 2007; Lang, Bradley, Park, Shin, & Chung, 2006; Lang, Park, et al., 2007）。そのような実験では，副次課題反応時間とメッセージ再認データを組み合わせている。ラングらは，副次課題反応時間が短くメッセージ再認が低下するときは，実際に必要な量よりも少ない資源しか配分されないために，主課題の認知処理の負荷が大きくなりすぎていると提案した（Lang et al., 2006; Lang, Park et al., 2007）。負荷が高まった結果，メディアメッセージを見るという主課題から気が逸れてしまう。そのため，メッセージ内容の再認記憶が低下するが，符号化に使われるはずだった資源が副次課題プローブに向けられるのでSTRTは短くなるのである。

　副次課題反応時間が測っているメディアメッセージ処理の正確な側面がはっきり理解できれば，この測度と心理生理測度を生産的に組み合わせることができる。しかし，メディアメッセージの提示中に，副次課題反応時間と心理生理データを同時に記録することには大きな障害がある。STRTの刺激に対して心理生理反応が生じ，それがメッセージに対する生理反応に重畳してしまうのである。このように重畳する反応は，メッセージに対する心理生理反応にとってはノイズである。副次課題の刺激に運動反応を求めることで，さらに心理生理測度のノイズが増えることもある。したがって，連続反応測定のときと同じように，STRTと心理生理測度を組み合わせるときに

は，それぞれのメッセージをどちらかの測度で検討するように参加者間で組み合わせを変えるか，まったく別の実験で同じメッセージを使うのがよい。

同じメッセージについて副次課題反応時間と心理生理測度を使って結論を出した研究はほとんどない。今後，メディア心理学で追求すべき課題である。レシュナーらは，テレビの禁煙広告の恐怖アピールや嫌悪画像が認知処理に与える影響を研究するために，同じメッセージに対する心拍と副次課題反応時間データを2つの実験で別々に測定した（Leshner, Bolls, & Thomas, 2009; Leshner, Vultee, Bolls, & Moore, 2010）。恐怖アピールに嫌悪画像をつけたメッセージは，副次課題反応時間が短くなり，心拍が一過性に増大し，再認がわずかに下がった。禁煙メッセージにおいて恐怖アピールと嫌悪画像が組み合わさると，情動強度の強いメッセージになり，認知処理の負荷が大きくなりすぎるかもしれないと研究者は解釈した。この研究でも，短い反応時間と再認成績の低下の組み合わせが過大負荷の指標となっている。この知見は，STRTと心理生理測度のデータを解釈することで何が分かるかを示しているだけでなく，第3の認知処理の測度（記憶測度）が重要であることも示している。（訳注：副次課題の刺激に対して事象関連電位を測定することで，そのときの心理状態を知ろうとする研究は行われている。監訳者解説参照）

◆ 記憶測度：メディアメッセージ処理のパフォーマンス指標

心拍や副次課題反応時間のようなリアルタイム測度は，メディアメッセージ処理を理解する上で価値がある。しかし，もっと深く洞察するには，メディアメッセージが記憶内容に与える影響を示すデータも必要である。メッセージに向けられる注意に関する初期の研究では，メッセージ内容の記憶はメッセージに向けられる注意のレベルを反映するという間違った仮説を立てていた（Lang et al., 2009）。しかし，最近の理論的視点では，メッセージ処理に配分される認知資源とメッセージの記憶に配分される資源とはまったく別の概念であるとみなされている。4章でも述べたように，メッセージの符号化に配分される認知資源が増えても，メッセージ内容の再認が自動的によくなるわけではない（Bolls et al., 2001）。メディアメッセージの記憶は，認知資源の配分とメッセージの特徴とのダイナミックな相互作用によってもたらされるようである。だから，認知資源配分と記憶を両方とも測ることは，特定のメディアメッセージがどのように処理されるかについて妥当な結論を引き出すためにきわめて重要である。

メディアメッセージの認知処理として符号化・検索・貯蔵という下位過程への資源配分があるとすれば，それぞれの下位過程のパフォーマンスは別々の記憶テストで測る必要がある。メッセージの**再認**（recognition）は符号化パフォーマンスの指標となり，**手がかり再生**（cue recall）は内容がどれほどしっかり貯蔵されているかの指標となり，**自由再生**（free recall）は内容がどれほど容易に検索できるかの指標となる（Craik & Lockhart, 1972）。自由再生課題では，実験中に提示された思い出せるメッセージを単に列挙・記述するように参加者に教示する。手がかり再生では，特定のメッセージの手がかり（たとえば，「実験中に子犬についてのメッセージを提示しました」）を与えることで，そのメッセージについて思い出せることを記述するように求める。多肢選択テストは，再認テストの一般的な方法である。再認は，再認反応時間課題を使うと，もっと細かく検討できる。実験で提示したメッセージの断片と，それ以外の偽の断片を提示する。その断片が実験中に提示されたメッセージの一部かどうかをできるだけ速く答えるように参加者に求める。再認反応時間課題で得られるデータは，再認記憶の信号検出理論に基づいて分析できる。再認データを詳しく分析することで，2つのパラメータ（**再認感度**（recognition sensitivity）と**判断バイアス**（criterion bias））を求めることができ，単なる正答率を超えた詳しい理解が得られる。再認感度は，実際に提示された刺激（ターゲット）と偽の刺激を区別できる能力の指標である。判断バイアスは，参加者の反応がどのくらい保守的かリベラルかを定量化したものである。シャピロ（Shapiro, 1994a）はこの点について詳しく述べるとともに，信号検出の分析をメディアメッセージ処理の実験に適用することについて論じている。

記憶テストを行うときは，ふつうはその前に妨害課題を入れる。最後のメッセージの提示後に短期記憶の内容を消去し，刺激メッセージや独立変数と関係ない話題についての神経記憶ネットワークを活性化させるためである。妨害課題として，無関連なメッセージを見せることもある。他には，実験手続きの一部として，記憶テストの前に電極をすべて取り外すことで記憶を妨害することもできる。

すべてのメッセージに対する心理生理データと記憶データを1つの実験で集めることは，理論的に重要なだけではなく，手続きの上でも便利である。心理生理測度を使ったメディアメッセージ処理の論文では，記憶データも測定されていることが多い。そのような文献をレビューするのは，本章の範囲を超えている。LC4MPのような強力な理論モデルは，心理生理測度と記憶テストに基づく大規模なデータがあって初めて構築されたと述べるだけで十分だろう。

◆ まとめ

　本章では，メディアメッセージ処理の心的経験を調べるときに，さまざまな測度が持っている独自の役割について述べてきた。心理生理測度と組み合わせることのできる測度についても紹介した。心理生理測度にかぎらず，どんな測度であろうと，単独では，心とメディアメッセージとの複雑でダイナミックな相互作用について意味のある洞察をもたらすことができないことはお分かりだろう。しかし，1つの実験のなかで心理生理データと他の形式のデータを組み合わせることには方法論上の難しさがあるので，研究者はそれにしっかりと対処する必要がある。本章によって，メディアメッセージ処理の測度についての理解が深まるだけでなく，複数の測度を組み合わせて知識を発展させるような新しい研究アイデアが生まれることを願っている。

8章

自分でやってみよう：実験室の立ち上げ

　ここまで読みすすんだ読者なら，メディアメッセージ処理の心理生理測度にだいぶ興味をもっているだろう。自分でも使ってみたいが，何から始めたらいいか分からないかもしれない。さらに，自分で実験室を立ちあげるとなると尻込みして，そんな大それたことをするには「もっと多く」の知識が必要で「専門家」でないといけないと感じるかもしれない。そういう気持ちはよく分かる。新しい大学で職についたり，新しい実験室を計画するときに，私たちも体験した。しかし，この身体がすくむ現象は**実験室恐怖症**（labophobia, Lang, 1994a）と名づけられていることを知って，希望を感じた。劣等感を憂えるのは自分たちだけではないと分かったのは救いだったし，実験室恐怖症に対する2段階の治療法を読んで決心した。その2段階はとても単純なことであり，本章を読み終わることにはあなたも克服できるだろう。第1段階は，どんなに賢く，論文をたくさん書いているメディア心理生理学者でも，最初は実験室，つまり，自分の仮説を検証し科学的な試みを進める場所を要求することから始めたと気づくことである。第2段階はもっと簡単である。実験室のサインを作る必要があるということだ。馬鹿げた不必要なことに思えるかもしれない。でも違う。メディア心理生理学実験室を立ちあげるときに，目に見える最初の仕事は，「実験室」と読める看板をつくることである。手の込んだ名前や頭文字があってもいい。図8.1にその例を示す。頭文字は実験室リーダーの関心を表わしたものである。覚えやすいものにしたいと思うかもしれない。でも，その仕事にも時間をとられたり，立ちどまったりしないように。たとえ，いまは「某教授実験室」としか思いつかなくても，看板を作ろう。普通サイズの紙にレーザープリンターで印刷するだけでいいから，看板を作ろう。看板を作ったらすこし手を休めて，実験室のリーダーとしての最初の目標が達成できたことを実感しよう。おめでとう！　次の目標は，看板を下げる場所を探すことである。

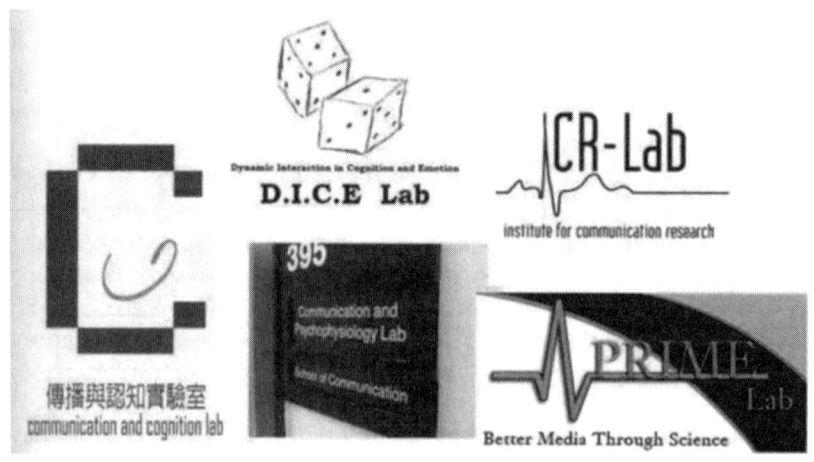

図 8.1　私たちが関与したいくつかの実験室のロゴ

◆ スペースを探す

　大学のキャンパスで空きスペースを探すことはとても難しい。宿題の教科書を読んでいる学生を探すよりも難しい。もし心理生理学実験室を作るなら，場所が必要だ。幸いなことに，心理生理測度がコミュニケーションの学問分野に登場した1990年代初頭に比べると，大学管理者も，メディア心理学者が実験室のスペースを要求することに慣れてきた。しかし，大学に職を得る前に本章を読んでいるのなら，どんなスペースが必要なのかを具体的に知っておくのが望ましい。将来あなたのボスになるかもしれない人に，「看板を下げる場所が必要だ」と伝えるのは遠慮したほうがいい。それでも，雇用契約を交わす前に，どんなスペースが必要かを正確に知っておきたいだろう。
　本書で述べた測度のほとんど（心拍，皮膚コンダクタンス，表情筋筋電図，驚愕性瞬目）には，広いスペースが必要ない。心理生理学実験室の立ちあげについて述べた章で，カーティンらは実験室の最小サイズは6フィート（1.8 m）四方だと述べている（Curtin, Lozano, & Allen, 2007）。学部にはそのくらいのサイズの倉庫があることが多い。実際，私たちの最初の実験室は守衛の居室を改造したものだった。カーティンらは臨床心理学の実験には閉所恐怖症の人も参加するかもしれないと考えて，このサイズを提案しているが，メディア心理学の研究用にも合理的な最小サイズである。得られたスペースがどんなものであっても，2つの部分に分けることになる。実験参

加者がメディアメッセージを見る「参加者スペース」と，生体アンプやデータ収集用コンピュータを設置する「実験者スペース」である。スペースの区分について考え，スペースの必要性を上層部にどうやって伝えようかと思い巡らすときには，自分専用の心理生理学研究スペースにしたいのか，同僚と一緒にさまざまな研究法が使えるスペースにしたいのかを意識して決めないといけない。そこでは柔軟性が望ましいようだ (Lang, 1994a)。柔軟な方法でスペースを分割することは思ったよりも難しくない。特に，最近の心理生理データの測定ハードウェアは持ち運びでき，必要であれば実験室から居室へも移動できるから問題ない。参加者スペースと実験者スペースを一時的に分けるなら，部屋に突っ張り棒をしてカーテンを吊るしたり，間仕切りの家具をおいたりすることもできる（図8.2参照）。

　もし，一から実験室を設計できる立場にあったり，参加者の部屋と実験者の部屋が壁で仕切られたスペースを引き継ぐなら，一方の部屋にいる参加者の身体につけた電極リード線が，もう一方の部屋の生体アンプの入力部に届くようにすることを忘れてはいけない。市販されているリード線のほとんどは，壁を這わせて既存の出入り口を通すには短すぎる。だから，ケーブルの通り路（開口部）を壁に作る必要がある。カーティンら (Curtin et al., 2007) は，直径 6 cm のポリ塩化ビニールパイプを床のすぐ上の壁面に設置すれば，ちょうどよいと述べている。ケーブルを開口部に通したら，部屋から部屋に雑音が伝わるのを防ぐために発泡断熱材を両方から詰める。

　実験室スペースを決めるときは，雑音をあなどってはならない。ヘッドホンからメディア刺激を提示すれば，実験室外の廊下の雑音を心配しなくていいと思うかもしれ

図 8.2　簡単な間仕切りによって，仮ではあるがしっかりとした実験者スペースと参加者スペースを作ることができる。

ない。しかし，驚くことにそうではない。学生会館のどまんなかよりも，あまり人が通らない場所を探した方がいいかもしれない。ただ，他の点についての意思決定と同じく，建物と実験にはトレードオフが存在する。もし廊下からの雑音をなくすために離れた場所を選べば，どこへ行ったらあなたに会えるか誰にも分からなくなるかもしれない。今日の15時半からの実験にくるはずの実験参加者も迷うかもしれない。外部の雑音が問題となりそうであれば，手ごろな値段で市販されている防音材を参加者スペースの壁に貼りつけることができる。

　実験室スペースを選択・設計するときに考慮すべき雑音には，周囲の電気ノイズもある。既存のスペースを引き継ぐならえり好みはできないが，最優先事項の1つは余分な電気信号を発生させるものから離れたところを選ぶということである。本書で述べたように，皮膚表面で測定しようとする生体電気信号はきわめて小さい。生体アンプに相当なお金をかけ，多くの時間と労力をかけて，この微弱な信号を増幅して，心理生理学ソフトウェアプログラムに入力している。微弱な信号を増幅するときに，倉庫を改造した実験室の隣にあるエレベーターからの電気ノイズも一緒に増やしてしまうなら，費やしたお金と時間は無駄になる。あるいは，ラジオやテレビのスタジオから離れたところにしたいと思うかもしれないが，残念ながら，コミュニケーションメディア学部の倉庫はまさにそういう場所にある (Lang, 1994a)。それでも，大きな電気機器から離れた場所にしたいと最初から断固主張すれば，将来の頭痛の種が減るだろう。この他，建物の空調制御パネルの近くは避けたほうがいい (Curtin et al., 2007)。

　余計な電気ノイズが多くならないように心配するとともに，実験室には正しい電力供給が必要なことも忘れてはならない。実験室には最低でも2つの電源コンセントが必要である。1つは参加者スペースでテレビやコンピュータに電源を供給し，もう1つは実験者スペースで心理生理学機器に電源を供給する。安全のため，電気工事業者に頼んで，実験者や参加者が触れる可能性のあるすべてのコンセントに漏電遮断器を設置してもらうことを勧める（図8.3参照，訳注：壁のコンセントに差し込むだけの市販

図8.3 漏電遮断器は，実験参加者と実験者の安全を守る重要なツールである。

製品もある)。漏電遮断器は，コンセントから出力される電流量と機器から戻ってくる電流量を比較する。もし両者が違っていれば，誤った接続によって地面に電流が逃げていることが考えられる。電流差がわずか5ミリアンペア程度でも，コンセントからの出力が遮断される (Greene, Turetsky, & Kohler, 2000)。これはいいことだ。参加者に取りつけた電極とコンセントの接触インピーダンスは低いからだ（訳注：新しい測定機器では参加者はコンセントから電気的に絶縁されているので，測定機器から感電する心配はない)。もし実験参加者が，アースがきちんととれていないコンセントに差し込まれた機器（コンピュータやキーボード，ディスプレイなど）に触れると，電流は参加者を通って地面に流れてしまう。漏電遮断器をつけておかないと，危険な量の電流が参加者の体を通過して，重度のやけど・けが・死に至ることもある。実験室が置かれるほとんどの建物は近代的な電気配線を用いているため，漏電事故はまず起こらない。しかし，漏電遮断器はごくまれなケースにおける事故防止になる。これらの設置費用は大学側が負担すべきだと主張するのは，あなたの研究を理解してもらい，参加者の安全を第一にしていることを管理者に伝えることになるので，やってみることを勧める。

実験室を設置し運営しはじめたら，他にも通常の実験手続きとして注意することがある。それらは以下で述べるが，実験室スペースを確保するときには，適切な安全対策がなされた電源が必要になることを忘れないようにしよう。実験室スペースを選ぶときに留意しておきたい安全上の問題点として，他には，適切な消火器や消火栓があること，出口に近いこと，緊急連絡用の電話が近くにあることなどがある。

実験室を設置するための場所を見に行くときは，周囲の環境をどれだけコントロールできるか考えてみる。参加者スペースに窓があり，それをふさぎたいなら，遮光シートを貼りつけることもできるし，実験以外のときに日光を入れたいなら，ブラインドやカーテンを使うこともできる。電灯も自分でコントロールできるようにする。消せないものや，赤外線センサーで点灯・消灯するものはやめる。それぞれの実験で刺激提示に最適な照明条件を自分で決められるようにする。参加者スペースの冷暖房は調整できるようにするのが望ましい。「末梢心理生理反応は参加者の体温調節のために適応的に反応するので，研究しようとする信号の記録に交絡するかもしれない」からである (Curtin et al., 2007, p. 400)。

たとえば，運よくいくつかの候補から実験室スペースを選べるとしよう。どの場所も上述の「最低要件」を満たしているときは，他にも留意すべきことがある。水道が近くにあるか？ 使い捨て電極を使うコストが気になるなら，電極からゲルを洗い流すための水が必要である。トイレがどのくらい近ければ，あなたと参加者が快適かも考えよう。インターネット接続コネクタはすでに設置されているだろうか？ 無線LAN

はどうだろう？ もし他よりも無線 LAN の強い場所があるなら，ストレージサーバにデータをアップロードしたり，YouTube から刺激メッセージをダウンロードするときに役立つかもしれない。

◆ 家具を据えつける

　実験室スペースを確保したら（看板をドアに貼るのも忘れずに！），研究するのに必要な資材を入れないといけない。まず家具がいるが，なかでも最も重要なのは，参加者の座る椅子だ。なぜそんなに大事かって？　どのくらい使うかを考えてみたらいい。参加者内デザインで行うふつうの心理生理学実験では約 40 人がその椅子に腰を下ろす。それに，1 年にいくつも実験をするかもしれない。実験参加者は，最大 75 分間もその椅子に座って，見たくもないかもしれないメディアメッセージを見ることになる。だから，参加者が座るイスは頑丈で快適でないといけない。ついでにいえば，実験参加者が動いたときに静電気が起こりにくい素材であるといい。つまり，布製よりも人工皮革製の方が適している。

　参加者が座るイスを新しく買ったら，いよいよ研究予算を正直に考えてみるときがくる。好きなだけお金が使えることはまずない。研究者とはそういうものだ。しかし，限られた予算の中で，3 種類の備品を買わないといけない。心理生理データ収集装置，刺激提示装置，家具である。この順序は，私たちが予算を使う上での優先順位である。限られた予算では，実験者のために，おそろいの新品家具を買うことは重要ではない。大切な電気機器を置くための頑丈な机も必要だが，これは本当にどこからでも手に入る。ほとんどの大学には，1 億円くらいの研究助成金をもらった人が新しい家具を買うときに余る「おさがり」の家具をしまう倉庫がある。自分で 1 億円くらいの助成金が受けられるようになるまでは，中古品を使って予算を節約しよう。中古品店やガレージセールでも，こういった重要度の低い備品を探せる。そうすると最初の研究予算がけっこういろいろと使えることが分かるだろう。だが，きしむ音のする中古家具を実験室にすえつけたら，参加者がおそろしく気が散ってしまうかもしれないから，気をつけないといけない（Curtin et al., 2007）。実験室で使う家具を手に入れるときは，耳を含めた五感を使うようにしよう。

◆ 実験装置を購入して理解する

　新しい実験室に椅子と作業机を入れたら，そこは「家から離れた家」になる。ラングが言うように「実験室の立ちあげには時間を吸い込まれる」からだ（Lang, 1994a, p. 230）。実際のところ，もし大学院生が「うわー，心理生理学実験をするのは本当に大変なんですね！」というたびに500円払っていたら，私たちの研究予算は早々に消えてしまうだろう。実験をするのはきつい仕事であり，そして時間がかかるものである。最初に実験室を立ちあげるのも同じことだ。いろいろな装置を調べて，どれを使うのが最も研究関心にあっているかを決めるには，時間がかかる。装置を設定し，それぞれの部分がどう動くかを学び，それらを統合して全体として円滑に機能させるには，さらに時間がかかる。刺激提示ソフトウェアやデータ収集，データクリーニング，データ処理・分析のソフトウェアプログラムを習得するのにも時間がかかる。それぞれのプログラムや装置の取扱説明書は，最初はあたかも外国語で書かれているように思えるだろう（訳注：日本人にとっては実際に外国語で書かれたものが多い）。残念なことに，本書を含めてどんな本を読んだとしても，実験室で時間をかけてハードウェアとソフトウェアの複雑さと機能を学ぶことで得られる経験と洞察の代わりにはならない。最初は，心がひるむかもしれない。だから，本書を読んでいる大学院生は，単にデータ収集・分析に必要なことにとどまらず，所属している実験室の表裏すべてに自分を馴らすようにするといい。実験室のハードウェアやソフトウェアを使いこなすために時間をかけるのは，早ければ早いほどよい。しかし，大学院生であれ教員であれ，自分の実験室を立ちあげようとして本章を読んでいるなら，時間がかかると言われても実験室恐怖症を再発させてはならない。そのかわりに覚えておこう。

> 新しい実験室というものは，最初は新生児によく似ている。時間とお金，労力をつぎ込むが，成果はほとんどない。避けがたいフラストレーションに対処する最良の方法は，次のように考えることだ。実験室をしっかりしたものにしようと時間を費やせば，実験室は将来円滑に効率よく稼働するようになるだろう。注意を怠れば，データの沼におぼれてしまい，論文を書く時間もなくなってしまうだろう。（Lang, 1994a, pp. 230-231）

　では，どんな種類の装置を買う必要があるか？　考えを整理する簡単な方法は，3章で述べたシグナルチェーンの概念を思い出すことだ。実験室を作るときは，独立変数と従属変数の両方についてシグナルチェーンを考えてみよう。独立変数の側では，研究に使うメディアメッセージを参加者に提示する必要がある。どうやって行うか？　1990年代初めには，ほとんどのビデオメッセージを標準カラーテレビを通してVHS

ビデオテープで再生していたのだが，今では大きく変わっている。刺激をデジタル信号としてコンピュータのハードドライブに保管し，それを研究用ソフトウェアで再生し，液晶ディスプレイやプラズマモニタに映し出すことが多い。だから，時間をかけて調べる必要がある上位3つは，刺激提示用コンピュータ，モニタ，刺激制御ソフトウェアである。コンピュータとモニタの仕様は急速に変化しているので，ここで多くのパラメータを書いても役に立たない。それでも，刺激を保管し刺激制御ソフトウェアを走らせるコンピュータを考えるときは，ハードディスク容量とビデオRAMが十分にあり，高性能ビデオカードを搭載していることを確認しておこう。音響や音楽の認知・情動処理についても研究するなら，高性能サウンドカードが搭載されていて，高音質のヘッドホンがあることも確認しよう。驚愕性瞬目を測定するつもりなら，ノイズキャンセリングヘッドフォンは避けたほうがいい。驚愕反応を惹起させるホワイトノイズの急速な立ち上がり時間に影響を与えるからである。

　モニタを選択するときは，研究関心と**外的妥当性**（external validity）を考慮しよう。もしテレビメッセージの処理を研究するなら，現在の風潮では，従来のブラウン管テレビよりも大型で高価な液晶テレビが，家での視聴に使われている。しかし，大きければよいというわけではない。実験参加者が座る部屋が小さいのに大画面テレビを置いても，最適な視野角にはならないだろう。インターネットを見る行動に興味があれば，検証しようとする状況をモニタで再現できないといけない。コンピュータゲームの処理に興味があれば，モニタと（理想的には刺激提示ソフトウェアとも）接続できるゲーム機を購入する必要がある。最後に，どんなモニタを使うのであれ，参加者が体験していることを実験者からも見えるようにしたいだろう。これにはいくつかの方法がある。参加者スペースに取りつけたビデオカメラを使って，参加者の映像と画面の映像を撮影し，実験者スペースの別のモニタに映すこともできる。ビデオ分配機を使って，刺激提示コンピュータの信号を実験者スペースの別のモニタに映すこともできる。複数の動画（刺激提示コンピュータ，心理生理記録のモニタ画面，別視点からの参加者映像）を4分割画面で表示して記録することもある。この方法を使うと，「身を乗り出す」「椅子にもたれかかる」といったスクリーンとの距離が変化する参加者の行動（Bellman, Schweda, & Varan, 2009）を分析することができるし，心理生理信号に混入した運動アーチファクトをデータクリーニングのときに容易に識別できるようになる。もちろん，参加者の行動や提示刺激の追跡にどのくらい手をかけるかは，予算によって左右される。1つの部屋をカーテンで仕切った実験室では，カーテンの隙間からときどき実験者がのぞいて順調に進んでいるかを確認すればうまくいく。

　次は刺激提示ソフトだが，これにもいくつか候補がある。そのほとんどが，刺激を

◆ 実験装置を購入して理解する

一定の順序やランダムな順序で再生するだけでなく，7章で述べたさまざまな方法（副次課題反応時間，連続反応測定，自己報告質問紙など）でデータを測定することができる。反応時間（たとえば，態度を報告するのにかかる反応潜時）を記録したいときは，そのソフトウェアがキーボード入力をどれくらいの精度で記録できるか知っておきたいだろう。データ収集プログラムでキー反応を記録するときには約 300 ms もの遅延が起こることがあるので，反応時間データの妥当性に影響することがある。一部のメーカーは，この問題に対処できる特殊なキーボードを作っている（訳注：Cedrus社の反応パッドが有名）。多くの刺激提示ソフトウェアでは，刺激提示用コンピュータ

表 8.1　装置やシステムを販売する会社の名前とリスト

会社名	製品名	ウェブサイト
刺激提示ソフトウェア		
Cedrus Cooporation	SuperLab	www.superlab.com
Empirisoft Cooporation	Media Lab/Direct RT	www.empirisoft.com
The Mathworks	MATLAB	www.mathworks.com
Neurobehavioral Systems	Presentation	www.neurobs.com/presentation
Psychology Software Tools, Inc.	E-Prime	www.pstnet.com
Millisecond Software*	Inquisit	www.millisecond.com
Qualtrics	Online Survey Software	www.qualtrics.com
マクロミル	Questant	questant.jp
心理生理測定ハードウェア		
Biopac Systems	Biopac	www.biopac.com/Research.asp
Contact Precision Instruments	Psychlab	www.psychlab.com
Coulbourn Instruments	Lab Linc V	www.coulbourn.com
MindWare Technologies	MindWare	www.mindwaretech.com
Thought Technology	Procomp/Flexcomp Infiniti	www.thoughtechnology.com
Brain Products	BrainAmp, QuickAmp	www.brainproducts.com
Biosemi	Biosemi	www.biosemi.com
Compumedics	Neuroscan	www.compumedicsneuroscan.com
日本光電*	EEG シリーズ	www.nihonkohden.jp
ティアック*	ポリメイト	www.teac.co.jp
AD/DA ボード・測定ソフトウェア		
Scientific Solutions	LabMaster	www.scientificsolutions.com
キッセイコムテック*	BIMTAS II, ATAMAP II	www.kicnet.co.jp

*日本の実情に合わせて追加した。

の外部ポートから指定した時間にデジタル信号を出力でき，刺激提示と生理信号の時間合わせができる。こうすると，メッセージの認知・情動処理のダイナミックな性質を生理データで裏づけて正確に表現できるようになる。表8.1には，私たちの知っているソフトウェア販売会社を示している。カーティンら（Curtin et al., 2007）は，fMRI, EEG, ERP の実験で使えるソフトウェアも含んだ包括的なリストを示している。

　メディア心理生理学実験室で用いるソフトウェアについて重要な注意点を述べておこう。プログラミング言語を詳しく知っているほど，より柔軟に活用できる。これは刺激提示用ソフトウェアにかぎらず，生理データの収集・解析ソフトウェアにも当てはまる。MATLAB や Java などのソフトウェア言語を習得した人や，習得しようとしている人は，参加者に何を見せてどんな生理反応をいつ記録するかといった制御を詳しく行うことができる。しかし，プログラミング言語の習得には時間がかかるし，得意なことではないかもしれない。もしそうなら（少なくとも私たちのうちの一人はそうだ），既製のソフトウェアプログラムを使うことで時間を節約できるが，それと引き換えにある程度の柔軟性を犠牲にしないといけない。

　独立変数に関する問題点には，このほかにメディア刺激を編集する方法がある。ホームコメディの1話を全部見せたいということはあまりない。そうではなく，調べようとする独立変数に応じて，さまざまな番組からいろいろなシーンの例を見つけてこなければならないことがある。あるいは，テレビニュースに手を加えて，選挙に立候補した人の画像を追加したり削除したりすることもあるだろう。これには2つの問題がある。1つは，ホームコメディやニュース，ビデオをデジタル信号としてどのようにコンピュータに取り込むかである。もう1つは，どう編集するかである。ビデオの取り込みはハードウェアの問題でもあるので，アナログ－デジタルビデオコンバーターを購入するかを考える必要もある。この装置は，心理生理データ収集用コンピュータの AD/DA ボードが生体信号に対して行っているのと同じことを，ビデオ信号に対して行っている。つまり，連続的なアナログ信号を一定の速さでサンプリングし，サンプリングしたものをコンピュータに保存できるデジタル情報に変換している。VHS テープやコピー保護されたデジタルフォーマットの画像をデジタル化する必要があるならビデオコンバータは必要だろう。しかし，ビデオが最初からデジタル形式なら（たとえば，デジタルビデオレコーダーや DVD レコーダで記録されているなら），編集のためにコンピュータに取り込むのはかなり簡単である。視覚刺激の編集は，単純なシェアウェアから複雑なデジタル制作パッケージまでいろいろなプログラムを使って行うことができる。これまでの意思決定と同様，どの方法が一番よいかは，研究関心と予算を考えながら決める。

独立変数側の設定に関して，最後にアドバイスがある。もし，実験室を同僚と共有するなら，相手が心理生理測度を使うかどうかにかかわらず，刺激作成と提示方法を決めるときの議論に加わってもらおう。そうすることで，好意が生まれ，実験室により多くの人が関わるようになり，稼働率も上がるだろう。古びた倉庫だった部屋が，科学的探究を行う活気あふれた場所へと生まれ変わるのだ。

従属変数として心理生理測度を使うなら，最初に購入すべきものは4つある。生体アンプ，ソフトウェア，AD/DAボードとコンピュータである。一度にそろえたい人は，最初の3つはメーカーがまとめて売っている（データ収集用コンピュータは自分で買うことが多い）。どの心理生理測度がいいか決めかねているなら，BIOPAC Systems と Thought Technology が比較的安価な小型システムを扱っている（訳注：日本にも代理店がある）。さまざまな生体電気信号を4～5チャネルで記録して専用ソフトウェアで分析できる。これによっていろいろな従属測度を収集できるが，「汎用」データ収集システムでは研究者の自由度が低いことを知っておこう。信号の増幅利得やハイパス・ローパスフィルター，サンプリングレート，時間過程の異なるデータの分析といった設定が自由にできないことがある。

そういったことまでコントロールしたいなら，特定の生体電気信号を測定するように設計された専用ユニットを組み合わせて作るシステムから選ぶことになるだろう。表8.1に載せた販売会社は，いずれもそのようなシステムを提供している。もっと柔軟に，ソフトウェアだけやAD/DAボードだけを購入して，他社のソフトウェアやボードと組み合わせることを認めている販売会社もある。どの測定ユニットを買うかは研究課題によって決める。これまでの章で述べたように，この分野でよく使われる測度は，皮膚コンダクタンス，表情筋筋電図，心拍である。心拍変動測度によって交感神経系と副交感神経系の相対的影響が分かると主張する研究者は，皮膚コンダクタンス測定装置を交感神経系活性化の指標としての必要性が低いと言うこともある。しかし，はっきりとした研究結果が出ていないので，この点については根拠に基づく勧告をすることができない。知っておくといいが，特定の測度専用の名前（たとえば，筋電図アンプ）をつけたユニットを販売している会社もあれば，仮説や研究目的に合わせてさまざまな信号を記録できる汎用生体アンプを販売している会社もある。いいかえれば，汎用的で柔軟な生体アンプを購入すれば，主に情動に関心のある実験では皺眉筋を測定し，注意を検討しようとする実験では心拍数を測定するといったことができる。

柔軟性とともに，心理生理測定システムは，その機能を将来的に追加・拡張できるように計画するとよい（Lang, 1994a）。ユニット式のシステムを使っていれば，たとえば年度末の余った予算で5万円のユニット（筋電図ユニットをもう1つ追加したり，

興味はあったが試していなかった皮膚温や呼吸数などを測定するユニット）を追加することで，新しい可能性が開けてくる。年度末に予算が余ることは本当にあるのだから，そのときのために準備しておこう。

　従属変数のシグナルチェーンについては，データ収集とデータ処理を同じソフトウェアで行うことがよくある。刺激制御ソフトウェアに伴うトレードオフ関係は，ここでも当てはまる。もしマウス操作で直感的に動くソフトウェアを使いたいなら，プログラム言語を学ぶよりもすばやく研究をスタートさせることができる。しかし，そうすると柔軟性が失われることがある。測度ごとにサンプリングレートを変えるとか（6章の驚愕性瞬目反応で述べた），心拍間隔データから運動アーチファクトを手動で探してクリーニングするとか，データ処理で出力する長さを変えるといったことができないかもしれない。ソフトウェアは日増しに強力で柔軟なものになっていくし，多くの販売会社には質問や提案に答えてくれるカスタマーサポートがある。しかし，自分でプログラミングできるようになるに超したことはないと考える研究者もいる。

　データ収集用コンピュータ，刺激提示用コンピュータ，AD/DAボードは一緒に購入して，3つのシステムが互いに情報を送れるかを確かめておくとよい。これが重要であることを理解するために，まずAD/DAボードが何をしているかをしっかりと述べておこう。まず，AD/DAボードには2つの重要な部分に分けられる。片方は，生体アンプとボード本体をつなぐインタフェースだ。生体アンプの出力側とAD/DAボードの入力側をケーブルで接続することが多い。ボード本体にはアナログ入力とデジタル入力がある。信号の種類に対応した方を使う。4章で述べたように，心拍数を測定するときに，二重コンパレータ（ウィンドウ弁別器）を使うことがある。心電図のQRS複合波が一定の電圧閾値を超えたときにパルスが1つ送られる。このパルスはデジタルである。通常は「オフ」のチャネルが，電圧が閾値を超えるとトリガが発生して非常に短い時間だけ「オン」になり，すぐにまた「オフ」に戻る。だから，二重コンパレータの出力ケーブルはAD/DAボードのデジタル入力部に接続して，そのチャネルをソフトウェアで「心拍」と指定する。筋電図や皮膚コンダクタンス，もしくは心電図の波形そのものをアナログで記録するなら，生体アンプからの出力ケーブルを，ソフトウェアで指定した信号チャネルのアナログ入力部に接続する。

　シグナルチェーンの点から考えると，これで生体アンプからの情報がAD/DAボードに送られた。しかし，この情報をデータ収集用コンピュータに伝えて，ハードディスクに保存しなければならない。これがAD/DAボードの反対側である。ボードはコンピュータ背面に差し込まれたカードを通してコンピュータに情報を送る。たいていは，USB接続よりも前の世代のプリンタコネクタに似た（同じではないが）ピンコ

ネクタが使われる．データ収集用コンピュータの背面にあるピンコネクタは，マザーボードのI/Oスロットに差し込まれているAD/DAボードの端末である．知らないかもしれないが（私たちも最初は知らなかった），マザーボードのI/Oスロットにはいくつかのタイプがある．だから，AD/DAボードとデータ収集用コンピュータは同時に購入するのが望ましい．AD/DAボードがデータ収集用コンピュータに接続できるかを確認したい．I/Oスロットが適合していなければ，まさしく頭痛の種である．

 それでは，刺激提示用コンピュータと心理生理データ収集用コンピュータをつなげることに話を進めよう．多くの刺激提示ソフトウェアは，データ収集用コンピュータに信号を送るということを思い出してほしい．たいていは，刺激メッセージの提示といった重要事象の開始点にデジタルパルスを入れるのに使う．この信号をデータ収集用コンピュータで受け取る方法がいくつかある．最も簡単なのは，おそらくAD/DAボード本体のデジタル入力チャネルにつなぐことだ．しかし，カーティンら（Curtin et al., 2007）が述べるように，多くの刺激提示ソフトでは信号をデータ収集用コンピュータのパラレルプリンタポートを通して送っている．残念ながら，最近のコンピュータの量販モデルにはパラレルポートが搭載されていないことが多い．刺激提示ソフトとデータ収集用コンピュータの仕様をよく知っていれば，互いにつなぐことができる．

 心理生理データを収集するコンピュータの保存容量は，記録する信号の種類によって決める．たとえば，心拍で心拍間隔データだけを記録するなら，各参加者のファイルサイズは小さくてすむ．1分間に70個くらいの3～4ケタの数字を記録すればいいからである．しかし，脳波をサンプリング周波数80 Hzで多チャネル記録したら，ずっとたくさんの容量が必要だろう．心理生理学測定装置の販売会社は，記録用コンピュータのハードディスクの推奨サイズを教えてくれるはずだ．しかし，カーティンら（Curtin et al., 2007）が提案したように，データ収集コンピュータとは別に，ハードディスクやサーバーにデータのバックアップを取っておくことを勧める．データのバックアップは，心理生理学の実験をするときは定期的に行うのが望ましい．データを得るために実験者も参加者も大変だったのだから，それに見合うことはしたいだろう．

 正しい実験装置を選ぶことについて最後に1つ．心理生理学研究に関心をもつ学者コミュニティで得られる貴重な資源を忘れないようにしよう．心理生理学会（SPR）では，毎年の大会で，実験室を立ちあげる若手研究者を支援するためにラウンドテーブルディスカッション（円卓昼食会）を行っている．私たちも過去に主催したことがあるが，学んでいる途中のあなたの状態がどんなものかを知っているし，できれば助けになりたいと思っている．自分たちの実験室のスケジュールや学問的・個人的な用事

によって時間がとれないこともある.それでも,興味を持った研究をしている人を見つけたら,質問してみよう.全員ではないが,たいていは友好的に親しくしてくれる.心からの善意でわざわざやってきて実験室を立ちあげてくれることはないだろうが,しっかりとよく考えて質問していると相手に伝われば,アドバイスをくれるだろう.

このことは次節につながっている.実験室についての知識をどのように学生や研究員に伝えていくかについて述べよう.

◆ 知識を伝える:実験室トレーニング

十分な時間と努力を注いで実験室のことを理解したら,今度はそれを他の人に詳しく伝える必要がある.結局のところ,教えることは自分のためでもある.実験室に協力者がいたら,一人でデータを収集する必要がなくなるだけでなく,実験室の環境を活気に満ちた楽しいものに変えることができる.加えて,同僚や学生が実験室で重要な役割を担うようになれば,あなたも知らないコツを身につけて,お互いに知識を交換できるようになる.実験室についての知識を伝えるには4つの方法がある.実験室マニュアル,実験室ミーティング,研修日,研究ノートである.

実験室マニュアル

大学というところは学生や同僚の出入りが激しい.それぞれの人がそれぞれのスキルをもっている.ハードウェアやソフトウェア,研究計画,研究組織なども場所によって違う.実験室を生産的にするためにいちばんいいのは,実験室マニュアルに「こうすればうまくいく」ということを書いて,覚えたり参照したりできるようにすることだ.実験室マニュアルを分かりやすく理解を深められるように作り,疑問を感じたら真っ先に読んでもらうようにしよう.このような文化にすると2つの利点がある.まず,同じ質問に繰り返し答えずにすむ.次に,文献から答えを見つける練習をそれとなく勧めることになる.実験室マニュアルを管理する方法は,少なくとも2つある.今風のやり方は,マニュアルをwikiで作って,実験室メンバーが全員編集できるようにすることである.私たちが実施しているのは,もっと中央集権的な方法で,マニュアルは一人(実験室長か指名された管理者)が管理する.もし自分以外の人が実験室マニュアルの内容を書き換えられる仕組みにするなら,定期的に目を通してどんなことが伝えられているかを知っておくようにする.

wiki方式をとらないにしても,マニュアルは実験室の誰もが読める電子文書にしておくとよい.学期初めの実験室ミーティングでは,まずマニュアルを見る方法を伝え

るのが望ましい。私たちの実験室マニュアルの目次を少し編集したものを本章の付録に載せた。その内容には，日々の維持管理にかかわる事柄（電話番号，地図，一覧表）から，哲学的な考え（「一緒に働くということ」），実用的なこと（「電極の洗浄」）まで含まれている。

実験室ミーティング

　新しく作った実験室について周囲の人たちに知ってもらうには，週１回の実験室ミーティングを開くのがとても効果的である。教員スタッフや関心のある学生に通知しよう。研究スペースを他の教員スタッフと共有するときは，そのスペースに関心のある人がみんなで定期的に集まり，実験室についての情報とその改善の仕方を共有することがとても大切だとはっきりと伝えるようにしよう。実験室ミーティングは，そのスペースについての連絡事項から始めるのが望ましい。午後に火災警報器が鳴ることになっているとか，刺激提示用コンピュータから高音質の音を出す新しい工夫とか，それを実験室マニュアルのどこに書いておくかといったことである。その後の効率的な進め方として私たちがいくつかの大学で実践してきたのは，現在進行中の研究について，それぞれの実験責任者に順番に進捗状況を報告してもらうことである。こうすることで，誰もが実験室の稼働状況を知ることができる。また，何をしているかお互いに知らない人同士が研究関心を伝えあい，学生の学位論文はいうまでもなく，学会発表の締切や論文投稿，出版などに向けて動機づけを高め，生産性を向上させることにもつながる。

　生理データの収集やその処理，実験デザイン，統計分析など，特に厄介な問題についてミーティングで取り上げて議論することもできる。予備実験のデータを発表したり，大学院生の発表を聞くこともできる。何もすることがなければ（非常に稀なケースだが），その週の実験室ミーティングは，メディア心理学研究分野の最新の論文について議論する場にすることができる（Valentini & Daniels, 1997）。

　メーリングリストを作り，毎回の実験室ミーティング後に要旨を送るようにする。こうすれば，参加できなかったメンバーとも情報を共有し，参照できる記録を残すことができる。

研修日

　メディア制作やその他の実習科目を教えたことがある人は，テキストに書いてある情報を補強するには，実際に見て触って経験するのが一番だと知っているだろう。これを実現するには，関心のある学生を直ちに研究にまきこみ，とにかく「足を水につけさせる」のがいいと考える人も多い。しかし，私たちも試したことがあるが，それは実験室の知識を伝えるのに最も効果的な方法ではない（Barker, 2002）。特に，研

究室が発展し職階も上がっていくと，この方法では初心者に知識を伝えるのがほとんど上級生に頼ることになってしまうからである．伝言ゲームで，最初のメッセージを小声で伝えていくと，最後にひどく歪んでしまうのと同じである．ときどきは実験者全員を集めて対面トレーニングをしなければ，実験室で使っていた技術や手続きが理想とはかけ離れたものになってしまうかもしれない．実験室の新たなメンバーにどんな作業の実習を受けたいか聞いてみよう．あるいは，もっといい方法は，自分でローテーション表を作って，定期的な研修日を設定しよう．

研究ノート

研究を実施するときは，どんな詳細も書き留めておくためのノートを1冊作る（2冊や3冊になるかもしれない）．共同研究者との雑談中に書いた実験計画の走り書きなどもノートに載せる．予備実験の刺激リスト，予備実験で使った質問紙の見本，統計分析のプリントアウト，インフォームドコンセント書類の原本．これらすべてをノートに載せる．すべてを1ヶ所に保管し，その研究についての疑問が生じたら，まずそのノートを見ればいいようにしておく．

最近の実験室運営で最も苦心するのは，実はこの方法である．私たちが大学院生だったときは，研究に関連するものは何でも（本当に何でも）印刷して3穴パンチで穴をあけ，検索しやすいように，古い書類の上に新しい書類を載せて1つの研究ノートに綴じるように叩き込まれていた．しかし，現在のペーパーレス環境では，この方法は実用上難しくなってきた．代わりに，研究ノートは電子形式に進化してきた．それはそれでよい．ただし，電子ノートからページを何枚か抜き出したり，そこに書き込んだりした後，元の場所に戻すのを忘れたり，間違った箇所にセーブしたりすると，研究の進展状況が分からなくなってしまう．共有ドキュメント配信プログラムによって，この問題は解決できるかもしれない．あるいは，実験室サーバーにあるディレクトリやファイルについては，名前をつけるルールを決めて，過去のバージョンを残しつつ，現在のバージョンと混同しないようにすることもできる．どんなタイプを使うにせよ，研究ノートは1つの実験に関連するすべてを保存しておく重要なツールである．だから，研究ノートを作る方法を決めたら，その研究にかかわるメンバーに必ず回覧する．実際のところ，電子ファイルの命名法と保管法について実験室の標準手続きを決め，すべての研究の電子ノートに適用するのは悪くないことである．ファイル命名法についての説明はどこに書いておくか？　そのとおり，実験室マニュアルにである．

◆ 実験を計画する

　実験計画に伴う複雑な問題をこの短い節ですべて論じることはできない。すでに良著がたくさんある (Cochran & Cox, 1957; Kirk, 1995)。さらに，心理生理測度を用いた実験を計画する最良の方法は，この本で紹介したメディア心理学と心理生理学の文献から具体例を見つけて読むことだろう。独立変数による生理信号の有意差が得られやすい実験をどのように計画するかのよい例となる。さらに，心理生理測度を用いるかどうかにかかわらず，メディア心理学者に役立つ実験計画の基本文献として，リーブスとガイガーが書いた「メディアメッセージに対する心理反応を測るための実験計画」という章がある (Reeves & Geiger, 1994)。心理生理学研究については，ジェニングスとジャナロスが実験計画に関する重要な手びきを書いている (Jennings & Gianaros, 2007)。以下に述べる提案は，主にこれら2つの出典に基づいている。

　実験計画には，参加者内計画と参加者間計画の2タイプがある。読者の多くは後者の計画になじみがあるかもしれないが，心理生理学研究ではほとんど参加者内計画を使う (Jennings & Gianaros, 2007)。参加者内計画では，一人の参加者がすべての独立変数の水準を経験し，それぞれの反応を比較して統計的な有意差があるかを調べる。他方，参加者間計画では，参加者は独立変数の各水準にランダムに割り当てられ，どれか1つの水準のみを経験する。2つの参加者群の反応を比較して有意差を調べる。メディア心理学の実験計画では，各群に無作為に割り当てることで，結果に悪い影響を与える交絡変数の個人差に適切に対処できると考えられている。しかし，ほとんどの心理生理測度のベースラインには大きな個人差がある。そのため，参加者内計画の反復測定によって，同じ参加者のなかで比較する手続きのほうが望ましい。メディア心理学実験で参加者内計画を用いる利点としては，他にも，「コミュニケーション研究で扱う条件操作は，現実場面でも一人ですべての条件を経験することが多い」ことが挙げられる (Reeves & Geiger, 1994, p. 175)。

　だから，刺激と仮説が許すかぎり，一般的には参加者内計画を使うことが推奨される。しかし，参加者内計画で刺激を提示するときは持ち越し（carryover）効果に対処しなければならない。持ち越し効果とは「最初に（先に）与えられた条件によって参加者の行動が変わること」を指す (Jennings & Gianaros, 2007, p. 814)。たとえば，次の単純な仮説を考えてみよう。アニメのキャラクターが出てくるコマーシャルのほうが，実際の人間が出てくるコマーシャルよりも，大頬骨筋と眼輪筋の活動が高まる。実験を行ったところ，筋電図データによって仮説が検証された。しかし，実験ではいつ

でも人間のコマーシャルを先，アニメのコマーシャルを後にしていたとする。ここでは持ち越し効果によって参加者内計画の妥当性が失われている。最初のコマーシャルで生じた感情が2番目のコマーシャルに影響したことで表情筋活動が生じたかもしれない。もし刺激の順序を逆転させて，アニメコマーシャルを先にすれば，この効果は消えるかもしれない。これを回避する1つの方法は，刺激提示ソフトを使ってコマーシャルをランダムな順序で提示するか，半数の参加者が人間コマーシャルを最初に，残りの半数の参加者がアニメコマーシャルを最初に見るようにすることである。

　実験計画法の基本を知っていれば，上述の人間対アニメの実験例には，もう1つ妥当性に関する問題点があることが分かるだろう。俳優が登場するコマーシャルには，アニメキャラクタが出てこないというだけでなく，別の特徴があって，それが筋電図活動に現れた有意差の原因になっているかもしれない。もしかしたら，俳優が出てくるコマーシャルの商品に対して，参加者は悪いイメージを持っていたかもしれない。俳優の声を不快に感じたり，陰気な背景音楽が流れていたかもしれない。独立変数の2水準（人間 vs. アニメ）を比較するために選んだ広告の違いをあげていけば，際限がない。ここで実験計画について一般に推奨できることがある。独立変数の各水準についてメッセージを複数個用意するのである。実際，この方法は参加者内・参加者間計画のどちらでも推奨できる。交絡変数はどちらの結果にも影響するからである。

　では，各水準にいくつくらいのメッセージを用意すればよいのだろうか？　これは独立変数の水準間にどのくらい差があるかと，各水準で用いるメッセージ間にどのくらい差があるかによって決まる（Reeves & Geiger, 1994）。言いかえれば，独立変数の水準間の差がわずかなものであれば，有意な効果を得るのに必要なメッセージ数は多くなる。同様に，1つの水準に含まれるメッセージ間に大きな差があるときは，その影響を相殺して統計的比較を行うために必要なメッセージ数は多くなる。

　結局のところ，メッセージの数は，それぞれのメッセージの長さや参加者あたりの実験時間に依存して決まる。コマーシャルを刺激にするなら，それぞれが短いので，いろいろなパターンを繰り返して提示できる。反対に，もし映画の「サスペンスシーン」に関連した独立変数について調べるときは，コマーシャルのときよりも一本あたりの時間が長いので，繰り返せる数が減るかもしれない。一般的なガイドラインとして，実験全体で90分を超えないようにする。そのため，もしゴールデンタイムに放映されるドラマの1話分すべての処理に影響する変数を検討するなら，メッセージの数を1つに絞らざるを得ないだろう。これは刺激を90分提示することではない。この90分間には，必要な書類に記入してもらうこと，電極を装着すること，インピーダンスをチェックすること，刺激を提示すること，電極を外すこと，課題後の自己報告測

度に記入してもらうことも含まれる。

　この90分間という枠があるので，メディア実験室では別の問題が起こることがある。実験によっては，独立変数の各水準に適切な数の刺激を含めて計画しても，実験全体の時間が1時間を切るほど短くなることもある。そのような場合，2つの実験を組み合わせて実施できないかを実験室メンバーに尋ねることを考えてみる。上述の持ち越し効果については，計画段階で必ず対策を講じておこう。そのことを脇におけば，私たちの経験では，別の実験を妨害課題として使うこともできる。提示した刺激の短期記憶を，記憶データを測定するまでに消去できるのだ。この手続きは参加者を尊重にすることにもなる。単調で（ときに当惑したり不安になるような）皮膚の前処理や電極装着手続きのあいだずっと座らされ，やっと実験が始まったと思ったらほんのいくつかの刺激メッセージを見るだけで終了，というのでは嫌になるかもしれない。

　提示するメッセージの数に加えて，実験計画では実験参加者の人数についても理解しておく必要がある。これは統計的検出力の問題である。つまり，帰無仮説（独立変数が心理生理測度に影響しないという仮説）が本当に間違っているときに間違っていると正しく棄却できる確率である（Faul, Erdfelder, Lang, & Buchner, 2007）。ここでも，できれば参加者内計画が望ましい。その理由をリーブスとガイガーが述べている（Reeves & Geiger, 1994）。

> かなり少ない参加者数で同じ検出力が得られる。20人の参加者内計画実験を行うと，2水準なら40人，3水準なら60人と同じくらいの検出力が得られる。(p. 175)
> （訳注：これは目安であって正確ではない。検出力は参加者間の分散の大きさによって決まる）

　しかし，それでもまだ，参加者を何人集めたらいいかという疑問は残る。差を検出するのに十分な数の参加者はほしいが，それ以上はいらないからである（Jennings & Gianaros, 2007）。パラメータ（独立変数の数とそれぞれの水準数など）を入力すると，期待される効果量の範囲で十分な統計的検出力を得るために必要な参加者数を計算してくれるソフトウェアがいくつか存在する。その1つにG*Powerというシェアウェアがあり，ウェブからダウンロードできる（www.gpower.hhu.de; Faul et al., 2007）。

◆　実験を実施する

　実験室を作り，研究を計画し，刺激を選定したら，最初の実験を始める準備は万端である。しかし，その前に重要なことがある。その実験計画が，実験参加者に対する倫理的な扱いの3つの基本（人間の尊重・善行・正義）を守っているかを確認する必要が

ある（The National Commission for the Protection of Human Subjects of Biomedical and Behavioral Research, 1979）。簡潔に述べると，
1. すべての実験参加者からインフォームドコンセントを得なければならない。
2. 参加者に害を与えない。さらに，考えられる害を最小化しつつ，研究によって得られる利益を最大化する。
3. 参加者は公平に選択する。

である。

　1991年から，アメリカ合衆国連邦規則によって，実験責任者は倫理委員会（治験審査委員会 Institutional Review Board: IRB）に研究計画書を提出し，そこでこれら3つの基準が満たされているかを確認するようになった。関係ないと思っても，あなたも例外ではない。参加者に電極を装着する準備が整っていたとしても，大学の倫理委員会への申請が済んでいなければ，そこで中断する。実験を再開する前に，書類に記入して公式の承認が得る必要がある。

　書類に記入して承認を待つには根気がいるが，いろいろな人にとって重要なことである。まず参加者にとって重要である。実験計画と実験室について第三者の目があることで，実験参加者が確実に保護されるようになる。さらに，あなたと学生にとっても重要である。実験室の安全を守るために必要なことをすべて書き出すことは復習になり，実験室に足を踏み入れたら何をすべきかを思い出させてくれる。たとえば，実験室がある建物の接地に故障がないか，電気機器に漏電がないかを，マルチメーターを用いて定期的にチェックする。参加者に直接接続する電気機器すべてが漏電遮断器に装着され，使っていないプラグは安全キャップでカバーされていることを確認する。雷が鳴っているときは心理生理データを収集する実験をしない。また，電極の脱着が終わるまで，参加者が椅子から離れないようにする。倫理委員会に書類を提出するときは，これらの注意事項をすべて記載する必要があるだろう。特に，実験手続きについては明確に記述することが求められる。実験では最初に何をするのか，次に何をするのか？ 電極は再認記憶課題の前に外すのか，課題後に外すのか？ いずれにせよ，こういった事項すべてを遵守できるように文書化しないといけない。データ収集手続きをすべての参加者で標準化するためである。だから，倫理申請書を作成するのはあなたのためにもなる。実験の一連の手順を文章化したら，研究チェックリスト（内部向けの手順書）を作ってしまおう。

　倫理申請書に従って研究を行うことで恩恵を受ける最後のグループは，意外にも大学の同僚たちだ。連邦政府から研究補助金を受け取る大学では，実験参加者が被害にあっていないことを確認するために，直接助成金を受けたかどうかにかかわらず，そ

の大学で実施するすべての研究について内部監査が求められている。もし監査を逃れられると思っても，それは参加者を危険にさらすだけでなく，大学全体の知的努力を危険にさらすことになる。だから，書類を提出して，研究の承認を得よう。そうしたら，やっと始められる。

　最初の参加者が到着すると，参加者と同じくらい，あるいはそれ以上に緊張するかもしれない。ここでの鍵は，何によらず回数をこなせばそれだけ落ち着いてくると考えることだ。プロとして礼儀正しく接するようにする。でも，真面目くさったり深刻になりすぎないようにする。参加者を安心させるために，実験手続きについてのすべての質問に答え，インフォームドコンセントに署名してもらう。中には，あなたが何を研究しているのか詳しく知りたがる人もいる。もし詳しく話すとメディアメッセージの処理に影響するかもしれないときは，その旨を丁寧に説明する。実験後なら喜んで答えるし，必要なら後日Eメールでの質問にも応じると伝える。

　皮膚の前処理や電極装着をするときは，何をするかを事前に一つひとつ説明するのがよい。「これは蒸留水で湿らせたペーパータオルです。これでちょっと手のひらを拭いてもいいですか？」 身体の端のほうから電極をつけはじめ，最後に顔につけるのも，よい方法である。つまり，皮膚コンダクタンスや心拍用の電極を先につけ，次に表情筋筋電図電極をつける。顔につける電極のインピーダンスを下げることはきわめて重要で，装着に時間と努力がかかることを考えれば，この方法は直感に反するかもしれない。しかし，顔に電極をつけられるのは間違いなく一番わずらわしい。手足の電極をつけるときの時間は，参加者との信頼関係を築くために使う。そうすると参加者は落ち着き，あなたも気がねなく顔を近づけることができるようになる。そう，これに関連して一般的なルールを覚えておいてほしいが，「電極」や「注射器」，「インピーダンス」，「アース」といった言葉は参加者の前で使わないほうがよい。共同研究者と話すときや倫理申請書に書くときには気にせず使うので止めるのは難しいが，こういった単語を聞くだけで参加者が不安になる可能性もある。

　生理データの収集が終わったら，電極を取り外す。再利用可能な電極を使っているなら，電極リード線の壊れやすい接合部を引っ張って壊さないように気をつける。そのかわりに，粘着テープの「でっぱった部分（取っ手）」を引っ張って電極を外す。絆創膏をはがすときと同じように，すばやくはがす。参加者にお礼を言って，実験室のドアのところまで送っていく。

　何回かデータ収集をすれば，自分の実験室の事情にあったもっとよい方法を思いつくかもしれない。改善案は，実験室マニュアルに忘れずに書いておこう。時間が経つにつれ，装置や手順，作業環境について，自信をもって実験室をカスタマイズできる

ようになるだろう。学生や同僚，自分自身にとって，刺激的で平等で生産的な環境になるように変えていくのだ。

◆ まとめ

　本章ではメディア心理学実験室の設置について考慮すべきことを紹介した。物理的スペースの必要条件や，実験に必要なハードウェアとソフトウェアを注文するときに考えるべきことを提案した。生産的に活動しているメディア心理生理学実験室は，学部学生から教員まで幅広い層の研究者が協力する場所である。しかし，メディア心理学研究を行うには，綿密に計画をたて，実験室の資源を組織化する必要がある。実験室の管理（実験室マニュアルの維持，研修，実験室ミーティングなど）に気を配ることは，運営上の技術的詳細（装置・消耗品など）に気を配ることと同じくらい重要であると私たちは考えている。メディア心理生理学研究に何年も従事するなかで，「実験室」を構成するのはまさしく学生と教員からなるコミュニティであり，それはリッチな実験室スペースや最新の高価な機材よりも重要であることが分かった。読者が本章から知識と熱意を得て，メッセージ処理を心理生理測度を用いて研究する学術コミュニティの一員となることを望んでいる。

◆ 付録：実験室マニュアルの目次（見本）

目次 – ○○実験室

はじめに
  ○○実験室の使い方
設備
  電話番号
  建物について
  コンピュータの配置図
  ウェブサイト
全体の方針
  毎週のミーティング
  プライバシーとセキュリティ
  仕事仲間であること
  論文著者に関するガイドライン
実験参加者
  知識集－各種メモ
  ヒトを対象とした研究に関する留意点
    倫理委員会：審査・承認・再審査
    参加者のテスト
    倫理委員会メモ（8月8日付け）
    倫理委員会の手続集
    インフォームドコンセントのテンプレート
  参加者プールとリクルート
    参加者募集の方法（見本）
    募集用書類
    電子メールリマインダ（見本）
○○実験室での実験
  実験設備の予約
  研究ノート：印刷版と電子版サーバー
  電気の安全性
  参加者への対応
  電極の取り付け
  電極の清掃
  実験手続き（見本）
  同意書（見本）
  各種用紙－参加申込書，実験イベント記録用紙，順序・参加者番号・日付・時間記録シート，データクリーニング記録用紙
○○実験室サーバーについて
  ○○実験室サーバーとは？

○○実験室サーバー上のスペース
　　　○○実験室サーバーにあるフォルダ
　　　　　実験室のすべて（実験室マニュアル）
　　　　　実験
　　　　　実験室全般
　　　　　実験室ライブラリ
　　　　　実験台
　　　　　写真
　　　　　標準プログラム
　　　　　過去の記録
　　　○○実験室サーバーにあるその他のリソース
　　　○○実験室サーバーへのアクセス方法
説明書とマニュアル
　　　データ収集ソフトウェアマニュアル
　　　刺激提示ソフトウェアマニュアル
　　　インタフェースの説明
　　　ラベルメーカーの使用法
　　　インピーダンス計の使用法
　　　マルチメーターの使用法
　　　VHSテープをデジタル化する方法
　　　CDやDVDを焼く方法
　　　オーディオレコーディングソフトウェアを使用する方法（作成中）
　　　○○実験室サーバーに接続する方法
　　　Xboxの設定法
　　　統合メッセージ電話システムを使用する方法
○○実験室の研修シリーズ
　　　刺激提示用ソフトウェア
　　　実験室の安全性
　　　○○実験室サーバーの概要
　　　心理生理学機器の使用
　　　生理測定の準備
　　　生理データ収集のためのプログラミング
　　　データクリーニング
　　　ビデオ編集
　　　オーディオ編集
　　　統計プログラム
　　　プレゼンテーション用の図の作成
その他のリソースと消耗品
　　　○○実験室のコンピュータと装置の目録
　　　実験室コンピュータに入っているソフトウェア
　　　ソフトウェアのインストール−下記の管理者用セクション参照
　　　○○実験室のリソースを調べる

======
管理者用セクション
		コンピュータ技術部門との共同作業
		実験室システム管理者の仕事
			ソフトウェアのインストール
				データ収集ソフトウェアのインストール法
				統計パッケージのインストール法
			毎月のサーバーのバックアップ
			毎月のラップトップの更新
			○○実験室サーバーの管理
		管理者のその他の仕事
			実験室のスケジューリング
			参加者プールの管理
			実験室ミーティングの議事録
			会計
			○○実験室サーバライブラリ
			電極の目録
			消耗品の注文
その他
		○○実験室の看板
		進行中の実験など

9章

心理生理測度とその意味：研究の現状と将来の展望

　人間の心とメディアとの社会的に複雑な相互作用を理解しようとする科学の取り組みは，これまでになく盛んになっている。メディアメッセージ処理について心理生理測度を用いて研究する実験室の数は，過去20年間でかなり増えた。この本を読んでいるあなたも，大学で自分の実験室を立ち上げたり，現在の実験室で生産的な研究者になって，この流れに貢献してほしい。しかし，メディアに関わる人の心を科学的に理解しようとしているのは，アカデミックな世界だけではない。民間のメディア研究企業は，心理生理測度に投資し，従来の調査やフォーカスグループ（訳注：商品について集団で自由に発言してもらう）と比べて科学的に厳密なデータを，消費者がメディアコンテンツをどのように処理するかに高い関心を持つ顧客企業に提供している。このような傾向が最も明白なのが広告業界である。そこで生まれた**ニューロマーケティング**（neuromarketing）という用語は，ヒトの脳がブランドメッセージをどのように処理するか理解しようとする試みを指している（Plassman, Ambler, Braeutigam, & Kenning, 2007）。このような広告業界の変化は，広告キャンペーンの制作と配信という過程から，そのメッセージを処理する人の心の理解へと焦点が移ったということである（Du Plessis, 2005）。私たちは間違いなくメディア研究史の新しい段階に入った。メディア心理科学，すなわちメディアの影響を受けた身体化された心を積極的に科学で追究する時代になったといえる。

　これまでの章では，身体化された心がメディアメッセージを処理することについての研究に心理生理測度を用いることが，メディア研究の重要なパラダイムシフトによって生まれた経緯を見てきた。このパラダイムシフトが，脳の「ブラックボックス」を勢いよく開けて，メディアの使用とその影響の根底にある心的過程について，豊かな理論的視点をもたらしたのである。1980年代に真の意味で最初のメディア心理生理学者（たとえばバイロン・リーブス，エスター・ソーソン，アニー・ラング）が登場して以来，メディア心理学研究の発展とともに，心理生理測度を用いたメディア心理学研究に対して多くの知的・技術的支援が受けられるようになった。そのような発展により，心理生理学的指標を使ってメディアと心の相互作用を科学的に理解するのに

9章　心理生理測度とその意味：研究の現状と将来の展望

役立つ知的で協力的な研究環境が整えられてきた。本書を結ぶにあたり，メディアの利用・処理・影響について理解し，メディア心理学を発展させるために心理生理測度を用いる研究者をとりまく環境について考えてみたい。私たちから見た現状を簡単に述べ，メディア研究において心理生理データが非常に役立つことを示すいくつかの研究を紹介しよう。そして，本章の最後には，メディアメッセージ処理について心理生理測度を用いて研究するときに出会うチャンスと課題を考慮しつつ，将来の展望を述べることにする。

　メディア心理学者にとって，今ほど豊かで協力的な環境は初めてである。いわばスターが勢ぞろいで，メディアの利用とその影響をどのように理解したらいいかを教えてくれているのだ。今では，メディアに接している時の心を探ることによってメディアの影響過程を深く理解する研究には価値があると広く認められている。シェリー (Sherry, 2004) は，過去20年間に心理学者が広く取り入れてきた神経生理学の発展によって，神経科学的な観点から「メディア効果」を研究する土台が作られたと述べている。2006年には，学術誌 *Media Psychology* が，脳機能イメージング技術を利用したメディアメッセージ処理研究についての特集号を組んだ。そこに書かれているように，メディアメッセージを処理する瞬間の脳過程を観察できるようになったので，従来のメディア効果について，示唆に富んだ生物学的な説明ができるようになったのである (Anderson et al., 2006)。メディア心理学者は，身体化された脳についての最新知識をもった研究者として，「メディア効果」について考え研究する方法を改革していくことができる。すでに本書で述べてきたように，今日のメディア心理学者は，1980年代後半から1990年代前半の研究者が持っていなかった心理生理学の方法論や技術，専門書を利用できる。日常生活におけるメディアメッセージの役割と影響を理解するという難問に，心理生理測度を（他の測定方法と組み合わせて）理論的に厳密な方法で幅広く適用できる環境にいるのである。

　1章で述べたように，メディア効果の研究は，日常生活でメディアが果たす役割とその影響に対する懸念がもとになってスタートした。この現象を今後も研究していくことは，社会に生きる個人の幸福にとってもメディア業界にとっても，明らかに意味のあることである。コミュニケーション学者は，コミュニケーション過程を改善する知識を生みだすことを目指さなければならない (Chaffee & Berger, 1987)。その目的に心理生理データが重要な役割を果たすことが徐々に認識されるようになった。心理生理学がメディアメッセージ処理の研究に再登場してから現在までの20年間に数多くの論文が発表され，メディアの利用とその影響を理解する上での心理生理学の役割を実証してきた。心理生理学の研究から得られる知識は非常に意義がある。メディア

が個人に及ぼす影響を深く理解するほど，メディアメッセージ処理によるネガティブな結果を最小化し，ポジティブな結果を最大化することができるからである。そのため，一部の批評家のように，心理生理学のアプローチを過度に還元主義的だから使わないというのは望ましくない。確かに還元主義的ではあるが，心理生理学のアプローチは，メディアによるコミュニケーション過程を向上するのに役立つ基礎知識を提供するものとして受け入れる必要がある。

心理生理測度を用いてメディアメッセージ処理を研究する実験であれば，たいていはメディアコミュニケーションの具体的領域に重要な意味をもっている。心理生理データを測定した研究は，メディア研究の主な領域（たとえば，ニュースと政治，セックス，暴力，説得）についてそれぞれ存在する。そのすべてを紹介したら，それだけで一冊の本になるだろう。以下の段落では，心理生理データが社会とメディア業界に重要な影響を与えた近年の例を簡単に述べる。そこで，メディア研究の3つの主要領域（暴力，ニュース，説得）における実験を紹介しよう。

◆ 暴力的なメディアは心を暴力的にするのか？

メディアの暴力描写が与える影響は，何十年にもわたり研究者だけでなく一般の人々の関心をひきつけてきた。近年の研究により，暴力的メディアが個人に与える影響は，主に3つの方面で生じると考えられている。**攻撃者効果**（aggressor effect: 暴力的メディアに接することで攻撃性が上がる），**被害恐怖効果**（fear of victimization effect: 暴力的メディアに接すると現実に被害に遭う可能性を高く感じる），**良心麻痺効果**（conscience-numbing effect: 暴力的メディアに接することで，現実の暴力に対する生来のネガティブ感情反応が生じにくくなる）の3つである。過去50年にわたり実施されてきた研究によって，上述の効果が実際に起こることが示されている（短いレビューとして，Bushman, Huesmann, & Whitaker, 2009 参照）。それぞれの効果は，「実生活」における考え方や対人交流に大きな影響を及ぼす可能性があるという点で，研究者や社会全体にとって重要である。特に攻撃者効果と良心麻痺効果については，暴力的メディアの影響研究と心理生理測度との関連性を直感的に理解できるだろう。どちらも心理生理反応のパターンによって同定できる過程を伴うと考えられるからである。しかし，暴力的メディアの影響に関する心理過程を研究するときには，どんな理論であっても，心理生理測度が重要な位置を占めるともいえる。なぜなら，心理生理測度はメディアメッセージに触れるときの身体化された過程の指標であり，どんな

メディアコンテンツの「効果」も根本的にその過程によって生じるからである。

　従来のメディア効果研究は，心理過程を理解することよりも，実際に生じる結果を記述することに重点をおいている。そういった研究は暴力的メディアの研究において圧倒的多数を占めており，主に自己報告測度と行動測度を使って，暴力的なメディアコンテンツに触れることによる「効果」を実証してきた。1章で紹介したバンデューラの「ボボドール」実験はその良い例である。暴力的なメディアコンテンツがもたらす効果の根底にある心理過程を体系的に研究しはじめたのは，ごく最近のことである。近年行われたメタ分析によると，発表された431の実験のうち，心理生理測度を測定したものはわずか27にすぎなかった（Bushman & Huesmann, 2006）。本書で一貫して説いてきたが，心理生理測度は心理過程の研究にきわめて重要である。古くから使われているメディア効果の測度とは異なり，時間経過の中で心的活動を調べることができるからである。だから，暴力的なメディアコンテンツに接している人の身体化された認知・情動過程を，心理生理測度によってとらえることは，暴力的メディアの影響を深く理解するための素晴らしい機会になり得る。そのことは，暴力的メディアの研究で用いられてきた心理生理測度の歴史をを少し振り返ればわかることである。

　暴力的メディアについての研究では，主としてさまざまな視聴形態が情動的覚醒に与える影響を調べるために心理生理測度を適用してきた。たとえば，初期の研究では，都会に住む人は，郊外に住む大学生よりも，映画の暴力シーンを見ている間の覚醒水準（皮膚コンダクタンスによって測る）が高いことを発見した（Frost & Stauffer, 1987）。別の実験では，大型スクリーンを使うときは，中型や小型スクリーンを使うときよりも，暴力的な映像に対して高い皮膚コンダクタンス反応が見られた（Reeves, Lang, Kim, & Tatar, 1999）。暴力的なメディアコンテンツを研究するときに覚醒に注目することは理にかなっている。というのは，暴力的コンテンツに接することで生じる2つのネガティブな効果（攻撃性と脱感作）は興奮性過程における変化を伴うからである。

　暴力的メディアに関する初期の研究では，暴力的なコンテンツを視聴することと攻撃性や脱感作の間に見られる正の相関には覚醒が重要な役割を果たすと考えていた。ジルマンは興奮転移理論を発展させ，暴力的コンテンツの視聴によって生じる覚醒がその後も持続するという仕組みによって，実生活で（視聴のすぐ後に）出会う相手に対して攻撃性が高くなる現象を説明しようとした（Zillmann & Johnson, 1973）。暴力描写に対して脱感作が起こるという証拠としては，若い成人男性を対象とした実験において，性的な暴力映画を見た後では，男性が女性に暴力をふるう別のシーンを見るときの覚醒水準（心拍数によって測定した）が低くなったという報告がある（Linz,

Donnerstein, & Adams, 1989)。

　近年の暴力的メディアの影響に関する研究でも，覚醒は依然として重要な概念である。この分野における大きな変化として，心理生理測度を取り入れた以外に，映画やテレビよりもビデオゲームの暴力的コンテンツがもたらす影響が注目されるようになったことが挙げられる。暴力的ビデオゲームについての研究は，社会的関心も高い領域である。実際，学校で無差別発砲事件が起こったといった恐ろしいニュースが報道されると，ビデオゲームには有害な効果があるのではないかという議論がよく起こる。暴力的なゲームで遊ぶときの心理過程をメディア心理学者が研究するのは，理論的に興味深い点を多く含むからでもある。たとえば，双方向的（インタラクティブ）な体験でプレイヤーをのめり込ませるような仮想環境が，暴力的なゲームがもたらす効果を増幅させる可能性があると論じられてきた（Bushman et al., 2009）。また，思春期の男子は暴力的ビデオゲームのキャラクターに同一化しやすいことも示されている（Konijn, Nije Bijvank, & Bushman, 2007）。心理生理測度を覚醒の指標として用いた実験によって，暴力的なビデオゲームというきわめて重要なメディアに関する知見が得られてきたのである。この領域は，従来のメディア効果研究を基礎にした上で，心理生理測度がメディアを研究することの意義を明らかに高めた一例である。覚醒の心理生理測度を暴力的なビデオゲーム遂行中に記録すれば，青少年や成人の間で人気が高まっている娯楽メディアがもたらしうるネガティブな効果の根底にあるダイナミックな心理過程を垣間見ることができる。ここで，暴力的なビデオゲームで遊んでいるときの覚醒の変化を心理生理測度で調べた最近の実験をまとめておこう。

　暴力的な映画を観た後の効果の1つとして，実生活で起こるような暴力描写に対して脱感作が起こることが初期の研究で指摘されたのを思い出してほしい。近年の研究により，暴力的なビデオゲームで遊んだ後にも同じ効果が生じる可能性があることが分かってきた。カーナギーらは，暴力的なビデオゲームで遊んだ実験参加者は，暴力的でないビデオゲームで遊んだ実験参加者に比べて，その後に見る実写の暴力シーンを含むビデオを視聴しているときの皮膚電気反応が低いことを見いだした（Carnagery, Anderson, & Bushman, 2007）。この研究は，暴力的なビデオゲームで遊ぶと，実際の暴力に対するネガティブな情動反応が一過性に弱くなる可能性を示している。暴力に対する生理的な脱感作がゲームで遊んだ直後に生じるというこの現象は，それほど深刻な問題でないと思われるかもしれない。だが，今後の研究では，暴力的なビデオゲームでどのくらい遊ぶと現実の暴力に対する慢性的な脱感作が起こりうるかを調べる必要があるだろう。この問題は社会の平和に関わることである。たとえば，暴力に対するネガティブな情動と関連した生理反応が低下していれば，人々は社会の暴力に対し

て寛容になってしまうかもしれないし，平和な社会を推進する活動への興味を失っていくかもしれない。心理生理学は，暴力的なビデオゲームが本当に社会的懸念の対象となるべきメディアなのかを評価するために必要な基本的知識を提供することで，今後もこの分野における研究の意義を明確にしていくべきである。

暴力的なビデオゲームで遊ぶときに生じる覚醒を心理生理測度を用いて研究しているメディア心理学者は，ゲームの具体的な特徴が及ぼす影響についても調べている。メディアの中でも，技術開発がユーザー体験にこれほど大きな役割を果たしたものはビデオゲーム以外にはないだろう。ゲームは，その体験がいかに人を引きつけるか，リアルであるかどうかに基づいて評価・販売されることが多い。ビデオゲームのそのような特徴は，ゲーム中に起こる身体化された認知・情動過程（これは心理生理測度によって明らかにできる）に大きく影響すると考えられる。最新の暴力的なビデオゲームに含まれる高品質な映像と音声は，ゲーム中の覚醒（皮膚コンダクタンスで測定した）を高めることを示した基礎実験もある（Ivory & Kalyanaraman, 2007）。

ビデオゲームに新しく加わった特徴の1つは，オンライン・マルチプレイヤー・ゲームの開発である。そこでは，人々が仮想ゲーム環境において協力したり競争したりできる。この特徴を取り上げた最近の研究は，暴力的なゲームで遊ぶことによる覚醒への影響は社会的な文脈によっても変わることを示している。たとえば，暴力的なゲームを一人でプレイするよりも，集団で協力してプレイする方が皮膚コンダクタンスは低いことが報告されている（Lim & Lee, 2009）。

心理生理測度を用いた最近の暴力的メディア研究は，暴力的コンテンツについての身体化された認知・情動過程への洞察を与えてくれるだけでなく，コンテンツの処理に影響する可能性のあるメディアの特徴や個人特性についても明らかにしてきた。メディア特徴と個人特性の相互作用を追究していくことは，心理生理測度を通して暴力的メディア研究の重要性を高める方法の1つでもある。上述した暴力的メディアがもたらす3つの「効果」をすべて理解しようとするなら，身体化された心がメディアコンテンツをどのように処理して理解するかを調べるのが最も有効な方法だろう。そのように深く理解することではじめて，暴力的メディアの影響（暴力的コンテンツにさまざまな形で接することによって身体化された心の機能がダイナミックに形成されること）を理論的に説明できるようになるだろう。つまるところ，身体化された心が，人々を現実に暴力が起こりうる社会の中で生き残るための挑戦へと立ち向かわせているのである。暴力的メディアの影響をこのレベルで理解するための唯一の方法は，心理生理測度と自己報告測度，行動測度を厳密に組み合わせた実験を行うことである。この方法で暴力的メディア研究に取り組むことにより，子どもがメディアから受ける可能

性のあるネガティブな影響を最小限に抑えるための知識を保護者に与えることができるとともに，メディア産業に対する政策決定の基盤とすべき科学的知識が得られるだろう。

◆ ニュースと好奇心

　ニュースは，何百万人が世界を理解するのに使っているメディアコンテンツの形式である。そのため，「ニュース」が何十年にもわたって研究されているのは不思議ではなく，社会とメディア産業のいずれにもかかわる重要な知見が得られている（短いレビューとして Price & Feldman, 2009 を参照）。社会のレベルでは，民主主義社会への参加という意味において，ニュースは最も大切なメディアコンテンツの1つといわれている（Cappella & Jamieson, 1997）。ニュースに関するメディア研究の多くは，社会学または心理学の理論的見地から，ニュースを視聴しているときの心的過程よりも，ニュースを視聴することによる結果に注目してきた。つまり以前の研究で特に欠けていたのは，ニュースを視聴するときの身体化された認知・情動過程に関する理論である。理想的にいえば，ニュースの目的は，人々が自分の住む世界についてもっとよく知ることができるようにする（そうすれば良い社会になるだろう）というものである。また，現在のメディア環境には多数の選択肢があるので，ニュースの視聴者を逃がさずに増やしていくには，視聴者が見たくなるようなコンテンツを制作し発信しなければならない。人々がニュースを探して視聴したいと思うか，その結果として「賢く」なるかどうかは，ニュースの特徴とそれを発信するメディア形態にかかわる心的過程に完全に左右される。だから，心理生理測度を用いてニュースコンテンツの認知・情動処理を研究することは，メディアメッセージとその受け手の相互作用についての深い理論的洞察をもたらすだけでなく，ニュースの理想を推進することにも大きく貢献するのである。

　この節では，ニュースを視聴して知識を得るという心理過程を解明し，この領域における研究の理論的・実用的な重要性を高めるために，心理生理測度がどのように役立つかを見ていく。まず，心理学の観点から行われたニュース研究の理論的背景について概略を述べる。これは，メディアメッセージ処理の心理生理測度を用いた研究が，ニュースの影響と機能についての理解をどのように発展させたかについて正確に知るための予備知識となる。次に，ニュースの具体的な特徴が，身体化された認知・情動処理のパターンを引き起こし，さまざまな心理状態を生みだす過程を調べるために，心

理生理測度がどのように使われてきたかを簡単に述べる。そのなかで，今後もニュース研究に心理生理測度を用いることが重要であると指摘していこう。

メディアコンテンツの1つの形態としてのニュースが持つ心理学的な機能は，事実情報を提供し，それによって視聴者が直接体験できない世界の諸側面についての心的概念を形成できるようにすることである。この考えは，ニュース研究に適用される2つのアプローチである**利用と満足**（uses and gratifications）および**議題設定**（agenda setting）に暗に組み込まれている。「利用と満足」の枠組みで研究する人は，ニュースを利用する主な動機の1つは監視すること（不確実で危険な世界において自分に対する潜在的な脅威を知ろうとする欲求）であると提案してきた（Rubin, 2009）。ニュースによって，人々は潜在的な脅威を直接体験せずに察知できるようになるからである。他方，議題設定理論を展開してきた研究者は，ニュースが特定の話題を選んで報道することで，どの社会問題が重要であるかという私たちの認識が構築されると論じてきた（Shah, McLeod, Gotlieb, & Lee, 2009）。幸いなことに，ニュースの影響は，個人の直接体験とは関係ないところで起こることが多く，話題の優先順位が内省によって決まる程度である。

ニュースによって生じる心的経験が，日常生活における私たちの身体化された心に影響することもある。2010年に起きたハイチ地震の報道のように，困っている他者を助けるようにニュースが人々を動かすこともある。また，ニュースの提供する情報が意思決定を助けることもある。天気予報を見て服装を決めたり，政治情勢を学ぶことで次の選挙で誰に投票するのかを決めたりする。**教化理論**（cultivation theory）に基づいて行われた研究からは，自分たちの世界の安全性や危険性についての判断やどのように行動したらいいのかという判断に，ニュースが影響する可能性が指摘されている（Morgan, 2009）。ニュースが私たちの生活に与えるすべての影響は，身体化された認知・情動過程がニュースを処理することで作られる世界観に基づいている。このことが，ニュース研究に心理生理測度を用いるスタート地点となる。心理生理測度によってニュースを認知的・情動的に処理するパターンが分かるので，心的体験を垣間見ることができるのである。

最近のメディア心理学者は，心的体験やニュースの機能，ニュースコンテンツの影響に関する理論などを考慮しつつ，ニュースの具体的な特徴がもたらす認知的・情動的な情報処理について研究している。初期の研究に欠けていた心的過程について詳しく説明する理論を提示することで，ニュースが人々に与える影響を具体的に理解できるようにしているのである。ニュースの特徴が生みだす心的過程に関する詳しい知識は，心理生理測度とニュースの記憶の測度とを組み合わせた厳密な実験によって得る

ことができる。以下では，この領域における最新研究をいくつか手短に説明しよう。

　ニュースには，きわめて情動的で，ネガティブな覚醒を引き起こす画像が含まれることが多い。これは，メディア心理学者が研究してきたニュースの具体的特徴の1つである。最近の実験で，ハチンソンとブラッドレーは，イラクとアフガニスタンに対するアメリカの関与についてのニュース番組において，画像の情動的強度と情動価（ポジティブ，ネガティブ）が番組の認知・情動処理にどのように影響するかを調べた（Hutchinson & Bradley, 2009）。画像の情動価によらず，強度の高い画像は注意を引きつけ（心拍数が低下し），覚醒レベルを上げる（皮膚コンダクタンスが高くなる）ことが分かった。さらに，ニュースの聴覚・視覚情報についての再認記憶を調べたところ，ネガティブで強度の高い画像があると視覚再認成績は向上したが，聴覚再認成績は低下していた。このことから，ネガティブなニュース映像では，強度の高い画像の処理に認知資源がより向けられる反面，音声の処理が犠牲になっていると結論づけられた。この実験は，心理生理測度を使えばニュースの具体的特徴がどのように処理されるかを理解できること，そして，心理生理測度を他のメディアメッセージ処理の測度と組み合わせて使うのが重要であることを示す良い例である。ニュースを知ることは政治問題（たとえば，他国への軍事介入）にかかわる世論に大きな影響を与えることから，このような研究には社会的な意義があるといえよう。

　制作技術の進歩によって，テレビのニュース番組はさまざまな文字やアニメーションを入れて情報を提供できるようになった。こういった制作上の特徴は，番組で提示する情報の認知処理に大きな影響を与えるはずである。テレビニュース番組にこのような画像を入れることでニュースの認知処理がどのように影響されるかを，若年成人（大学生）と年配の大人（28〜80歳）を対象として検討した研究がある（Fox et al., 2004）。心拍数を認知資源配分の測度とし，手がかり再生と再認記憶の測度を組合せたところ，年齢によらずニュース中の画像は情報の貯蔵と検索に役立つことが分かった。特に，若年視聴者が難しい話題についてのニュースを効果的に符号化する能力は画像によって向上した。心拍数と記憶の結果を統合すると，若年視聴者はテレビニュースを自動的に処理するが，年配の視聴者は制御的に処理する傾向があることが示唆された。この研究は，テレビニュースから学ぶ過程についての貴重な知見をもたらしただけでなく，ニュースの特徴を処理する方法には個人差があるので，ニュース視聴者を1つのまとまりと捉えないことが大切であることを示している。若年層に向けて情報を発信したいニュース制作者は，理解が難しい内容のニュースには画面上に画像を挿入することを考慮するとよいだろう。

　心理生理測度から得られるニュースの心的処理に関する最も重要な知見の1つは，

視聴者を惹きつけ記憶に残るようなニュース記事のデザインと制作に関することである。ある研究では，テレビニュースのデザインと制作が情報処理に及ぼす影響を理解することの重要性を，タブロイド型（大衆向け）と名づけた制作スタイルと標準型の制作スタイルを比較することで説明した（Grabe, Lang, & Zhao, 2003）。タブロイド型制作スタイルには，スローモーション，音楽，画面の点滅，レポーターの目立つ声などの特殊効果が含まれた。その制作スタイルをとると，ニュースの符号化に多くの認知資源が向けられる（心拍減速に反映される）のだが，暴力や災害などの覚醒的なニュースのときには認知資源の負荷が大きくなりすぎて，ニュースについての記憶が低下する結果となった。

　ニュースの認知処理を最適化する目的で計画された別の研究では，メディア処理理論の原則に従うように実験的に作り直した実際のテレビニュース番組を，心理生理測度を用いて評価した（Lang, Potter, & Grabe, 2003）。その原則とは，大まかにいえば，「ニュースの情動的色合いを強める」，「テンポを意識する」，「動画で提示する情報と音声で提示する情報が一致したストーリーにする」といったものである。この原則によって作り直したニュースのほうが，元のニュースよりも，注意・覚醒・記憶の点で成績がよかった。この研究は，メディアメッセージ処理に関する原則を理論的に確認しただけでなく，視聴者を惹きつけ記憶に残りやすいニュース記事を作るための具体的なガイドラインとなっている。

　ニュースを消費するときの認知・情動過程について心理生理測度を用いて調べた研究により，人がニュースにどのように注目し，情報を得るのかについて数多くの知見がもたらされている。前述のように，これはメディア心理学者にとってきわめて重要な分野である。なぜならニュースは，民主主義社会において十分な情報と知識をもった個人を育てることに大きく関係しているからである。人々が世界をよりよく知るために，ニュースは効率的に処理される必要がある。心理生理学測度と記憶測度を組み合わせた研究は，情報を効果的に伝えるというニュースの力を改善するためにおそらく最適なものだろう。このセクションで紹介したいくつかの研究が，このアプローチが持つ価値を示している。ニュースの内容にかぎらず，その語り方にまで多様な選択肢が存在する時代になったので，ニュースの処理について深く探究することの重要性がいっそう高まっている。たとえば，今後は，ネットのオンラインニュースサイトに表示される文字や音声，動画といった特徴が，どのように相互作用して身体化された認知・情動過程に影響するかについても研究できるだろう。それに関する萌芽的な研究も行われている（Wise, Bolls, Myers, & Sternadori, 2009）。しかし，音声や映像など複数の感覚でニュース情報を提示するメディア形態についての研究は始まったばか

りである。このようなニュースの提示方法は，これまで研究されてきた提示方法から，形式や構成の面で大きく変わっている。そのため，メディア心理学者にとって，多様なニュース制作・配信法について心理生理測度を使って研究することは，明らかにエキサイティングなチャンスだといえよう。

◆ 説得とメディアメッセージ処理

心理生理測度を使って説得的メッセージの処理を理解しようとする試みは，アカデミックな世界と広告業界が交差したものであり，興味深い歴史がある。広告はメディア研究における特別な領域であり，企業の研究者がクライアントのために心理生理測度を用いてきた経緯がある。1970年代から1980年代にかけて，心理生理測度を使って広告を研究し評価することに関する議論が，広告専門誌に掲載された（Cacioppo & Petty, 1985; Stewart, 1984; Kroebar-Riel, 1979）。ハーバート・クルーグマン（Herbert Krugman）は，ゼネラル・エレクトリック社の法人世論調査研究所長のときに，人々がメディアに対してどの程度深く関与しているかを測るために脳波を使うことの利点を述べた記事を書いている（Krugman, 1971）。初期のメディア心理学者は，メディアの心的処理を研究する方法としての心理生理学を確立するために，刺激として広告を用いることが多かった。

説得的メッセージの処理について知ることは，メディアを研究する心理学者にとっても実務家にとっても理論的・実践的な価値がある。本章の冒頭で述べたように，どちらの人々も，説得的メッセージがどのように処理されるかを知るには人の心を理解することが重要だと分かっている。アカデミックな研究者は，理論を発展させるためにこの問題に取り組んでいる。一方，企業の研究者は会社の業績に結びついた目標をもって取り組んでいる。実際，毎年何十億ドルという費用と広告の制作と配信に使い，消費者に自社製品を買わせようとしている。企業がそれを効果的に行うことを助ける研究は，企業と消費者に多大な影響力を持っている。だからこそ，説得研究は，メディアと心の相互作用を理解するために本書で推奨する研究パラダイム（心理生理測度とその他の測度を結びつける）を最も取り入れているメディア研究の分野なのだろう。

心理生理測度を用いて説得を研究した実験論文では，従来の商品広告だけでなく，社会問題に関連した分野の説得についても検討している。最近になって心理生理測度が使われるようになった2つの大きな領域は，政治広告と保健衛生に関するコミュニケーション（情報伝達）である。この領域で実験をするメディア心理学者は，心理的

に強力な説得的メッセージを作り出す実践的知識を提供するとともに，政治と保健衛生という2つの重要な社会問題に関わる科学に取り組んでいる。この分野の研究が，個人と社会全体に影響を与えることは明らかである。説得に関する研究は数十年間行われており，この分野の重要性は確立されている。しかし，心理生理測度を用いて，人間の説得的メッセージ処理をより深いレベルで理解しようとした研究はほんのわずかである。

説得的メッセージの研究に心理生理測度を用いることで，個人と社会にポジティブまたはネガティブな効果を与えるコミュニケーション形態についても具体的に知ることができる。そういった意味で，説得的メッセージ研究は，メディア心理学研究の最重要分野の1つなのだ。さまざまな組織が説得的なキャンペーンによって影響を与えたいと願っている行動の根底にあるのは，説得的メッセージの特徴と個人の心との相互作用である。説得の結果として生じる心理状態を心理生理測度と組み合わせて研究し，その相互作用を深く理解しないかぎり，広告業者はクライアントの役には立てない。また，そういった理解が進めば，説得に関する消費者の知識を高めて，有害な効果が生じないようにすることもできる。

心理生理測度を使えば，説得的メッセージを受け取ったときの，身体化された認知・情動過程を直接調べることができる。そのような過程は，説得研究者によって広く研究されてきた態度形成の初期段階である。心理生理測度は説得的メッセージ処理の研究に利用されてきたが，圧倒的多数の研究は自己報告測度（メッセージを受け取っているときに起こる基礎的な認知・情動過程を明らかにできない）に頼っている。そのような状況であるから，今後，心理生理測度を使った実験を行って，説得的キャンペーンが目指す態度・記憶・行動の変化の根底にある認知・情動過程を測る機会は豊富にあるだろう。そうすることで，過去の研究で示された説得的メッセージの影響が明らかになるだけでなく，説得的メッセージの具体的な特徴が引き起こす認知・情動過程と，説得的メッセージの結果を結びつける知見が得られ，この研究領域の重要性を高めることができる。このことを例示するために，消費者向け商品の広告，政治広告，健康コミュニケーションにおけるメッセージの認知・情動処理について心理生理測度を用いて研究した最近の研究をいくつか見てみよう。

商品広告の分野では，さまざまな広告の特徴について心理生理測度を用いた研究が行われてきた。インターネットの動画広告に関する研究では，動画のスピードが覚醒水準に影響し，その結果としてブランドメッセージの心理評価が変わることが分かった（Sundar & Kalyanaraman, 2004）。心理生理測度を用いて，ラジオ広告の情動的なトーンが注意と情動強度に与える効果を調べた研究もある（Bolls, Lang, & Potter, 2001）。

聴き手はネガティブなラジオ広告に注意を強く向ける（心拍減速が起こる）が，メッセージの再認は，ラジオ広告によって生じる覚醒レベルの影響を主に受けており，情動価の影響はほとんど受けないことが分かった。

広告を挟んだテレビ番組構成がメッセージの認知・情動処理に影響することは，かなり多くの研究から示されている。ある実験では，恐怖感に訴える広告によって生じるネガティブ感情（皺眉筋筋電図で測る）は，その広告がコメディ番組の途中に挟まれるときの方が，悲しい内容のテレビ番組に挟まれるときよりも弱くなることが分かった（Potter, LaTour, Braun-LaTour, & Reichert, 2006）。心理生理測度を用いた最近の研究は，広告を提示する前後の文脈が重要であることを示すだけでなく，消費者が広告メッセージに感情的に関与する程度を測ることにも心理生理測度が有効であることを示している（Marci, 2006）。

最近では，消費者向けの商品広告についての認知・情動処理を理解するために心理生理測度を利用した研究もいくつかある。この種の研究は，広告代理店がクライアントのために効果的な広告をデザインして配信するために役立つ知識を提供する。広告研究に心理生理測度を応用することに産業界が再び熱心になっているのは明らかである。というのは，心理生理測度が，商品広告のごくわずかな要素（たとえば，テレビ広告に登場するモデルの身ぶり手ぶり）に対する認知・情動処理の指標となるという実験が行われているからである(Ohme, Reykowska, Wiener, & Choromanska, 2009)。忘れてはならないが，説得的メッセージの制作・配信に何十億ドルも費やす産業界では，心理生理測度にかぎらず，メッセージをさらに効果的にする可能性を秘めた知見なら何でも歓迎されるのである。

政治広告は，その効果が最終的に選挙結果によって判定される特殊な形式の説得である。政治的説得の分野には数十年にもおよぶ豊富な文献があるが，説得的メッセージ処理中の心理生理測度を測った例は非常に少ない。その中で，たとえば，脳波の事象関連電位を「態度」の生理指標として用いた研究では，政治的な意味をもつ刺激が，態度を自動的に活性化させ，潜在的に評価されることを示している（Morris, Squires, Taber, & Lodge, 2003）。この研究は，特に政治に強く関与する人にとっては，政治広告が，身体化された認知・情動処理の強い反応パターンを引き起こす動機づけに関連した刺激となりえることを示している。別の研究では，ネガティブな内容の政治広告に対する回避動機の活性化を，ポジティブな内容の政治広告と比較するために驚愕性瞬目反応を用いている（Bradley, Angelini, & Lee, 2007）。その結果，ネガティブな広告に接するときのほうが，ポジティブな広告に接するときよりも，驚愕性瞬目反応が大きく，覚醒的で（皮膚コンダクタンスが高い），その結果，細部の情報も再認され

すくなることが分かった。

このような研究が示すように、政治的説得についての文献にまだ分からないことがあるということは、メディア心理学者が入り込んで研究する余地が大きいということである。民主主義社会においてきわめて重要な分野に心理生理測度を応用できるのである。政治広告とは、個人の政治的態度によって、その内容の動機づけに関する意味合いが大きく異なる説得の形態であるといえる。もしそうなら、そのようなメッセージについて、心理生理測度に依拠した「身体化され動機づけられた処理」という理論的見地から研究することが一層重要になる。1つの研究方向として、ある人の政治的態度の強さが、身体化され動機づけられた処理（心理生理測度と政治広告の記憶を指標とする）にどのように影響するかを検討することもできよう。要するに、政治広告という領域はメディア心理学者が活躍できる分野であり、心理生理測度を使って説得的メッセージと個人の心との相互作用を研究することの理論的・実践的重要性を示すものである。

心理生理測度を用いた説得的メッセージ研究として最後に取り上げるのは、健康コミュニケーション（保健衛生のための情報伝達）である。この分野は、健康的なライフスタイルの推進に強い影響力をもっている。心理生理測度を使うことで、効果的な健康キャンペーンを実施できるようになり、社会的な価値のある理論的・実践的な知見も得られるのである。

健康キャンペーンメッセージについて最近研究されている具体的な特徴として、**メッセージ感覚価**（message sensation value: MSV、聴覚的変化、視覚的変化、メッセージ内容の感覚強度と関連した複合変数）がある（Palmgreen, Stephenson, Everett, Baseheart, & Francies, 2002）。健康に関するテレビの公共広告のメッセージ感覚価に関する最近の実験では、fMRIスキャンとメッセージ再認テストを併用して、感覚価の高いメッセージよりも低いメッセージの方が、前頭前皮質と側頭皮質に有意に高い活性化が生じ、メッセージ再認成績もよくなることを示した（Langleben et al., 2009）。

健康コミュニケーションを目的とするキャンペーンメッセージでは、不健康で危険な商品を視覚的に示すことがある。そのような商品を視覚的に短時間提示すれば、身体化された認知・情動処理パターンが生じるので、効果的にメッセージをデザインするためのヒントが得られる。実際、このアイデアを検証した実験で、リスクのある製品（たとえばタバコ）を画像で見せるだけでも強い定位反応が生じることが心理生理測度で分かった（Lang, Chung, Lee, & Zhao, 2005）。この分野の説得研究における心理生理測度の利用についてほんの一部しか触れることができなかったが、研究を行う余地は大きいといえよう。

このような最近の研究をいくつか見るだけでも，メディア心理学研究において心理生理測度がすでに確立された研究方法となっていることが分かるだろう。心理生理測度を使って，メディアコンテンツの具体的な形式がどのように人々に影響するかを調べることで，メディア研究の理論的・実践的重要性が高まることは明らかである。ここで紹介したメディア研究の3領域（暴力的メディア，ニュース，説得）は，心理生理測度を用いて研究できる領域のほんの一部にすぎない。このような研究を追究したいと望む学者にとって，将来はきわめて明るい。以下では，将来のメディアメッセージ処理の研究において心理生理学が果たす役割について考察しよう。

◆　メディアメッセージ処理研究における心理生理学の未来

　心理生理測度を使えばメディアに関わる心のブラックボックスを押し開けられるという考えは，メディア心理学者とメディア業界の専門家のいずれにも広く受け入れられている。心理生理データから，さまざまな技術形式で配信されるメディアコンテンツの心的処理について深い洞察が得られている。従来のメディア研究で使われてきた情報処理の結果を表わす測度では分からないことが解明されてきた。そのため，心理生理測度を他の測度と併用して得られる知識の価値は高まっている。さまざまな状況やコンテンツ，メディアプラットフォームにおけるメッセージ処理の研究に心理生理測度が適用される機会は今後もますます増えるだろう。

　メディアコンテンツが変わるだけでなく，メディアプラットフォームも発展しつづける中で，メディア心理学者にとって重要な研究対象となる問いは限りなく存在する。そして，その答えは心理生理測度を用いてメディアを処理する人間の心を直接観察することで得られるだろう。メディアのコンテンツとプラットフォームが双方向的なものになり，メディアを通して社会経験を共有できるようになると，メディアと関わる人の心を研究する新しい状況が生まれる。絶えず変化しているメディア環境で起こるメッセージ処理に，心理生理測度を厳密な方法で適用するための技術と専門知識は，これまで以上に利用しやすくなっている。今後，心理生理学を取り入れたメディア研究は確実に増えていくだろう。

　メディアメッセージの中で心理学的に意味がある特徴が増え，心理生理測度の技術がさらに開発されて専門知識も増えていけば，心理生理学がメディアと心の相互作用を調べる研究パラダイムの中核となる時代がくるだろう。しかし，心理生理測度によって生まれる知識の価値は，人間の心についての理論的な視点を科学的に厳密で生

物学に基づいた形で確立できるかどうかにかかっている。身体化され動機づけられた処理という理論的視点が普及すれば，メディアメッセージ処理の研究にもっと心理生理測度が取り入れられるようになるだろう。そうすれば今度は，この視点がメディア心理学研究における心の見方として主流になるだろう。本書では，身体化され動機づけられた認知処理という視点によって，情報を整理し提示してきた。このような視点は，心と脳を関係づけるために心理学で広く採用されている。コミュニケーションとメディアの研究には心理学から有力な理論的観点を取り入れてきた歴史があるので，この身体化され動機づけられた処理という視点も主流になる可能性がある。動機づけられたメディアメッセージ処理の限定容量モデル（LC4MP; Lang, 2009）はその一例であり，広く受け入れられている。そのような理論的視点があってはじめて，心理生理測度は研究者の重要なツールとなり，メディアコンテンツのような複雑な社会的刺激を処理する心的機能が観察可能となるのである。

　心理生理学に基づく強力な理論的基盤というのは，査読に耐える科学論文のレベルで認知・情動過程を解明するには欠かせない要素である。一方，心理生理測度をメディアメッセージ処理の研究に用いるのは，アカデミックな基礎研究にかぎらない。先に述べたように，ニューロマーケティングに特化した企業が登場し，末梢神経系（心電図，筋電図，皮膚電気活動）や中枢神経系（脳波やfMRI）といった心理生理学的ツールを使うようになっている。このような企業は大手広告主と契約し，特定の広告の評価に関して，各社の特許に基づく方法で得た科学データを提供している。表9.1には，いくつかの企業とそのウェブサイトを載せた。ニューロマーケティング企業のほとんどが営利目的なので，外部の専門家が仕事内容を精査できないようになっている。しかし，一般誌で取り上げられることもあるし，少なくとも1社，サンズリサーチ社（www.sandsresearch.com）はデータの一部をオンラインで公開している。その中のスーパーボウル（アメリカンフットボール王座決定戦）における広告の研究では，脳波で得られた脳活性化画像を示している。ブログ（たとえばwww.neurosciencemarketing.com/

表9.1　ニューロマーケティング研究に特化した会社の一部

会社名	ウェブサイト
Innerscope Research	www.innerscoperesearch.com
Sands Research	www.sandsresearch.com
Nielsen（旧 NeuroFocus）	www.neurofocus.com
Buyology Inc.	www.buyologyinc.com
株式会社　センタン	www.centan.com

訳注：2014年7月現在の情報に更新した。

blog）でも，ニューロマーケティング企業の活動を垣間見ることができる。メディア産業全体が視聴者を惹きつけることを目標としており，その目標の達成は視聴者の心的過程に依存している。そう考えると，心理生理測度を用いて，視聴者を魅了するメディアについて理解しようとする応用研究は，将来は広告やマーケティング以外にも広がっていくと予測される。

　このような傾向はすべて，心理生理学を使ったメディアメッセージ処理研究の前途が明るいことを示している。そうは言っても，心理生理測度が真の意味で価値があり一般化できるような知識を生む形で適用されないかぎり，そのような未来はやってこないだろう。特に，メディア心理学者に心理生理学のトレーニングをしっかり受けさせることは重要である。メディア研究者の中には，心理生理学に対する興奮と興味の方が，トレーニングを受けることよりも先走っているところがある。使いやすいシステムで心理生理データの収集や分析ができることは便利ではあるが，科学的に厳密で理論的なトレーニングの代わりになるものはない。心理生理測度を使ったメディアメッセージ処理の研究について，本書がトレーニングの資料として役立つことを願っている。メディアメッセージ処理に心理生理測度を用いる上で，心理生理学を発展させようと努力している学会に参加することも望ましい。**心理生理学会**（Society for Psychophysiological Research: SPR; www.sprweb.org）がこの分野の発展に果した役割については2章で述べた。複雑な研究課題（メディアの心的処理を理解することも含まれる）の解決に学際的研究が役立つことは，研究者コミュニティにおいて徐々に理解されてきている。大学のコミュニケーション関係の学部に所属するメディア心理学者であれば，神経学や神経科学，心理学を専門とする同僚と学際的研究をすることによって，心理生理測度をメディアメッセージ処理の研究に厳密に適用する能力を確実に高めることができる。さらに，ニューロマーケティングが熱狂的に注目されていることで，心理生理学を熟知しているメディア心理学者は，企業や大学研究者と共同研究を行うことができるかもしれない。心理生理測度を使ってメディアと心の相互作用を理解し，基礎研究と応用研究の両方の質を向上させることができるだろう。

◆ 結び

　本書では，メディアメッセージ処理を研究するときの心理生理測度の利用に関する歴史を概観してきた。メディアの認知・情動処理に関する心理生理測度を得るために必要な概念的・操作的知識に加え，心理生理測定ができるメディア実験室を立ち上げ

るときの留意点も述べた。本書は，心理生理測度をメディアメッセージ処理研究に利用することに特化した初めての本であり，心理生理測定をツールボックスに加えたいと考えるメディア心理学者の参考書となるだろう。だが，本書の真価は，引用した他の心理生理学者の本をあわせて読むことで発揮される。メディア心理学者は，心理生理測度を用いた応用研究を行う。一方，心理生理学者は，それぞれの測度の妥当性と信頼性を証明する研究を行う。心理生理学者が生みだす基礎的で厳密な概念的・操作的知識については，他書で詳しく述べられている。メディア心理学者はそれらの知識を基盤にして，今後もさらに発展した形で心理生理測度を応用することができるのである。

　メディア心理学者にとって，心理生理測度は，人の心の内側を見つめ，身体化された認知・情動過程を観察するのに使える最良のツールであることに間違いはない。メディアがますます過剰供給になっている社会では，この分野の生みだす知識がメディア産業および社会全体にとって大きな意味をもたらすだろう。研究者への支援および研究テーマの豊富さという点で，このような知識を生みだす環境はこれまでになく恵まれている。メディア研究にとって今はまさにエキサイティングな時期である。というのは，この分野はまだパラダイムシフトの最中にあり，従来のメディア効果パラダイムからダイナミック過程パラダイムへと移行しているからである。心理生理学とその他のメディアメッセージ処理の測度をどのように使えば心とメディアの相互作用を十分に説明できるかを理解しているメディア心理学者が，この分野の未来を押し進めてくれると確信している。そこでは，メディアの「効果」を固定的に記述するのではなく，メディアメッセージ処理の理論モデルに基づいてメディアの影響を理解することが重視されるようになるだろう。メディア研究の未来に向けて本書が役に立つことを願っている。

用語集

*各用語は本文中に太字で記載されている。

【ア行】

アイントホーフェンの三角形（Einthoven's triangle）　心電図波形の各要素が強調されるように工夫した推奨電極配置．3種類の電極配置が提案された．アイントホーフェン（Willem Einthoven）は，この分野の業績によりノーベル賞を受賞した．

アセチルコリン（acetylcholine）　自律神経系の神経伝達物質の一種．エクリン汗腺の分泌を引き起こし，皮膚コンダクタンス活動を生じさせる．

アックス，A. F.（Ax, Albert F.）　初期の心理生理学者で，心理生理学会（Society for Psychophysiological Research: SPR）の設立者のひとり．妻ベリル（Beryl）とともに，9年にわたり『心理生理学会報（*Psychophysiology Newsletter*）』を執筆・配布し，その後，*Psychophysiology* 誌の初代編集長になった．

アポクリン汗腺（apocrine sweat glands）　思春期に機能しはじめる汗腺で，心理学ではほとんど関心がもたれない．フェロモンの分泌をつかさどり，主に腋下や下腹部に存在する．

アルファ波（alpha waves）　脳で生じる電磁気振動で，8～12 Hz（訳注：8 Hz以上13 Hz未満とすることもある）の周波数範囲にあるもの．一般に，リラックスしたストレスのない覚醒と結びついている．アルファ律動ともよばれる．

一過性反応（phasic response）　持続時間が比較的短く，刺激の特定要素に対する反応として生じる生理活動を指す用語．

インピーダンス（impedance）　生体電気信号が受ける抵抗．皮膚表面では角質細胞や汚れ，電解質ゲルによって生じ，電極リード線を通るときにも生じる．信号／ノイズ比を高めるためにはインピーダンスを減らすようにする．

ヴェサリウス，A.（Vesalius, Andreas）　16世紀の解剖学者・外科医．人の解剖学についての著作は広く読まれた．

ヴォルタ，A.（Volta, Alessandro）　金属と筋肉の間に見られる電流は，筋肉の特性ではなく金属の特性であると考えた物理学者．同時代のガルヴァーニに反論した．最初の電池も発明した．

運動アーチファクト（movement artifact）　調べようとする生理学的概念の反応パターンとは関係ない身体の動きによって生じる生理的変化．

運動系（motor system）　中枢神経系の一部で，主に運動を制御・調整する役割を持つ．

運動単位（motor unit）　単一の運動ニューロンに結合し，その軸索によって支配されるすべての筋線維．

運動単位活動電位（motor unit action potential）　MUAPとしても知られる．1つの運動ニューロンにつながったすべての筋線維を同時に発火させる活動電位につけられた名称．この電位の集積を記録したのが筋電図である．

AD/DAボード（AD/DA Board）　アナログ−デジタル／デジタル−アナログ変換ボード．アナログ−デジタル機能は，連続した生理信号を，コンピュータで読みとれる離散的なデータポイントに変換する．デジタル−アナログ機能は，コンピュータからデジタルパルスを受け取って，アナログ信号（たとえば音）に変換する．

鋭敏化（sensitization）　同じ刺激に繰り返し接することで生理反応が増大すること．

エイリアシング（aliasing）　デジタル化によってアナログ信号が誤って記録されること．記録し

ようとする生理信号において期待される周波数の2倍よりも遅いスピードでサンプリングするときに起こる。高周波数信号があたかも低周波数信号のように見えてしまう。ナイキスト定理（Nyquist theorem）を参照。

エクマン，P.（Ekman, Paul） 心理学者。個別情動によって表情筋の活動が異なることを研究し，「微小表情」の開拓者となった。一般書の著者として社会的に成功をおさめ，テレビドラマ『ライ・トゥ・ミー（邦題：嘘は真実を語る）』のモデルになった。

エクリン汗腺（eccrine sweat glands） 交感神経系のみに支配される汗腺。情動ストレッサーに対する反応や温熱制御のために分泌される。エクリン汗腺の密度は，手のひらや足の裏で最も高い。

LC4MP（limited capacity model of motivated, mediated message processing） 動機づけられたメディアメッセージ処理の限界容量モデル。データに基づく理論モデルで，メッセージとメディア，ユーザーの間の相互作用を継時的に検討するためのツールとなる。アニー・ラング（Annie Lang）によって作られた。

遠心性信号（efferent signals） 中枢神経系から身体の他の部分に向けて正方向（フィードフォワード）で送られる神経情報。求心性信号（afferent signals）と反対方向に伝わる。

オームの法則（Ohm's law） I=V/R という公式で表現される電気の法則。電流（I）はある場所における電圧（V）を抵抗（R）で割った値である。ドイツの物理学者ゲオルク・オーム（George Ohm）に由来する。

【カ行】

外的妥当性（external validity） ある研究の知見が一般化できるか，より大きな集団に適用できるかの程度。

覚醒（arousal） 情動の次元説において鍵となる成分。覚醒は，情動価に関係なく，刺激に対する反応の強度を評価したものと考えられる。高覚醒は興奮的または高緊張と考えることができ，低覚醒は安静・平穏・退屈と考えることができる。

カシオッポ，J.（Cacioppo, John） 社会神経科学の創始者の一人。心理生理学会（SPR）元会長。『心理生理学ハンドブック』の編者の一人で，表情筋筋電図の記録に関するガイドラインなど，心理生理学分野における方法論についての論文をいくつか発表している。

活動電位（action potential） 細胞の膜電位変化で，ニューロン軸索を通って全か無かの法則で一瞬だけ情報を送るもの。

ガルヴァーニ，L.（Galvani, Luigi） 18世紀後半，筋肉がコンデンサ（蓄電器）であることを偶然に発見した。それに続いて，生体電気現象についての最初の研究をいくつか行った。

ガレノス（Galen of Pergamon） ペルガモンのガレノス。西暦130〜200年，古代の医師。たくさんの著作を残した。臓器や血管に関する理論において水力学の原理を用いた。

感覚系（sensory system） 視覚・聴覚・体性感覚・嗅覚といった感覚入力を処理する神経系。

眼輪筋（orbicularis oculi） まぶたを閉じるための表情筋。眼窩下縁の骨の上に電極を置き，眼輪筋下部の筋電図を記録する。

議題設定（agenda setting） 1970年代初頭に提案されたコミュニケーション理論の1つ。ニュースメディアは，人々がどのニュースを緊急で重要とみなすかに影響を与えると主張する。「メディアは何を考えるべきかは伝えないが，何について考えるべきかを伝える」というフレーズを生みだした。

気分（mood） 比較的長く持続する感情状態で，特定の惹起事象とは結びつけられないことが多い。

キャノン，W. B.（Cannon, Walter Bradford） 生理学者。ホメオスタシスを，身体内部で交感神経

系と副交感神経系が拮抗してバランスを保っている液体基質として定義したことで知られる。

求心性信号（afferent signals） 外界刺激を受け取った感覚器から中枢神経系に向けて送られる神経情報。遠心性信号（efferent signals）とは反対方向に伝わる。

球面性の仮定（sphericity assumption） 反復測定の分散分析で必要とされる，すべての時点（水準）で分散は等しいという仮定。心理生理データでは破られることが多いので，グリーンハウス＝ガイサー（Greenhouse-Geisser）やフィン＝フェルト（Huynh-Feldt）の補正を行う必要がある。

教化理論（cultivation theory） ガーブナー（Geroge Gerbner）らによって1970年代に提案されたコミュニケーション理論。現実世界をTVの世界に近いものとみる受動的な視聴者がいると考える。初期の教化理論では，個人が実生活で経験するであろう暴力の程度に注目した。

強度（magnitude） 刺激の後に生理測度に表われる電圧の増加。各試行における生理測度では，振幅（amplitude）と同義。しかし，条件や参加者を平均する場合，平均強度は反応のないケースを含めるが，平均振幅は反応のないケースを除外する。

グラハム，F.（Graham, Frances） 心理生理学会（SPR）元会長。定位反応，防御反応，驚愕反応を同定し，それぞれの区別を行った研究の先駆者。

クルーグマン，H.（Krugman, Herbert） 脳波測度を最初に広告研究に用いた一人。米国世論調査協会の元会長であり，ゼネラル・エレクトリック社の世論調査部の部長であった。

血管収縮／拡張（vasoconstriction/dilation） 血管が狭くなる／広くなること。

検索（retrieval） 記憶の3つの並列する下位過程の1つ（他の2つは符号化と貯蔵）。刺激を処理するときに生じる。検索は，以前に貯蔵された情報を活性化してワーキングメモリに入れる。自由再生課題で測ることができる。

交感神経系（sympathetic nervous system: SNS） 自律神経系の一部で，ストレス下において行動を起こすために身体を準備し，闘争／逃走反応を引き起こす。副交感神経系と相互補完的である。

攻撃者効果（aggressor effect） 暴力的メディアの効果についての3つの主要理論の1つ。メディアの中の暴力に触れることで攻撃性が増すと主張する。

後耳介筋（post-auricular muscle） 耳の後ろにあり，耳介と後頭部を接合している筋。耳を上後方に引っ張る。この筋の反射運動は，欲求システム活性化の比較的新しい心理生理学的指標になる。

高速フーリエ変換（fast Fourier transform） 脳波のような複雑な波形を，特定の振幅をもつ定常波成分に分解するのに使われる数学的手法の1つ。

光電脈波計（photoplethysmograph） 反射光や透過光を使い，血液の容積によって光吸収が変化することを検出するトランスデューサー（変換器）。PPGとも呼ばれる。心拍間隔の間接的な指標となり，心拍数を計算するのに使える。

後頭結節（inion） 頭蓋後部の最も隆起した部分。

行動主義（behaviorism） 心理学の一学派。20世紀初頭に人気があった。認知や内的処理ではなく，客観的で観察可能な行動のみに注目した。ワトソン（John B. Watson）やスキナー（B. F. Skinner）が含まれる。

興奮転移理論（excitation-transfer theory） ある刺激や相互作用によって興奮すると，それに続く刺激や相互作用の興奮性反応が，情動価に関係なく増強するという理論。1960年代にジルマン（Dolf Zillmann）が最初に提唱した。

国際感情画像システム（international affective picture system: IAPS） 情動価・覚醒・優勢性（dominance）について標準化されたカラー写真のセット。フロリダ大学のブラッドレー

(Margaret Bradley) とラング (Peter Lang) によって維持管理されている。IAPSの画像は，情動の心理学的研究でよく用いられる。

国際式10-20法 (international 10-20 system)　脳波研究において頭蓋部位やそれに対応する電極位置を示すための広く認められた方法。この名称は，それぞれの電極間の距離が，頭蓋の前から後，右から左の実際の長さの10%または20%になることから付けられた。

古典的条件づけ (classical conditioning)　行動主義パラダイムで，パブロフ (Ivan Pavlov) によって最初に提案された。この種の連合学習では，中性刺激と自動的な行動反応を生じさせる刺激とを対提示する。連合が学習されると，中性刺激だけが提示されても，同じ反応が生じるようになる。

【サ行】

再認 (recognition)　記憶の下位過程である符号化の指標の1つ。典型的な再認テストでは，実験参加者に，前に見せたターゲット刺激と，見せていない偽刺激を提示し，区別するように求める。

再認感度 (recognition sensitivity)　信号検出理論に基づく再認記憶の変数の1つ。実験中に見たものと見なかったものを区別できる参加者の能力をさす。

再分極 (repolarization)　細胞膜の外側に比べて内側がより陰性の状態に戻る電位変化。

サクラ (confederate)　実験場面において参加者のふりをしているが，実際は研究目的に関連する特定の条件を作り出す実験者。

サンプリング (sampling)　連続的な生理反応を離散的な電圧値として表現する過程。標本化。サンプリング周波数はヘルツ (Hz)，つまり1秒ごとのサンプル数で示す。たとえば，皮膚コンダクタンスデータは20 Hz（1秒間に20回）でサンプリングすることが多い。

耳介 (pinna)　耳の外部のことで，後耳介筋によって頭蓋の皮膚と接合している。後耳介筋反射を測定するのに推奨される電極配置は，耳介の上か近傍である。

ジェームズ，W. (James, William)　現代心理学の創始者として多くの人から見なされている。ランゲ (Carl Lange) とともに，最初期の情動理論の1つを提案した。ジェームズ-ランゲ説では，情動体験は，外的刺激に対する生理反応が知覚された後に初めて生じると主張した。

シグナルチェーン (signal chain)　活動電位からコンピュータ内の離散的な数値になるまで電気信号が順番に通る段階。

刺激希求性 (sensation seeking)　マービン・ズッカーマン (Marvin Zuckerman) によって提案された個人差で，生物学的・遺伝的な基盤がある。新奇性探索やリスクテイキングといった特性を含み，一般的には薬物使用と正の相関がある。

刺激-反応モデル (stimulus-response model)　行動主義に根差した，認知に対して否定的な二変数モデルであり，独立変数が従属変数に直接影響すると予測する。

自己評価式マネキン (self assessment manikin: SAM) 尺度　絵を使った自己報告式の尺度。情動を次元的アプローチによって測定する。ブラッドレー (Margaret Bradley) とラング (Peter-Lang) によって作られた。

実験室恐怖症 (labophobia)　自分の実験室を立ちあげようとするときにしばしば経験する不安についての冗談めかした表現。

実時間分析 (real time analysis)　心拍データの分析の1つ。最初に心拍間隔を一定区間ごとの瞬時心拍数に直して行う。

持続性反応 (tonic response)　比較的長時間続き，個別の事象というより一般的な刺激条件に対する反応として生じる生理活動を表現する用語。

自動的処理（automatic processing）　ほとんど意識に上らず，制御できず，実行のための認知資源をほとんど必要としない種類の情報処理。制御的処理と対比される。自動的処理は，動機づけに関連した刺激によって生じることがよくある。

社会的学習・社会的認知理論（social learning/social cognitive theory）　行動主義の色彩を持った理論で，人間は他者の行動やその結果を観察することから学ぶと提唱した。アルバート・バンデューラ（Albert Bandura）によって作られた。

社会的望ましさによる反応バイアス（social desirability bias）　実験参加者が，他人から見て望ましいように反応する傾向をさす。主観報告データの欠点の1つ。

皺眉筋（corrugator supercilii）　眉頭の上に位置する小さな表情筋。この筋肉から記録した筋電図は，ネガティブ情動のときに大きくなり，ポジティブ情動のときに小さくなる。

シュミットトリガ（Schmitt trigger）　心電図信号のR波があらかじめ設定した閾値を超えるとデジタルパルスを出力する電気回路。

自由再生（free recall）　記憶測度の一種。以前に提示した刺激リストを手がかりなしで思い出すように実験参加者に求める。自由再生は，記憶の下位過程である検索の指標になる。

馴化（habituation）　繰り返し提示される同じ刺激に対して生理反応が減少していくこと。慣れ。

上唇挙筋（levator labii superioris）　鼻孔脇と口角の間に位置する表情筋。コミュニケーション研究では，最近この筋から筋電図を記録し，嫌悪の指標として使っている。

情動（emotion）　情動価や覚醒といった次元や，怒り・幸福・喜び・嫌悪といった個別の名称によって特徴づけられる反応や経験。メディア心理学者は，自己報告や行動観察，皮膚コンダクタンスや表情筋筋電図のような心理生理反応によって情動を測定する。情動（emotion）は，ふつう気分（mood）や素質（disposition）よりも短い時間しか続かないと考えられている。

情動価（valence）　刺激がもともと持っているポジティブ性（快）やネガティブ性（不快）。

初期値の法則（law of initial value）　刺激に対する生理反応は，その測定系における初期の活性化レベルによってある程度決まるという考え方。

自律神経系（autonomic nervous system: ANS）　中枢神経系につながった神経系で，血管，血圧，心臓，腺，平滑筋，呼吸，消化，唾液，発汗，瞳孔拡散，性的覚醒などの活動を調整する。

ジルマン, D.（Zillmann, Dolf）　生理学を用いたメディア研究者の第2世代の一人。刺激-反応モデルに基づいて興奮転移理論を作ったが，生理測度を使った研究で一部しか成功しなかった。

心筋（myocardium）　心臓にある筋線維の層。収縮することで血液が送り出される。

神経節（ganglion）　神経細胞体の塊・集合。

心室（ventricles）　心臓下部にある大きい方の2つの部屋。右心室は，右心房から脱酸素化した血液を受け取り，肺に送る。左心室は，酸素化した血液を左心房から受け取り，身体に送り出す。

心周期（cardiac cycle）　心臓で生じる繰り返しのある電気事象で，物理的な収縮と弛緩を伴い，血液を全身に循環する。

心拍反応曲線（cardiac response curve: CRC）　心拍数や心拍間隔について，ベースラインからの変化得点を時間軸上に図示したもの。

心電図（electrocardiogram: ECG）　心臓の電気活動を皮膚表面の電極によって測定したもの。

心拍間隔（heart period）　心周期のQRS波におけるR波間の間隔をミリ秒で測定したもの。inter-beat interval（IBI）ともいう。心拍間隔は心臓活動を数量化する方法の1つ。他の方法に心拍数がある。

心拍時間分析（heart time analysis）　一拍ごとの心拍間隔を単位とした心拍データの分析。

心拍数（heart rate）　心臓活動を数量化するもう1つの方法。他の方法に心拍間隔がある。心拍数分析では，心拍間隔を一定区間における平均心拍数（bpm）に変換する。1秒ごとに求め

ることがよくある（bpm/s）。

真皮層（subdermis）　皮膚の3層目にある最内層。

振幅（amplitude）　刺激の後に生理測度に表われる電圧の増加。各試行における生理測度では，強度（magnitude）と同義。しかし，条件や参加者を平均する場合，平均振幅は反応のないケースを除外するが，平均強度は反応のないケースも含める。

心房（atria，単数形 atrium）　心臓上部にある小さい方の2つの部屋。右心房には，洞房結節（sinoatrial node: SA，心臓の周期を始める電気インパルスを発生するペースメーカーとなる結節）がある。

心理生理学会（Society for Psychophysiological Research: SPR）　1960年に設立された国際学会で，「行動の生理的側面と心理的側面との相互関係」を明らかにする研究をめざす（http://www.sprweb.org）。

心理生理測度（psychophysiological measures）　心理学的概念と身体活動を結びつける実証的な指標（訳注：測度と指標の違いについては監訳者解説を参照）。

スキナー，B. F.（Skinner, B. F.）　行動主義パラダイムを作り上げた中心人物。オペラント箱を導入した。実験では，外的刺激と観察可能な反応を対応づけることを目指した。

制御的処理（controlled processing）　ある刺激を処理するために意識的・随意的・意図的に認知資源を配分すること。何を制御的に処理するかはその人の目標に依存する。自動的処理の対義語。

静止電位（resting potential）　ニューロンが発火していないときに見られる安定した電位。細胞膜の外側に比べて内側の陰イオン濃度が高いことによって生じる。

精神病質傾向（psychoticism）　アイゼンク（Hans Eysenck）が提案したパーソナリティ特性の1つで，生物学的な基盤があると考えられている。攻撃性，精神病への傾性，協調性や共感性の欠如といった特徴がある。

生体アンプ（bioamplifier）　電極と電極ケーブルを通して生理データを受け取り，生体電位の電圧レベルを上げる装置。生体アンプには，変更可能な利得（増幅），バンドパスフィルタ，ノイズ減衰機能が備わっていることが多い。

生態学的妥当性（ecological validity）　実験条件がどのくらい実生活における条件を正確に映しているかの程度。一般化可能性（外的妥当性）と関連している。

生体電位（biopotential）　細胞レベルで生じる電気活動。振幅は小さいことが多い。身体のどこで生じるかによって一定の周波数範囲で生じる。

整流（rectification）　交流電気信号のマイナス部分の絶対値をプラス軸に写し込む変換過程（訳注：各時点の絶対値をとればよい）。

節約性（parsimony）　科学理論の目標の1つであり，現象を最も単純に説明すること。

潜時（latency）　刺激の開始時点から実験参加者の行動反応や生理反応までの時間。

双極記録（bipolar recording）　基準電極なしに2つの電極の電気信号を比較する方法。ただし，グランド電極はいつでも装着する。

【タ行】

大頬骨筋（zygomaticus major）　笑顔のときに口角を上に持ち上げる表情筋。この筋から記録した筋電図は快情動の指標になる。

ダイシンガー，W. S.（Dysinger, Wendell S.）　ペイン基金研究チームの大学院生メンバー。実生活場面で集めたデータから，映像内容に対する生理反応には個人差があることを示した。

態度（attitude）　ある項目についての比較的安定した評価判断。記憶に貯蔵され，自動的に活性化

され，直接的・間接的に測定できる．ふつうは，行動や行動意図とは別のものとして考える．

ダイナミックシステム（dynamic system） 一定の規則やパラメータ（既知のことも未知のこともある）によって継時的に相互作用するユニットが組み合わさったもの．

ダーウィン，C.（Darwin, Charles） 有名な自然研究者で，生物種の多様性を説明するために，自然淘汰による進化の科学的理論を提案した．情動を身体反応に関連づけて研究した初期の近代科学者の一人でもある．

タシナリー，L.（Tassinary, Louis） 情動・知覚・認知の心理生理学における主要な研究者．『心理生理学ハンドブック』の共編者．タシナリーは，筋活動記録の方法論に関するガイドラインを出版することで，心理生理学に多大な貢献をした．

脱分極（depolarization） 細胞膜の外側に比べて内側がより陽性になる（陰性でなくなる）電位変化．

ダーロー，C. W.（Darrow, Chester W.） 初期の心理生理学者．心理生理学会（SPR）の設立者の一人で，初代の会長を務めた．

チャーフィー，S.（Chaffee, Steven） コミュニケーション学者．1970年代にコミュニケーション分野で二変数モデルが使い続けられていることを不満とし，当時心理学で人気のあった情報システムアプローチに移行することを提唱した．

注意慣性（attentional inertia） テレビを見続けているほど，テレビの刺激によって注意が途切れる確率が減っていくという現象．

中枢神経系（central nervous system: CNS） 脳と脊髄．末梢神経系（peripheral nervous system: PNS）からの情報を統合し，身体活動を調整する役割がある．

貯蔵（storage） 記憶の3つの並列する下位過程の1つ（他の2つは符号化と検索）．刺激を処理するときに生じる．符号化された情報について長期記憶ネットワーク上で表象を作ることである．手がかり再生は，貯蔵の一般的な測度である．

定位反応（orienting response） 新奇刺激に対する自動的な反応であり，符号化のための認知資源を配分する．「おや何だ」反応，またはORとしても知られ，生理活動として記録できる．

デイビス，R. C.（Davis, Roland C.） 初期の心理生理学者で，心理生理学会（SPR）の設立者の一人．

手がかり再生（cued recall） 記憶測度の一種．手がかりを与えられた刺激についてすべてを思い出して記述するように求められる．手がかりとして，刺激の1シーンやそれを説明した語句を使うことが多い．手がかり再生は，記憶の下位過程である貯蔵の指標になる．

デカルト，R.（Descartes, Rene） 17世紀のフランスの哲学者．情動（当時は情念として知られた）の性質についての著作を残した．デカルトは，精神と身体は別の実体であると信じた．これはデカルトの二元論として知られる．この考え方はデカルトの死後数世紀にわたり，心身問題についての議論の主流であった．

デュシャンスマイル（Duchenne smile） 大頬骨筋と眼輪筋の活動によって起こる笑顔．大頬骨筋の活動だけを測定するよりも，「真の」笑顔の指標になると考えられる．フランスの生理学者デュシャン（Guillaume Duchenne）の名前にちなむ．彼の撮った表情筋活動の写真はダーウィンの『人及び動物の表情について』に登場する．

デュ・ボア＝レイモン，E.（Du Bois-Reymond, Emil） 実験電気生理学の父．神経検流計（ガルバノメーター）を発明し，それを使って筋ニューロンを通じて電気が移動する様子を示した．活動電位と静止電位を見つけた．

電解質ゲル（electrolyte gel） 生体電位が皮膚から電極へ伝わりやすくするための遊離イオンを含んだゼリー状の物質．

電極ケーブル（electrode cable）　電極リード線から生体アンプに電気信号を送るもの。
電極リード線（electrode lead）　皮膚表面の電極で測定された電気信号を電極ケーブルに伝えたり，直接生体アンプに伝えたりする細いケーブル。
電流密度（current density）　表層部の横断面で生じる電流の密度。
動機づけ活性化測度（motivation activation measure: MAM）　欲求システム活性化と防衛システム活性化の特性的な個人差を非侵襲的に測る測度。アニー・ラング（Annie Lang）らによって開発された。
動機づけられた注意（motivated attention）　動機づけや情動に関連した刺激に対して認知資源が自動的に配分されること。
洞房結節（sinoatrial node, SA node）　右心房の上端にあり，電気的に活動し，インパルスを作り出す筋。心臓を収縮させる電気インパルスの主要な発生源。右迷走神経によって支配される。
ドナースタイン，E.（Donnerstein, Edward）　コミュニケーション学者。1970年代のメディア生理学研究の第2世代の一人。刺激−反応パラダイムと興奮転移理論を，血圧などの生理測度に適用した。
トランスデューサー（transducer）　ある形のエネルギーを別の形のエネルギーに変える装置。
ドンダース，F.（Donders, Franciscus）　オランダの眼科医。引算法を作ったことで知られる。

【ナ行】
ナイキスト定理（Nyquist theorem）　生理データは，分析対象とする信号に含まれる最大周波数の2倍以上でサンプルしなければならないというルール。そうすることでエイリアシングを防ぐ。標本化定理ともいう。
ニューロマーケティング（neuromarketing）　広告・マーケティング産業における最近の流行。心理生理測度を用いて顧客行動についての手がかりを得ようとする。
ニューロン（neuron）　特殊化した細胞で，その活動に基づく信号が心理生理測度として記録される。ニューロンは細胞体と樹状突起，軸索からなる。ニューロンは軸索を通じて互いに結びつき，神経ネットワークを形成する。ニューロンにおける活動は，身体の生化学的反応に由来する生体電気過程によって引き起こされる。感覚ニューロンと運動ニューロンという2つの特殊化したニューロンが，身体における感覚処理と運動行為すべての元になっている。
ノッチフィルタ（notch filter）　ハイパスフィルタとローパスフィルタの組み合わせで，シグナルチェーンにおいてわずかな周波数帯域だけを遮断するもの。

【ハ行】
ハイパスフィルタ（high-pass filter）　設定した周波数より高い周波数の信号は通過させ，低い周波数は減衰させるフィルタ。ローパスフィルタと組み合わせて使うと，一定の周波数範囲を変化させずに通過させることもできる。
パブロフ，I.（Pavlov, Ivan）　ロシアの学者。古典的条件づけの概念を最初に導入したことで広く知られる。
ハーヴェイ，W.（Harvey, William）　思考実験と計算により，血液が身体を循環するパターンを正確に記述した最初の人。
バーントソン，G.（Berntson, Gary）　社会神経科学の創始者の一人。心理生理学会（SPR）の元会長で，『心理生理学ハンドブック』の共編者。バーントソンは，行動や情動の処理に関連する脳メカニズムの機能的構造を説明しようとする研究を行っている。心理生理学の方法論に対する貢献として，生理測度のマルチレベル解析や心臓活動に与える自律神経系の効果に

ついての著作がある。

判断バイアス（criterion bias） 信号検出パラダイムにおける再認記憶の変数。以前にその刺激を見たことがあるかを答えるときに，どのくらいリベラル（見たと答えやすい）か保守的（見たと答えにくい）かを示す。

バンデューラ，A.（Bandura, Albert） 社会的学習理論を提唱した心理学者として広く知られる。有名なボボドール（Bobo doll）実験によって，行動が模倣されるためには特定の条件があるという考えを示した。

バンドパスフィルタ（bandpass filter） シグナルチェーンの中で特定の範囲の周波数だけを通す回路や装置。

反応パターン（response pattern） 心理生理測度によって記録された生理活動の時間的・空間的特徴を表わす用語。反応パターンは典型的には時間軸上の波形として表現される。

被害恐怖効果（fear of victimization effect） 暴力的メディアの効果についての3つの主要理論の1つ。メディアの中の暴力に触れることで，実生活において暴力の犠牲になる確率を過大評価するようになると主張する。

皮下注射理論（hypodermic needle theory） メディアには強力な効果があるという見解。20世紀初頭に広く支持された。メッセージは強力な即効性を持って受け手に直接作用すると提案した。特効薬（magic bullet）理論とも呼ばれる。

鼻根（nasion） 鼻の付け根で頭蓋との接合部。

引算法（subtractive/subtraction method） ドンダース（Franciscus Donders）によって創始された実験計画と分析の方法。ある認知過程が含まれると考えられる課題の遂行時間から，その過程が含まれていないと考えられる課題の遂行時間を引く。現在では，ある認知的・情動的成分を含む課題を行っているときの生理システムの活動と，そのような成分を含まない課題を行っているときの同じ生理システムの活動を比較するときにも使われる。

非特異性皮膚電気活動（nonspecific electrodermal activity） 自発的な皮膚コンダクタンス反応で，特定の刺激事象に関係して生じたとは考えられないもの。

皮膚コンダクタンス連結器（skin conductance coupler） 皮膚の電気特性の変化を記録するのに必要な電気信号を作り出す電気回路。生体アンプの代りに使う。

皮膚電気活動（electrodermal activity: EDA） エクリン汗腺の分泌によって皮膚表面の電気活動が変化することを表わす測度や分析法をさす包括的な用語。

評定者間信頼性（inter-coder reliability） 独立した評定者（coder）や実験者が同じ分析手法でデータを分類するときの一致性。

表皮層（epidermis） 皮膚の最外層。メディア心理生理学実験室で使う電極は，粘着性のシールをつけて表皮に貼りつけることが多い。

副交感神経系（parasympathetic nervous system: PNS） 自律神経系の一部で，安静時の身体における諸活動を制御する。心臓における副交感神経系の活性は迷走神経によって制御され，認知的取り込みの増加と結びつくことが多い。

副次課題反応時間（secondary task reaction time: STRT） 二重課題法の1つで，参加者が主課題（たとえば，テレビ番組を見る）を行いながら，副次課題刺激（たとえば，音）に対して行動反応するスピードを測るもの。反応時間が短いほど，符号化過程により多くの認知資源が利用可能であることを示す。

符号化（encoding） 記憶の3つの並列する下位過程の1つ（他の2つは貯蔵と検索）。刺激を処理するときに生じる。符号化過程は，処理を進める情報を選択する過程である。

フェレ，C.（Féré, Charles） 皮膚電気活動を記録した初期の先駆者。励起電圧を用いて皮膚コ

ンダクタンスを測定した最初の人である。

ブラッドレー, M. (Bradley, Margaret)　心理生理学者。心理生理学会（SPR）元会長。情動と注意について心理生理学的手法で検討している著名な心理学者の一人。ピーター・ラング（Peter Lang）とともに国際感情画像システム（International Affective Picture System: IAPS）を作った。

プレパルス パラダイム (pre-pulse paradigm)　グラハム（Frances Graham）によって創始された実験パラダイムで，プレパルス抑制を調べるもの。プレパルス抑制とは，弱い刺激に注意を向ける（定位する）とその後の驚愕プローブ刺激に対する瞬目反応が減衰するという現象をさす。

フロー体験 (flow experience)　チクセントミハイ（Mihaly Csikszentmihalyi）によって導入された概念。挑戦的だが楽しい活動に対して，完全な精神的没入が生じる。

平滑化 (smoothing)　筋電図データを処理する過程の1つ。波形を捉えるために，積分器や輪郭抽出器の時定数を選択し，整流した信号にローパスフィルタをかける。時定数 500 ms が表情筋筋電図では推奨される。

ペイン基金研究 (Payne Fund studies)　ウィリアム・ハリソン・ショート（William Harrison Short）牧師によって主導された1940年代の一連の研究。その目的は，メディアには皮下注射のような即効性があることを示すことだったが，結論の一致を見ず，個人差の例が数多く示された。

ベータ波 (beta waves)　脳内で起こる電磁気振動で，13～30 Hz の周波数範囲にあるもの。高周波数ベータ波（> 19 Hz），ベータ波（15～18 Hz），低周波数ベータ波（13～15 Hz）に分類されることもある（訳注：帯域の定義は研究者によって少しずつ異なる）。通常の目覚めているときの活動と結びついているが，不安やストレスの指標にもなる。

ヘルムホルツ, H. v. (Helmholtz, Hermann von)　ドイツの物理学者・生理学者。運動神経に電気刺激を与え，筋肉が収縮するまでの時間を測った最初の一人。

変化得点 (change score)　データの表現法の1つ。各時点の生理データからベースラインを引算することで求める。ドンダース（Franciscus Donders）によって創始された引算法に関連している。

防衛システム活性化 (defensive system activation: DSA)　回避・退避行動をつかさどる動機づけシステムが刺激されること。DSA ともよばれる。情動の次元説の1つによると，DSA は欲求システム活性化（ASA）とは独立に生じる。

BOLD (blood oxygenation level dependent) 信号　fMRI 研究で一般的な方法である血液酸素レベル依存法によって得た信号。BOLD 信号は，刺激を認知的・情動的に処理するときに特定の脳領域で生じる血流，血液量，酸素消費の変化によって生じる。

【マ行】

末梢神経系 (peripheral nervous system: PNS)　脳・脊髄以外の神経・神経節で，中枢神経系と四肢・臓器を結ぶもの。体性神経系と自律神経系に区分することができる。

迷走神経 (vagus nerve)　心臓の副交感活性を制御する。脳から頸動脈鞘を通って下りてくる。右迷走神経は洞房結節を支配する。

無反応試行 (non-response trials)　生理反応が検出できなかった実験試行。反応が生じなかった場合も，電気ノイズや運動アーチファクトによって覆い隠された場合もある。平坦反応（flat response）ともいう。

メッセージ感覚価 (message sensation value: MSV)　視覚的変化，聴覚的変化，センセーショ

ナルな内容を指標化した合成変数の1つ。
モデル(model) 現象を図によって表現したもの。大きな体験をその構成要素に分けようとする。

【ヤ行】

ユング，C（Jung, Carl） 夢分析についての著作でよく知られているが，単語の連想を用いた臨床実験において検流計を使って皮膚電気活動の変化を最初に測定した一人でもある。

欲求システム活性化（appetitive system activation: ASA） 接近行動をつかさどる動機づけシステムが刺激されること。ASAともよばれる。情動の次元説の1つによると，ASAは防衛システム活性化（DSA）とは独立に生じる。

【ラ行】

ラジオ波（radio frequency: RF）パルス fMRI研究で使われる。通常の磁場の配列からプロトンを励起させるために使う磁気パルス。励起したプロトンが回復するのを測定する。RFパルスは，fMRIにおいて，脳とその周辺の骨や白質，髄質を識別するのに使う。

ラックミック，C. A.（Ruckmick, Christian A.） ペイン基金研究にかかわった研究者で，実験室とフィールドで集めたデータにより，映像内容に対する生理反応に個人差があることを実証した。

ラング，A.（Lang, Annie） コミュニケーション学者。生理学を従属変数として使う第3世代として活躍中。1993年に発表したメディアに対する心理反応の測定に関する本により，認知処理アプローチはメディア心理生理学のなかで確固たるものとなった。動機づけられたメディアメッセージ処理の限界容量モデル（LC4MP）を発展させた。

ラング，P.（Lang, Peter） 心理生理学者。心理生理学会（SPR）元会長。情動，注意，不安について心理生理学的方法で検討しようとした著名な心理学者の一人。マーガレット・ブラッドレー（Margaret Bradley）とともに国際感情画像システム（international affective picture system: IAPS）を作った。

リーブス，B.（Reeves, Byron） コミュニケーション学者。国際コミュニケーション学会のフェロー。人々がどのようにテレビ内容に注意を向けるかを脳波を使って調べた初期の研究者の一人。ナス（Clifford Nass; 社会心理学者）ともに『メディアの等式（*The media equation*）』の著者としても知られる。この本は，メディア心理学研究の分野（とりわけ新しいタイプのメディア）の発展を促進した。

良心麻痺効果(conscience-numbing effect) 暴力的メディアの効果についての3つの主要理論の1つ。暴力的なメディア内容に繰り返し接するとネガティブな反応を感じなくなると提案する。

利用と満足（uses and gratifications） 1970年代半ばに発展したコミュニケーション理論。人は積極的な視聴者であり，特定の満足（たとえば現実逃避）や情報探索を行うために意図的にメディアを利用すると提案した。

励起電圧（excitation voltage） 皮膚コンダクタンス連結器によって，手のひらや足の裏の表皮に与えられる弱い電圧（通常0.5 V）。この電圧の下で2つの電極間を電気が伝わりやすいかによって皮膚電気活動を定量化する。

連続反応測定（continuous response measurement: CRM） 継時的に主観報告を測定するツール。参加者はメディア刺激に接しながら，カーソルやダイヤルを動かし，測定しようとする変数のレベルを表現する。

ローパスフィルタ（low-pass filter） 設定した周波数よりも低い周波数の信号は通過させ，高い周波数は減衰させるフィルタ。ハイパスフィルタと組み合わせて使い，一定の周波数範囲を変化させずに通過させることもできる。

引용문헌

Akselrod, S., Gordon, D., Madwed, J. B., Snidman, N. C, Shannon, D. C, & Cohen, R. J. (1985). Hemodynamic regulation: Investigation by spectral analysis. *American Journal of Physiology - Heart and Circulatory Physiology*, **249**(4), H867-875.
Allen, J. J. B., Chambers, A. S., & Towers, D. N. (2007). The many metrics of cardiac chronotropy: A pragmatic primer and a brief comparison of metrics. *Biological Psychology*, **74**(2), 243-262.
Alwitt, L. F., Anderson, D. R., Lorch, E. P., & Levin, S. R. (1980). Preschool children's visual attention to attributes of television. *Human Communication Research*, **7**(1), 52-67.
Anderson, D. R., & Bryant, J. (1983). Research on children's television viewing: The state of the art. In J. Bryant & D. R. Anderson (Eds.), *Children's understanding of television: Research on attention and comprehension* (pp. 331-354). New York: Academic Press.
Anderson, D. R., Bryant, J., Murray, J. P., Rich, M., Rivkin, M. J., & Zillmann, D. (2006). Brain imaging: An introduction to a new approach to studying media processes and effects. *Media Psychology*, **8**(1), 1-6.
Anderson, D. R., & Burns, J. (1991). Paying attention to television. In J. Bryant & D. Zillmann (Eds.), *Responding to the screen: Reception and reaction processes* (pp. 3-26). Hillsdale, NJ: Lawrence Erlbaum.
Anderson, D. R., & Levin, S. R. (1976). Young children's attention to Sesame Street. *Child Development*, **47**(3), 806-811.
Anderson, D. R., & Lorch, E. P. (1983). Looking at television: Action or reaction? In J. Bryant & D. R. Anderson (Eds.), *Children's understanding of television: Research on attention and comprehension* (pp. 1-34). New York: Academic Press.
Andreassi, J. L. (2000). *Psychophysiology: Human behavior and physiological response* (4th ed.). Mahwah, NJ: Lawrence Erlbaum.
Andreassi, J. L. (2007). *Psychophysiology: Human behavior and physiological response* (5th ed.). Mahwah, NJ: Lawrence Erlbaum.
Andrews, J. C., Durvasula, S., & Akhter, S. H. (1990). A framework for conceptualizing and measuring the involvement construct in advertising research. *Journal of Advertising*, **19**(4), 27-40.
Andrews, J. C., & Shimp, T. A. (1990). Effects of involvement, argument strength, and source characteristics on central and peripheral processing of advertising. *Psychology and Marketing*, **7**(3), 195-214.
Anthony, B. J., & Graham, F. K. (1985). Blink reflex modification by selective attention: Evidence for the modulation of 'automatic' processing. *Biological Psychology*, **21**(1), 43-59.
Anttonen, J., Surakka, V., & Koivuluoma, M. (2009). Ballistocardiographic responses to dynamic facial displays of emotion while sitting on the EMFi chair. *Journal of Media Psychology: Theories, Methods and Applications*, **21**(2), 69-84.
Appel, V., Weinstein, S., & Weinstein, C. (1979). Brain activity and recall of TV advertising. *Journal of Advertising Research*, **19**(4), 7-15.
Arnetz, B. B., Edgren, B., Levi, L., & Otto, U. (1985). Behavioural and endocrine reactions in boys scoring high on Sennton neurotic scale viewing an exciting and partly violent movie and the importance of social support. *Social Science and Medicine*, **20**(7), 731-736.
Babbie, E. (2010). *The practice of social research*. Belmont, CA: Wadsworth.
Bailey, R., Wise, K., & Bolls, P. (2009). How avatar customizability affects children's arousal and subjective presence during junkfood-sponsored online video games. *CyberPsychology & Behavior*, **12**(3), 277-283.
Balaban, M T., Losito, B., Simons, R. F., & Graham, F. K. (1986). Off-line latency and amplitude scoring of the human reflex eyeblink with Fortran IV. *Psychophysiology*, **23**(5), 612.
Baldaro, B., Mazzetti, M., Codispoti, M, Tuozzi, G., Bolzani, R., & Trombini, G. (2001). Autonomic reactivity during viewing of an unpleasant film. *Perceptual and Motor Skills*, **93**(3), 797-805.
Bandura, A. (2006). Toward a psychology of human agency. *Perspectives on Psychological Science*, **1**(2), 164-180.

Bandura, A. (2009). Social cognitive theory of mass communication. In J. Bryant & M. B. Oliver (Eds.), *Media effects: Advances in theory and research* (pp. 94-124). New York: Routledge.

Bandura, A., Ross, D., & Ross, S. A. (1963). Imitation of film-mediated aggressive models. *The Journal of Abnormal and Social Psychology*, **66**(1), 3-11.

Barker, K. (2002). *At the helm: A laboratory navigator*. Cold Spring Harbor, NY: Cold Spring Harbor Laboratory Press.

Barrett, L. F., & Lindquist, K. A. (2008). The embodiment of emotion. In G. R. Semin & E. R. Smith (Eds.), *Embodied grounding: Social, cognitive, affective, and neurosdentific approaches* (pp. 237-262). New York: Cambridge University Press.

Barrett, L. F., Mesquita, B., Ochsner, K. N., & Gross, J. J. (2007). The experience of emotion. *Annual Review of Psychology*, **58**, 373-403.

Barrett, L. F., & Wager, T. D. (2006). The structure of emotion: Evidence from neuroimaging studies. *Current Directions in Psychological Science*, **15**(2), 79-83.

Barron, S. L. (1950). The development of the electorocardiograph in Great Britain. *British Medical Journal*, **1**(4655), 720-725.

Bartholow, B. D., & Amodio, D. M. (2009). Using event-related brain potentials and social psychological research: A brief review and tutorial. In E. Harmon-Jones & J. S. Beer (Eds.), *Methods and social neuroscience*, (pp. 198-232). New York: The Guilford Press.

Basil, M. D. (1994a). Secondary reaction-time measures. In A. Lang (Ed.), *Measuring psychological responses to media* (pp. 85-98). Hillsdale, NJ: Lawrence Erlbaum.

Basil, M. D. (1994b). Multiple resource theory II: Empirical examination of modality-specific attention to television scenes. *Communication Research*, **21**(2), 208-231.

Baumgartner, T., Valko, L., Esslen, M., & Jäncke, L. (2006). Neural correlate of spatial presence in an arousing and noninteractive virtual reality: An EEG and psychophysiology study. *CyberPsychology & Behavior*, **9**(1), 30-45.

Bear, M. F., Connors, B. W., & Paradiso, M. A. (2007). *Neuroscience: Exploring the brain* (3rd ed.). Philadelphia: Lippincott, Williams, & Wilkins.

Beaumont, J. G. (2008). *Introduction to neuropsychology* (2nd ed.). New York: Guilford Press.

Bell, C. (1806). *Essays on the anatomy of expression in painting*. London: Longman, Hurst, Rees, and Orme.

Bellman, S., Schweda, A., & Varan, D. (2009). Viewing angle matters–screen type does not. *Journal of Communication*, **59**(3), 609-634.

Benning, S. D., Patrick, C. J., & Lang, A. R. (2004). Emotional modulation of the postauricular reflex. *Psychophysiology*, **41**(3), 426-432.

Berger, H. (1929). Über das Elektrenkephalogramm des Menschen (On the electroencephalogram of man). *Archiv für Psychiatrie und Nervenkrankheiten*, **87**, 527-570. Reprinted in English in S. W. Porges & M. G. H. Coles (Eds.), *Psychophysiology*. Stroudsburg, PA: Dowden, Hutchinson, and Ross.

Bernard, C. (1865/1957). *An introduction to the study of experimental medicine*. New York: Dover.

Bernard, C. (1878/1974). *Lectures on the phenomena of life common to animals and plants*. Springfield, IL: Thomas.

Berntson, G. G., Bigger, J. T., Jr., Eckberg, D. L., Grossman, P., Kaufmann, P. G., Malik, M., Nagaraja, H. N., Porges, S. W., Saul, J. P., Stone, P. H., & van der Molen, M. W. (1997). Heart rate variability: Origins, methods, and interpretive caveats. *Psychophysiology*, **34**(6), 623-648.

Berntson, G. G., & Cacioppo, J. T. (2007). Integrative physiology: Homeostasis, allostasis, and the orchestration of systemic physiology. In J. T. Cacioppo, L. G. Tassinary, & G. G. Berntson (Eds.), *Handbook of psychophysiology* (pp. 433-452). New York: Cambridge University Press.

Berntson, G. G., & Cacioppo, J. T. (2008). The functional neuroarchitecture of evaluative processes. In A. J. Elliot (Ed.), *Handbook of approach and avoidance motivation* (pp. 307-321). New York: Psychology Press.

Berntson, G. G., Cacioppo, J. T., & Fieldstone, A. (1996). Illusions, arithmetic, and the bidirectional modulation of vagal control of the heart. *Biological Psychology*, **44**(1), 1-17.

Berntson, G. G., Cacioppo, J. T., & Quigley, K. S. (1993). Cardiac psychophysiology and autonomic space in humans: Empirical perspectives and conceptual implications. *Psychological Bulletin*, **114**(2), 296-322.

Berntson, G. G., Cacioppo, J. T., & Quigley, K. S. (1995). The metrics of cardiac chronotropism: Biometric perspectives. *Psychophysiology*, **32**(2), 162-471.

Berntson, G. G., Quigley, K. S., & Lozano, D. (2007). Cardiovascular psychophysiology. In J. T. Cacioppo., L. G., Tassinary., & G. G. Berntson. (Eds.), *Handbook of psychophysiology* (3rd ed., pp. 182-210). New York:

Cambridge University Press.
Biocca, F., David, P., & West, M. (1994). Continuous response measurement (CRM): A computerized tool for research on the cognitive processing of communication messages. In A. Lang. (Ed.), *Measuring psychological responses to media* (pp. 15-64). Hillsdale, NJ: Lawrence Erlbaum.
Black, J. (2002). Darwin in the world of emotions. *Journal of the Royal Society of Medicine*, **95**(6), 311-313.
Blumenthal, T. D., & Berg, W. K. (1986). Stimulus rise time, intensity, and bandwidth effects on acoustic startle amplitude and probability. *Psychophysiology*, **23**(6), 635-641.
Blumenthal, T. D., Cuthbert, B. N., Filion, D. L., Hackley, S., Lipp, O. V., & van Boxtel, A. (2005). Committee report: Guidelines for human startle electromyographic studies. *Psychophysiology*, **42**(1), 1-15.
Blumenthal, T. D., Elden, A., & Flaten, M. A. (2004). A comparison of several methods used to quantify prepulse inhibition of eyeblink responding. *Psychophysiology*, **41**(2), 326-332.
Blumenthal, T. D., & Goode, C. T. (1991). The startle eyeblink response to low intensity acoustic stimuli. *Psychophysiology*, **28**(3), 296-306.
Bohlin, G., & Graham, F. K. (1977). Cardiac deceleration and reflex blink facilitation. *Psychophysiology*, **14**(5), 423-430.
Bolls, P. D. (2002). I can hear you but can I see you? The use of visual cognition during exposure to high-imagery radio advertisements. *Communication Research*, **29**, 537-563.
Bolls, P. D. (2007). It is just your imagination: The effect of imagery on product versus non-product information in radio advertisements. *Journal of Radio Studies*, **13**(2), 201-213.
Bolls, P. D. (2010). Understanding emotion from a superordinate dimensional perspective: A productive way forward for communication processes and effects studies. *Communication Monographs*, **77**(2), 146-152.
Bolls, P. D., & Lang, A. (2003). I saw it on the radio: The allocation of attention to high imagery radio advertisements. *Media Psychology*, **5**(1), 33-55.
Bolls, P. D., Lang, A., & Potter, R. F. (2001). The effects of message valence and listener arousal on attention, memory, and facial muscular responses to radio advertisements. *Communication Research*, **28**(5), 627-651.
Bolls, P. D., Muehling, D. D., & Yoon, K. (2003). The effects of television commercial pacing on viewers' attention and memory. *Journal of Marketing Communications*, **9**(1), 17-28.
Bolls, P. D., & Potter, R. F. (1998). I saw it on the radio: The effects of imagery evoking radio commercials on listeners' allocation of attention and attitude toward the ad. In D. D. Meuhling (Ed.), *Proceedings of the 1998 conference of the American Academy of Advertising* (pp. 123-130). Tempe, AZ: American Academy of Advertising.
Bolls, P. D., Zhang, J., & Miles, S. (2006). Intense emotions: Developmental differences in cognitive/emotional processing of the visual portrayal of threat in substance abuse prevention messages. *Psychophysiology*, **43**(S1), S26.
Boucsein, W. (1992). *Electrodermal activity*. Boston, MA: Springer.
Boucsein, W., Fowles, D. C., Grimnes, S., Ben-Shakhar, G., Roth W. T., Dawson, M. E., & Filion, D. L. (2012). Publication recommendations for electrodernal measurements. *Psychophysiolosy*, **49**(8), 1017-1034.
Boylan, M. (2007). Galen: On blood, the pulse, and the arteries. *Journal of the History of Biology*, **40**(2), 207-230.
Bradley, M. M., Cuthbert, B. N., & Lang, P. J. (1993). Pictures as prepulse: Attention and emotion in startle modification. *Psychophysiology*, **30**(5), 541-545.
Bradley, M. M., Cuthbert, B. N., & Lang, P. J. (1996). Picture media and emotion: Effects of a sustained affective context. *Psychophysiology*, **33**(6), 662-670.
Bradley, M. M., & Lang, P. J. (1994). Measuring emotion: The self-assessment manikin and the semantic differential. *Journal of Behavioral Therapy and Experimental Psychiatry*, **25**(1), 49-59.
Bradley, M. M., & Lang, P. J. (2000). Measuring emotion: Behavior, feeling, and physiology. In R. D. Lane, & L. Nadel (Eds.), *Cognitive neuroscience of emotion* (pp. 242-276). New York: Oxford University Press.
Bradley, M. M., & Lang, P. J. (2007a). Emotion and motivation. In J. T. Cacioppo, L. G. Tassinary, & G. G. Berntson (Eds.), *Handbook of psychophysiology* (pp. 581-607). New York: Cambridge University Press.
Bradley, M. M., & Lang, P. J. (2007b). The International Affective Picture System (IAPS) in the study of emotion and attention. In J. A. Coan, & J. B. Alan (Eds.), *Handbook of emotion elicitation and assessment* (pp. 29-46). New York: Oxford University Press.
Bradley, S. D. (2007a). Examining the eyeblink startle reflex as a measure of emotion and motivation to television

programming. *Communication Methods and Measures*, **1**(1), 7-30.

Bradley, S. D. (2007b). Dynamic, embodied, limited capacity attention and memory: Modeling cognitive processing of mediated stimuli. *Media Psychology*, **9**(1), 211-239.

Bradley, S. D., Angelini, J. R., & Lee, S. (2007). Psychophysiological and memory effects of negative political ads: Aversive, arousing, and well remembered. *Journal of Advertising*, **36**(4), 115-127.

Bradley, S. D., Maxian, W., Wise, W. T., & Freeman, J. D. (2008). Emotion trumps attention: Using prepulse startle probe methodology to assess cognitive processing of television. *Communication Methods and Measures*, **2**(4), 313-322.

Brazier, M. A. B. (1959). The historical development of neurophysiology. In J. Field, H. W. Magoun, & V. E. Hall (Eds.), *Handbook of physiology: A critical, comprehensive presentation of physiological knowledge and concepts* (Vol. I, pp. 1-58). Washington, DC: American Physiological Society.

Briñol, P., Petty, R. E., & Barden, J. (2007). Happiness versus sadness as a determinant of thought confidence in persuasion: A self-validation analysis. *Journal of Personality and Social Psychology*, **93**(5), 711-727.

Bromehead, C. E. N. (1942). The early history of water-supply. *The Geographical Journal*, **99**(3), 142-151.

Brown, S. L., & Schwartz, G. E. (1980). Relationships between facial electromyography and subjective experience during affective imagery. *Biological Psychology*, **11**(1), 49-62.

Brownley, K. A., Hurwitz, B. E., & Schneiderman, N. (2000). Cardiovascular psychophysiology. In J. T. Cacioppo, L. G. Tassinary, & G. G. Berntson (Eds.), *Handbook of psychophysiology* (2nd ed., pp. 224-264). New York: Cambridge University Press.

Bruggemann, J. M., & Barry, R. J. (2002). Eysenck's P as a modulator of affective and electrodermal responses to violent and comic film. *Personality and Individual Differences*, **32**(6), 1029-1048.

Bruner, G. C., Hensel, P. J., & James, K. E. (2005). *Marketing scales handbook: A compilation of multi-item measures* (Vol. 4). Chicago, IL: American Marketing Association. https://www.marketingscales.com/books

Bryant, J., & Rockwell, S. C. (1991). Evolving cognitive models and mass communication reception processes. In J. Bryant & D. Zillmann (Eds.), *Responding to the screen: Reception and reaction processes* (pp. 217-228). Hillsdale, NJ: Lawrence Erlbaum.

Burch, G. E., & DePasquale, N. P. (1964). *A history of electrocardiography*. Chicago: Year Book Medical Publishers.

Bushman, B. J., & Huesmann, L. R. (2006). Short-term and long-term effects of violent media on aggression in children and adults. *Archives of Pediatrics & Adolescent Medicine*, **160**(4), 348-352.

Bushman, B. J., Huesmann, L. R., & Whitaker, J. L. (2009). Violent media effects. In R. L. Nabi & M. B. Oliver (Eds.), *The Sage handbook of media processes and effects* (pp. 361-376). Newbury Park, CA: Sage.

Cacioppo, J. T., Berntson, G. G., & Klein, D. J. (1992). What is an emotion? The role of somatovisceral afference, with special emphasis on somatovisceral "illusions." In M. S. Clark (Ed.), *Emotion and social behavior. Review of personality and social psychology* (Vol. 14, pp. 63-98). Thousand Oaks, CA: Sage.

Cacioppo, J. T., & Decety, J. (2009). What are the brain mechanisms on which psychological processes are based? *Perspectives on Psychological Science*, **4**(1), 10-18.

Cacioppo, J. T., & Gardner, W. L. (1999). Emotion. *Annual Review of Psychology*, **50**(1), 191-214.

Cacioppo, J. T., Gardner, W. L., & Berntson, G. G. (1999). The affect system has parallel and integrative processing components: Form follows function. *Journal of Personality and Social Psychology*, **76**(5), 839-855.

Cacioppo, J. T., Larsen, J. T., Smith, N. K., & Berntson, G. G. (2004). The affect system: What lurks below the surface of feelings? In A. S. R. Manstead, N. H. Frijda, & A. H. Fischer (Eds.), *Feelings and emotions: The Amsterdam symposium. Studies in emotion and social interaction* (pp. 223-242). New York: Cambridge University Press.

Cacioppo, J. T., & Petty, R. E. (1982). The need for cognition. *Journal of Personality and Social Psychology*, **42**(1), 116-131.

Cacioppo, J. T., & Petty, R. E. (1985). Physiological responses and advertising effects: Is the cup half full or half empty? *Psychology and Marketing*, **2**(2), 115-126.

Cacioppo, J. T., Petty, R. E., Losh, M. E., & Kim, H. S. (1986). Electromyographic activity over facial muscle regions can differentiate the valence and intensity of affective reactions. *Journal of Personality and Social Psychology*, **50**(2), 260-268.

Cacioppo, J. T., Tassinary, L. G., & Berntson, G. G. (2007a). *Handbook of psychophysiology* (3rd ed.). New York: Cambridge University Press.

Cacioppo, J. T., Tassinary, L. G., & Berntson, G. G. (2007b). Psychophysiological science: Interdisciplinary approaches to classic questions about the mind. In J. T. Cacioppo, L. G. Tassinary, & G. G. Berntson (Eds.), *Handbook of psychophysiology* (pp. 1-18). New York: Cambridge University Press.

Cacioppo, J. T., von Hippel, W., & Ernst J. M. (1997). Mapping cognitive structures and processes through verbal content: The thought-listing technique. *Journal of Consulting and Clinical Psychology*, **65**(6), 928-940.

Cajavilca, C, Varon, J., & Sternbach, G. L. (2009). Luigi Galvani and the foundations of electrophysiology. *Resuscitation*, **80**(2), 159-162.

Cameron, G. T., & Frieske, D. A. (1994). Response latency. In A. Lang (Ed.), *Measuring psychological responses to media messages* (pp. 149-164). Hillsdale, NJ: Lawrence Erlbaum.

Cameron, G. T., Schleuder, J., & Thorson, E. (1991). The role of news teasers in processing TV news and commercials. *Communication Research*, **18**(5), 667-684.

Cannon, W. B. (1927). The James-Lange theory of emotions: A critical examination and an alternative theory. *The American Journal of Psychology*, **39**(1/4), 106-124.

Cannon, W. B. (1929). Organization for physiological homeostasis. *Physiological Reviews*, **9**(3), 399-431.

Cantor, J. R., Zillmann, D., & Bryant J. (1975). Enhancement of experienced sexual arousal in response to erotic stimuli through misattribution of unrelated residual excitation. *Journal of Personality and Social Psychology*, **32**(1), 69-75.

Cantor, J. R., Zillmann, D., & Einsiedel, E. F. (1978). Female responses to provocation after exposure to aggressive and erotic films. *Communication Research*, **5**(4), 395-412.

Cantril, H. (1940). *The invasion from Mars: A study in the psychology of panic*. Princeton, NJ: Princeton University Press.

Cappella, J. N., & Jamieson, K. H. (1997). *Spiral of cynicism: The press and the public good*. New York: Oxford University Press.

Carnagey, N. L., Anderson, C. A., & Bushman, B. J. (2007). The effect of videogame violence on physiological desensitization to real-life violence. *Journal of Experimental Social Psychology*, **43**(7), 489-496.

Carpentier, F. R. D., Brown, J. D., Bertocci, M., Silk, J. S., Forbes, E. E., & Dahl, R. E. (2008). Sad kids, sad media? Applying mood management theory to depressed adolescents' use of media. *Media Psychology*, **11**(1), 143-166.

Chaffee, S. H. (1980). Mass media effects: New research perspectives. In G. C. Wilhoit & H. de Bock (Eds.), *Mass communication review yearbook* (Vol. 1, pp. 77-108). Beverly Hills, CA: Sage.

Chaffee, S. H. (1991). *Explication*. Newbury Park, CA: Sage.

Chaffee, S. H., & Berger, C. R. (1987). What communication scientists do. In C. R. Berger & S. H. Chaffee (Eds.), *Handbook of communication science* (pp. 99-122). Newbury Park, CA: Sage.

Chapman, H. A., Kim, D. A., Susskind, J. M., & Anderson, A. K. (2009). In bad taste: Evidence for the oral origins of moral disgust. *Science*, **323**(5918), 1222-1226.

Chattopadhyay, A., & Alba, J. W. (1988). The situational importance of recall and inference in consumer decision making. *Journal of Consumer Research*, **15**, 1-12.

Chen, L., Zhou, S., & Bryant, J. (2007). Temporal changes in mood repair through music consumption: Effects of mood, mood salience, and individual differences. *Media Psychology*, **9**(3), 695-713.

Choi, H. P., & Anderson, D. R. (1991). A temporal analysis of free toy play and distractibility in young children. *Journal of Experimental Child Psychology*, **52**(1), 41-69.

Chory-Assad, R. M. (2004). Effects of television sitcom exposure on the accessibility of verbally aggressive thoughts. *Western Journal of Communication*, **68**(4), 431-453.

Chung, Y. (2007). *Processing web ads: The effects of animation and arousing content*. Youngstown, NY: Cambria Press.

Churchland, P. S., & Sejnowski, T. J. (1992). *The computational brain*. Cambridge, MA: MIT Press.

Clark, A. (1997). *Being there: Putting brain, body, and world together again*. Cambridge, MA : MIT Press.

Cochran, W. G., & Cox, G. M. (1957). *Experimental design* (2nd ed.). Oxford, England: John Wiley & Sons.

Codispoti, M., & De Cesarei, A. (2007). Arousal and attention: Picture size and emotional reactions. *Psychophysiology*, **44**(5), 680-686.

Codispoti, M., Ferrari, V., & Bradley, M. M. (2006). Repetitive picture processing: Autonomic and cortical correlates. *Brain Research*, **1068**(1), 213-220.

Codispoti, M., Surcinelli, P., & Baldaro, B. (2008). Watching emotional movies: Affective reactions and gender

differences. *International Journal of Psychophysiology*, **69**(2), 90-95.
Cohen, A. R. (1957). Need for cognition and order of communication as determinants of opinion change. In C. I. Hovland (Ed.), *Order of presentation in persuation* (pp. 79-97). New Haven, CT: Yale University Press.
Costa, P. T., & McCrae, R. R. (2008). The revised NEO personality inventory (NEOPI-R). In G. J. Boyle, G. Matthews, & & D. H. Saklofske (Eds.), *The Sage handbook of personality theory and assessment*. Vol. 1. *Personality measurement and testing* (pp. 179-198). Los Angeles: Sage.
Craik, F. I., & Lockhart, R. S. (1972). Levels of processing: A framework for memory research. *Journal of Verbal Learning and Verbal Behavior*, **11**(6), 671-684.
Cunningham, W. A., Packer, D. J., Kesek, A., & Van Bavel, J. J. (2009). Implicit measurement of attitudes: A physiological approach. In R. E. Petty, R. H. Fazio, & P. Briñol (Eds.), *Attitudes: Insights from the new implicit measures* (pp. 485-512). New York: Taylor & Francis.
Curtin, J. J., Lozano, D. L., & Allen, J. J. (2007). The psychophysiological laboratory. In J. B. Coan & J. J. B. Allen (Eds.), *Handbook of emotion elicitation and assessment* (pp. 398-425). New York: Oxford University Press.
Damasio, A. (1994). *Descartes' error: Emotion, reason, and the human mind*. New York: Grossett/Putnam.
Damasio, A. (1999). *The feeling of what happens: Body and emotion in the making of consciousness*. Fort Worth, TX: Harcourt.
Darrow, C. W. (1964). Psychophysiology, yesterday, today, and tomorrow. *Psychophysiology*, **7**(1), 4-7.
Darwin, C. (1872/1965). *The expression of the emotions in man and animals*. Chicago: University of Chicago Press.
Dawson, M. E., Schell, A. M., & Filion, D. L. (2007). The electrodermal system. In J. T. Cacioppo, L. G. Tassinary, & G. G. Berntson (Eds.), *Handbook of psychophysiology* (3rd ed., pp. 159-181). New York: Cambridge University Press.
De Pascalis, V., Barry, R. J., & Sparita, A. (1995). Decelerative changes in heart rate during recognition of visual stimuli: Effects of psychological stress. *International Journal of Psychophysiology*, **20**(1), 21-31.
Delorme, A., & Makeig, S. (2004). EEGLAB: An open source toolbox for analysis of single trial EEG dynamics including independent component analysis. *Journal of Neuroscience Methods*, **134**(1), 9-21.
Deschaumes-Molinaro, C., Dittmar, A., & Vernet-Maury, E. (1992). Autonomic nervous system response patterns correlate with mental imagery. *Physiology and Behavior*, **51**(5), 1021-1027.
Detenber, B. H., Simons, R. F., & Bennett, G. G., Jr. (1998). Roll 'em!: The effects of picture motion on emotional responses. *Journal of Broadcasting and Electronic Media*, **42**(1), 113-127.
Diao, F., & Sundar, S. S. (2004). Orienting response and memory for web advertisements: Exploring effects of pop-up window and animation. *Communication Research*, **31**(5), 537-567.
Dickinson, A., & Dearing, M. F. (1979). Appetitive-aversive interactions and inhibitory processes. In A. Dickinson & R. A. Boakes (Eds.), *Mechanisms of learning and motivation* (pp. 203-231). Hillsdale, NJ: Lawrence Erlbaum.
Dillard, J. P., & Nabi, R. L. (2006). The persuasive influence of emotion in cancer prevention and detection messages. *Journal of Communication*, **56**(s1), S123-S139.
Dillard, J. P., & Peck, E. (2001). Persuasion and the structure of affect dual systems and discrete emotions as complementary models. *Human Communication Research*, **27**(1), 38-68.
Dillard, J. P., Plotnick, C. A., Godbold, L. C, Freimuth, V. S., & Edgar, T. (1996). The multiple affective outcomes of AIDS PSAs fear appeals do more than scare people. *Communication Research*, **23**(1), 44-72.
Donchin, E. (1979). Event-related brain potentials: A tool in the study of human information processing. In H. Begleiter (Ed.), *Evoked brain potentials and behavior*. New York: Plenum.
Donchin, E. (1981). Surprise!...Surprise? *Psychophysiology*, **18**(5), 493-513.
Donchin, E., & Israel, J. B. (1980). Event-related potentials and psychological theory. In H. H. Kornhuber & L. Deecke (Eds.), *Motivation, motor, and sensory processes of the brain: Electrical potentials, behavior, and clinical use: Progress in brain research*. North Holland, Amsterdam: Elsevier.
Donders, F. C. (1868/1969). On the speed of mental processes. *Acta Psychologica*, **30**, 412-431.
Donnerstein, E., & Barrett, G. (1978). Effects of erotic stimuli on male aggression toward females. *Journal of Personality and Social Psychology*, **36**(2), 180-188.
Donnerstein, E., & Hallam, J. (1978). Facilitating effects of erotica on aggression against women. *Journal of Personality and Social Psychology*, **36**(11), 1270-1277.
Dormire, S. L., & Carpenter, J. S. (2002). An alternative to Unibase/glycol as an effective non-hydrating electrolyte medium for the measurement of electrodermal activity. *Psychophysiology*, **39**(4), 423-426.

Du Plessis, E. (2005). *The advertised mind: Groundbreaking insights into how our brains respond to advertising*. Philadelphia: Kogan Page.

Duchenne, G.-B. (1862/1990). *The mechanism of human facial expression* (R. A. Cuthbertson, Trans.). New York: Cambridge University Press.

Duncan, S., & Barrett, L. F. (2007). Affect as a form of cognition: A neurobiological analysis. *Cognition and Emotion*, **21**(6), 1184-1211.

Dysinger, W. S., & Ruckmick, C. A. (1933). *The emotional responses of children to the motion picture situation* (vol. 3). New York: Macmillan.

Eagly, A. H., & Chaiken, S. (1993). *The psychology of attitudes*. Orlando, FL: Harcourt Brace Jovanovich.

Edelberg, R. (1972). Electrical activity of the skin: Its measurement and uses in psychophysiology. In N. S. Greenfield & R. A. Sternbach (Eds.), *Handbook of psychophysiology* (pp. 367-418). New York: Holt.

Edelberg, R. (1974). For distinguished contribution to psychophysiology: Albert F. Ax. *Psychophysiology*, **11**(2), 216-218.

Ekman, P. (1989). The argument and evidence about universal and facial expressions of emotion. In H. Wagner & A. Manstead (Eds.), *Handbook of psychophysiology: The biological psychology of emotions and social processes* (pp. 143-164). London: John Wiley Ltd.

Ekman, P. (1993). Facial expression and emotion. *American Psychologist*, **48**(4), 384-392.

Ekman, P., & Friesen, W. V. (1982). Felt, false, and miserable smiles. *Journal of Nonverbal Behavior*, **6**(4), 238-252.

Ekman, P., Davidson, R. J., & Friesen, W. V. (1990). The Duchenne smile: Emotional expression and brain physiology II. *Journal of Personality and Social Psychology*, **58**(2), 342-353.

Ekman, P., Friesen, W. V., & Ancoli, S. (1980). Facial signs of emotional experience. *Journal of Personality and Social Psychology*, **39**(6), 1125-1134.

Ekman, P., Levenson, R. W., & Friesen, W. V. (1983). Autonomic nervous system activity distinguishes among emotions. *Science*, **221**(4616), 1208-1210.

Ewing, D. J., Borsey, D. Q., Bellavere, F., & Clarke, B. F. (1981). Cardiac autonomic neuropathy in diabetes: Comparison of measures of R-R interval variation. *Diabetologia*, **21**(1), 18-24.

Fabiani, M., Gratton, G., & Federmeier, K. D. (2007). Event-related brain potentials: Methods, theory, and applications. In J. T. Cacioppo, L. G. Tassinary, & G. G. Berntson (Eds.), *Handbook of psychophysiology* (3rd ed., pp. 85-119). New York: Cambridge University Press.

Faul, F., Erdfelder, E., Lang, A.-G., & Buchner, A. (2007). G*Power 3: A flexible statistical power analysis program for the social, behavioral, and biomedical sciences. *Behavior Research Methods*, **39**(2), 175-191.

Fenwick, I., & Rice, M. D. (1991). Reliability of continuous measurement copy-testing methods. *Journal of Advertising Research*, **31**(1), 23-29.

Féré, C. (1888). Note on changes in electrical resistance under the effect of sensory stimulation and emotion. *Comptes Rendus des Seances de la Societe de Biologie*, **5**, 217-219. Reprinted in English in S. W. Porges, & M. G. H. Coles (Eds.), *Psychophysiology*. Stroudsburg, PA: Dowden, Hutchinson, and Ross.

Fetzner, J. (1996). Obituary: Albert F. Ax (1913-1994). *International Journal of Psychophysiology*, **22**(3), 133-140.

Fowles, D. C., Christie, M. J., Edelberg, R., Grings, W. W., Lykken, D. T., & Venables, P. H. (1981). Publication recommendations for electrodermal measurements. *Psychophysiology*, **18**(6), 232-239.

Fox, J. R., Lang, A., Chung, Y., Lee, S., Schwartz, N., & Potter, D. (2004). Picture this: Effects of graphics on the processing of television news. *Journal of Broadcasting & Electronic Media*, **48**(7), 646-674.

Fox, J. R., Park, B., & Lang, A. (2007). When available resources become negative resources: The effects of cognitive overload on memory sensitivity and criterion bias. *Communication Research*, **34**(3), 277-296.

Fridlund, A. J., & Cacioppo, J. T. (1986). Guidelines for human electromyographic research. *Psychophysiology*, **23**(5), 567-589.

Friestad, M., & Thorson, E. (1993). Remembering ads: The effects of encoding strategies, retrieval cues, and emotional response. *Journal of Consumer Psychology*, **2**(1), 1-23.

Frijda, N. H. (1994). Varieties of affect: Emotions and episodes, moods, and sentiments. In P. Ekman, & R. J. Davidson (Eds.), *The nature of emotion* (pp. 59-67). New York: Oxford University Press.

Frost, R., & Stauffer, J. (1987). The effects of social class, gender, and personality on physiological responses to filmed violence. *Journal of Communication*, **37**(2), 29-45.

Furnham, A., Eysenck, S. B. G., & Saklofske, D. H. (2008). The Eysenck personality measures: Fifty years of scale development. In G. J. Boyle, G. Matthews, & D. H. Saklofske (Eds.), *The Sage handbook of personality theory and assessment*. Vol. 2. *Personality measurement and testing* (pp. 199-218). Los Angeles: Sage.

Gale, A., & Smith, D. (1980). On setting up a psychophysiological laboratory. In I. Martin & P. H. Venables (Eds.), *Techniques in psychophysiology*. New York: Wiley.

Gardiner, H. M., Metcalf, R. C., & Beebe-Center, J. G. (1937/1970). *Feeling and emotion*. Solt Lake City, UT: American Book Publishing.

Geenen, R., & van de Viver, F. J. R. (1993). A simple test of the Law of Initial Values. *Psychophysiology*, **30**(5), 525-530.

Geiger, S., & Newhagen, J. (1993). Revealing the black box: Information processing and media effects. *Journal of Communication*, **43**(4), 42-50.

Geiger, S., & Reeves, B. (1993). The effects of scene changes and semantic relatedness on attention to television. *Communication Research*, **20**(2), 155-175.

Gevins, A., Zeitlin, G. M., Yingling, C. D., Doyle, J. C, Dedon, M. F., Schaffer, R. E., Roumasset, J. T., & Yeager, C. L. (1979). EEG patterns during 'cognitive' tasks I. Methodology and analysis of complex behaviors. *Electroencephalography and Clinical Neurophysiology*, **47**(6), 693-703.

Gomez, P., Zimmermann, P., Guttormsen-Schär, S., & Danuser, B. (2005). Respiratory responses associated with affective processing of film stimuli. *Biological Psychology*, **68**(3), 223-235.

Goodlett, C. R., & Horn, K. H. (2001). Mechanism of alcohol-induced damage to the developing nervous system. *Alcohol Research & Health*, **25**(3), 175-184.

Grabe, M. E., Lang, A., & Zhao, X. (2003). News content and form: Implications for memory and audience evaluations. *Communication Research*, **30**(4), 387-413.

Graham, F. K. (1975). The more or less startling effects of weak prestimulation. *Psychophysiology*, **12**(3), 238-248.

Graham, F. K. (1979). Distinguishing among orienting, defense, and startle reflexes. In H. D. Kimmel, E. H. Van Olst, & J. F. Orlebeke (Eds.), *The orienting reflex in humans* (pp. 137-167). Hillsdale, NJ: Lawrence Erlbaum.

Graham, F. K. (1980). Control of reflex blink excitability. In R. F. Thompson, L. H. Hicks, & V. B. Shvyrkov (Eds.), *Neural mechanisms of goal-directed behavior and learning* (pp. 511-519). New York: Academic Press.

Graham, F. K., & Clifton, R. K. (1966). Heart rate change as a component of the orienting response. *Psychological Bulletin*, **65**(5), 305-320.

Graham, F. K., Putnam, L. E., & Leavitt, L. A. (1975). Lead-stimulation effects on human cardiac orienting and blink reflexes. *Journal of Experimental Psychology: Human Perception and Performance*, **1**(2), 161-169.

Greene, W. A., Turetsky, B., & Kohler, C. (2000). General laboratory safety. In J. T. Cacioppo, L. G. Tassinary, & G. G. Berntson (Eds.), *Handbook of psychophysiology* (pp. 951-977). New York: Cambridge University Press.

Greenwald, A. G., & Leavitt, C. (1984). Audience involvement in advertising: Four levels. *Journal of Consumer Research*, **11**(1), 581-592.

Grewe, O., Nagel, F., Kopiez, R., & Altenmüler, E. (2007). Emotions over time: Synchronicity and the development of subjective, physiological, and facial affective reactions to music. *Emotion*, **7**(4), 774-788.

Grimes, T., & Meadowcroft, J. (1995). Attention to television and some methods for its measurement. In B. R. Burleson (Ed.), *Communication yearbook 18* (pp. 133-161). Thousand Oaks, CA: Sage.

Hahn, B., Wolkenberg, F. A., Ross, T. J., Myers, C. S., Heishman, S. J., Stein, D. J., Kurup, P. K., & Stein, E. A. (2008). Divided versus selective attention: Evidence for common processing mechanisms. *Brain Research*, **1215**, 137-146.

Haidt, J., McCauley, C., & Rozin, P. (1994). Individual differences in sensitivity to disgust: A scale sampling seven domains of disgust elicitors. *Personality and Individual Differences*, **16**(5), 701-713.

Hansen, A. L., Johnsen, B. H., & Thayer, J. F. (2003). Vagal influence on working memory and attention. *International Journal of Psychophysiology*, **48**(3), 263-274.

Harmon-Jones, E., & Peterson, C. K. (2009). Electroencephalographic methods in social and personality psychology. In E. Harmon-Jones & J. S. Beer (Eds.), *Methods and social neuroscience* (pp. 170-197). New York: Guilford Press.

Harvey, W. (1628/1998). *On the motion of the heart and blood in animals* (Modern History Sourcebook). Available from http://www.fordham.edu/halsall/mod/1628harvey-blood.asp

Hazlett, R. L., & Hazlett, S. Y. (1999). Emotional response to television commercials: Facial EMG vs. self-report. *Journal of Advertising Research*, **39**(2), 7-23.

Hess, U. (2009). Facial EMG. In E. Harmon-Jones & J. S. Beer (Eds.), *Methods in social neuroscience* (pp. 70-91). New York: Guilford Press.

Hess, U., Sabourin, G., & Kleck, R. E. (2007). Postauricular and eyeblink startle responses to facial expressions. *Psychophysiology*, **44**(3), 431-435.

Heuttel, S. A., Song, A. W., & McCarthy, G. (2009). *Functional magnetic resonance imaging* (2nd ed.). Sunderland, MA: Sinauer.

Hopkins, R., & Fletcher, J. E. (1994). Electrodermal measurement: Particularly effective for forecasting message influence on sales appeal. In A. Lang (Ed.), *Measuring psychological responses to media* (pp. 113-132). Hillsdale, NJ: Lawrence Erlbaum.

Hovland, C. I. (1957). *The order of presentation.* New Haven, CT: Yale University Press.

Hovland, C. I., Janis, I. L., & Kelly, H. H. (1953). *Persuasion and communication.* New Haven, CT: Yale University Press.

Hurst, J. W. (1998). Naming of the waves in the ECG, with a brief account of their genesis. *Circulation*, **98**(18), 1937-1942.

Huston, A. C, & Wright, J. C. (1983). Children's processing of television: The informative functions of formal features. In J. Bryant & D. R. Anderson (Eds.), *Children's understanding of television: Research on attention and comprehension* (pp. 35-68). New York: Academic Press.

Hutchinson, D., & Bradley, S. D. (2009). Memory for images intense enough to draw an administration's attention: Television and the "war on terror." *Politics and the Life Sciences*, **28**(1), 31-47.

Ito, T., & Cacioppo, J. (2005). Variations on the human universal: Individual differences in positivity offset and negativity bias. *Cognition and Emotion*, **19**(1), 1-26.

Ivarsson, M., Anderson, M., Akerstedt, T., & Lindblad, F. (2009). Playing a violent television game affects heart rate variability. *Acta Pædiatrica*, **98**(1), 166-172.

Ivory, J. D., & Kalyanaraman, S. (2007). The effects of technological advancement and violent content in video games on players' feelings of presence, involvement, physiological arousal, and aggression. *Journal of Communication*, **57**(3), 532-555.

Ivory, J. D., & Magee, R. G. (2009). You can't take it with you? Effects of handheld portable media consoles on physiological and psychological responses to video game and movie content. *CyberPsychology & Behavior*, **12**(3), 291-297.

Izard, C. E. (1972). *Patterns of emotions: A new analysis of anxiety and depression.* Oxford, England: Academic Press.

Izard, C. E. (2009). Emotion theory and research: Highlights, unanswered questions, and emerging issues. *Annual Review of Psychology*, **60**, 1-25.

Jacobson, E. (1927). Action currents from muscular contractions during conscious processes. *Science*, **66**, 403.

James, K. H., James, T. W., Jobard, G., Wong, A. C., & Gauthier, I. (2005). Letter processing in the visual system: Different activation patterns for single letters and strings. *Cognitive Affective and Behavioral Neuroscience*, **5**(4), 452-466.

James, W. (1884). What is an emotion? *Mind*, **34**, 188-205.

Jansen, D. M., & Fridja, N. H. (1994). Modulation of the acoustic startle response by film-induced fear and sexual arousal. *Psychophysiology*, **31**(6), 565-571.

Jansma, J. M., Ramsey, N. F., de Zwart, J. A., van Gelderen, P., & Duyn, J. H. (2007). FMRI study of effort and information processing in a working memory task. *Human Brain Mapping*, **28**(5), 431-440.

Jasper, H. H. (1958). The ten-twenty electrode system of the International Federation. *Electroencephalography and Clinical Neurophysiology*, **10**, 371-375.

Jennings, J. R. (1992). Is it important that the mind is in a body? Inhibition and the heart. *Psychophysiology*, **29**(4), 369-383.

Jennings, J. R., Berg, W. K., Hutcheson, J., Obrist, P., Porges, S., & Turpin, G. (1981). Publication guidelines for heart rate studies in man. *Psychophysiology*, **18**(3), 226-231.

Jennings, J. R., & Gianaros, P. J. (2007). Methodology. In J. T. Cacioppo, L. G. Tassinary, & G. G. Berntson (Eds.), *The Handbook of Psychophysiology* (Vol. 3, pp. 812-833). Cambridge, MA: Cambridge University Press.

Johnson, B. T. & Eagly, A. H. (1990). Involvement and persuasion: Types, traditions, and the evidence. *Psychological Bulletin*, **107**(3), 375-384.

Johnstone, T., Kim, M. J., & Whalen, P. J. (2009). Functional magnetic resonance imaging in the affective and social neurosciences. In E. Harmon-Jones & J. S. Beer (Eds.), *Methods in social neuroscience* (pp. 313-336). New York: Guilford Press.

Jowett, B. (September 15, 2008). *The project Gutenberg Ebook of Timaeus*, from www.gutenberg.org/files/1572/1572.txt.（山本光雄（編）1974 プラトン全集 6 角川書店 , pp. 129-130）

Jowett, G., Jarvie, I. C, & Fuller, K. H. (1996). *Children and the movies: Media influence and the Payne Fund controversy*. New York: Cambridge University Press.

Kahneman, D. (1973). *Attention and effort*. Englewood Cliffs, NJ: Prentice Hall.

Kalat, J. W. (2007). *Biological psychology* (9th ed.). Belmont, CA: Thompson Wadsworth.

Kamath, M. V., & Fallen, E. L. (1993). Power spectral analysis of heart rate variability: A noninvasive signature of cardiac autonomic function. *Critical Reviews in Biomedical Engineering*, **21**(3), 245-311.

Kandel, E. R., Schwartz, J. H., & Jessell, T. M. (Eds). (2000). *Principles of neural science*. New York: McGraw-Hill.

Kaviani, H., Gray, J. A., Checkley, S. A., Kumari, V., & Wilson, G. D. (1999). Modulation of the acoustic startle reflex by emotionally-toned film-clips. *International Journal of Psychophysiology*, **32**(1), 47-54.

Kirk, R. E. (1995). *Experimental design: Procedures for the behavioral sciences* (3rd ed.). Pacific Grove, CA: Brooks/Cole.

Klabunde, R. E. (2007). Cardiovascular pharmacology concepts: Centrally acting sympatholytics. http://www.cvpharmacology.com/vasodilator/Central-acting.htm

Knobloch, S. (2003). Mood adjustment via mass communication. *Journal of Communication*, **53**(2), 233-250.

Konijn, E. A., Nije Bijvank, M., & Bushman, B. J. (2007). I wish I were a warrior: The role of wishful identification in effects of violent video games on aggression in adolescent boys. *Developmental Psychology*, **43**(4), 1038-1044.

Koruth, J., Potter, R. F., Bolls, P. D., & Lang, A. (2007). An examination of heart rate variability during positive and negative radio messages. *Psychophysiology*, **44**(S1), S60.

Koruth, K. J. (2010). *Separating attention from arousal during TV viewing: Using heart rate variability to track variations in sympathetic and parasympathetic activation*. Ph.D., Indiana University, Bloomington, IN.

Krcmar, M. (2009). Individual differences in media effects. In R. L. Nabi & M. B. Oliver (Eds.), *The Sage handbook of media processes and effects* (pp. 237-250). Los Angeles: Sage.

Kreibig, S. D., Wilhelm, F. H., Roth, W. T., & Gross, J. J. (2007). Cardiovascular, electrodermal, and respiratory response patterns to fear- and sadness-inducing films. *Psychophysiology*, **44**(5), 787-806.

Kroeber-Riel, W. (1979). Activation research: Psychobiological approaches in consumer research. *Journal of Consumer Research*, **5**(4), 240-250.

Krugman, H. E. (1971). Brainwave measures of media involvement. *Journal of Advertising Research*, **11**(1), 3-9.

Lacey, B. C, & Lacey, J. I. (1980). Cognitive modulation of time-dependent primary bradycardia. *Psychophysiology*, **17**(3), 209-221.

Lacey, J. I., & Lacey, B. C. (1962). The law of initial value in the longitudinal study of autonomic constitution: Reproducibility of autonomic responses and response patterns over a four-year interval. *Annals of the New York Academy of Sciences*, **98**(4), 1257-1290.

Lacey, J. I., & Lacey, B. C. (1974). On heart rate responses and behavior: A reply to Elliott. *Journal of Personality and Social Psychology*, **30**(1), 1-18.

Lachman, R., Lachman, J. L., & Butterfield, E. (1979). *Cognitive psychology and information processing: An introduction*. Hillsdale, NJ: Lawrence Erlbaum.

Landis, C, & Hunt, W. A. (1939). *The startle pattern*. Oxford, Englaand: Farrar and Reinhart.

Lane, D. R., & Harrington, N. G. (2009). Electromyographic response as a measure of effortful cognitive processing. In M. J. Beatty, J. C. McCroskey, & K. Floyd (Eds.), *Biological dimensions of communication: Perspectives, research, and methods* (pp. 117-131). Cresskill, NJ: Hampton Press.

Lang, A. (1990). Involuntary attention and physiological arousal evoked by structural features and emotional content in TV commercials. *Communication Research*, **17**(3), 275-299.

Lang, A. (1994a). Comments on setting up a laboratory. In A. Lang (Ed.), *Measuring psychological responses to media* (pp. 227-231). Hillsdale, NJ: Lawrence Erlbaum.

Lang, A. (1994b). *Measuring psychological responses to media*. Hillsdale, NJ: Lawrence Erlbaum.

Lang, A. (1994c). What can the heart tell us about thinking? A. Lang (Ed.), *Measuring psychological responses to media* (pp. 99-112). Hillsdale, NJ: Lawrence Erlbaum.

Lang, A. (2009). The limited capacity model of motivated mediated message processing. In R. L. Nabi & M. B. Oliver (Eds.), *The Sage handbook of media processes and effects* (pp. 193-204). Thousand Oaks, CA: Sage.

Lang, A., & Basil, M. D. (1998). Attention, resource allocation, and communication research: What do secondary task reaction times measure, anyway? In M. E. Roloff (Ed.), *Communication yearbook 21* (pp. 443-473). Thousand Oaks, CA: Sage.

Lang, A., Bolls, P., Potter, R. F., & Kawahara, K. (1999). The effects of production pacing and arousing content on the information processing of television messages. *Journal of Broadcasting and Electronic Media*, **43**(4), 451-475.

Lang, A., Borse, J., Wise, K., & David, P. (2002). Captured by the World Wide Weborienting to structural and content features of computer-presented information. *Communication Research*, **29**(3), 215-245.

Lang, A., Bradley, S. D., Chung, Y., & Lee, S. (2003). Where the mind meets the message: Reflections on ten years of measuring psychological responses to media. *Journal of Broadcasting and Electronic Media*, **47**(4), 650-655.

Lang, A., Bradley, S. D., Park, B., Shin, M., & Chung, Y. (2006). Parsing the resource pie: Using STRTs to measure attention to mediated messages. *Media Psychology*, **8**(4), 369-394.

Lang, A., Bradley, S. D., Sparks, J. V., Jr., & Lee, S. (2007). The Motivation Activation Measure (MAM): How well does MAM predict individual differences in physiological indicators of appetitive and aversive activation? *Communication Methods and Measures*, **1**(2), 113-136.

Lang, A., Chung, Y., Lee, S., & Zhao, X. (2005). It's the product: Do risky products compel attention and elicit arousal in media users? *Health Communication*, **17**(3), 283-300.

Lang, A., Chung, Y., Lee, S., Schwartz, N., & Shin, M. (2005). It's an arousing, fast-paced kind of world: The effects of age and sensation seeking on the information processing of substance abuse PSA's. *Media Psychology*, **7**(4), 421-454.

Lang, A., Geiger, S., Strickwerda, M., & Sumner, J. (1993). The effects of related and unrelated cuts on television viewers' attention, processing capacity, and memory. *Communication Research*, **20**(1), 4-29.

Lang, A., Kurita, S., Rubenking, B., & Potter, R. F. (2011). MiniMAM: Validating a short version of the motivation activation measure. *Communication Methods and Measures*, **5**(2), 146-162.

Lang, A., Newhagen, J., & Reeves, B. (1996). Negative video as structure: Emotion, attention, capacity, and memory. *Journal of Broadcasting and Electronic Media*, **40**(4), 460-477.

Lang, A., Park, B., Sanders-Jackson, A. N., Wilson, B. D., & Wang, Z. (2007). Cognition and emotion in TV message processing: How valence, arousing content, structural complexity, and information density affect the availability of cognitive resources. *Media Psychology*, **10**(3), 317-338.

Lang, A., Potter, R. F., & Bolls, P. D. (1999). Something for nothing: Is visual encoding automatic? *Media Psychology*, **1**(2), 145-163.

Lang, A., Potter, R. F., & Bolls, P. D. (2009). Where psychophysiology meets the media: Taking the effects out of media research. In J. Bryant & M. B. Oliver (Eds.), *Media effects: Advances in theory and research* (3rd ed., pp. 185-206). New York: Routledge.

Lang, A., Potter, D., & Grabe, M. E. (2003). Making news memorable: Applying theory to the production of local television news. *Journal of Broadcasting and Electronic Media*, **47**(1), 113-123.

Lang, A., Shin, M., & Lee, S. (2005). Sensation seeking, motivation, and substance use: A dual system approach. *Media Psychology*, **7**(1), 1-29.

Lang, A., Sias, P. M., Chantrill, P., & Burek, J. A. (1995). Tell me a story: Narrative structure and memory for television messages. *Communication Reports*, **8**(2), 102-110.

Lang, P. J. (1980). Behavioral treatment and bio-behavioral assessment: Computer applications. In J. B. Sadowski, J. H.Johnson, & T. A. Williams (Eds.), *Technology in mental health care delivery systems* (pp. 119-137). Norwood, NJ: Ablex.

Lang, P. J. (1995). The emotion probe: Studies of motivation and attention. *American Psychologist*, **50**(5), 372-385.

Lang, P. J., & Bradley, M. M. (2008). Appetitive and defensive motivation is the substrate of emotion. In A. J. Elliot (Ed.), *Handbook of approach and avoidance motivation* (pp. 51-66). New York: Psychology Press.

Lang, P. J., Bradley, M. M, & Cuthbert, B. N. (1990). Emotion, attention, and the startle reflex. *Psychological Review*, **97**(3), 377-395.

Lang, P. J., Bradley, M. M., & Cuthbert, B. N. (1997). Motivated attention: Affect, activation, and action. In P. J. Lang, R. F. Simons, & M. T. Balaban (Eds.), *Attention and orienting: Sensory and motivational processes* (pp.

97-135). Hillsdale, NJ: Lawrence Erlbaum.

Lang, P. J., Greenwald, M. K., Bradley, M. M., & Hamm, A. O. (1993). Looking at pictures: Affective, facial, visceral, and behavioral reactions. *Psychophysiology*, **30**(3), 261-273.

Langleben, D. D., Loughead, J. W., Ruparel, K., Hakun, J. G., Busch-Winokur, S., Holloway, M. B., Strasser, A. A., Cappella, J. N., & Lerman, C. (2009). Reduced prefrontal and temporal processing and recall of high "sensation value" ads. *Neuroimage*, **46**(1), 219-225.

Larsen, J. T., Berntson, G. G., Poehlmann, K. M., Ito, T. A., & Cacioppo, J. T. (2008). The psychophysiology of emotion. In R. Lewis, J. M. Haviland-Jones, & L. F. Barrett (Eds.), *The handbook of emotions* (3rd ed., pp. 180-195). New York: Guilford.

Larsen, J. T., Norris, C. J., & Cacioppo, J. T. (2003). Effects of positive and negative affect on electromyographic activity over zygomaticus major and corrugator supercilii. *Psychophysiology*, **40**(5), 776-785.

Lasswell, H. D. (1927/1971). *Propaganda technique in World War I*. Cambridge, MA: MIT Press.

LeDoux, J. E. (1995). Emotion: Clues from the brain. *Annual Review of Psychology*, **46**(1), 209-235.

Lee, S., & Lang, A. (2009). Discrete emotion and motivation: Relative activation in the appetitive and aversive motivational systems as a function of anger, sadness, fear, and joy during televised information campaigns. *Media Psychology*, **12**(2), 148-170.

Leshner, G., & Bolls, P. D. (2005). Scare'em or disgust'em: The effects of disgusting images in anti-smoking advertisements. Paper presented to the Information Systems Division of the International Communication Association, New York.

Leshner, G., Bolls, P. D., & Thomas, E. (2009). Scare'em or disgust'em: The effects of graphic health promotion messages. *Health Communication*, **24**(5), 447-458.

Leshner, G., Vultee, F., Bolls, P., & Moore, J. (2010). When a fear appeal isn't just a fear appeal: The effects of graphic anti-tobacco messages. *Journal of Broadcasting and Electronic Media*, **54**(3), 485-507.

Levy, M. R., & Gurevitch, M. (1993). Editor's note. *Journal of Communication*, **43**(3), 4-5.

Lim, S., & Lee, J.-E. R. (2009). When playing together feels different: Effects of task types and social contexts on physiological arousal and multiplayer online gaming contexts. *CyberPsychology and Behavior*, **12**(1), 59-61.

Lim, S., & Reeves, B. (2009). Being in the game: Effects of avatar choice and point of view on psychophysiological responses during play. *Media Psychology*, **12**(4), 348-370.

Linz, D., Donnerstein, E., & Adams, S. M. (1989). Physiological desensitization and judgments about female victims of violence. *Human Communication Research*, **15**(4), 509-522.

Lowery, S. A., & DeFleur, M. L. (1995). *Milestones in mass communications research* (3rd ed.). New York: Longman.

Lykken, D. T., & Venables, P. H. (1971). Direct measurement of skin conductance: A proposal for standardization. *Psychophysiology*, **8**(5), 656-672.

Lynn, R. (1966). *Attention, arousal, and the orientation reaction*. Oxford, UK: Pergamon Press.

McCabe, D. P., & Castel, A. D. (2008). Seeing is believing: The effect of brain images on judgments of scientific reasoning. *Cognition*, **107**(1), 343-352.

MacInnis, D. J., & Price, L. L. (1987). The role of imagery information processing: Review and extensions. *Journal of Consumer Research*, **13**, 473-491.

McManis, M. H., Bradley, M. M., Berg, W. K., Cuthbert, B. N., & Lang, P. J. (2001). Emotional reactions in children: Verbal, physiological, and behavioral responses to affective pictures. *Psychophysiology*, **38**(2), 222-231.

Marci, C. D. (2006). A biologically-based measure of emotional engagement: Context matters. *Journal of Advertising Research*, **46**(4), 381-387.

Marshall-Goodell, B. S., Tassinary, L. G., & Cacioppo, J. T. (1990). Principles of bioelectrical measurement. In J. T. Cacioppo & L. G. Tassinary (Eds.), *Principles of psychophysiology: Physical, social, and inferential elements* (pp. 113-148). New York: Cambridge University Press.

Massey, G. J. (1995). Rhetoric and rationality in William Harvey's De Motu Cordis. In H. Krips, J. E. McGuire, & T. Melia (Eds.), *Science, reason, and rhetoric* (pp. 13-46). Pittsburgh, PA: University of Pittsburgh Press.

Maurer, M., & Reinemann, C. (2006). Learning versus knowing effects of misinformation in televised debates. *Communication Research*, **33**(6), 489-506.

Meltzer, S. J. (1897). Emil Du Bois-Reymond. *Science*, **5**(110), 217-219.

Miller, G. A. (2003). The cognitive revolution: A historical perspective. *Trends in Cognitive Sciences*, **7**(3), 141-144.

Miller, J. G. (1973). The nature of living systems. *The Quarterly Review of Biology*, **48**(1), 63-91.

Morgan, M. (2009). Cultivation analysis and media effects. In R. L. Nabi & M. B. Oliver (Eds.), *The Sage handbook of media processes and effects* (pp. 69-82). Newbury Park, CA: Sage.

Morris, J. D., Klahr, N. J., Shen, F., Villegas, J., Wright, P., He, G., & Liu, Y. (2009). Mapping a multidimensional emotion in response to television commercials. *Human Brain Mapping*, **30**(3), 789-796.

Morris, J. P., Squires, N. K., Taber, C. S., & Lodge, M. (2003). Activation of political attitudes: A psychophysiological examination of the hot cognition hypothesis. *Political Psychology*, **24**(4), 727-745.

Mulder, L. J. (1992). Measurement and analysis methods of heart rate and respiration for use in applied environments. *Biological Psychology*, **34**(2-3), 205-236.

Murray, A., Ewing, D. J., Campbell, I. W., Neilson, M. M., & Clarke, B. F. (1975). R-R interval variations in young male diabetics. *British Heart Journal*, **37**(8), 882-885.

Nabi, R. L. (1999). A cognitive-functional model for the effects of discrete negative emotions on information processing, attitude change, and recall. *Communication Theory*, **9**(3), 292-320.

Nabi, R. L. (2002). The theoretical versus the lay meaning of disgust: Implications for emotion research. *Cognition and Emotion*, **16**(5), 695-703.

Nabi, R. L. (2010). The case for emphasizing discrete emotions in communication research. *Communication Monographs*, **77**(2), 153-159.

Neumann, R., Hess, M., Schulz, S. M., & Alpers, G. W. (2005). Automatic behavioral responses to valence: Evidence that facial action is facilitated by evaluative processing. *Cognition and Emotion*, **19**(4), 499-513.

Newell, A. (1990). *Unified theories of cognition*. Boston: Harvard University Press.

Newhagen, J. E., & Reeves, B. (1992). The evening's bad news: Effects of compelling negative television news images on memory. *The Journal of Communication*, **42**(2), 25-41.

Ohme, R., Reykowska, D., Wiener, D., & Choromanska, A. (2009). Analysis of neurophysiological reactions to advertising stimuli by means of EEG and galvanic skin response measures. *Journal of Neuroscience, Psychology, and Economics*, **2**(1), 21-31.

Oliver, M. B., & Krakowiak, K. M. (2009). Individual differences in media effects. In J. Bryant & M. B. Oliver (Eds.), *Media effects: Advances in theory and research* (pp. 517-531). New York: Routledge.

Ordoñana, J. R., González-Javier, F., Espín-López, L., & Gómez-Amor, J. (2009). Self-report and psychophysiological responses to fear appeals. *Human Communication Research*, **35**(2), 195-220.

Paisley, W. (1984). Communication in the communication sciences. In B. Dervin & M. Voight (Eds.), *Progress in communication sciences* (pp. 1-43). Norwood, NJ: Ablex.

Palmgreen, P., Stephenson, M. T., Everett, M. W., Baseheart, J. R., & Francies, R. (2002). Perceived message sensation value (PMSV) into the dimensions and validation of a PMSV scale. *Health Communication*, **14**(4), 403-428.

Pashler, H. (1998). *The psychology of attention*. Cambridge, MA: MIT Press.

Pavlov, I. P. (1927). *Conditioned reflexes: An investigation of the physiological activity of the cerebral cortex*. Oxford, UK: Oxford University Press.

Pearce, J. M. S. (2001). Historical note: Emil Heinrich Du Bois-Reymond(1818-96). *Journal of Neurology, Neurosurgery and Psychiatry*, **71**(5), 620.

Penn, D. (2010). Neuroscience can add insight in complementing classical research. *Admap*, January, 14-15.

Petty, R. E., & Cacioppo, J. T. (1986). *Communication and persuasion: Central and peripheral routes to attitude change*. New York: Springer.

Pfurtscheller, G., Grabner, R. H., Brunner, C, & Neuper, C. (2007). Phasic heart rate changes during word translation of different difficulties. *Psychophysiology*, **44**(5), 807-813.

Phelan, J. J. (1919). *Motion pictures as a phase of commercial amusement in Toledo, Ohio*. Toledo, OH: Little Book Press.

Pivik, R. T., Broughton, R. J., Coppola, R., Davidson, R. J., Fox, N., & Nuwer, M. R. (1993). Guidelines for the recording and quantitative analysis of electroencephalographic activity in research contexts. *Psychophysiology*, **30**(6), 547-558.

Pizzagalli, D. A. (2007). Electroencephalography and high-density electrophysiological source localization. In J. T. Cacioppo, L. G. Tassinary, & G. G. Berntson (Eds.), *Handbook of psychophysiology* (3rd ed., pp. 56-84). New York: Cambridge University Press.

Plassman, H., Ambler, T., Braeutigam, S., & Kenning, P. (2007). What can advertisers learn from neuroscience?

International Journal of Advertising, **26**(2), 151-175.
Plutchik, R. (1980). *Emotion: A psychoevolutionary synthesis*. New York: Harper and Row.
Porges, S. W. (1991). Vagal tone: An autonomic mediator of affect. In J. Garber & K. A. Dodge (Eds.), *The development of emotion regulation and dysregulation* (pp. 111-128). Cambridge, UK: Cambridge University Press.
Porges, S. W. (2007). The polyvagal perspective. *Biological Psychology*, **74**(2), 116-143.
Porges, S. W., Ackles, P. A., & Truax, S. R. (1983). Psychophysiological measurement: Methodological constraints. In A. Gale & J. A. Edwards (Eds.), *Physiological correlates of human behavior* (Vol. 1, pp. 219-240). New York: Academic Press.
Posner, M. I. (1978). *Chronometric explorations of mind*. Oxford, England: Lawrence Erlbaum.
Potter, R. F. (2000). The effects of voice changes on orienting and immediate cognitive overload in radio listeners. *Mediate Psychology*, **2**(2), 147-177.
Potter, R. F. (2009). Double the units: How increasing the number of advertisements while keeping the overall duration of commercial breaks constant affects radio listeners. *Journal of Broadcasting and Electronic Media*, **53**(4), 584-598.
Potter, R. F., & Choi, J. (2006). The effects of auditory structural complexity on attitudes, attention, arousal, and memory. *Media Psychology*, **8**(4), 395-419.
Potter, R. F., Koruth, J., Bea, S., Weaver, A., Lee, S., Rubenking, B., & Kim, O. T. (2008). *Correlating the motivation activation measure with media preference*. Paper presented to the annual meeting of the International Communication Association.
Potter, R. F., Lang, A., & Bolls, P. D. (2008). Identifying structural features of audio: Orienting responses during radio messages and their impact on recognition. *Journal of Media Psychology: Theories, Methods, and Applications*, **20**(4), 168-177.
Potter, R. F., LaTour, M. S., Braun-LaTour, K. A., & Reichert, T. (2006). The impact of program context on motivational system activation and subsequent effects on processing a fear appeal. *Journal of Advertising*, **35**(3), 67-80.
Price, V., & Feldman, L. (2009). News and politics. In R. L. Nabi & M. B. Oliver (Eds.), *The Sage handbook of media processes and effects* (pp. 113-130). Newbury Park, CA: Sage.
Ravaja, N. (2004a). Contributions of psychophysiology to media research: Review and recommendations. *Media Psychology*, **6**(2), 193-235.
Ravaja, N. (2004b). Effects of a small talking facial image on autonomic activity: The moderating influence of dispositional BIS and BAS sensitivities and emotions. *Biological Psychology*, **65**(2), 163-183.
Ravaja, N. (2009). The psychophysiology of digital gaming: The effect of a non co-located opponent. *Media Psychology*, **12**(3), 268-294.
Ravaja, N., Saari, T., Kallinen, K., & Laarni, J. (2006). The role of mood in the processing of media messages from a small screen: Effects on subjective and physiological responses. *Media Psychology*, **8**(3), 239-265.
Ravaja, N., Saari, T., Salminen, M., Laarni, J., & Kallinen, K. (2006). Phasic emotional reactions to video game events: A psychophysiological investigation. *Media Psychology*, **8**(4), 343-367.
Ravaja, N., Turpeinen, M., Saari, T., Puttonen, S., & Keitlkangas-Jarvinen, L. (2008). The psychophysiology of James Bond: Phasic emotional responses to violent video game events. *Emotion*, **8**(1), 114-120.
Rawlings, D., & Dawe, S. (2008). Psychoticism and impulsivity. In G. J. Boyle, G. Matthews, & D. H. Saklofske (Eds.), *The Sage handbook of personality theory and assessment*. Vol. 1. *Personality theories and models* (pp. 357-378). Los Angeles: Sage.
Reeves, B., & Geiger, S. (1994). Designing experiments that assess psychological responses to media messages. In A. Lang (Ed.), *Measuring psychological responses to media* (pp. 165-180). Hillsdale, NJ: Lawrence Erlbaum.
Reeves, B., Lang, A., Kim, E. Y., & Tatar, D. (1999). The effects of screen size and message content on attention and arousal. *Media Psychology*, **2**(1), 49-67.
Reeves, B., & Nass, C. (1996). *The media equation: How people treat computers, television, and new media like real people and places*. New York: Cambridge University Press.
Reeves, B., Newhagen, J., Maibach, E., Basil, M., & Kurz, K. (1991). Negative and positive television messages: Effects of message type and message context on attention and memory. *American Behavioral Scientist*, **34**(6), 679-694.

Reeves, B., & Thorson, E. (1986). Watching television: Experiments on viewing process. *Communication Research*, **13**(3), 343-361.

Reeves, B., Thorson, E., Rothschild, M. L., McDonald, D., Hirsch, J., & Goldstein, R. (1985). Attention to television: Intrastimulus effects of movement and scene changes on alpha variation over time. *International Journal of Neuroscience*, **27**(3-4), 241-255.

Roser, C. (1990). Involvement, attention, and perceptions of message relevance in the response to persuasive appeals. *Communication Research*, **17**(5), 571-600.

Rothschild, M. L., Hyun, Y. J., Reeves, B., Thorson, E., & Goldstein, R. (1988). Hemispherically lateralized EEG as a response to television commercials. *Journal of Consumer Research*, **15**(2), 185-198.

Roy, M., Mailhot, J. P., Gosselin, N., Paquette, S., & Peretz, I. (2009). Modulation of the startle reflex by pleasant and unpleasant music. *International Journal of Psychophysiology*, **77**(1), 37-42.

Rubin, A. M. (2009). Uses and gratification: An evolving perspective of media effects. In R. L. Nabi & M. B. Oliver (Eds.), *The Sage handbook of media processes and effects* (pp. 147-160). Newbury Park, CA: Sage.

Rubin, R. B., Palmgreen, P., & Sypher, H. E. (1994). *Communication research measures: A sourcebook*. New York: Guilford Press.

Russell, J. A. (2003). Core affect and the psychological construction of emotion. *Psychological Review*, **110**(1), 145-172.

Russell, J. A., & Barrett, L. F. (1999). Core affect, prototypical emotional episodes, and other things called emotion: Dissecting the elephant. *Journal of Personality and Social Psychology*, **76**(5), 805-819.

Samoilov, V. O. (2007). Ivan Petrovich Pavlov (1849-1936). *Journal of the History of the Neurosciences*, **16**(1-2), 74-89.

Saunders, J. B. & O'Malley, C. D. (1950). *The illustrations from the works of Andreas Vesalius of Brussels*. Cleveland: World Publishing Company.

Sauseng, P., & Klimesch, W. (2008). What does phase information of oscillatory brain activity tell us about cognitive processes? *Neuroscience and Biobehavioral Reviews*, **32**(5), 1001-1013.

Schachter, S., & Singer, J. (1962). Cognitive, social, and physiological determinants of emotional state. *Psychological Review*, **69**(5), 379-399.

Scherer, K., & Ellgring, H. (2007). Are facial expressions of emotion produced by categorical affect programs or dynamically driven by appraisal? *Emotion*, **7**(1), 113-130.

Schneider, W., Dumais, S. T., & Shiffrin, R. M. (1984). Automatic and control processing and attention. In R. Parasuraman & D. R. Davies (Eds.), *Varieties of attention* (pp. 1-25). Orlando, FL: Academic Press.

Schramm, W. (1971). The nature of communication between humans. In W. Schramm & D. F. Roberts (Eds.), *The process and effects of mass communication* (pp. 1-53). Urbana, IL: University of Illinois Press.

Schwartz, G. E., Fair, P. L., Salt, P., Mandel, M. R., & Klerman, G. L. (1976). Facial muscle patterning to affective imagery in depressed and nondepressed subjects. *Science*, **192**(4238), 489-491.

Shah, D. V., McLeod, D. M., Gotlieb, M. R., & Lee, N. (2009). Framing and agenda setting. In R. L. Nabi & M. B. Oliver (Eds.), *The Sage handbook of media processes and effects* (pp. 83-98). Newbury Park, CA: Sage.

Shannon, C. E., & Weaver, W. (1949). *The mathematical theory of communication*. Urbana, IL: University of Illinois Press.

Shapiro, M. A. (1994a). Signal detection measure of recognition memory. In A. Lang (Ed.), *Measuring psychological responses to media messages* (pp. 133-148). Hillsdale, NJ: Lawrence Erlbaum.

Shapiro, M. A. (1994b). Think-aloud and thought-list procedures in investigating mental processes. In A. Lang (Ed.), *Measuring psychological responses to media messages* (pp. 1-14). Hillsdale, NJ: Lawrence Erlbaum.

Sherry, J. L. (2004). Media effects theory and the nature/nurture debate: A historical overview and directions for future research. *Media Psychology*, **5**(1), 83-109.

Shields, S. A., MacDowell, K. A., Fairchild, S. B., & Campbell, M. L. (1987). Is mediation of sweating cholinergic, adrenergic, or both? A comment on the literature. *Psychophysiology*, **24**(3), 312-319.

Shiffrin, R. M, & Schneider, W. (1977). Controlled and automatic human information processing II: Perceptual learning, automatic attending, and a general theory. *Psychological Review*, **84**(2), 127-190.

Shoemaker, P. J. (1996). Hardwired for news: Using biological and cultural evolution to explain the surveillance function. *Journal of Communication*, **46**(3), 32-47.

Shoemaker, P. J., Tankard, J. W., Jr., & Lasorsa, D. L. (2004). *How to build social science theories*. Thousand Oaks, CA: Sage.

Simons, R. F., Detenber, B. H., Cuthbert, B. N., Schwartz, D. D., & Reiss, J. E. (2003). Attention to television: Alpha power and its relationship to image motion and emotional content. *Media Psychology*, **5**(3), 283-301.
Smith, L. D. (1996). B.F. Skinner and behaviorism in American culture. Bethlehem: Lehigh University Press.
Smith, M. E., & Gevins, A. (2004). Attention and brain activity while watching television: Components of viewer engagement. *Media Psychology*, **6**(3), 285-305.
Sokolov, E. N. (1963). *Perception and the conditioned reflex*. Oxford, UK: Pergamon Press.
Sparks, G. G. (2002). *Media effects research: A basic overview*. Belmont, CA: Wadsworth.
Sparks, J. V., & Lang, A. (2010). An initial examination of the Post-Auricular Reflex as a physiological indicator of appetitive activation during television viewing. *Communication Methods and Measures*, **4**(4), 311-330.
Stark, R., Walter, B., Schienle, A., & Vaitl, D. (2005). Psychophysiological correlates of disgust and disgust sensitivity. *Journal of Psychophysiology*, **19**(1), 50-60.
Stayman, D. M., & Aaker, D. A. (1993). Continuous measurement of self-report of emotional response. *Psychology and Marketing*, **10**(3), 199-214.
Stephens, D. L., & Russo, J. D. (1997). Extensions of the cognitive response approach to predicting postadvertisement attitudes. In W. D. Wells (Ed.), *Measuring Advertising Effectiveness* (pp. 157-178). Hillsdale, NJ: Lawrence Erlbaum.
Stern, R. M., Ray, W. J., & Quigley, K. S. (2001). *Psychophysiological recording* (2nd ed.). New York: Oxford University Press.
Stewart, D. W. (1984). Physiological measurement of advertising effects. *Psychology and Marketing*, **1**(1), 43-48.
Strube, M. J., & Newman, L. C. (2007). Psychometrics. In J. T. Cacioppo, L. G. Tassinary, & G. G. Berntson (Eds.), *Handbook of psychophysiology* (3rd ed., pp. 789-811). New York: Cambridge University Press.
Sundar, S. S., & Kalyanaraman, S. (2004). Arousal, memory, and impression-formation effects of animation speed in Web advertising. *Journal of Advertising*, **33**(3), 7-17.
Task Force of the European Society of Cardiology and the North American Society of Pacing and Electrophysiology (1996). Heart rate variability: Standards of measurement, physiological interpretation, and clinical use. *Circulation*, **93**(5), 1043-1065.
Tassinary, L. G., Cacioppo, J. T., & Vanman, E. J. (2007). The skeletomotor system: Surface electromyography. In J. T. Cacioppo, L. G. Tassinary, & G. G. Berntson (Eds.), *Handbook of psychophysiology* (pp. 267-299). New York: Cambridge University Press.
Thelen, E. (1995). Time-scale dynamics and the development of an embodied cognition. In R. F. Port & T. van Gelder (Eds.), *Mind as motion: Explorations in the dynamics of cognition* (pp. 69-100). Boston: MIT press.
Thelen, E., Schöner, G., Scheier, C., & Smith, L. B. (2001). The dynamics of embodiment: A field theory of infant perseverative reaching. *Behavioral and Brain Sciences*, **24**(1), 1-34.
The National Commission for the Protection of Human Subjects of Biomedical and Behavioral Research (1979). *The Belmont Report: Ethical principles and guidelines for the protection of human subjects of research*. Available from http://www.hhs.gov/ohrp/humansubjects/guidance/belmont.html
Thorson, E. (1989). Processing television commercials. In B. Dervin, L. Grossberg, B. J. O'Keefe, & E. Wartella (Eds.), *Rethinking communication*. vol. 2. *Paradigm exemplars* (pp. 397-410). Newbury Park, CA: Sage.
Thorson, E., & Lang, A. (1992). The Effects of television videographics and lecture familiarity on adult cardiac orienting responses and memory. *Communication Research*, **19**(3), 346-369.
Thorson, E., Reeves, B., & Schleuder, J. (1985). Message complexity and attention to television. *Communication Research*, **12**(4), 427-454.
Thorson, E., Reeves, B., & Schleuder, J. (1987). Attention to local and global complexity of television messages. In M. L. McLaughlin (Ed.), *Communication yearbook 10* (pp. 366-383). Beverly Hills, CA: Sage.
Tranel, D. (2000). Electrodermal activity in cognitive neuroscience: Neuroanatomical and neuropsychological correlates. In R. D. Lane & L. Nadel (Eds.), *Cognitive neuroscience of emotion* (pp. 192-224). New York: Oxford University Press.
Tranel, D., & Damasio, H. (1994). Neuroanatomical correlates of electrodermal skin conductance responses. *Psychophysiology*, **31**(5), 427-438.
Treleaven-Hassard, S., Gold, J., Bellman, S., Schweda, A., Ciorciari, J., Critchley, C., & Varan, D. (2010). Using the P3a to gauge automatic attention to interactive television advertising. *Journal of Economic Psychology*, **31**(5), 777-784.

Tuch, A. N., Bargas-Avila, J. A., Opwis, K., & Wilhelm, F. H. (2009). Visual complexity of websites: Effects on users' experience, physiology, performance, and memory. *International Journal of Human Computer Studies*, **67**(9), 703-715.

Tucker, D. M., Derryberry, D., & Luu, P. (2000). Anatomy and physiology of human emotion: Vertical integration of brainstem, limbic, and cortical systems. In J. C. Borod (Ed.), *The neuropsychology of emotion* (pp. 56-79). New York: Oxford University Press.

Valentini, R. P., & Daniels, S. R. (1997). The journal club. *Postgraduate Medical Journal*, **73**(856), 81-85.

Vanman, E. J., Boehmelt, A. H., Dawson, M. E., & Schell, A. M. (1996). The varying time courses of attentional and affective modulation of the startle eyeblink reflex. *Psychophysiology*, **33**(6), 691-697.

Varela, F., Lachaux, J. P., Rodriguez, E., & Martinerie, J. (2001). The brainweb: Phase synchronization and large-scale integration. *Nature Reviews Neuroscience*, **2**(4), 229-239.

Vecchiato, G., Astolfi, L., Tabarrini, A., Salinari, S., Mattia, D., Cincotti, F., Bianchi, L., Sorrentino, D., Aloise, F., Soranzo, R., & Babiloni, F. (2010). EEG analysis of the brain activity during the observation of commercial, political, or public service announcements. *Computational Intelligence and Neuroscience*, **6**, 1-7.

Vrana, S. R. (1993). The psychophysiology of disgust: Differentiating negative emotional contexts with facial EMG. *Psychophysiology*, **30**(3), 279-286.

Wager, T. D., Hernandez, L., Jonides, J., & Lindquist, M. (2007). Elements of functional neuroimaging. In J. T. Cacioppo, L. G. Tassinary, & G. G. Berntson (Eds.), *Handbook of psychophysiology* (pp. 19-55). New York: Cambridge University Press.

Wang, Z., Lang, A., & Busemeyer, J. R. (2011). Motivational processing and choice behavior during television viewing: An integrative dynamic approach. *Journal of Communication*, **61**(1), 71-93.

Wartella, E., & Reeves, B. (1985). Historical trends in research on children and the media: 1900-1960. *Journal of Communication*, **35**(2), 118-133.

Watt, J. H. (1994). Detecting and modeling time-sequenced processes. In A. Lang (Ed.), *Measuring psychological responses to media messages* (pp. 181-207). Hillsdale, NJ: Lawrence Erlbaum.

Weber, E. J. M., van der Molen, M. W., & Molenaar, P. C. M. (1994). Heart rate and sustained attention during childhood: Age changes in anticipatory heart rate, primary bradycardia, and respiratory sinus arrhythmia. *Psychophysiology*, **31**(2), 164-174.

Weinstein, S., Appel, V., & Weinstein, C. (1980). Brain-activity responses to magazine and television advertising. *Journal of Advertising Research*, **20**(3), 57-63.

Weinstein, S., Drozdenko, R., & Weinstein, C. (1984). Brain wave analysis in advertising research. *Psychology and Marketing*, **7**(3-4), 83-95.

Wetzel, J. M., Quigley, K. S., Morell, J., Eves, E., & Backs, R. W. (2006). Cardiovascular measures of attention to illusory and non-illusory visual stimuli. *Journal of Psychophysiology*, **20**(4), 276-285.

Wickens, C. D. (1984). Processing resources in attention. In R. Parasuraman & D. R. Davies (Eds.), *Varieties of attention* (pp. 63-99). Orlando, FL: Academic Press.

Wight, R., & Nolan, V. (2010). Neuromarketing: Useful or useless. *Admap*, January, 16.

Wilson, T. D., & Brekke, N. (1994). Mental contamination and mental correction: Unwanted influences on judgments and evaluations. *Psychological Bulletin*, **116**(1), 117-142.

Wise, K., Bolls, P., Myers, J., & Sternadori, M. (2009). When words collide online: How writing style and video intensity affect cognitive processing online news. *Journal of Broadcasting and Electronic Media*, **53**(4), 532-546.

Witte, K. (1995). Generating effective risk messages: How scary should your risk communication be? In B. R. Burleson (Ed.), *Communication yearbook* **18**, (pp. 229-254). Thousand Oaks, CA: Sage.

Woody, S. R., & Teachman, B. A. (2000). Intersection of disgust and fear: Normative and pathological views. *Clinical Psychology: Science and Practice*, **7**(3), 291-311.

Yartz, A. R., & Hawk L. W., Jr. (2002). Addressing the specificity of affective startle modulation: Fear versus disgust. *Biological Psychology*, **59**(1), 55-68.

Young, D. G. (2008). The privileged role of the late-night joke: Exploring humor's role in disrupting argument scrutiny. *Media Psychology*, **11**(3), 119-142.

Zaichkowsky, J. L. (1985). Measuring the involvement construct. *Journal of Consumer Research*, **12**(3), 341-352.

Zechmeister, E. B., & Nyberg, S. E. (1982). *Human memory: An introduction to research and theory*. Monterey, CA:

Brooks/Cole.
Zillmann, D. (1971). Excitation transfer in communication-mediated agressive behavior. *Journal of Experimental Social Psychology*, **7**(4), 419-434.
Zillmann, D. (1983). Transfer of excitation in emotional behavior. In J. T. Cacioppo & R. E. Petty (Eds.), *Social psychophysiology: A sourcebook* (pp. 215-240). New York: Guilford Press.
Zillmann, D. (2003). Theory of affective dynamics: Emotions and moods. In J. Bryant, D. Roskos-Ewoldsen, & J. Cantor (Eds.), *Communication and emotion: Essays in honor of Dolf Zillman* (pp. 533-567). Mahwah, NJ: Lawrence Erlbaum.
Zillmann, D., & Bryant, J. (1974). Effect of residual excitation on the emotional response to provocation and delayed aggressive behavior. *Journal of Personality and Social Psychology*, **30**(6), 782-791.
Zillmann, D., Hoyt, J. L., & Day, K. D. (1974). Strength and duration of the effect of aggressive, violent, and erotic communications on subsequent aggressive behavior. *Communication Research*, **1**(3), 286-306.
Zillmann, D., & Johnson, R. C. (1973). Motivated aggressiveness perpetuated by exposure to aggressive films and reduced by exposure to nonaggressive films. *Journal of Research in Personality*, **7**(3), 261-276.
Zillmann, D., Mody, B., & Cantor, J. R. (1974). Empathetic perception of emotional displays in films as a function of hedonic and excitatory state prior to exposure. *Journal of Research in Personality*, **8**(4), 335-349.
Zuckerman, M. (1979). *Sensation seeking: Beyond the optimal level of arousal*. Hillsdale, NJ: Lawrence Erlbaum.
Zuckerman, M. (1990). The psychophysiology of sensation seeking. *Journal of Personality*, **58**(1), 313-345.
Zuckerman, M. (2008). The Zuckerman-Kuhlman personality questionnaire (ZKPQ): An operational definition of the alternative five factorial model of personality. In G. J. Boyle, G. Matthews, & D. H. Saklofske (Eds.), *The Sage handbook of personality theory and assessment*. Vol. 2. *Personality measurement and testing* (pp. 219-238). Los Angeles: Sage.

人名索引

● A
Ax, A. F. 37

● B
Bandura, A. 8
Basil, M. D. 182
Bernard, C. 28
Berntson, G. 25
Blumenthal, T. D. 142
Bradley, M. M. 105
Bradley, S. D. 144
Butterfield, E. 11

● C
Cacioppo, J. 25
Cannon, W. B. 28
Cantril, H. 6
Chaffee, S. 16
Chomsky, N. 11

● D
Darrow, C. W. 37
Darwin, C. 107
Davis, R. C. 37
Descartes, R. 26
Donders, F. 26
Donnerstein, E. 18
du Bois-Reymond, E. 42
Duchenne, G. -B. 38
Dysinger, W. S. 3

● E
Einthoven, W. 42, 82
Ekman, P. 146

● F
Féré, C. 110

● G
Galen of Pergamon 39
Galvani, L. 41
Geiger, S. 19
Graham, F. 136

● H
Harvey, W. 40
Hovland, C. 7

● J
James, W. 107
Jung, C. 110

● K
Krugman, H. 223

● L
Lachman, J. 11
Lachman, R. 11
Lang, A. 21
Lang, P. J. 105, 137

● N
Newhagen, J. 19

● P
Pavlov, I. 4
Phelan, J. J. 2
Platon 38

● R
Ravaja, N. 149
Reeves, B. 20
Ruckmick, C. A. 4

● S
Schramm, W. 10
Shannon, C. E. 6
Short, W. H. 3
Skinner, B. F. 5

● T
Tassinary, L. 25
Thorson, E. 213

● V
Vesalius 39
Volta, A. 41
von Helmholtz, H. 26

●W
Weaver, W. 6

●Z
Zillmann, D. 17

事項索引

●あ
R 波　85
アイントホーフェンの三角形　82
アセチルコリン　112
アポクリン汗腺　112
アルファ波　20

●い
一過性反応　59
インピーダンス　52
インフォームドコンセント　206

●う
『宇宙戦争』　6
運動アーチファクト　52
運動系　29
運動単位　124
運動単位活動電位　124

●え
エイリアシング　57
エクリン汗腺　112
遠心性信号　107

●お
オームの法則　113

●か
覚醒　109
活動電位　42, 47
感覚系　29
関与　169
眼輪筋　122

●き
記憶測度　184
議題設定　220
機能的磁気共鳴画像法（fMRI）　150
気分　103
求心性信号　107
球面性の仮定　89
驚愕性瞬目　136
驚愕反応　136
驚愕プローブ　137

教化理論　220
強度　143
強力効果理論　3
銀－塩化銀電極　84

●け
嫌悪感　146
限界容量モデル　70
研究ノート　202
健康コミュニケーション　226
検索　71
研修日　201
検出力　205

●こ
交感神経系　29
攻撃者効果　215
後耳介筋　145
高速フーリエ変換　149
光電脈波計　53
行動主義　4
興奮転移理論　17
高密度記録　96
呼吸性洞性不整脈　149
国際感情画像システム（IAPS）　167
国際式 10-20 法　96
個人差　171
古典的条件づけ　4
個別情動　108

●さ
再認　185
再認感度　185
再分極　77
サクラ　9
三角測量　34
サンプリング　56

●し
シグナルチェーン　48
刺激希求性　172
刺激－反応モデル　5
思考発話法　178
思考列挙　178

事項索引

自己評価式マネキン（SAM）尺度　166
自己報告測度　165
事象関連電位　94
持続性反応　58
実験計画　203
実験室恐怖症　187
実験室マニュアル　209
実験室ミーティング　201
自動的処理　72
社会的学習理論　8
社会的望ましさによる反応バイアス　161
自由再生　185
皺眉筋　122
シュミットトリガ　85
馴化　60
上唇挙筋　146
情動　103
情動価　109
商品広告　225
情報処理アプローチ　11
情報取込－拒絶仮説　75
初期値の法則　89, 115
自律神経系　29
心筋　77
神経節　30
心室　77
心電図　78
心拍間隔　78, 85
心拍時間分析　87
心拍数　78
心拍反応曲線　90
心拍変動　147
真皮層　112
振幅　143
心房　77
心理生理学　2
心理生理学会　37
心理生理測度　1

●せ
制御的処理　72
政治広告　225
静止電位　47
精神病質傾向　62, 172
生体アンプ　52
生体電位　47
整流　130
説得的メッセージ　223
節約性　14

●そ
双極記録　48

●た
大頬骨筋　122
態度　103
ダイナミック過程モデル　159
ダイナミックシステム　13
脱分極　77

●ち
治験審査委員会　206
注意慣性　68
中枢神経系　29
貯蔵　71

●て
定位反応　20, 72
ディスポ電極　50
『ティマイオス』　38
データクリーニング　87
手がかり再生　185
デュシャンスマイル　125
電解質ゲル　50
電気ノイズ　127
電極リード線　50
電流密度　116

●と
動機づけ活性化測度（MAM）　173
動機づけられた注意　65
闘争－逃走システム　74
洞房結節　79
トランスデューサー　53

●な
ナイキスト定理　58

●に
二変数モデル　16
ニュース　219
ニューロマーケティング　213
ニューロン　29

●の
脳波　91
ノッチフィルタ　85

●は
ハイパスフィルタ　56
判断バイアス　185
バンドパスフィルタ　55
反応パターン　33

●ひ
被害恐怖効果　215
皮下注射理論　3
引算法　26
ビデオゲーム　217
非特異性皮膚電気活動　110
皮膚コンダクタンス　110
皮膚コンダクタンス水準　118
皮膚コンダクタンス反応　118
皮膚コンダクタンス連結器　114
皮膚前処理　129, 140
皮膚電気活動　110
標準肢誘導　83
表皮層　112

●ふ
副交感神経系　29
副次課題反応時間　15, 181
符号化　70
プレパルス パラダイム　137
フロー体験　171
フローティング電極　84
プローブ刺激　141

●へ
平滑化　130
ペイン財団研究　1
ベータ波　20
変化得点　60, 89

●ほ
防衛システム活性化　174
BOLD 信号　151
ホメオスタシス　29
ホメオダイナミック　32

●ま
末梢神経系　29

●む
無反応試行　143

●め
迷走神経　79
メッセージ感覚価　226

●よ
欲求システム活性化　174

●り
良心麻痺効果　215
利用と満足　220
倫理委員会　206

●れ
励起電圧　115
連続反応測定　174

●ろ
漏電遮断器　190
ローパスフィルタ　56

監訳者解説

　本書は，Potter, R. F., & Bolls, P. D. (2012). *Psychophysiological measurement and meaning: Cognitive and emotional processing of media.* New York: Routledge. の全訳である。内容を分かりやすく表現するため，邦訳では『メディア心理生理学』と改題した。

　この本の存在を知ったのは2010年であった。洋書販売店から送られてきた新刊案内カタログに，2010年9月刊行予定として掲載されていた。タイトルを一目見て，これからの研究者や学生に役立つ本だと直感した。そこで本を読まないまま，原著者に連絡をとり，翻訳の手続きをすすめた。いま思うと，それが困難の始まりだった。

　その後，原書の出版はたびたび延期された。アメリカのインターネット書店に頼んでおいた原書が手元に届いたのは2011年10月である。急いで目を通したところ，冷や汗が出てきた。内容の不備や明らかな間違い，文章の難解さが目につき，これを翻訳するのかという不安が一気に高まったからである。その一方で，類書にないユニークな切り口に魅力も感じ，これを日本の研究者に分かりやすく紹介できればこの分野に大きく貢献するはずだという期待もあった。そこで，ゼミの大学院生を中心に，外部の研究者も含めた10人のチームで翻訳作業を開始した。後述の理由で，予定より2年遅れてしまったが，ようやくこうして出版にこぎつけた。

　本書を一言で表現するなら，「この分野の次世代を担おうとする中堅研究者の熱い思いがこもった挑戦的な書物」である。すでに大成した研究者による理路整然とした教科書ではない。とても荒削りだが，この分野を学ぶ人に何かを伝えようとする熱意が伝わってくる本である。監訳者は，原著者と同じ世代なので，その気持ちは理解できる。およそ10年前に事象関連電位についてのガイドブック（入戸野，2005）を出版したときにも，そういう思いがあった。今回この本を翻訳しようと思い立った動機もそこにある。

　荒削りと言ったのは，本書には不十分な点がたくさんあるが，それを補う長所もたくさんあるからである。以下に，長所と短所を整理してみよう。

長所1：心理生理学における生理反応の位置づけを正しく理解している

　心理生理学（psychophysiology）では，人間のさまざまな生理反応を測定する。し

かし，意外かもしれないが，学問としての心理生理学の狙いは，生理反応そのものではなく，心と行動の理解に向けられている。この点は学会においても常に議論になるところであり，意見の異なる研究者もいる。しかし，もし心理生理学を1つの専門分野として考えたいなら，生体信号を測定する他の研究分野（たとえば認知神経科学）との違いを明確にしておく必要がある。

心理生理学者が説明したいのは人間の心と行動であり，生理反応はそのためのツールである。「ツール」と言うと，生理反応を深く理解せず，表面的に都合よく利用するというイメージがあるかもしれない。しかし，それは真意ではない。ツールというのは手段のことである。心理生理学者の目的は，人間の心と行動の仕組みを理解することであり，その目的を達成するための1つの手段として生理反応を選択するのである。

この立場を理解するには，最新鋭の脳機能イメージング法と，伝統的な皮膚コンダクタンスや心拍数などの自律神経系活動の測定を比べてみるといい。fMRIを使った脳研究が盛んな現在では，自律神経系活動を測ることは，靴の上から足のかゆいところを掻いているようなもので，時代遅れと揶揄されることもある。たとえば，犯罪捜査で使われるポリグラフ検査について，自律神経系反応では何も分からないが，fMRIなら可能性があると一般に考えられている（Farah, Hutchinson, Phelps, & Wagner, 2014）。しかし，それは誤解である。日本では，自律神経系反応に基づくポリグラフ検査が科学的な方法で運用されている（Matsuda, Nittono, & Allen, 2012）。情報量が多いということと，ある目的にとって役立つかどうかとは，次元が異なる話である。

こんなジョークがある。「NASAが宇宙飛行士を送るようになるとすぐに，無重力状態ではボールペンが使えないことに気づいた。この問題を克服すべく，NASAの科学者は10年の歳月と120億ドルをかけて，無重力でも，逆さまでも，水の中でも書けるペンを開発した。そのころ，ロシアでは鉛筆を使っていた」（http://www.laughlab.co.uk/）。

いままでにない新しい方法を開発し，それを使ってみることには意義がある。それこそが科学の醍醐味かもしれない。しかし，もし何かを書きたいと思うなら，躊躇せず，昔からある鉛筆を使えばいい。書かれたものに価値があるなら，ツールの新しさは重要でない。適材適所で使い分ければいい。

心理生理学で使われている生理測度についてよく理解すれば，それが「本物」の神経活動ではなく，「影」であることがよく分かる。たとえば，fMRIで測定される信号は脳画像に重ねて表示されるので，本物らしく見えるが，神経活動そのものを測ったものではない。神経が活動するときの「影」にすぎず，もっといえば「幻影」かもしれない。私たちの意識や認知処理を神経レベルで完全に説明するには，fMRIの信号は荒すぎるだろう。そう考えると，自律神経系測度もfMRI測度も五十歩百歩である。目的を

はっきりさせ，ツールとしての限界を知りながら，慎重に選択して使うのが望ましい。

長所 2：メディア研究という具体例を通じて方法論を解説している

　上述した心理生理学の学問的立場は伝えにくい。そのため，「二流の神経科学」と誤解されることもある。正しく理解してもらうには，具体的な領域においてどのように研究が行われ，どんな成果が上がっているかを実例を挙げて紹介するしかない。適用する場面が明確でなければ，生理反応とその測定法について説明するだけにとどまってしまう。生理測度の特性（時間分解能や空間分解能）について抽象的に扱うと，自律神経系測度に比べて脳波，脳波に比べて fMRI の方が情報量が多いから優れているといった議論が始まる。しかし，自律神経系測度の方が fMRI 測度よりも適している場面や研究テーマは確実に存在する。たとえば，fMRI を数時間測定しつづけることは非常に難しいが，心拍数なら簡単に 24 時間記録できる。要するに，ツールボックスにいろいろな測度を入れておき，必要に応じて使い分けられたらベストである。本書は，メディア心理学という研究分野を取り上げ，そこで心理生理測度がどのように使われ，どんな成果を上げているのかを実例に基づいて紹介している。

長所 3：主観測度や行動測度についても記述している

　きちんとトレーニングを受けた心理生理学者は，生理測度の限界を知っている。そのため，主観測度や行動測度と組み合わせ，人間の心と行動を理解するという目的を達成しようとする。理屈の上ではそうなのだが，従来の心理生理学のテキスト（たとえば，Andreassi, 2007 今井章（監訳）2013; Hassett, 1978 平井久 他（訳）1987）には，主観測度や行動測度についての記載はほとんどない。なぜなら，どのような研究手法を用いるかは具体的な場面に依存しているので，生理測度以外の手法については一般論を述べるしかなかったからである。本書では，メディアメッセージ処理を理解するという場面が明確に設定されている。そのため，それに役立つ自己報告測度（質問紙だけでなく連続反応測定や思考列挙もある）や行動測度（副次課題反応時間や記憶測度）について具体的に述べることができた（7 章）。この点は，文句なしに素晴らしい特長である。

短所 1：測定方法と分析に関する記述が乏しく，レベルがそろっていない

　メディア心理学において生理測度を利用するためのコンパクトで実用的な手引書がほしい。この本を見つけたとき，真っ先に期待したのはそのことだった。監訳者が事象関連電位のガイドブック（入戸野，2005）で目指したように，「この測度を得るには，

電極をここにつけて，サンプリング周波数をいくつにして，フィルタをこのように設定して，このように数値化すれば，学会で認められる水準のデータが得られる」という具体的なマニュアルがほしかった。しかし，残念ながら，本書は期待に応えてくれなかった。体系的に詳しく書かれているもの（表情筋）もあるが，まとまりなく実用性に欠けるもの（心拍数，皮膚コンダクタンス）や表面だけをなぞったもの（中枢神経系測度）もある。これは原著者の研究経験の偏りによるものであろう。fMRIを含む中枢神経系活動の非侵襲的測定法については，宮内（2013）による優れた解説を読むことを勧める。

短所2：文章が難解であり，誤字も多い

原文は一つひとつの文が長く，構文が入り組んでいる。いわゆる読みやすさ（readability）が低い文章である。初学者が気軽に読める本を目指したはずなのに不思議である。訳を担当した大学院生も，内容が正確に理解できず，かなり苦戦していた。そこで，監訳者がすべての原稿に目を通し，必要に応じて訳しなおした。それでも日本語が十分にこなれていないのは，監訳者の力不足である。これに加えて，誤植やミスが非常に多い。原著者に正誤表の提出を求めたが，作成していないとのことだった。気づいたところは訂正した。このような編集作業が予想以上に長くかかり，脱稿するのが最初の約束より2年も遅れてしまった。しかし，そのおかげで原著よりも完成度の高い本になったはずである。監訳者の不注意により，まだ見落としがあるかもしれない。お気づきの点はぜひご連絡いただきたい。

短所3：視野があまり広くない

冒頭の「出版によせて」にあるように，原著者の二人は，メディア心理学者アニー・ラング（Annie Lang）の弟子である。ちなみに，訳者の栗田聡子先生も，インディアナ大学留学中に彼女に見いだされ，そこで学位を取得した。ラングという名前に聞き覚えがあるかもしれない。そのとおり，感情研究の大御所ピーター・ラング（Peter Lang）の娘である。このような大先生たちに配慮したためだろうか，本書の視点はこの学派の枠組みから一歩も出ていない。メディア心理学以外の分野（認知心理学や工学）に対する言及も少ない。たとえば，4章には，事象関連電位を使ったメディア研究はほとんどないと書いてある。しかし，本書が出版されるずっと以前から，映像に対する興味について事象関連電位を使って検討した研究は行われている（Rosenfeld, Bhat, Miltenberger, & Johnson, 1992; Suzuki, Nittono, & Hori, 2005; 総説として入戸野, 2006参照）。メディア心理学という狭い枠組みにこだわることで，研究の目的が明

確になり，手段としての生理測度の有効性を実証したのはよかった。しかし，もう少し高いところから俯瞰した考察があれば，もっとよかった。

このように，本書には長所と短所が同じくらい含まれている。腑に落ちないところに捉われるよりも，興味が持てるところを探すようにしてほしい。そのように読めば，きっと新しい発見が随所で得られるだろう。

さて，本書における基本的な用語と大きな枠組みについて，ここで整理しておこう。冗長に書かれているが，根底にある発想はそれほど複雑ではない。特に，次の3つの用語についてあらかじめ知っておけば，理解がずっと容易になるはずである。

第1に，「身体化され（embodied）」「動機づけられた（motivated）」という用語である。翻訳の過程でだいぶ削ったが，原書ではこれが呪文のように繰り返され，読んでいてうんざりする。その意図を簡潔にまとめれば，本書で扱う「情報処理アプローチ」は，伝統的なモデルではなく，生物学に基づくモデルなのだと主張したいのである。「身体化された」とは，「私たちが考えたり行動したりするのは，すべて私たちの身体が舞台になっている」という意味である。自明なことと思うかもしれないが，実は，このような考え方を否定することから，初期の情報処理アプローチは生まれた。人間や生き物を特別視するのを止め，高次認知機能を形式的に表現しようとしたのである。処理の過程を形式的に記述できれば，生身の人間でなくても，機械やコンピュータプログラムによって同じ目標を達成することができる（Miller, Galanter, & Pribram, 1960）。「動機づけられた」というのも，生き物としての人間に関連している。初期の情報処理アプローチでは「この機能はこういう過程で実現される」というモデルを示すことが重視されており，「なぜそうするのか」「そのエネルギーはどこからくるのか」といった疑問は棚上げされてきた。しかし，現実世界で生きている人間の心理活動を扱うときに，行動を生じさせ方向づける動機づけ過程を無視するわけにはいかない。そのため，生物学の視点から「個体は生存にとって広い意味でプラスになることを行い，マイナスになることを避ける」という原理で動いていると説明したのである。だから，「身体化され動機づけられた認知・情動処理」というのは，簡単にいえば「生物としての情報処理」ということである。

第2に，メディアの「効果（effect）」と「影響（influence）」の違いである。この2つは区別して使われている。「効果」とは，ある原因によって直接的に生じる結果のことである（たとえば，cause-effect relationshipとは因果関係のこと）。これに対して，「影響」は直接的な関連性が弱い。メディア心理学は「効果」についての研究から

スタートした（1章参照）。あるメディアに接することと人間に生じる結果（行動や態度，生理反応の変化）との対応関係を明らかにしようという発想は，行動主義（刺激－反応パラダイム）の影響を受けている。しかし，メディアと心理・行動の関係はそれほど単純ではない。因果律に従うのではなく，さまざまな変数に左右される。そこで，研究者は，認知心理学における情報処理アプローチを取り入れた。メディアが人間の心理・行動にどのように「影響」するかを，メディアメッセージに対する人間の認知・情動過程に注目して研究する方法を選んだのである。心理生理学に基づく本書のスタンスを理解する上で重要なのは，研究によって知りたいこと（目的）は「心理と行動」であって「生理反応」ではないことである。心理生理学では，生理反応を心理と行動を理解するための手段として測定するのである。

　第3に，測度（measure）と指標（index, indicator）との違いである。前者は単に「測ったもの」であるが，後者は「何かを指し示すもの」である。これらの用語を互換可能なものとして使う人もいるが，本来は区別するのが望ましい。前者はいつでも使えるが，後者は限られた場面でしか使えない。たとえば，「行動指標」や「生理指標」と言うときは，それが何の指標であるか（何を指し示しているか）を自問してみるとよい。情報処理スピードの指標であるとか，覚醒の指標であるとか答えられるなら，その用法は間違っていない。しかし，具体的に何を指し示すのかが明確でなければ，それは単に測定することで得られたものであり，「測度」とよぶのがふさわしい。反応時間や誤反応率，心拍数などはすべて測度である。これらの測度を，ある心理学的構成概念の指標として使うには，背景となる理論が必要である。本書では，psychophysiological measure を「心理生理測度」，psychophysiological index / indicator を「心理生理学的指標」と訳した。心理生理測度は誰にでも測定できる。しかし，それを心理学の分野で意味のある指標とするためには「学（＝理論や根拠）」が必要なのである。

　今年2014年には，東アジアで初となる心理生理学の国際会議（IOP2014）が広島で開催される。本書では，心理生理学の学術組織として，SPR（Society for Psychophysiological Research，北米の研究者が中心になって1960年に設立された心理生理学会）が紹介されているが，IOP（International Organization of Psychophysiology, 国際心理生理学機構）も1982年に設立された国際組織である。こちらの学会にはロシアやヨーロッパの会員が多い。監訳者は，IOP事務局長として，その運営に深くかかわり，IOP2014では実行委員長も務める。日本の心理生理学の歴史は古く，技術も高い。本書を読めば，この分野の技術でアメリカに遅れをとっているわけではないことが分かる。しかし，いまだに言語の壁があり，情報発信が上手に

できていない。また，海外で生まれた実験パラダイムや概念を日本に輸入するだけの「二番煎じ」の研究も多い。心理生理学は，言葉が下手でも，データに基づいて意思疎通ができる分野である。また，心理生理反応は理論的枠組みが精緻でないときにも測定可能であり，そこからボトムアップ的にストーリーを組み立てていくこともできる。今後，日本の研究者がその独自性や強みを生かして，この分野の研究でさらに活躍できるようになることを願っている。

　本書の作成にあたり，多くの人々の助けを得た。松田いづみ先生（科学警察研究所）には，研究者の立場から訳稿を通読していただいた。ゼミの三木盛登くんと吉盛絵理加さんには，学生の立場から原稿を読んでもらった。フィードバックを生かして，少しでも読みやすい本になったことを祈る。訳者の井原なみはさんには，引用文献を丁寧にチェックしてもらった。あきれるほど多くの間違いを発見し，訂正してくれた。北大路書房の薄木敏之氏には，当初の締切が守れずに多大な迷惑をおかけした。遅れに見合うだけの品質に仕上がっていたら幸いである。最後になるが，仕事中心の生活をサポートしてくれた妻，仕事以外にも人生があることを時折思い出させてくれた3人の子どもたちに心から感謝する。みなさん，どうもありがとう。

2014年7月

監訳者　入戸野　宏

引用文献

Andreassi, J. L. (2007). *Psychophysiology: Human behavior and physiological response* (5th ed.). Mahwah, NJ: Lawlence Erlbaum.（アンドレアッシ，J. L. 今井章（監訳）(2012). 心理生理学 北大路書房）

Farah, M. J., Hutchinson, J. B., Phelps, E. A., & Wagner, A. D. (2014). Functional MRI-based lie detection: Scientific and societal challenges. *Nature Reviews Neuroscience*, **15**(2), 123-131.

Hassett, J. (1978). *A primer of psychophysiology*. San Francisco: W. H. Freeman.（ハセット，J. 平井久 他（訳）(1987). 精神生理学入門　東京大学出版会）

Matsuda, I., Nittono, H., & Allen, J. J. B. (2012). The current and future status of the Concealed Information Test for field use. *Frontiers in Psychology*, **3**, 532. doi:10.3389/fpsyg.2012.00532

Miller, G. A., Galanter, E., & Pribram, K. H. (1960). *Plans and the structure of behavior*. New York: Holt, Rinehart and Winston.（ミラー，G. A., ギャランター，E., & プリブラム，K. H. 十島雍蔵 他（訳）(1980). プランと行動の構造：心理サイバネティクス序説　誠信書房）

宮内 哲 (2013). 脳を測る―改訂ヒトの脳機能の非侵襲的測定―　心理学評論，**56**, 414-454.

入戸野 宏 (2005). 心理学のための事象関連電位ガイドブック 北大路書房．

入戸野 宏 (2006). 映像に対する注意を測る―事象関連電位を用いたプローブ刺激法の応用例―　生理心理学と精神生理学，**24**(1), 5-18.

Rosenfeld, J. P., Bhat, K., Miltenberger, A., & Johnson, M. (1992). Event-related potentials in the dual task paradigm: P300 discriminates engaging and non-engaging films when film-viewing is the primary task. *International Journal of Psychophysiology*, **12**(3), 221-232.

Suzuki, J., Nittono, H., & Hori, T. (2005). Level of interest in video clips modulates event-related potentials to auditory probes. *International Journal of Psychophysiology*, **55**(1), 221-232.

訳者一覧

栗田 聡子[1]・ギボンズ 京子[2] （出版によせて，1章，9章）
井原 なみは[3]　　　　　（2章）
栗林 龍馬[3]　　　　　　（3章）
守谷 大樹[3,4]　　　　　（4章）
金井 嘉宏[5]　　　　　　（5章）
渡利 和未[3]　　　　　　（6章）
三浦 郷史[3]　　　　　　（7章）
入口 将一[3]　　　　　　（8章）
入戸野 宏[6]　　　　　　（監訳，本書について，献辞，まえがき，ロバート F. ポターの謝辞，ポール D. ボウルズの謝辞，用語集，監訳者解説）

[1] 大阪経済大学経営学部・講師
[2] フリーランス医薬翻訳者
[3] 広島大学大学院総合科学研究科・大学院生（当時）
[4] 株式会社 国際電気通信基礎技術研究所・研究員
[5] 東北学院大学教養学部・准教授
[6] 広島大学大学院総合科学研究科・准教授

監訳者紹介

入戸野　宏（にっとの・ひろし）
1971 年　横浜市に生まれる
1998 年　大阪大学大学院人間科学研究科博士後期課程修了・博士（人間科学）
現　在　広島大学大学院総合科学研究科・准教授
　　　　国際心理生理学機構（IOP）理事・事務局長
主　著　心理学のための事象関連電位ガイドブック　北大路書房　2005 年
　　　　心理学基礎実習マニュアル（共編）北大路書房 2009 年
　　　　スポーツ精神生理学（分担執筆）西村書店 2012 年
　　　　心理学から考えるヒューマンファクターズ（分担執筆）有斐閣 2013 年
ホームページ　認知心理学生理学研究室　http://cplnet.jp

メディア心理生理学

2014年9月10日　初版第1刷印刷	定価はカバーに表示してあります。
2014年9月20日　初版第1刷発行	

著　者　R. F. ポター
　　　　P. D. ボウルズ
監訳者　入戸野　宏
発行所　　（株）北大路書房
〒 603-8303　京都市北区紫野十二坊町 12-8
　　　　電　話　（075）431-0361（代）
　　　　ＦＡＸ　（075）431-9393
　　　　振　替　01050-4-2083

©2014　　　　　　印刷／製本　モリモト印刷（株）
検印省略　落丁・乱丁はお取り替えいたします。
　　　ISBN978-4-7628-2876-8　Printed in Japan

・JCOPY 〈(社)出版者著作権管理機構　委託出版物〉
本書の無断複写は著作権法上での例外を除き禁じられています。複写される場合は，そのつど事前に，(社)出版者著作権管理機構（電話 03-3513-6969, FAX 03-3513-6979, e-mail info@jcopy.or.jp）の許諾を得てください。